科学版精品课程立体化教材·经济学系列

微观经济学教程

（第三版）

刘东　路瑶　主编

科学出版社

北京

内 容 简 介

这是一本通俗易懂的微观经济学入门教材,介绍和描述了商品价格的形成机制,即需求方与供给方是如何通过相互作用给某个商品定出某个价格的;这个价格在需求和供给的某一方或双方发生变化时,有何变动规律;不同竞争程度的生产厂商与市场定价之间的关系是怎样的,为何说垄断厂商的垄断行为是有害的;自由竞争市场机制这只看不见的手是如何推动自利的厂商增进财富创造和自发优化资源配置的;这种市场机制在哪些情况下会失效,进而要求政府干预。本书在有关数量分析的部分,尽量采用图表和中等数学的证明方式,因而即使暂时未学高等数学者也能读懂。为了联系实际,每一章章末都有相应的案例和相关信息,以利于读者加强对学理和有关经济学原理可应用性的理解。

本书循序渐进和通俗的表达方式,适合作为财经类专业学生的经济学教材和所有经济学爱好者的自学读本。

图书在版编目(CIP)数据

微观经济学教程/刘东,路瑶主编.—3 版.—北京:科学出版社,2016.4
科学版精品课程立体化教材·经济学系列
ISBN 978-7-03-047815-3

Ⅰ.①微… Ⅱ.①刘… ②路… Ⅲ①微观经济学–高等学校–教材 Ⅳ.
①F061

中国版本图书馆 CIP 数据核字(2016)第 056149 号

责任编辑:张 宁 刘英红/责任校对:李雪雪
责任印制:徐晓晨/封面设计:蓝正设计

科 学 出 版 社 出版
北京东黄城根北街 16 号
邮政编码:100717
http://www.sciencep.com

北京建宏印刷有限公司 印刷
科学出版社发行 各地新华书店经销
*
2005 年 8 月第 一 版 开本:787 × 1092 1/16
2010 年 7 月第 二 版 印张:18 3/4
2016 年 4 月第 三 版 字数:445 000
2018 年 6 月第十一次印刷

定价:49.00 元
(如有印装质量问题,我社负责调换)

第三版前言

作为教师，我们时常问自己："我们应该教给学生什么？我们的教学要达到什么样的目的？"过去，作为理论经济学的微观经济学，比较强调体系的完整性和论证的严谨性。这一点在国内教材中尤为突出。这使许多学生感到艰深、枯燥、望而生畏、有距离感。相比之下，表达生动活泼、富有趣味实例的国外教科书更能够赢得读者的青睐。不过某些国外教科书中过于追求可读性放弃严谨性的倾向，让人感到似乎我们只能在内容的严谨性和通俗化之间做出取舍。受传统教学方法影响，认为严谨性不可动摇的思维定势，让我们毫不犹豫地选择了严谨性，而在通俗化、有趣性的努力上踌躇不前。

让我们放弃通俗化、有趣性努力的一个理由是，具体、生动而丰富的实例所涉及的变量、知识会超出教学内容的范围，影响有序教学的进度，分散学生的注意力，甚至干扰大纲内容的教学，增加教学的难度。例如，现实生活中并不存在完全竞争的市场，联系实际的介绍和分析势必超出完全竞争的范围，以至于触犯某些我们自己设下的"规定"，让我们陷于被动。难道我们只能因噎废食吗？学生们对有趣性的强烈偏好，促使我们改变"在内容的严谨性和通俗化之间做出取舍"的思维，转而探索如何使有趣性、丰富性和严谨性兼容。本书在第一版中通过案例分析以及引导学生思考相关问题的方式做了有益探索。教学实践证明其效果不错。偶尔也有学生在习惯性地将案例中的要点与教材中知识点进行机械地对号入座时感到困惑和不解。但是经过引导和解释，学生们普遍感到可以从案例分析中得到"如何像经济学家那样思维"的启发。其实，经济直觉不就是从纷繁复杂、千丝万缕，甚至看似杂乱的现象中抽象出基本的经济联系和主要的因果关系吗？善于从经济学的视角排除次要联系，抓住事物的本质，恰恰是形成经济直觉的关键。所以如果我们善于引导和利用，案例之繁杂不仅不会冲淡反而会有益于强化教学效果。培养经济学直觉和启发经济学思维，也许是微观经济学入门阶段教学最重要的任务。特别在强调分析工具运用的今天，学生往往将精力集中于计算，而忽略了思考，这项任务就更重要了。

微观经济学应是关于真实世界的经济学。在我们身边每天都在发生着一些生动的事件，这些鲜活、真实的事件，是经济学家们应该面对的，也应该成为学习微观经济学时的分析对象。为了让学生便于理解和接受微观经济学，同时也为了使这门课程具有更强的现实感，让学生了解微观经济学的可应用性，本书在每一章后都安排了少量的案例，其中大部分既介绍了经济事件，又做了简要分析。希望通过这种方式激发学生的学习兴趣，使其了解微观经济学的用处，并启发学生像经济学家那样，善于运用微观经济学的方法考察和解释经济现象、思考和研究经济问题。以往同类教材中很少有反映中国经济的案例，由于文化和知识背景的差异，国外教科书中的案例对中国学生来说总有隔靴搔痒之感。中国已经经历了三十多年市场化导向的经济体制改革，市场机制逐步形成，丰富的市场化实践中涌现出许多生动的案例。本书呈现的这些案例只是其中很少一部分，它们只是"砖"，希望学习或研究微观经济学的教师和学生能够从中引出更多的"玉"。希望以案例辅助微观经济学教学的方法，倡导一种新的教学风尚，重视培养学生对生动、丰富经济现象的关注和对经济事物的敏感性，而不仅仅让学生善于读书。

在 2009 年 9 月教育部全国高校教师网络培训中，广大参训教师对我们这种"案例教学法"反映热烈并给予充分肯定，纷纷索要案例。这更加坚定了我们这样做的信心。在第二版中，我们对一些案例进行了更新，编写案例时思想也更为解放。形成某一经济现象或事例的因素是具体、复杂而丰富的，某一个案例分析所涉及的内容往往大大超出课堂上或教材中单纯而严格的经济学知识。对如何引导学生运用原理或工具加以分析、解释，充分展示微观经济学的解释力的探索，为教师个人自由发挥和展示才华提供了机会，同时也使微观经济学这门成熟课程可以"常教常新"。

认识论的知识显示，人的认识遵循着由个别到一般，由特殊到普遍，由具体到抽象的过程。从个别经济现象，而不是从抽象的概念、定义、公式入手，是符合认识规律的教学方法，也是更好地理解经济学的方法。本书力图避免过多的抽象数量关系的分析，从现象出发阐述微观经济理论。不过，将概念、定义、公式和较为深奥的经济学理论通俗化地表述，同时又不失理论的严谨、系统和深度，是一项需要花费很大精力的事情。本书只是向着这个方向做了部分尝试。由于时间关系，仍没有达到编者理想的效果。

考虑到我国大学生学习能力较强，严格的初级水平可能满足不了部分学生的要求，因此本书按照初级偏中级的程度来编写。一些运用高等数学的证明过程被置于附录中，供教师和学生选用。教程的正文中尽量避免直接运用数学公式特别是高等数学进行定义和推理。偏微分的表述方式只是作为最后的、备用的表达方式，不用它们也不会影响对内容的理解。

作为理论经济学，微观经济学具有高度抽象性，本教程力图在抽象的概念、原理与经济活动的现实之间建立某种联系，以降低微观经济学脱离现实的感觉。这一努力部分是通过增加放松假定的新的理论（如 X 效率论、交易费用论、信息理论、博弈论等）实现的，部分是通过举例实现的，部分是通过外加评论实现的。

遗憾的是，在要素分配理论中，作为研究和描述市场经济运行的经济理论，仍用边际生产力理论来解释分配机制。在我们强调按劳分配与按要素分配相结合的分配原则以及建立和谐社会，再度审视微观经济学传统分配论时，更感其"资本逻辑"痕迹之明显。马克思甚至剑桥学派的批评是深刻的。如果说过去我们仅仅从意识形态的角度看待问题（或者说在改革开放，强调市场经济原则时，又开始忽视这一理论问题），那么今天，现实分配机制的实施以及由此引发的以消费需求不足与生产能力过剩为表现的危机和冲突，使边际生产力分配论的局限性暴露得更加明显。在本书相关地方，我们在对以边际生产力为基础的分配论做介绍的同时，也加强了对其错误及局限性的分析。我们这样做，不仅是为了"主义"，更是为了实现贴近现实这一最简单而朴素的要求。可惜，至今未能出现一种恰当的分配论既能够代替以边际生产力为基础的分配论，又能与其所属微观经济学体系无缝对接。这也许正是市场经济自身内在冲突或矛盾的反映吧。

希望本教程不再属于"黑板经济学"，愿"经济学的灯塔"[①]照耀经济探索之路。

本教程较多地吸收了南京大学出版社出版的、刘东与梁东黎教授合编的《微观经济学》的内容。本教程第三版前半部分（第 1~6 章）由刘东负责在第二版基础上修改和补充。本教程第二版后半部分曾由史先诚先生负责编写。现在本教程第三版由路瑶负责修改和补充，亦保留了第二版的框架与基本内容。如果同一概念或相近概念在不同章节有所涉及，我们尽力照顾到，给予必要的回顾和比较，以便读者看到树木的同时，也能看到森林。我们在文字上做了进一步修改，使表述更加顺畅，以便读者能轻松阅读和理解。

本教程第一版、第二版曾在图表、文字和数字上有所疏漏或不足，第三版得益于出版社编辑和校对者的细心工作，已得到了完善和改正。

编者
2016 年 1 月

---

① "经济学中的灯塔"是经济学的典故，本书最后一章讲到这个事例。

目　录

第1章

导　论

人类社会有交易行为或经济活动以来，历史上有不少经济管理方面的论述和思考。真正形成较为完善体系的经济学研究始于亚当·斯密（Adam Smith）于 1776 年出版的《国民财富的性质和原因的研究》（又称《国富论》）。在斯密开始的古典经济学时期，经济学多被称为"政治经济学"。阿尔弗雷德·马歇尔（Alfred Marshall）1890 年出版《经济学原理》，认为不能把"政治经济学"理解为既研究政治又研究经济的学科，经济学应该可以单独研究。马歇尔在继承和发展古典经济学的基础上，开创了新古典经济学。除卡尔·马克思为代表的学者致力于研究由生产力与生产关系的冲突引起的经济危机等之外，古典经济学和新古典经济学对经济学的研究皆着重于对经济运行的理解，并且都延续了斯密提出的自由市场立场。然而，1929～1933 年的经济大萧条迫使经济学界重新思考和研究经济运行，特别是总体经济趋势和政策。约翰·梅纳德·凯恩斯（John Maynard Keynes）于 1936 年出版《就业、利息和货币通论》，开创了以总需求管理为基础的宏观经济学。自此，现代经济学分为微观经济学和宏观经济学两大领域。

微观经济学从微小处着眼，研究市场经济的运行和价格机制的作用与影响，即研究家庭或个人的、企业的经济决策和行为是如何发生的，它们又是如何引起所在市场的变动及相关市场的变动的。微观经济学也研究政府为何要干预某些市场、某些企业甚至个人的经济活动，以及政府的微观经济政策和行为对这些市场的运行会产生哪些影响。微观经济学研究单个产品市场和单个要素市场的运行，而不是国民经济的总体运行。宏观经济学则主要研究经济增长和发展、经济周期、货币发行、通货膨胀或紧缩、失业和社会保障、国际经济等与国民经济总体运行有关的问题。本书研究的是微观经济学。

1.1　为什么要学微观经济学

微观经济学是经济学专业基础课，它是几乎所有财经类课程的基础。它研究的许多问题与我们的生活息息相关。它培养人们的经济思维能力。"授人以鱼，不如授人以渔。"

经济学知识可以说是现代人的一种修养。所以，不仅经济学专业和其他财经类专业的学生，而且现代社会中每一个有知识的人，都应该懂得微观经济学。

归纳起来，学习微观经济学大体上有以下几方面的理由。

1.1.1 有助于更好地理解经济现象

2008 年美国华尔街爆发次贷危机，引发了世界性的金融危机。次贷为什么会引起令大批企业破产和就业困难的严重危机？看似宏观经济波动的现象背后隐藏着深刻的微观的基础。发现这种扭曲的微观机制并加以纠正，就需要微观经济学的理论思考。微观经济学虽然从微小的视角观察、分析经济问题，但是其政策性含义却关乎整个国民经济运行质量的宏旨。宏观经济中许多问题的根源也存在于微观领域。

人们在经济生活中时常遇到一些令人不解的问题。一副成本几十元的眼镜，为什么会卖到好几百元？微观经济学正是研究价格问题和市场机制的，它能够为合理解释这些现象提供有用的分析思路，使人们在遇到类似问题时，知道从哪里入手进行分析，以便得出正确的解释。按照微观经济学的思路和框架分析问题，才能切中问题要害，迅速达到认识世界的彼岸。当然仅有微观经济学理论知识还不够，还需要深入了解现实情况。

一个家庭要面对各种不同的消费品的选择，面对消费与储蓄，面对各种不同的投资方式（如债券、股票）的选择，面对教育投资和职业的选择。这些问题都属于微观经济学面对的问题。微观经济学不一定能使人们成为成熟老道的消费者，微观经济学本来的目的也不是教会人们消费，但是它可以使人们在家庭消费和投资中更加清醒和明智。因此，生活在现代市场经济社会中的每一个人，都应该了解微观经济学。

1.1.2 有助于政府微观经济政策的正确实施

不仅在宏观经济领域，而且在微观领域，社会主义市场经济都应有政府的有效管理和必要干预。但政府出台经济政策必须得到经济学理论支持，而不能永远靠"摸着石头过河"。缺乏经济学支撑的政策可能导致更大的失误。例如，旨在降低患者医药费用的药品强制降价措施非但未能实现预期目的，而且使得患者欢迎的低价高效药品逐渐销声匿迹。其原因就在于错误的药品价格管制政策。微观经济学知识的普及，或可避免类似的政策错误。微观经济学还可以帮助人们认识和识别哪些经济活动应该由政府管理，应该管到什么程度，应该怎样管。这些问题都是社会主义市场经济制度建设完善的应有之义。

即使是不参与制定政策的普通人，不论从事什么工作，在很多场合都需要对经济形势和经济问题做出判断，或者需要理解政府经济政策并对其进行评价。特别是在社会主义市场经济制度尚在逐步完善的时期，一个积极的公民应该具有正确理解和评价政府经济政策的能力。人们需要能够从社会经济全面、和谐、有效发展的角度，对政府现行的政策进行有根据的、合乎理性的、恰如其分的评价，以便深入理解和自觉执行。这就需要人们掌握分析经济政策的理论工具。微观经济学虽然不一定针对这些问题直接给出具体而准确的答案，但是却为回答这些问题提供了有用的理性思考的线路。

1.1.3　有助于帮助理解和指导企业经营决策

企业在经营活动中总是面临各式各样的决策问题。例如，铝制扣板加工生产企业，在不同时期要面临各种不同的决定，如要决定以下几个方面的问题。

（1）生产什么样的铝制扣板，是大批量生产标准化的铝制扣板还是特殊规格甚至特殊形状的铝制扣板？为什么有的企业自己销售，有的企业外包给专门企业销售？是否要做广告？做什么样的广告？如何发送自己产品特色的信息？

（2）选择什么样的技术和工艺、用什么样的原材料进行生产？对于各种类型和规格、不同工艺的铝制扣板出口，出口品的定价是高于还是低于国内销售的同类产品？价格差多少？

（3）如果市场不景气，企业遭受亏损，是停止生产，还是继续生产？

（4）从哪里招收工人，招收什么样的工人？工程人员的人事管理是由公司自己管理，还是外包给人力资源管理公司代为管理？对于常年在甲方工程现场施工的负责人由谁考核？如何进行考核？如果长途货运委托第三方物流公司，由它们的货运司机运送货物，那么由谁来监督？

（5）是否要向新的领域投资？是应该购并其他企业，还是应该对原有企业进行拆分？

这些问题是大多数企业都会遇到并且必须认真回答的问题。解决这些问题，需要现代管理决策方法，而微观经济学就是为现代决策提供理论基础的。学习微观经济学不能保证一个人未来会成为优秀的企业家，但是微观经济学的知识可以帮助人们更加深入地了解和掌握现代决策方法，使人们在遇到经营决策问题时，更加自觉、正确地运用经济学进行思考和分析。总之经济思维是现代管理者必须具备的思维方法。

1.1.4　有助于更好地掌握财经知识和社科知识

对于经济类专业的学生来说，微观经济学就更重要了，因为它是经济专业的基础课程，各种主要理论都是以此为基础的。例如，产业经济学、货币银行学、投资经济学、财政学、公共经济学、税收学，都需要以微观经济学为基础。对于管理类专业的学生来说，开展管理工作都是在市场经济环境下进行的，要理解企业员工的求职、离职、激励，要处理好企业与客户、供应商、采购商等方面的关系，都需要了解相关利益人的决策和行为取向。与此同时，市场营销、财务管理、人力资源管理等课程也与微观经济学存在交叉和相互支撑。

对于其他社会科学的学生，特别是社会学、新闻学、法学的学生来说，微观经济学也是十分必要的。经济生活是人类最基本的活动。社会学研究的是人们基于经济活动的社会关系。只有了解微观经济学，才能对社会学有深入的认识。况且，自从诺贝尔经济学获奖者贝克尔将微观经济学的分析工具用于分析婚姻、家庭、犯罪和教育等社会学问题以后，微观经济学与社会学就结下了不解之缘。

对于新闻学的学生，学习微观经济学十分重要。无论是政治、科技还是其他活动，与经济生活都有千丝万缕的联系，如果一个记者或编辑能够学好微观经济学，他就能够提高对有关经济新闻的敏感性，就能够更加内行地报道和评论有关经济活动的事件，并且能够更好地把握新闻调查的路线。

法学的学生更要学习微观经济学，因为法学是与界定人的行为规范有关的学科。它要研究个人和法人财产权利的界定。如何使得法庭对经济案件的审判更为有利于经济活动内在要求，已经成为法学研究和法律界人士的一项使命。法学与经济学在 20 世纪 60 年代以后开始紧密结合，诞生了"法经济学"这一边缘学科。本书最后部分也将介绍这个学科分支创始人诺贝尔经济学获奖者科斯的部分理论。

1.2 微观经济学研究什么

经济体系运行有许多不同的目标和评价标准。就像一辆汽车，我们既要求它跑得快，又要求它跑得平稳，还想要它节省汽油。要能够全面满足这些要求是十分困难的。一个经济体系的运行也同样如此。我们为了满足人们的需要和提高人均收入水平，必须保持一定的经济增长速度，要讲究经济的效率，要保持经济的稳定和公平。这一系列经济运行目标中，存在一个排序问题。尽管作为一个欠发达国家，我国不得不在一定时期内高度重视经济增长和发展，但是无论何时，由于稀缺性导致的资源有效配置总是最为重要的，所以微观经济学就将资源有效配置的研究放在优先位置。

1.2.1 稀缺资源的配置

微观经济学对生产和消费进行了高度抽象，把生产看做投入各种要素并生产出各种产品的过程。生产必须投入劳动、原材料、机器设备等，这些生产所必需的一切投入要素统称为资源。资源又分为经济资源和自由取用资源，自由取用资源是十分丰富、人们不必付费即可取得的资源，如空气。可是生产中投入的资源主要是经济资源。

经济资源有多种多样的类型，在 19 世纪，经济学家习惯上把经济资源分为三类，即土地、劳动和资本。土地是自然资源的简称，包括地面上方和地下的矿藏、森林、水域和风力等资源；劳动是指人的能力，包括体力和脑力，现在被看做人力资本；资本包括机器、厂房、存货、原材料，以及有助于生产、销售和分配的非人力的生产性资源。后来，人们还将企业家才能看做除了上述三种资源之外的一种独立的资源。要素和资源两种提法，一般是可以通用的。

从一般的意义上看，资源具有两个显著的特点。

第一，资源的稀缺性。这是指在一定的时期内，与人们的需要相比较，经济资源的供给量总是不足的。我们通常会感到资本的数量不足，土地资源不足，受过教育和训练、有技术的劳动力不足，等等。

第二，资源的多用性。这是指同一种资源可用于多种生产领域。土地可用于种植、养殖等农业领域，用于建设开发区、发展制造业，也可用于建设住宅。一般来说，土地有非常多的用途，各行各业竞相争夺土地。也就是说，资源的各种用途之间是竞争性的。这就不难理解，我们改革开放时代各地为何竞相招商引资，土地价格不断上涨。

与生产过程中资源的两个特点相对应，消费者的需要也具有两个特点。

第一，需要的无限性。人们如果不考虑支付能力的限制，对产品和劳务的需要将是无限多样且永远没有满足的。例如，人们有衣、食、住、行的需要，有文娱体育和接受教育的需要。即使对某一种需要而言，也是永远没有满足的时候。例如，对于食，首先要解决饱的问题。其次，就会考虑营养的摄入及各种营养的合理搭配问题。最后，就要考虑色、香、味问题。色、香、味又有不同的档次。在外打牙祭，小吃不够，还要美食大餐；普通菜肴不够，还要山珍海味。人们对穿衣的需要也有类似的倾向。现在，在很多人群中，穿衣已不再是为了温暖。购买新的服装，在很大程度上是为了追求时尚和展示风采。所以有"男人的领带总不嫌多"和"女人的衣柜里总是缺一件衣服"之说。有了一套小居室，人们还想要大一些的；有了大的住房，还想要别墅和小汽车。有了普通轿车，还想要越野性能好的高档车。人们对衣、食、住、行以及文化娱乐等的追求永无止境。

第二，需要的层次性，这是指在无限的需要之中，各种需要有轻重缓急的区别。换言之，各种需要对人具有不同的重要性。例如，对水资源而言，最重要的是饮水的需要，其次才是用水的需要。在"饮"和"用"中各自又包含一系列重要性不同的阶梯。

现代科学技术的发展和新产品的层出不穷，又让既定资源增加了许多新的用途。

既然资源有无数用途，而且相对于无限的需要又总是稀缺的，这就构成了一对难以解决的矛盾。解决这对矛盾的要求，就导致了经济学的产生。微观经济学就是要研究：如何最优或最有效地配置稀缺资源，如何在既定数量资源的条件下，依照轻、重、缓、急，更好地满足人们的需求，生产出更多、更好的产品，使人们得到更大的满足。如果所有的资源都可以自由地获取，所有的需要都可以满足，就不会存在经济问题，也就不需要经济学。微观经济学是与稀缺性相联系的。

稀缺资源优化配置问题是社会的需要，微观经济学将这个社会应解决的问题当做自己研究的主要问题。同时这个问题，也是企业和个人所面临的问题，因为企业拥有的资金和个人拥有的货币收入是有限的，企业和个人都存在如何将有限的资源用得最好、最有效的问题。因此，微观经济学作为一门理解社会资源最优配置的学问，其分析方法和基本原理可运用于企业和个人有关经济问题的决策。

在经济体系中各类行为主体的经济利益有时是对立的。企业作为产品的卖者，希望从消费者那里赚得更多，而消费者则希望企业更多地让利，买到更加物美价廉的商品。企业想要雇用技术熟练、更为忠实的员工，而求职者则向往待遇更为优厚或工作更为轻松的岗位。因此，微观经济学在不同经济活动角色那里，会有不同的（甚至相反的）具体用途。利益对立还表现在污染企业排污与政府治理污染、限制排污等问题上。财经类各专业的学生，既可以从企业的角度，也可以从社会的角度，学习、理解微观经济学。而只有社会成员都能够从全社会的角度理解经济问题，我们的社会才能更加和谐。

1.2.2　如何优化资源配置

首先，什么是稀缺资源的配置（简单地说，就是什么是资源配置）？

　　资源配置是指一定量的资源按某种规则分配到不同产品的生产中，以满足不同的需要。资源配置可以用生产可能性曲线来示意（图 1-1）。这是一个直角坐标系，其纵横轴分别代表两种产品（如这里是日用品和食品）的数量。第一象限任何一点都代表一个产品组合，即一定数量的食品和一定数量的日用品。假定用来生产这两种产品的资源数量是既定的，技术水平是既定的，产品组合的变化是连续的[①]，这样可以得到一条生产可能性曲线，即图 1-1 中的曲线 *ABCD*，它表示用完既定资源所能生产的日用品和食品最大产量的各种可能的组合。图 1-1 中的 *A* 点、*B* 点、*C* 点、*D* 点就代表这样的产品组合。被曲线和纵横轴包围的区域内的产品组合（如 *E* 点），代表该产品组合的生产未将既定的资源量用完，或者将资源用完，但由于效率不高未达到最大产量。曲线外面其余的产品组合（如 *F* 点），则表示若要按该产品组合生产，现有既定的资源量是不够的。可见，生产可能性曲线显示了用既定资源量所能生产的极限。所以生产可能性曲线又叫做生产可能性边界（production possibilities frontier）。如果用这个图形来分析一个社会经济体系的资源配置问题，那么这条线又叫社会生产可能性边界。当然这个分析工具也可以描述一个企业最大产量的各种可能组合。

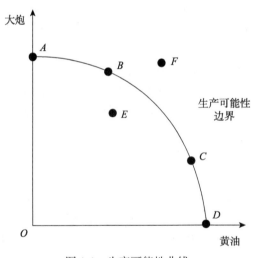

图 1-1　生产可能性曲线

　　生产可能性曲线之所以呈凸性，是因为本书第 13 章中涉及的边际转换率递增。

　　一个社会经济体系如果生产出来的两种产品的产出组合正好处在生产可能性曲线上，这就是一种有效率的状态，这说明在既定技术和资源情况下，没有任何资源浪费，获得了最大数量的产出。实际上，同时达到技术效率（technically efficient）和 X 效率（X efficient）才可以达到产出最大化。

　　技术效率关系到生产人员是否不适应技术或技术不熟练等情况。例如，一项国外先进技术刚开始引进投产时，合格产品的比例达不到该技术下通常的要求，我们就可以说技术效率不高，实际产出的合格产品产量与生产可能性边界就有距离。

------

① 这个假定并不符合实际情况，但对定性的分析并无影响。

X效率理论是莱宾斯坦在20世纪60年代提出的。他指出，个人的动机和组织问题会导致低效率现象。就是说，企业是一个组织，个人目标不同于组织。个人在缺乏激励和监督的情况下，会倾向于不努力工作，甚至损公肥私，因而出现某种低效率。这种类型的低效率可以称为X低效率①。如果技术熟练程度已经不存在问题，而实际产出仍达不到生产可能性边界。那么实际产出与最大化产出之间的距离就可以看做由X低效率引起的。这个距离越短，效率越高，X低效率越不严重；距离越远，X低效率越严重。不过，在本书后面各个章节中，如果不特别加以说明，则假定不存在X低效率问题。也就是说，微观经济学并不打算研究X效率问题。

我国改革开放之前，由于"大锅饭"式的分配制度，无论是农村集体生产劳动还是工厂的生产劳动中，都普遍严重存在这种X低效率现象。改革后，农业劳动变成自我激励的家庭劳动，工业和其他产业的组织中也强化了激励和监督。X效率意义上的效率得到大大提高。所以，以研究市场运行为重任的微观经济学并不着重研究X低效率。不过在国有企业中，此类问题还相当严重，因而国有企业的改制成为经济体制改革的攻坚战。

图1-1中大炮和黄油可以分别替代为日用品和食品。A、B、C、D四点虽然都表示达到最大产量，但却代表了四种不同的资源配置方案：A产品组合表示全部资源都用来生产日用品；B产品组合表示资源的大部分用于生产日用品，少部分用来生产食品；C产品组合表示资源的少部分用于生产日用品，大部分用于生产食品；D产品组合表示全部资源都用于生产食品。

但是进一步的问题是：一个社会经济体系还要求两种产品的产出组合正好符合社会需要，即要求实际产出组合与社会所要求的产出组合一致，任何一种产品不多也不少。如果人们希望得到C资源配置方案，而实际达到B点的资源配置方案，显然就缺乏效率。经济体系应该力图让实际产出组合点尽可能接近社会需要的产出组合点，越接近说明资源配置效率（简称配置效率）越高。当然，要知道社会需要的产出组合点在哪里，不是一件容易的事情。计划经济时代，人们以为可以做到，但是实践证明难以做到。如何才能使实际产出组合点尽可能接近社会需要的产出组合点，即达到资源配置效率尽可能高，是微观经济学最为重视的问题。配置效率是与资源在各种产品上的分配相联系的，改变在不同产品上分配资源的数量，可以改变产品组合或产出组合，使得在既定资源和技术下能够给人们带来更多的福利。

粗略地说，从直观上看，稀缺资源的最优配置至少应该包含以下两部分内容：①稀缺资源应该被用于生产消费者最需要的产品。②稀缺资源应尽可能多地被生产效率高的生产者使用。

如果现实经济生活中出现下列两种情况之一，则资源配置肯定没有达到最优。

第一种情况：部分产品滞销和部分产品脱销并存。

第二种情况：低效率生产者得到较多的稀缺资源。

如果确实出现了这两种情况，则应改变现有的资源配置方案，争取更好的资源配置效果。好在需要是有层次性和轻重缓急之别的。如果当前资源配置的效果不好，就有改

① 当时不知这类低效率的原因，故用X表示未知的意思。

变当前资源配置方案的必要，使资源被配置到更需要的地方去。尽管任何资源配置方案都不可能满足无限的需要，但却可能满足最重要的需要。因此，可以通过改变或调整还不能令人满意的资源配置方案，使资源配置效果不断提高。

问题在于，我们怎么知道什么产品是消费者最需要的产品？谁是生产效率高的生产者？如何防止出现严重的产品短缺和过剩？如何让这些问题及时得到纠正？微观经济学就试图回答这些问题，即回答，社会经济体系在什么条件下、运用什么机制，可以更好地实现资源的有效配置。

还有一种效率——动态效率（dynamic efficient），它是指由技术进步带来生产能力提高所实现的效率。如果资源还是那么多，每一种产品的数量都因为采取生产率高的新技术而增加了，这种情况可以表现为生产可能性边界向外移动。当然社会福利也因此增加了。此外，技术进步还可以为人们创造更多的新产品，以此来提高人们福利水平，这也是一种动态效率，不过它是否能在生产可能性边界上表现出来呢？这值得我们思考。

1.2.3　经济系统中的基本选择

简单地说，一个国家或地区就是一个经济系统或经济体系，它是生产、分配、交换、消费等各项活动有机结合的整体。由于资源稀缺与需要无限这一矛盾的普遍存在，任何一个经济系统，无论其制度安排如何，都必须把资源在相互竞争的不同用途之间进行配置、组合，并使用这些资源去生产商品和服务；都必须决定生产商品的数量和服务的数量；都必须决定人们的收入怎样分配。这些工作可以归纳为下列三个基本选择。

1. 生产什么、生产多少

一个经济体系必须决定生产什么产品，各种产品的数量分别是多少，即要决定产量的构成和水平。要决定把多少社会资源用于修建道路、桥梁和通信等基础设施，应该把多少资源用于生产粮食、蔬菜和水果等农产品，应该把多少资源应用于建设电站，是建设水电站、热电站还是核电站，应该把多少资源用于医疗服务，应该把多少资源用于教育，各种等级和类别的学校应该各有多少。回答这类问题得到的清单就是社会产出清单，它可以一直不断地写下去，而且可以不断地细化。如果一个经济系统需要的产品和服务只有有限的若干种类，那么，回答上述问题的工作就很好做。可是人们需要的产品和服务的种类实在太多，而且种类还在不断增加，这就使得关于生产什么、生产多少的合理选择的难度大大提高。

2. 如何生产

假定理想的产出构成和水平已经决定，生产一种产品可以有不同的方式，人们就必须确定用哪一种方式进行生产。这也是一个复杂的问题。例如，一个工厂首先要确定使用什么技术和工艺。如果它可以使用不同类型的机器设备，使用不同类型、不同数量的原材料，以及不同档次、不同数量的劳动力，那么它就必须在使用的种类和数量上进行选择。它还要对工厂所在区位、不同的运输方式进行选择，还要对销售方式、是否做广告等进行选择。对上述每一个问题的决定都意味着对可供使用的资源组合的选择。微观经济学将上述如何生产的问题归纳为以下几类基本的选择。

第一类，对生产要素投入组合的选择。在许多产品的生产中，生产要素投入的比例是可以改变的。在这些场合，生产者就面临生产要素投入的选择：是多投入 A 资源、少投入 B 资源，还是相反。例如，是全部使用劳动力进行生产，还是部分作业使用机器人进行生产。

第二类，对生产规模的选择。这个问题就是，如果生产什么产品已经决定，那么是选择拥有 1 000 个职工的大企业进行生产，还是选择拥有 400 个职工的小企业进行生产；或者，是选择年产 10 万吨，还是年产 1 万吨。

第三类，技术的选择。技术的选择是指是选择最先进的技术还是选择适用的技术。例如，金属零件加工，是选择铸造，还是热压或冷压成型。

上述三类问题是企业常常遇到的问题。这些问题看似简单，其实并不简单。无论是对生产要素投入组合的选择，还是对生产规模的选择，都取决于许多因素。微观经济学将会对如何回答这些问题，提供基本知识和有益的思路，并且在此基础上说明市场机制的作用。

3. 为谁生产

在这里，为谁生产这个问题是指什么人通过生产得到多大收益的问题，也即产品的销售收入如何在参与生产的各部分人之间进行分配的问题。例如，生产需要投入劳动、土地、资本三类要素，这些要素都由各自的所有者提供出来。生产完成以后，最后得到的销售收入如何在这三类要素所有者之间分配呢？这就是一个重要的选择。选择的结果决定了各类要素所有者的收入水平。收入水平的高低决定了消费水平的高低，同时又决定各类要素所有者在下一轮的投向。例如，如果在纺织厂工作的工人收入低于其他企业中同样学历和年龄的工人，那么纺织厂的工人就会离开那里，寻找更高工资的企业。要做出有利于生产发展的收入分配选择，关键是正确地评价各要素投入对生产的贡献，然后按其贡献的大小决定各要素所有者的收入。判断收入分配是否合适这个问题是很复杂和困难的，但是明显的收入分配不当还是可以发现的。在 2008 年金融风暴爆发之后，人们不是很快发现美国金融机构高管年薪明显过高的问题了吗？但是，金融风暴与过高的金融机构高管年薪之间也许隐藏着某种联系。

这三个基本选择都与资源配置问题相联系。前者是资源配置在产出方面的反映，后两者是资源配置在投入方面的反映。第一，假定生产什么和生产多少已定，而且各产出所需多少资源投入等技术因素也已定，则资源配置就被决定了。第二，如果产出数量、结构已定，如何生产的选择就是如何投入资源的选择，因此，它直接影响资源配置。第三，为谁生产的选择实质是对投入资源的评价问题。资源倾向于流向对其评价高的领域。因此，哪个领域对资源的评价高，资源自然会更多地流向哪个领域。所以资源的评价，即为谁生产的问题影响资源配置。

1.2.4　市场经济体系

什么是市场经济？首先我们来看市场的基本特征是什么。市场不仅是有形的交易场所，它更是人们为了出让或取得商品而发生的交易关系。市场行为是自愿的。运用行政命令，如强制定价和强制征收等，就不是真正的市场行为。如果市场机制是有效的资源配置机制，那么发展和建设社会主义市场经济，就要充分放开政府管制，让政府的作用被限制在真正有利于实现社会主义要求的工作方向上，而不是过度限制市场机制的作用。

图 1-2 显示了一个简单的市场关系图。市场包括商品市场和要素市场。两个市场中共有四类当事人，即商品需求者、商品供给者、要素需求者、要素供给者。如果不考虑政府对商品的购买及厂商（firm）之间的交易，则只有两类当事人：①厂商，既作为商品供给者又作为要素需求者；②家庭，既作为要素供给者又作为商品需求者。家庭将自己拥有的要素［包括劳动、资本和土地（或房产）的使用权］转让给厂商，厂商运用这些要素进行生产，再将这些产品销售给家庭。家庭在向厂商转让要素的使用权时，获得了要素的收益，如工资、利息等，他们再用这些收益从厂商手里购买各种商品。市场经济就是这样周而复始地运行的。

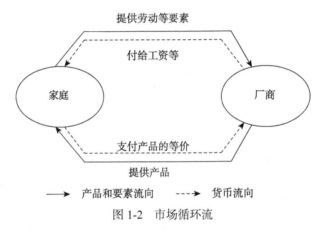

图 1-2　市场循环流

市场经济是契约经济。在市场经济中，双方当事人自愿地通过协商，就产品价格达成契约并进行交易。每个人的能力和拥有的资源可能各不相同。人们通过自愿的互通有无、相互交换，增进各自的利益。

专业化分工可以提高效率。市场交易的发展使得分工得以发展和细化。每个人的衣食住行要消费各种各样的产品。有了市场，个人不必事必躬亲、自给自足。每个人在已经形成的市场分工体系中从事某项自己擅长的工作，通过市场，以自己高效生产的产品或劳务，换取别人高效生产的产品或劳务，个人和全社会的生产效率都大大提高了。经济全球化更是将分工和交易体系普遍扩大到全球范围。各国资源在全球范围得到优化配置。目前，某些产品生产过程中质量控制不严或掺杂、使假，使得一些消费者自己动手制作放心产品。从经济学角度看，这是违反分工和效率原则的非市场化的一种倒退。市场经济不仅需要法律规则来惩罚违法乱纪者；更需要道德规范，需要契约精神，使市场的参与者自觉遵守商业道德。法制是有成本的。从此意义上说，道德是一种生产力。

市场经济体制是怎样配置资源的？它在资源配置方面效率如何？这两个问题仍然可以从三项基本选择来看。

生产什么、生产多少的问题由分散的生产者根据消费者的偏好独立决策。消费者自主决定购买什么产品，他们在用货币购买商品时，就相当于向那些商品投了货币选票，这一过程真实地传递着社会需求信息，厂商可将此作为决策的依据，自发地把资源投向社会需要的产品。厂商为了获得更多的利润，就会不断将资源投向社会需要的、受消费者欢迎的产品。

如何生产的问题，也是由独立核算的企业自主解决。为了尽可能多地获利，并使产品具有竞争力，生产者将尽可能以最低成本的方式来生产，这就存在一种自发力量来节约社会资源、提高资源使用效率，使既定数量资源发挥尽可能大的作用。

决定为谁生产的过程，就是根据当事人提供的要素数量与要素价格来决定其收入的过程。而要素价格取决于要素市场的供给与需求。各个领域平等争夺要素的过程，使得要素被最能有效利用它们的生产者获得。而为了获得更高的收入，资源所有者就将极力开发新的资源来源，人力资本所有者也将不断提升自己的知识水平和专业技能，各种资源将运用得更加充分。

1.2.5 社会主义市场经济体制

我国曾在 20 世纪 50 年代中期以后实行计划经济体制。这种体制解决上述三项基本选择的方式具有不可克服的弱点。

生产什么、生产多少的决策集中由计划部门决定。大量的资源信息、需求信息向上传递，汇总到国家或地方计划委员会。社会产出清单取决于需求信息传递的有效性，如果人们需要的信息没有渠道得到反映，不能被及时、准确地向上传递，或者信息在传递的过程中发生很大损耗或丢失，那么人们需要的产品就不会出现在政府的计划清单中。另外，各级计划委员会不完全以经济发展和人民生活需要为目标，而是根据政治的甚至意识形态的偏好来安排生产计划。更为重要的是，在计划经济时代，由于生产者缺乏来自市场的激励，缺乏产品创新的动力，各个工厂年复一年生产既有的老产品。计划委员会也只能就已有的产品进行计划。因此，计划经济体制的一个基本问题就是，人们的多种需要常常被忽略，更无法得到新产品。

如何生产的决策也由政府部门控制。几乎所有企业的投入要素都是由计划部门、物资部门或劳动人事部门掌握的。企业要想得到的各种人、才、物，都必须层层向上申请获取。由于工厂使用要素时并不真正承担成本，所以生产者缺乏节约资源的动机，向上获取资源的欲望也得不到抑制。如何生产的问题不是从节约的目标出发来解决的，生产中的浪费现象就可想而知。

为谁生产，即生产者的收入分配也由劳动人事部门控制。劳动者的报酬与其工作努力程度相脱节，缺乏激励，长期存在干多干少一个样的所谓"大锅饭"及人浮于事的现象。

尽管集中决策可以在短期内迅速动员尽可能多的资源，解决最迫切的经济问题。但是这种体制下，X 低效率严重，配置效率低下，缺乏动态效率，人民生活水平得不到提高。所以，我国在 20 世纪 80 年代全面实行改革开放，开始走向社会主义市场经济。

由于市场机制在配置资源方面发挥了基础性作用，我国改革开放以来，经济取得了高速增长和发展，各种经济成就有目共睹。当然，我国市场化改革的历史还不长，市场秩序和规则还有待改进完善。市场经济中存在的许多问题还得依靠市场制度自身的完善来解决。

我国在向市场经济转轨的过程中，仍有不少经济活动的决策权是由政府控制的。2012年以来，中央政府逐步取消、调整和下放行政审批权。这标志着市场化进程的加快，更多的活动将以市场化的方式进行。

为了保证市场交易活动秩序和有效性，必须建立以界定和维护产权为核心的经济制度。从此意义上说，市场经济就是法治经济。目前我国经济中食品安全等许多问题都与此有关。如何建立并有效实施规范的市场交易法律法规，如何真正贯彻"三个代表"的原则，从维护人民群众利益的宗旨出发，全面规范市场交易秩序，使消费者和财产所有者的权利得到保障，将是我国面临的长期而艰巨的任务。只有以公正严格的法律法规逐渐代替行政部门对经济活动的管理和制约，市场经济制度才能更加完善。

1.3　微观经济学的研究方法

1.3.1　实证分析与规范分析

对市场经济中资源配置问题的研究，可以从不同的角度出发，采用不同的方法。现代微观经济学对市场经济资源配置问题的研究，主要是采用实证的方法。实证分析（positive analysis），简单说，就是从纷繁复杂的现象和纵横交织的各种因素中，撇开次要的因素，抓住主要的因素，运用抽象思维，建立起一个相关因素间因果关系或依存关系的理论说明。这一说明是对经常发生的经济现象的一种简要的理论描述，它从理论上概括、再现复杂的经济现象。实证研究主要回答经济现象是什么，它怎样，以及为什么变化，其后果是什么这一类问题。实证分析方法的作用是描述和解释经济现象。微观经济学主要运用实证方法研究市场经济是怎样进行资源配置的。

经济学研究的是人类社会活动，而社会试验难以在有控制的条件下进行，各种不可控制的因素会干扰社会试验过程，从而影响结果的确定性。因此，经济学研究就只能通过"思想实验"，即在理论上把一些重要的经济现象再现出来，然后经过实践检验其科学性。

经济学的实证研究是通过建立一系列经济模型展开的。所谓经济模型是指用来描述与所研究的经济现象有关的经济变量之间依存关系的理论结构。建立一个经济模型必须经过下列主要步骤。

（1）设立假设前提。这些假设前提由对经济现象的归纳得到。

（2）建立有关经济变量的联系。

（3）通过逻辑演绎出结论。

实证经济学关注的是对观察到的现象进行解释和预测。在运用统计学和计量经济学的方法后，可以构造一些数学模型来进行定量分析和预测。例如，一个特定的经济学模型可以解释价格上涨 10% 是什么原因引起的，各种原因对促成 10% 的涨价有多大的作用。另一个模型则可以预测价格上涨 10% 以后，需求量将降低多少。

社会经济现象虽然很复杂，人们仍然倾向于用一些简单的模型来描述现象，这些模型中只包括少量的变量。这样做可以节约精力，从经济学上是完全可以理解的。有些模型可能不够精确，但是对于实现研究的目的来说也许足够了。

正如各种科学是探索真理的过程一样，经济学的理论及实证经济学的模型也是处在探索真理长征途中的某一站上，它们不总是正确的，只能是真实经济活动的一种不完全的、近似的写照，其科学性是相对的。

一个实证性经济学命题的科学性，可以从下面三个方面来检验。

（1）模型内部的逻辑演绎是否正确无误。这是对模型是否具有科学性的起码要求。

（2）模型是否具有解释的功能。

（3）模型是否具有预测功能。

若模型的前提与现存若干事件相近，模型的结论被后来发生的事件证实，则模型具有预测功能。若模型的结论被后来发生的事件证伪，则模型不具有预测功能。若模型的结论从未被后来发生的事件证伪，而模型的前提与现存事件相离太远，则这样的模型实际上也不具有预测功能。

微观经济学研究的大量问题是实证性的，而且某一个实证性的问题可以包含若干个相互关联的问题。例如，人们在讨论乡镇企业改制时认为，20 世纪 90 年代早期以前乡镇企业的迅速发展和良好绩效，得益于率先利用市场机制和我国曾经存在的卖方市场。而在普遍实行市场机制的充分竞争的新形势下，乡镇政府拥有企业所有权的制度制约其发展。与这个问题相关的实证研究课题有：①乡镇企业早期发展时是否处于卖方市场？卖方市场是否，以及怎样影响了这些企业的经营绩效？②乡镇政府对企业发展起了怎样的作用？在买方市场下这种作用产生什么结果？③适应于充分竞争新形势的企业决策机制是怎样的？乡镇政府的知识和信息能否支持这种决策要求？只有将这样一系列实证性的论题研究清楚，才能做出"乡镇政府拥有企业所有权制约企业发展"的判断。

微观经济学在主要采用实证分析方法的同时，还采用规范分析（normative analysis）的方法。所谓规范分析，简单说，就是首先研究判别事件优劣的标准。标准一经确立，就用它与事件进行对照，以判断事件的优劣。若事件满足标准，则事件被认为是"优"的；若事件不满足标准，则事件被认为是"劣"的。一般而言，任何未经专门训练的观察者都能对事件的优劣做出自己的判断。但是，优秀的规范分析揭示出判断问题背后诸多复杂的联系，从而可以开拓观察者的眼界、提高观察者明辨是非的能力。微观经济学的规范分析与考察市场经济如何进行资源配置的实证分析相对应，研究判断资源配置优劣的标准（第 14 章）。

一般认为，规范研究并无科学与否的问题，因为它仅取决于观察者的价值判断。例如，在乡镇企业改制中，一些企业实行了"经营者持大股"的做法，对此可以有这样一个规范性问题：是否应该让经营者持大股？对此可能有不同意见。赞成者认为，让经营者持大股有利于提高企业决策能力和经营积极性，有利于降低成本，并且可以保持企业经营的连续性，有利于稳定。反对者认为，"经营者持大股"的做法，让少数人一夜暴富，不符合公平原则，给社会注入了不稳定因素。显然，这里存在分歧的原因是对同一事情的评价标准不同。第一种意见以效率为标准；第二种意见以公平为标准。要回答这类问题中哪一种意见更为科学是不可能的，因为这里的分歧不涉及对事实的描述，只涉及对事实的评价，人们评判问题所用的标准不同，看法自然不同。因此，规范研究常常得不出一致公认的意见。不过，不同意见的争论也有助于加深对问题的认识。

由此可见，实证研究与规范研究是两种相互区别的方法，但是二者之间又存在互补的关系。这表现为在判别事物优劣的过程中需要借助实证研究的方法。只有通过设立前提、逻辑推导、演绎结论这一套实证程序，才能说明现象之间的因果关系，才能建立起一个较完整的规范分析命题。从这个意义上说，规范命题仍然有优劣高下之分，仍然是可以讨论的。例如，在回答是否应该让经营者持大股这样一个规范问题时，首先要说明经营者持大股能提高企业决策能力和经营积极性，能降低成本，并且可以保持企业经营的连续性、稳定性。只有这些实证性的判断被证实了，才能从效率的标准肯定经营者持大股的做法。与此类似，任何实证分析也都包括规范的因素。这集中体现在假设条件的取舍上。在对经济现象进行理论概括时，哪些经济因素必须保留，哪些经济因素必须舍弃，与研究者的价值判断有着极大的关系。价值判断不同，假设条件的取舍就不同，得出的实证结论也就不同。例如，对"经营者持大股可以提高企业决策能力和经营积极性，能降低成本，并可保持企业经营连续性、稳定性"的实证判断，是着眼于效率优先的标准的，如果没有这样一个规范判断的前提，就不会得出这样的命题。

1.3.2　经济理性主义的假定

如前所述，实证研究中很重要的一环是设立前提条件，而经济理性主义（economic rationality）是实证经济研究中的一个重要的假设前提。经济理性主义的假定是指，在经济实证分析中，总是假定当事人具有非常明确的行为目标，具有充分的信息和知识，在经济决策时，善于深思熟虑地进行权衡比较，找到最佳方案，以获得尽可能大的利益。在现实经济生活中，任何一个经济决策，一般而言，都会受到多种因素的影响。除了经济因素，可能还有社会的、政治的甚至意识形态因素。但是，经济因素，即投入与产出的比较，或成本和收益的比较等，显然是任何经济决策的基本考虑。

有时候经济理性主义与利他主义也不矛盾。例如，一位利他主义者为慈善事业捐赠一笔款项，但这不妨碍他希望这笔款项能够被高效率地使用，使慈善事业从这笔款项中获得尽可能大的利益。他是将经济理性主义用到了为他人获得更大满足的方向，而他自己在为他人获得更大满足时，也从中得到了自我价值的实现，这是一种更高层次的满足。

经济理性主义假定本身实际上也只是一个实证性的判断，不包括任何褒贬的含义。它反映了对人类某一方面特征的认识，即人类在经济活动领域中多数情况下是自利的。我们不得不承认这是对人性某一侧面的简单刻画（也许我们应该刻画得更全面、更丰富、更准确，但是这样做会使后续的实证分析工作难以为继。什么都想做好的企图可能导致一事无成）。运用经济理性主义假定并不意味着赞扬个人利己主义，或主张人可以是极端自私的。在商场上奋力拼搏的比尔·盖茨反而成了大慈善家。事情竟可以如此对立统一。一个悉心规划家庭开支和采购时十分精明老道的家庭主妇，无疑是符合经济理性假定的。但这不妨碍她在兄弟姐妹间分割父母遗产时，让经济条件弱于自己小家庭的弟妹获得更大份额。我们可以在承认经济理性主义假定的同时，赞赏在家庭和社会其他活动领域里谦让、助人和奉献的高尚品德。或许可以说，助人为乐可使人们通过帮助别人来获得精神上的满足，这也是一种经济理性，只不过他或她可能更看重精神的获取。不同人格的差别之一在于个人的需求层次，以及对于不同类型需求的追求程度。看重自我价值实现的个人比仅仅看重物质利益的个人在人格上更高贵。

对经济理性主义假定的另一种批评在于怀疑理性是否是充分的。因为在现实中人们的知识有限、认知能力有限、信息不充足，这些都影响到理性的充分性。不过在人们经常做的一些事情上，知识和信息相对充分，因此，在实证研究中，把经济理性主义作为前提加以设定，在一定程度上是合理的、接近现实的。

从某种意义上说，经济理性主义假定是实证分析所需要的。如果没有这一严格假定，实证分析就难以进行。如果经济活动中的人有时具有经济理性，有时不够理性，经济活动就没有规律可循，人们就难以得出符合逻辑的结论，对于理论工作就会一筹莫展。这也是符合经济学原则的，如果我们得不到最优，或者说，得到最优境界的代价太高，我们不如选择虽然不是最优但是代价也较小的方案。只要我们想得到的净收益最大就好。所以，无论如何，我们还是可以心安理得地接受并运用经济理性主义假定的。

1.3.3　均衡分析方法

在整个微观经济学的实证分析中，对经济现象的均衡（equilibrium）状态的分析（即均衡分析）占有重要地位。均衡是从自然科学中借用来的概念。经济均衡是指在其他条件不变时，对立的经济变量不再改变其数值的状态。以后通过对一个个具体经济均衡的考察，我们就会加深对经济均衡的意义的理解。均衡有客观均衡与主观均衡之分；对均衡的考察可以有静态、比较静态和动态这三个角度，也可以有局部均衡与一般均衡这两个角度。下面逐一介绍。

客观均衡是指在产品市场或要素市场上的供给量与需求量相等的状态。

主观均衡是指当事人，即消费者或厂商认为在既定的代价下获得最大利益的状态，如消费者均衡、厂商投入均衡、厂商产出均衡等。

静态均衡分析是指对均衡状态本身及其实现条件的分析，不包括对达到均衡的过程的分析。

比较静态均衡分析是指对一件事情变动一次前后，两个均衡状态的比较分析。例如，由于价格变动了，原来消费者愿意购买的数量改变了，即均衡状态改变了。那么，新均衡状态与原均衡状态之间有什么关系呢？也就是消费者新的购买量与原来的购买量相比有何变化呢？这就是比较静态均衡分析所要解决的问题。

动态均衡分析指从时间序列角度对经济现象的分析。在这里，时间是必须被考虑的因素。和静态均衡分析与比较静态均衡分析相比，动态均衡分析是比较困难的。本教程（第 7 章）只考察了一个最简单的动态均衡模型——蛛网模型。

局部均衡分析（partial equilibrium analysis）是指，在假定所有其他产品和要素价格不变的前提下，对某一种产品（或要素）市场的供给与需求的均衡分析。局部均衡分析撇开了其他产品和要素对这种产品供求的影响，这使理论明显地偏离了事实。但是，在短期内，与一些更重要的因素相比，其他产品和要素对一种产品供求的影响是较次要的。因此，这种理论上的抽象是可以被认可的。事实上，局部均衡分析对许多经济现象给出了确切的解释。

一般均衡分析（general equilibrium analysis）是对全部产品和要素同时达到市场均衡状态的分析。一般均衡也就是总体均衡。这种分析必须考虑到全部产品和全部要素之间错综复杂的全部联系。与局部均衡相比，一般均衡更接近现象和事件之间普遍联系这样一个事实。

在微观经济学中，对于主、客观均衡状态的考察，主要采取了静态和比较静态的局部均衡分析方法。

1.4　微观经济学的主要内容

微观经济学主要研究如何在市场经济中通过价格机制解决资源配置问题。交易者通过价格和一定数量商品发生联系。市场机制的作用就是价格机制或价格体系的作用。价格的变动通过人们追逐利益的动机和行为调节着资源在各部门之间的流动。资源配置的方式不止一种，但是到目前为止，市场机制仍然是资源配置的有效方式。

微观经济学的主要部分就是要描述作为资源有效配置方式的市场机制是如何运行的，也就是说明价格体系或价格机制是如何运行的。它将要回答这样一些类型的问题：各种商品的价格是怎么决定的？在价格变动时，消费者根据什么原则来调整自己的购买方案，花费其收入？厂商在考虑生产什么产品和生产多少时，价格起到什么作用？某种产品的数量和厂商的数量、规模是如何受到价格影响而被决定的？工人的工资和土地的使用费等是如何决定的？而工人的工资和土地的使用费等，在市场经济下被看做要素的价格。可见，所有这些都关系到价格的形成、价格的变动、价格形成与变动，对买卖双方行为的影响。因此，微观经济学又叫"价格理论"。

经济学发展的历史上早就存在对价格是什么、价格由什么决定这样一类问题的讨论。它们曾经甚至成为经济学讨论的主题。

古典经济学派认为，价格取决于产品中投入的劳动。英国经济学家亚当·斯密认为，财富的本质是劳动，一切领域的劳动都是创造价值的源泉。但是他有时把其他要素也看做财富的来源，因而没有把劳动价值论贯彻到底。斯密是一个伟大的经济学家，他对经济学的研究视野开阔，内容丰富，其许多理论对经济学的发展产生了深远的影响。现代微观经济学的许多基本论题还可以追溯到斯密那里去。斯密把其他要素也看做财富的来源的思想被后人发展为根据要素定价的理论。持有这种观点的人认为，产品的价格取决于在产品生产中投入的要素的价值，投入的要素越多或要素价值越大，产品的价格就越高。

19 世纪 70 年代初期，几个资本主义国家几乎同时出版了一些阐述边际效用论的著作。边际学派认为价格的基础是效用。效用是从主观角度考察的。人们消费时在心理上产生的满足就是效用。效用决定价格，一种物品能够给人带来的效用越大，其价格也就越高。

19 世纪末期，英国著名经济学家马歇尔将从供给角度提出的要素价格决定论与从需求角度提出的效用价值论两种理论进行综合，提出了新古典经济学，认为价格取决于供给与需求的相互作用。马歇尔的价格理论称为均衡价格理论，这一价格理论奠定了微观经济学框架的基础。

由于将需求与供给看做价格的共同决定因素，所以，微观经济学就要展开对需求和供给的讨论。在分散决策经济体制中，需求和供给取决于各类分散决策者及其行为，如需求取决于消费者行为、供给取决于厂商行为。因此，微观经济学还要展开对供求当事人行为的讨论。微观经济学的主要逻辑线索是：需求和供给——价格——当事人行为——资源配置。

案例 1-1：国务院取消和下放一批行政审批项目　进一步激发市场创业主体积极性
——工信部①、保监会②解读国务院再次取消和下放一批行政审批事项相关内容

新华社北京 2014 年 2 月 15 日电（记者：李延霞、刘菊花）近日国务院印发《国务院关于取消和下放一批行政审批项目的决定》，再次取消和下放 64 项行政审批项目和 18 个子项。其中，取消基础电信和跨地区增值电信业务经营许可证备案核准、取消保险公估从业人员资格核准等事项，这些事项社会关注度高，申报量和审批量大，取消和下放后受益面较广。对此，工信部、保监会进行了解读。

工信部称，取消基础电信和跨地区增值电信业务经营许可证备案核准主要考虑有两点：一是取消后受益面广。目前全国有 2 557 家跨地区增值电信业务经营者，其中 2 305 家跨地区移动网信息服务业务经营者，按照取消前备案核准管理要求，至少会设立 11 525 家分公司或子公司，办理 71 455 个备案申请，因此，取消该项审批，企业将减少分支机构设置、人员配备等，降低办事成本。二是随着技术的进步，工信部开通并且不断升级改造电信业务市场综合管理信息系统，一方面逐步实现了在线审批，另一方面着手完善备案、年检等管理功能，同时，建立信誉记录管理平台并主动向社会公示。这些事中、事后监管措施，能够帮助实现有效管理。

电信资费涉及千家万户。工信部表示，取消电信业务资费审批，主要考虑通过市场竞争来进一步推动电信业务资费水平的下降，充分发挥市场"无形的手"对资费的调控作用，全面提高电信市场经济运行效率。审批取消后，将不断完善电信资费监测制度和

---

① 全称为工业和信息化部。
② 全称为保险监督管理委员会。

体系，加强对市场资费情况的监测，同时进一步加强事中、事后监管，规范企业价格行为，督促企业做好资费网上公示等相关工作，推动企业不断提高电信资费透明度，切实保护消费者的合法权益。

关于取消"计算机信息系统集成企业资质认定"一事、"计算机信息系统集成项目经理人员资质评定"和"信息系统工程监理单位资质认证和监理工程师资格认定"，工信部称，企业作为市场主体，其水平、能力和信誉等，主要由市场评判。取消后将有利于减轻企业负担，降低准入门槛，增加市场活力。工信部将抓紧制定、出台相关标准，发挥第三方机构作用，加强事中、事后监管。

保险公估机构是指接受委托，专门从事保险标的或者保险事故评估、勘验、鉴定、估损理算等业务，并按约定收取报酬的机构。《保险经纪从业人员、保险公估从业人员监管规定》规定，保险公估机构从事保险公估业务的人员应当通过中国保监会组织的保险公估从业人员资格考试，取得《保险公估从业人员资格证书》。截至 2013 年年底，我国保险公估机构有 320 家，获得公估从业资格人员有 7.1 万人。

保监会表示，取消保险公估从业人员资格核准许可事项，将相关管理责任移交中国保险行业协会，有利于更好地释放市场活力，活跃金融市场。下一步将适时修改《保险经纪从业人员、保险公估从业人员监管规定》相关规定，明确中国保险行业协会负责保险公估从业人员资格考试管理工作，行业协会将制定相关配套制度，在资格考试、执业登记、考试系统等方面加强管理，确保政策顺利过渡，确保不会因为取消行政许可而降低准入标准、放松后续管理。

摘自《简政放权　国务院进一步激发创业主体积极性》，http://news.cnfol.com/guonei caijing/20140217/16999212.shtml。

请结合案例 1-1 回答以下问题。

为何要取消行政许可，降低准入标准，并放松后续管理？（这个问题可以在学期结束时再回答）

案例 1-2：2014 年农村土地流转补偿新标准出台

以租代征搞商业开发、土地流转乱摊派指标、村民利益诉求"被代表"……农村土地经营权流转和规模经营事关农业发展大计，然而近年来却引发了诸多矛盾。

近日，中共中央办公厅、国务院办公厅印发了《关于引导农村土地经营权有序流转发展农业适度规模经营的意见》，针对现实生产经营中出现的问题，用"三权分离"、两个"适度"、一份"负面清单"立下"新规"。

"这是继农村土地集体经营制度之后，我国农村土地集体经营制度的又一次重大突破"，中国社会科学院农村发展研究所研究员王小映说。

突破一：放活经营权，同时保障土地不被经营者随意"圈走"

随着全国大范围第二轮土地承包期过半，许多拥有承包权但是已经把土地流转出去搞经营的农民担心：他们对土地的承包权会不会丧失?这些土地会不会被现在的经营者

"圈走"？

曾是大包干发源地的安徽小岗村，近年来全村超过 4 000 亩（1 亩≈666.7 平方米）的土地被流转出去建农业示范田。但大包干带头人严金昌有着隐隐的忧虑："土地流转时间一长，会不会转着转着就收不回来了？"随着城镇化、工业化快速推进，越来越多农民进城务工，有他这样担忧的农民不在少数。

针对种种隐忧，意见明确提出，坚持农村土地集体所有权、稳定农户承包权、放活土地经营权。这样一来，具有土地承包权的农民不但可以安心地离开土地进城务工，还可以享受到土地流转带来的经济效益。"既放活了土地的经营权，又保障了承包农户的权利"，农业部部长韩长赋说。

有专家认为，"三权分离"已是很大进步，但要让农民真正吃下"定心丸"，还需要加快推进土地承包经营权确权登记颁证工作，把土地承包关系用法律的形式固定下来。

成都市新津县袁山村是较早进行农村产权改革试点的村子之一。该村村民袁福清早在 2009 年就拿到了《农村土地承包经营权证》。他说："我以前既没有什么东西能证明，也没有办法变现融资，现在有了这些法定证件，我们才感受到了法律的保护。"

中国土地学会副理事长黄小虎则认为，"三权分离"是实践中的产物，这种形态是一段时间内的过渡。从长远看，还是要解决城市化过程中农民变市民的问题。"目前，农民工在城市里就业、居住和社保都不稳定，老家的土地是他们安定的退路，'三权分离'既给农民留下后路，也放活了农村土地流转市场，激活新时期农村的活力。在这种情况下，'三权分离'具有积极意义。"

突破二：首次明确适度规模经营的"度"，防止出现"超级巨无霸"

虽然未来农业发展的方向是规模化生产，但是这在一些地方被异化为"超大规模养殖""巨无霸型种植园"，动辄一望无际的农场往往由于资金不到位、技术跟不上，或市场容量有限而被撂荒。

一位基层干部坦承：几年前"适度规模经营"的政策落到基层，唱成了"鼓励多流转、大流转"的调子。一个区，甚至一个乡镇如果没有一个流转大户，那么农业的成绩单是不好看的。在这样的背景下，一定程度上催生了上一轮部分农村的"圈地运动"。

例如，湖北省孝感市孝南区三岔镇龙岗村曾于 2011 年将全村 6 000 多亩土地整体流转给了当地一家企业，做农业经营。然而，由于农业种植收益低，巨无霸式生产成本畸高，大面积土地"返荒"，浪费了宝贵的耕地资源。

这次意见首次明确适度规模经营的"度"："现阶段，对土地经营规模相当于当地户均承包地面积 10 至 15 倍、务农收入相当于当地二、三产业务工收入的，应当给予重点扶持。"

"'适度规模'一直缺少一把尺子，部分地区上一阶段打了政策擦边球，出现盲目流转、贪大求快的问题。"中央财经领导小组办公室副主任韩俊说，发展适度规模经营，既要积极鼓励，也不能拔苗助长，要与城镇化进程和农村劳动力转移规模、农业科技进步和生产手段改进程度、农业社会化服务水平提高相适应。

国务院发展研究中心研究员程国强表示，意见中一个基本共识是，我国农业是以家庭承包经营为基础和主体的，以家庭为单位的农业生产主体是我国粮食安全的主要依靠力量，今后的农业扶持政策不能偏离了这个基本农情，因此"户均承包面积的 10 至 15 倍"实际上是现有生产条件下的家庭农场经营规模，坚持了这个导向，盲目追求超大规模种植就可避免。

"必须给大企业下乡设置一道'高门槛'。一是建立严格的准入制度，对工商企业长时间、大面积租赁承包耕地要有明确的上限控制，按面积实行分级备案；二是建立风险的动态监管机制，查验土地利用、合同履行等情况；三是建立风险保障金制度，防止损害农民土地权益，防范承包农户因流入方违约或经营不善而遭受损失"，中国社会科学院农村所研究员张晓山说。

突破三：开出四大"负面清单"，缚住滥用权力占地之手

中国耕地退化面积已超耕地总面积的 40%，违规占地搞非农建设……近年来，一些违规、违法行为屡屡吞噬耕地面积，引发人们对于粮食安全危机的担忧。

记者此前在河北、湖北等地调研发现，一个县一年拿到的建设用地指标仅有四五百亩，然而有些企业一个项目就能一次性占地 500 亩，这其中不乏当地干部"推波助澜"。为了从农民手里拿到土地，村干部欺瞒村民称是租赁土地，实际上是以租代征，搞企业开发。当地干部表示，不给土地指标，招商引资哪有吸引力？"招商引资肯定喜欢个头大一点的，需要的地肯定就要多一点。"

针对种种问题，意见一连用了四个"严禁"：严禁借土地流转之名违规搞非农建设。严禁在流转农地上建设或变相建设旅游度假村、高尔夫球场、别墅、私人会所等。严禁占用基本农田挖塘栽树及其他毁坏种植条件的行为。严禁破坏、污染、圈占闲置耕地和损毁农田基础设施。

"意见中一连串的严禁有着很强的现实针对性"，华中科技大学中国乡村治理研究中心主任贺雪峰说，上一阶段土地流转中，一些土地频频出现农地流转纠纷，其中不少就是村支两委在没有征得农民同意的情况下，把土地流转了，甚至偷梁换柱改变用途，损害农民合法权益。这种政府主导的强制性、强迫性虽然少数也有现实无奈，但是由于程序不正义，人为斩断了农民与其土地的联系，影响了返乡农民的退路，成为新时期干群矛盾"新燃点"。专家表示，意见明确土地流转的这些"负面清单"，划出了土地流转的禁区和高压线，对基层政府具有一定的约束力。不过一些地方官员表示，下一步具体怎么监管和问责地方政府仍然有待进一步完善。要防止"有禁不止"，就要完善土地管理中的执法主体和执法依据，而从目前的现状看，这两者都还有待制度健全。

摘自郭强，郑天虹.农村土地流转新政策大解读 盘点 2014 年农村土地流转补偿新标准.http://www.askci.com/chanye/2014/11/23/115220je52.shtml。

请结合案例 1-2 回答以下问题。

（1）上述报道中为何说"三权分离"、两个"适度"、一份"负面清单"是"新规"？

（2）为何要设立这些新规？

案例 1-3：水权交易与水资源的配置

水荒似乎成了永远的话题，特别是在夏日，河水枯了，泉不冒了，水龙头变细了。我国目前面临着严峻的缺水形势。如何有效利用市场机制，优化配置水资源，是一个迫切需要研究的问题。2000 年 11 月 24 日，浙江省金华地区的东阳市和义乌市签订了有偿转让用水权的协议，义乌市拿出两亿元向毗邻的东阳市购买横锦水库 5 000 万立方米水资源的永久使用权。

东阳–义乌水权交易之所以能够发生，根本上在于供给和需求的市场力量。义乌市人均水资源仅 1 132 立方米，加之自有水库蓄水不足和水污染，水源不足成为经济社会发展的瓶颈。据预测，当城市人口发展到 50 万人时，城市用水缺口将达到 5 200 万～6 200 万立方米。在义乌各种备选的水源规划方案中，区内挖潜的办法（如新建水库等）大都投资成本高、建设周期长、水质得不到保障。而从毗邻的东阳市横锦水库引水，投资省、周期短、水质好，是满足用水需求的最优方案。东阳市水资源则相对丰富，具有供给义乌用水的能力。东阳市横锦水库 1.4 亿立方米的蓄水库容，除满足本市城市用水和农业灌溉用水之外，每年汛期还要弃水 3 000 万立方米。1998 年开始的灌区设施配套建设，使横锦水库新增城镇供水能力 5 300 万立方米。东阳还可以开发后备水源，从境内梓溪流域引水入横锦水库，能够新增供水 5 000 万立方米。因此，东阳市有能力将一部分横锦水库的水供给义乌市使用，将丰余的水资源转化为经济效益。一方有需求，一方能供给，于是最朴素的市场法则促成了这笔首例跨城市水权交易。

东阳–义乌水权交易实质上是一次重大改革实践。这次事件至少有三大重要意义。

一是打破了行政手段垄断水权分配的传统。长期以来，我国的水权分配被行政垄断，主要表现为"指令用水，行政划拨"。在流域管理中，流域各地区用水通常是由上级行政分配，解决干旱季节用水或水事纠纷也主要采取行政手段。在跨区域或跨流域调水中，调水工程一般由中央或上级行政部门主导实施，对区域之间的水资源实行行政划拨，调水工程由国家包办或有很高的投资补贴。在市场经济条件下，无论是流域内上下游水事管理，还是跨流域调水，运用行政手段难度越来越大，协调利益冲突的有效性越来越差。在东阳–义乌水权交易中，由于利用行政协调速度慢、不可靠，加之自身经济实力很强，义乌选择了直接向东阳买水，运用市场机制获得用水权，这不同于以往所有的跨区域调水，突破了行政手段进行水权分配的传统。

二是标志着我国水权交易市场（简称水权市场）的正式诞生。水资源的所有权属于国家，因此水权的初始分配必须通过政府机构。但是水权的再分配并不必然通过行政手段，如果通过市场进行，就会形成水权市场。同样，水商品的分配如果通过市场来进行，就会形成水商品市场。实际生活中，我们把水权市场和水商品市场笼统地称为水市场。在自来水市场中，虽然水价还没有完全实现市场定价，但市场机制已经大量引入。而纯净水和矿泉水市场，则完全实现了市场化，桶装的纯净水每吨 500~600 元，小瓶的则每吨可高达 2 000~3 000 元，价格完全由供求决定。缺水给企业带来巨大的商机，并因此推动水商品市场迅速发展壮大。而与此同时，水资源使用权的流转却完全通过行政划拨，水权市场还是一片空白，同水商品市场形成巨大反差。东阳–义乌水权交易打破了水权市场的空白，率先以平等、自愿的协商方式达成交易，第一次形成一个跨城市的水权流转市场。

三是证明了市场机制是水资源配置的有效手段。东阳和义乌运用市场机制交易水权，双方的利益都得到了增加。东阳通过节水工程和新的开源工程得到的丰余水，其每立方米的成本尚不足 1 元，转让给义乌后却得到每立方米 4 元的收益，而义乌购买 1 立方米水权虽然付出 4 元的代价，但如果自己建水库至少要花 6 元。东阳和义乌的水权交易，将促使买卖双方都更加节约用水和保护水资源，在这里市场起到了优化资源配置的作用。如果双方通过行政手段解决问题，势必会增加两市矛盾，甚至可能发展成为水事纠纷，市场机制实质上还起到协调地方利益冲突的作用。

摘编自胡鞍钢.从东阳–义乌水权交易看我国水分配体制改革. http://www.cws.net.cn/Journal/cwr/200106/20.html。

请结合案例 1-3 回答以下问题。

（1）通过东阳–义乌水权交易的案例，是否可以理解资源稀缺的含义？

（2）通过东阳–义乌水权交易的案例，理解市场一词的含义。该例具有市场的所有特征吗？

（3）为什么会发生东阳–义乌水权交易？是需求还是供给，还是什么力量在其中起作用？

（4）这个事例是否说明，水权的再分配并不必然通过行政手段，如果通过市场进行，会更有效率？

提要

（1）资源是稀缺的，而人的需要是无限且多样的。为了解决这对矛盾就需要寻求稀缺资源有效配置的方式，这就构成微观经济学的研究对象。

（2）生产什么、怎样生产等问题是配置资源的基本问题。为谁生产的问题也关系到资源如何配置。

（3）生产可能性边界可以形象表示资源配置有效性。它表示在既定技术和资源下可能达到的最大产出。实际产出可能低于它。两种产品产量的比例反映为在生产可能性边界上的位置。实际产出的比例越接近社会需要，配置效率越高。如果发生了由技术进步导致的生产能力提高，生产可能性边界便会向外移动。

（4）微观经济学研究市场机制，即价格机制是怎样解决资源优化配置问题的。其研究方法分为实证分析方法和规范分析方法。前者描述价格机制是怎样引导厂商配置资源的，后者判断什么是资源的优化配置。

（5）经济理性主义假定是贯穿微观经济学的一个基本假定。它本身只是一个实证性的描述，不涉及价值判断。

（6）微观经济学与其他社会科学密切相关，也是财经管理类知识的基础。

复习思考题

（1）微观经济学的研究对象是什么？

（2）为什么要学习微观经济学？

（3）生产可能性边界是什么意思？资源配置有效性的含义有哪些？

（4）每一个经济体系都面临的基本选择有哪些？

（5）实证分析与规范分析各自的特点是什么？其相互关系如何？

（6）什么是经济理性主义假定？

（7）市场的特点是什么？它包含哪些要素？

第2章

需求、供给与价格机制

在近代，经济学家们认识到，价格是由需求与供给相互作用形成的。本教程遵循这样的总体思路对价格机制进行分析。本章我们首先分别分析需求和供给，再分析它们是如何决定价格的。

市场机制主要就是价格形成和发生作用的机制。懂得了价格形成和变动的规律，就基本上理解了市场机制。

2.1 需求与供给

本节分别关注需求与供给。前半段描述需求，后半段描述供给。在需求的研究中，首先关注个别消费者或者家庭的需求，它是市场需求的基础，又是作为消费者选择的结果而产生的。

2.1.1 商品价格变化与个人需求

在超市购物时，如果人们发现鸡蛋的价格比前些时候低，如 4.8 元 1 千克，就会决定多买一些，如买 1.5 千克。如果鸡蛋的价格比前些时候高，如 10 元 1 千克，就会少买一些，如只买 0.5 千克。如果 6.4 元 1 千克，就会买 1 千克。也就是说，通常人们购买商品的数量是跟着商品自身价格走的。价格越低，购买量越大。

这样，就得到了商品价格和个人需求量之间的关系，这种关系被称为个人需求（personal demand）。更确切地说，个人需求是指在一段时期内，在消费者收入及其他条件不变时，对应于商品的各个价格水平，消费者愿意并且能够购买的各个可能的商品数量。

除了图 2-1 中用需求曲线来表示个人需求外，个人需求还可以利用需求表（离散的价格与需求量之间一一对应的关系）来表现。例如，上述购买鸡蛋的例子中，运用人们在面对不同鸡蛋价格时愿意购买鸡蛋的数量，就可以制作成像表 2-1 这样的需求表。

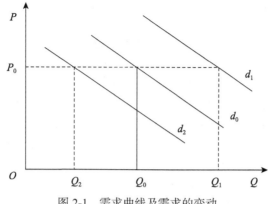

图 2-1　需求曲线及需求的变动

表 2-1　个人对鸡蛋的需求

价格/（元/千克）	4.8	6.4	8.5	10.0
需求量/千克	1.5	1.0	0.75	0.5

个人需求还可以利用需求函数（demand function）来表现。需求函数就是将价格（P）作为自变量，将需求量（Qd）作为因变量构成的函数关系式，记作：$Qd=f(P)$。降价使需求量增加，涨价使需求量减少，因此需求量 Qd 可以看成是价格 P 的单调减少函数。最简单的需求函数是线性需求函数。例如，一线性需求函数 $Qd=a-bP$，价格 P 和需求量 Qd 之间的关系是一目了然的，而参数 a、b 的选取则完全取决于其他因素的影响。当其他因素给定时，参数 a、b 就给定了，曲线的位置也能确定了[①]。图 2-1 中的各条直线就是最简单的需求曲线。

为了更好地理解个人需求，必须注意以下各点。

第一，个人需求不是指消费者实际的购买量。实际的购买量只是一个量。例如，当鸡蛋市场价格为 6.4 元 1 千克时，某人买了 1 千克鸡蛋，1 千克鸡蛋就是一个购买量。但是，个人需求并不是指某一个购买量，而是指对应于各个可能的鸡蛋价格，某人分别要买多少。所以，个人需求包括一组可能的价格和一组购买量。个人需求就是一个完整的需求表。

第二，正因为如此，个人需求是尚未发生的一系列购买量，而不是已经发生的购买量（已经发生的购买量是统计量）。从购买者角度看，个人需求主要反映了消费者选择购买方案的决策思维过程。生产者对需求进行估计，是为了预测未来各个价格上可能的需求量。因此，无论是从消费者方面还是从生产者方面看，个人需求的意义总是在于面对将来。

第三，个人需求是消费者一系列满意的购买量。满意的购买量称为满意量，或意愿量。在市场经济中，消费是分散进行的。消费者买什么、买多少完全是自主选择的结果。

第四，由于受到货币收入和商品价格的约束，消费者满意的购买量并不表现为对商品量的无限追求，而是表现为在一定约束条件下对可能的最大效用的理智追求。这也是

① 确定参数的工作暂时不研究。

"需求"这一概念的基本含义，它区别于需要和欲望。

2.1.2　收入与偏好变动引起需求变动

当一些因素给定时，我们可以单独考察需求量随着价格的变动而变动的情况，从而得到一条需求曲线。这条需求曲线反映需求量和价格之间的关系。当这些因素变动时，需求曲线本身的位置随之改变。因此，在原来价格水平上，需求量改变了。尽管在现实中，商品自身的价格，以及许多其他因素常常会同时变动，并共同影响个人对某种商品需求的数量。但是为了便于分析和讨论问题，我们将在一定的范围内严格区分：①其他因素不变时需求量随价格而变动；②其他因素变动使需求变动。

二者之间的区别在图形上表现得较为清楚。前者表现为需求曲线位置不变，需求量沿着需求曲线滑动；后者表现为需求曲线本身位置的改变。所以本小节讨论的是特定价格下收入等影响需求的因素。下面将结合图形，考察需求的变动。

在图 2-1 中，纵轴表示商品价格，横轴表示商品数量。设其他因素给定，则有一条个人需求曲线 d_0。它体现消费者的购买量和价格之间一一对应的关系。例如，当价格为 P_0 时，购买量为 Q_0。需求曲线右移（如 d_1），称为需求增加。它表明：与原来同样价格的需求量比现在的需求量增加了，并且是在每一个价格下，需求量都增加了。需求曲线左移（如 d_2），称为需求减少。它表明：与原来相比，同样价格的需求量比原来减少了。并且是在每一个价格下，需求量都减少了。这种与原来相同的价格下需求量发生变化，并且所有各个可能价格下的需求量都发生变化的情况，我们称为需求变化。与此相区别，由商品自身价格变化导致的需求量变化，我们称为需求量变化。

消费者对商品的偏好提高也会使需求增加，即在同一价格将买更多的商品。商品的预期价格也会影响需求。如果估计下期价格将上涨，则本期价格相对降低，因此本期的购买量将增加，即需求增加。

2.1.3　互补品和替代品价格变动引起需求变动

影响商品需求的还有一类重要因素，这就是相关商品的价格。

许多商品之间是互相关联的，如汽车与轮胎，计算机与打印机，数码相机与计算机，家用电器与电，这些都是互补的关系，它们相互之间构成互补品或补充品。一种商品需求量上升，会使另一种商品的需求量也相应上升。另一些商品，如萝卜和青菜，苹果和梨，激光打印机与喷墨打印机，可以互相替代，它们相互之间就是替代品。当一种商品的消费增加时，另一种商品的需求就会下降。不过有些替代品之间可替代程度强，有些则弱一些。例如，有人会认为与苹果与梨这一组替代品相比，甜桃与鲜枣之间的可替代性要差一些。如果人们对品牌没有强烈的偏好，那么不同品牌的瓶装饮用水之间就是很好的替代品。即使一个人对品牌有所偏好，也仍会认为不同品牌的瓶装饮用水之间的替代性要强于瓶装饮用水与碳酸饮料之间的可替代性。

相关商品中，一种商品价格的变动，会导致该商品需求量的变动，同时会影响它的互补品和替代品需求的变动。

例如，人们可以在网站上下载电影，因此很多人现在很少去电影院。因为可以通过电脑上网观看电视直播，所以电视机的使用量也减少了。公交车的票价上涨，有人就购买了自行车，或者如果只有一站车程，也许就干脆步行了。总之，一种商品的价格提高，使其替代品的价格相对下降，从而使替代品需求增加，即在各个价格下的需求量增加。相反则反是。

互补品是被一起使用的，因此一种商品价格提高，使其需求量下降，补充品的需求也下降。

商品可以分为替代品和互补品这一事实，对于消费者，特别是厂商来说，非常重要。因为厂商产品市场的情况，与替代品和互补品的市场密切联系。厂商不仅要关注自己产品的市场行情，也要关注相关产品市场的动向。肯德基在新城区商业中心一楼开一家新店，原来位于同一商业中心二楼的麦当劳就开始了促销优惠活动。

偏好、商品的预期价格、相关产品市场的动向，这些因素汇合成一股合力，影响个人需求。个人需求的变化取决于合力作用的方向及力量强弱，而合力作用的方向及力量强弱又取决于各因素作用的方向和力量的强弱，以及各因素之间的相互影响。

2.1.4　从个人需求到市场需求

市场需求（market demand）是个人需求的总和，是全体消费者在某商品的各个价格水平上愿意且能够购买的各个可能的数量总和。在实践中得到市场需求是非常困难的事情。在理论上可以认为个人需求是存在的，而且我们能够掌握所有消费者的需求，那么，得到市场需求并不十分困难。假设某商品市场共有 500 万名消费者。按照消费者收入及其他方面的差异，可将这些消费者分为 5 个消费集团，即 A、B、C、D、E。每个消费集团 100 万人。在各消费集团内部，由于收入及其他因素大致相同，各消费者持同样的个人需求。若在各消费集团之间比较，则消费者个人需求各不相同。这 5 种个人需求可以分别表示为

$$Q_A=100-3P$$
$$Q_B=78-4P$$
$$Q_C=102-5P$$
$$Q_D=85-7P$$
$$Q_E=50-12P$$

各消费集团愿意接受的市场最高价格分别低于 33.3 元、19.5 元、20.4 元、12.1 元和 4.1 元。因此，当价格高于 33.3 元时，市场需求量为零；当价格低于 33.3 元而高于 20.4 元时，市场需求等于 A 消费集团需求；当价格低于 20.4 元而高于 19.5 元时，市场需求等于 A 消费集团需求加 C 消费集团需求；当价格低于 19.5 元而高于 12.1 元时，市场需求等于 A、B、C 各消费集团需求之和；当价格低于 12.1 元而高于 4.1 元时，市场需求等于 A、B、C、D 各消费集团需求之和；当价格低于 4.1 元时，市场需求等于 A、B、C、D、E 各消费集团需求之和。

相应地，市场需求函数 Q 如下：

（1）若 $P \geq 33.3$，则 $Q=0$。

（2）若 $33.3>P \geq 20.4$，则 $Q=Q_A=1\,000\,000 \times (100-3P)$。

（3）若 $20.4 \geq P \geq 19.5$，则

$$Q=Q_A+Q_C$$
$$=1\,000\,000 \times (100-3P)+1\,000\,000 \times (102-5P)$$
$$=1\,000\,000 \times (202-8P)$$

（4）若 $19.5>P \geq 12.1$，则

$$Q=Q_A+Q_B+Q_C$$
$$=1\,000\,000 \times (100-3P)+1\,000\,000 \times (78-4P)+1\,000\,000 \times (102-5P)$$
$$=1\,000\,000 \times (280-12P)$$

（5）若 $12.1>P \geq 4.1$，则

$$Q=Q_A+Q_B+Q_C+Q_D$$
$$=1\,000\,000 \times (100-3P)+1\,000\,000 \times (78-4P)$$
$$+1\,000\,000 \times (102-5P)+1\,000\,000 \times (85-7P)$$
$$=1\,000\,000 \times (365-19P)$$

（6）若 $4.1>P$，则

$$Q=Q_A+Q_B+Q_C+Q_D+Q_E$$
$$=1\,000\,000 \times (365-19P)+1\,000\,000 \times (50-12P)$$
$$=1\,000\,000 \times (415-31P)$$

用类似的方法，将个人需求曲线横向相加，就可以得到市场需求曲线。与上述市场需求函数对应的市场需求曲线不是一条直线，而是弯折线。其基本特征是：随着价格下降，曲线（非连续地）越来越平缓。

由于消费者的各种购买约束，在其他因素不变时，个人需求量与价格之间呈相反方向变化的关系。这种需求量与价格之间呈相反方向变化的关系被称为需求法则（law of demand）。市场需求是个人需求的总和，所以市场需求量与价格之间也呈相反方向变化的关系，即在其他因素不变时，若价格提高，则市场需求量降低；若价格降低，则市场需求量提高。它反映了市场需求量和商品价格之间变化的一般规律。

在大部分场合，需求法则是有效的，即对大多数商品而言，其价格和需求量之间确实呈相反方向变化的关系。历史上恰恰有一件使需求法则陷入窘境的事实。英国经济学家吉芬发现，在 1845 年爱尔兰饥荒中，虽然马铃薯价格急剧上涨，爱尔兰的许多农民反而增加了对马铃薯的购买。因为，马铃薯价格急剧上涨严重影响他们的实际收入，使得他们买不起肉类食品，不得不买更多的马铃薯。像马铃薯这样价格上涨需求量也上涨的商品称为吉芬商品。不过，这种商品现在很少见。

2.1.5　供给曲线及其变动

供给曲线是一条正斜率的曲线，即它是从左下向右上倾斜的。它通常是一条曲线，但是本书为了方便，时常将它画作直线。它表明，供给的行为规律与需求正好相反，产

品的市场价格越高，生产者就越愿意供给这种产品，供给数量随价格升降而增减。

供给或供给曲线反映的是其他条件不变的情况下，商品的供给量与价格之间的正向关系。如果其他条件发生变化，上述关系也必将发生变化。

与需求变化和需求量变化有别一样，供给变化与供给量变化两者也有区别。"供给量的变化"是指供给量沿着同一条曲线上下变动；"供给的变化"则是指整条供给曲线发生变动——向左上或向右下移动。

假如现在生产要素的价格下降了，那么每单位产品的成本和与此相应的边际成本都会下降。于是，与过去比较，与任何一个供给量相对应，生产者所要求的卖价将较低。或者说，与任何一个价格相对应，生产者愿意供给的数量将增加。这种由于生产成本变化而引起的整组价格与供给数量的变化就是供给状况的变化（简称供给变化）。它表现为重新建立一张供给表，在图形上，表现为整条曲线位置的移动。在图 2-2 中，上述变动可以由供给曲线 S_0 移动到 S_1 来表示，即对任一价格（如 P_0）来说，原来的供给量是 Q_0，成本降低以后增加为 Q_1。供给曲线由 S_0 移动到 S_2，则表示供给的减少。

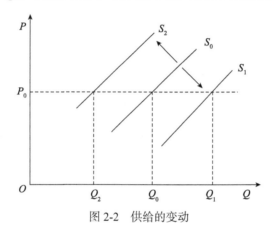

图 2-2 供给的变动

2.1.6 引起供给变动的因素

现实中很多因素会影响供给状况或导致供给曲线位置的移动。

1. 生产要素的价格

生产要素价格变动导致生产成本发生变化。例如，劳动工资的变动，原材料价格的变动和资本成本的变动，都会导致生产成本变动，从而导致供给曲线向上或向下移动。

2. 生产技术

一些新技术会提高生产效率，从而降低生产成本。采用这些新技术以后，供给曲线会向右下方移动。

3. 政府的税收和扶持政策

政府对厂商增加税收对供给的影响如同生产要素价格上升一样，会导致成本的上升，从而使供给曲线向左上方移动；而政府通过补贴等措施扶持厂商则会产生类似于降低生产成本的效果。

4. 其他商品的价格

一组要素可以有多种用途。厂商总是把要素投入获利高的用途。对农户来说，当玉米的价格上涨而小麦的价格不变时，一些原来生产小麦的人可能会转向生产玉米，小麦的种植面积减少，产量也随之减少。

5. 价格预期

如果某产品的行情看涨，厂商就会减少现在的供给，待价而沽；反之则反是。

6. 厂商的数量

在第 6 章，我们将会详细介绍厂商的供给与行业的供给之间的关系。在这里我们只要知道将厂商的供给曲线加总就可以得到行业的供给曲线。若各厂商的供给不变，某市场中生产厂商增多，该商品市场供给曲线便会右移；若生产厂商减少，市场供给曲线则会左移。

以上前 5 条因素既可以是影响整个市场的供给的因素，也可以是影响单个厂商供给的因素。而第 6 条因素，仅仅影响市场或行业供给。

在现实中，还有一些因素也会影响供给，如季节因素。每年 1 月、2 月由于春节假日较长，各种产品的产量会少于其他月份。一些季节性产品，如防寒用品和防暑用品，调整库存的需要，也使产量的季节性波动十分明显。自然灾害对产品特别是对农产品供给的影响，也是不言而喻的。金融危机时期，国外订单的减少，也会影响国内生产厂商的供给。

2.2 需求弹性与供给弹性

弹性（elasticity）是对一个因变量随自变量而变动的敏感程度的度量。它告诉我们，若一个变量变动 1%，因此引起的另一个变量将会变动百分之几。

人们经常想知道一种物品的价格变动以后，需求量将变动多少。例如，住房的价格上涨 10% 以后，其需求量会下降多少？也就是说，我们要了解一种商品需求量随价格变动而变动的幅度。这就需要借助弹性概念。

2.2.1 需求价格弹性及其度量

需求价格弹性（price elasticity of demand）就是反映价格变动百分之一时，需求量变动百分之几，即反映需求量随价格变动的敏感程度。需求价格弹性表示为

$$E_d = \frac{\Delta Q}{Q} \bigg/ \frac{\Delta P}{P} = \frac{\Delta Q}{\Delta P} \cdot \frac{P}{Q}，\text{ 或者 } E_d = \lim_{\Delta P \to 0} \frac{\Delta Q}{Q} \bigg/ \frac{\Delta P}{P} = \frac{\mathrm{d}Q}{\mathrm{d}P} \cdot \frac{P}{Q}。$$

其中，$\dfrac{\Delta Q}{Q}$ 为需求量的绝对变动量除以作为基数的需求量，它可以用百分数来表示；$\dfrac{\Delta P}{P}$

为价格的绝对变动量除以作为基数的价格，它也可以用百分数来表示；$\dfrac{\Delta Q}{Q} \bigg/ \dfrac{\Delta P}{P}$ 为需求量的相对变动与价格相对变动之比，即两个百分数之比，是一个比例系数。根据需求价格弹性定义进行运算，所得结果称为需求价格弹性系数（简称需求弹性系数）。

用比例系数来度量因变量对自变量变动敏感程度，可以避免两个可能的实际问题。第一，在不同的商品之间，由于 Q 的计量单位不同，要比较需求量对价格的变化率就失去了基础；第二，对同一种商品而言，采用的计量单位不同（如千克、吨），计算出的变化率数值就不同。在弹性系数这个表达形式中，商品和货币的计量单位都在运算中消去了。因此，这个形式是个无名数，它彻底摆脱了商品和货币计量单位的困扰。

若弹性系数大于 0，则表示自变量增加（减少），因变量也增加（减少）；若弹性系数小于 0，则表示自变量增加（减少），因变量则减少（增加）。因此，弹性系数和 0 的关系表现了因变量反应的方向。依需求法则，价格提高（$\Delta P > 0$），则需求量减少（$\Delta Q < 0$）；价格下降（$\Delta P < 0$），则需求量增加（$\Delta Q > 0$）。因此，$E_d = \dfrac{\Delta Q}{Q} \bigg/ \dfrac{\Delta P}{P}$ 恒小于 0。为了运算的简便，习惯上总取其绝对值，即 $E_d = \left| \dfrac{\Delta Q}{Q} \bigg/ \dfrac{\Delta P}{P} \right| > 0$。

通常将需求价格弹性系数分为五种类型，其中三种类型是与 1 相比来划分的。

（1）$0 < E_d < 1$，称为缺乏弹性，表示当价格变动 1% 时，需求量变动不足 1%。例如，$E_d = 0.8$，表示当价格提高 1% 时，需求量下降 0.8%。

（2）$E_d > 1$，称为富于弹性，表示当价格变动 1% 时，需求量变动则超过 1%。例如，$E_d = 1.3$，表示当价格下降 1% 时，需求量提高 1.3%。

（3）$E_d = 1$，称为单一弹性，表示当价格变动 1% 时，需求量同样变动 1%。

（4）$E_d = \infty$，称为完全弹性，表示当价格不变时，需求量变动无穷大。

（5）$E_d = 0$，称为完全无弹性，表示当价格变动时，需求量不变。

2.2.2 计算弹性的两种方法——弧弹性与点弹性

对需求价格弹性进行计算可采用两种方法。一种是弧弹性的计算方法，另一种是点弹性的计算方法。

1. 弧弹性的计算方法

设已知 $P_1 = 10$ 元，$Q_1 = 20\ 000$ 件；$P_2 = 5$ 元，$Q_2 = 80\ 000$ 件，则需求价格弧弹性

$$E_d = \frac{\dfrac{\Delta Q}{\frac{1}{2}(Q_1 + Q_2)}}{\dfrac{\Delta P}{\frac{1}{2}(P_1 + P_2)}} = \frac{Q_1 - Q_2}{Q_1 + Q_2} \bigg/ \frac{P_1 - P_2}{P_1 + P_2} = -\frac{6}{10} \times \frac{15}{5} = -1.8$$

这表示当价格上升（下降）1% 时，需求量下降（上升）1.8%，富于弹性。在这里，对弹性定义中两个基数 Q 和 P 作这样的处理，即取需求量变化前后两个基数的平均数

$\frac{1}{2}$（Q_1+Q_2）为 Q，取价格变化前后两个基数的平均数 $\frac{1}{2}$（P_1+P_2）为 P，这是从运算的合理、划一、可比这些技术角度出发的。以 P_1、Q_1 为基数，还是以 P_2、Q_2 为基数，运算的结果会不同。$E_d=\frac{\Delta Q}{Q_1}\Big/\frac{\Delta P}{P_1}=-\frac{6}{2}\times\frac{10}{5}=-6$，$E_d=\frac{\Delta Q}{Q_2}\Big/\frac{\Delta P}{P_2}=-\frac{6}{8}\times\frac{5}{5}=-\frac{3}{4}$，相差极大。如果有人以变化前的量为基数，有人以变化后的量为基数；或者，有时以变化前的量为基数，有时以变化后的量为基数，那么，势必造成混乱。而且，若以较高的价格为基数，往往弹性被高估；以较低的价格为基数，往往弹性被低估，所以，取其均值是比较适宜的。弧弹性实际就是中点弹性。

2. 点弹性的计算方法

同一条需求曲线上，各点的弹性是不一样的，这一特点可以从需求价格弹性定义公式看出。价格不同，或需求量不同，都会有不同的需求弹性。因此，有必要测定需求曲线上某一特定点的需求价格弹性。这就需要采用点弹性的计算方法。

点弹性可以在图形上得到非常直观的表现（图 2-3）。

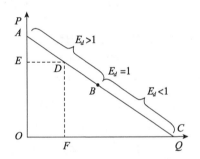

图 2-3　几何图形表示需求价格点弹性的大小

图 2-3 中，纵轴表示价格，横轴表示产量。AC 是线性需求曲线，B 是它的中点。D 是 AB 上任一点，求 D 的点弹性。过 D 点作水平线 DE 和垂直线 DF。根据点弹性公式，D 点弹性系数为

$$E_d=\frac{\Delta Q}{\Delta P}\cdot\frac{P}{Q}=\frac{OC}{OA}\cdot\frac{OE}{OF}$$

$\because \triangle AOC$ 与 $\triangle DFC$ 相似

$\therefore \frac{OC}{OA}=\frac{FC}{FD}$

$\therefore E_d=\frac{FC}{FD}\cdot\frac{OE}{OF}$

$\because OE=FD$

$\therefore E_d=\frac{FC}{OF}=\frac{CD}{DA}$

由此可以归纳出结论：设一任意线性需求曲线（为一直线）与纵轴交于 A 点，与横

轴交于 C 点。D 为直线 AC 上任意一点，B 为直线 AC 的中点，则 D 点弹性系数等于 $\dfrac{CD}{AD}$。由于 B 是 AC 直线的中点，所以可以得出进一步的结论：若点在 AB 段，则其点弹性系数大于 1；若点在 BC 段，则其点弹性系数小于 1；而 B 点的点弹性恰等于 1。B 点对应的价格正好是最大可能价格的一半。可见，当价格为最高可能价格的一半时，需求价格点弹性等于 1；当高于这个价格时，弹性大于 1；当低于这个价格时，弹性小于 1。

如果知道需求函数，可以运用需求价格点弹性的公式求解某一点的点弹性。需求价格点弹性等于需求曲线斜率的倒数乘以价格与需求量之比。

设有一线性需求函数 $Q=a-bP$（$a>0$，$b>0$），$-b$ 就是需求曲线斜率 $-\dfrac{1}{b}$ 的倒数，即就是 $\dfrac{\Delta Q}{\Delta P}$ [①]。

根据需求价格点弹性公式 $E_d=\dfrac{\Delta Q}{\Delta P}\cdot\dfrac{P}{Q}$，则有 $E_d=\dfrac{\Delta Q}{\Delta P}\cdot\dfrac{P}{Q}=-b\cdot\dfrac{P}{Q}$，取其绝对值，则 $E_d=b\cdot\dfrac{P}{Q}$。

例如，有一条需求曲线为 $Q=8-2P$。这一条曲线斜率的倒数 $\dfrac{\Delta Q}{\Delta P}$ 是常数，始终是 -2，因此该需求曲线点弹性为 $E_d=b\cdot\dfrac{P}{Q}=-2\cdot\dfrac{P}{Q}$，取其绝对值，则 $E_d=2\cdot\dfrac{P}{Q}$。

将所要求的那一个点的 P 和 Q 的具体数值代进去，即可解得具体的点弹性值。

当 $P=2$ 时，$E_d=-2\times\dfrac{2}{8-2\times2}=-1$；当 $P=3$ 时，$E_d=-2\times\dfrac{3}{8-2\times3}=-3$。

以微分方法求点弹性的方法更为简便，其公式是

$$E_d=\lim_{\Delta P\to0}\frac{\Delta Q}{Q}\bigg/\frac{\Delta P}{P}=\frac{\mathrm{d}Q}{\mathrm{d}P}\cdot\frac{P}{Q}$$

对于需求函数 $Q=8-2P$，直接可以求得

$$E_d=\frac{\mathrm{d}Q}{\mathrm{d}P}\cdot\frac{P}{Q}=-2\cdot\frac{P}{Q}$$

将所要求的那一个点的 P 和 Q 的具体数值代进去，即可解得具体的点弹性值。

对于非线性需求函数，如果掌握了其具体函数式，则可以直接利用点弹性公式求解；如果未掌握其具体函数式，而只能得到它的曲线，则可将其看做近似的直线，利用上面介绍的几何方法求解。

在图 2-4 中，设 D 为任意非线性需求曲线；C 为曲线上任一点，则 C 点的点弹性系数为 $\dfrac{BC}{AC}$。

---

① 在需求函数的反函数形式 $P=\dfrac{a}{b}-\dfrac{1}{b}Q$ 中，$-\dfrac{1}{b}$ 就是以 P 为纵轴，以 Q 为横轴的坐标系中需求曲线的斜率，$-b$ 就是其倒数。

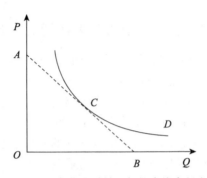

图 2-4　将非线性需求曲线看做近似的直线求得点弹性系数

2.2.3　不同弹性的需求曲线

首先考察两种特殊形态的需求曲线的点弹性。

第一种是水平需求曲线［图 2-5（a）］。这种水平的需求曲线具有特殊的经济意义，但在这里不对这一点展开讨论，而是着重说明在价格 P_0 附近，价格的变动对需求量的影响。由于需求曲线 d 是水平的，价格从 P_0 提高一点，需求量就会立即下降为零；在价格为 P_0 时，有多少商品就有多少需求量。因此，水平需求曲线的需求价格弹性为无穷大。

第二种情况是垂直需求曲线［图 2-5（b）］。垂直的需求曲线表示当价格在一定范围内变动时，需求量始终不变。需求量对价格的变动无反应，因此需求价格弹性为零。某些政府对私人产品的购买，其需求曲线可能就是垂直的。政府的购买一般不是为了盈利，而是服从于一些非经济目标。对政府来说，最重要的是所需产品能够按时买到。至于价格，只要在一定范围内，可以毫不计较。

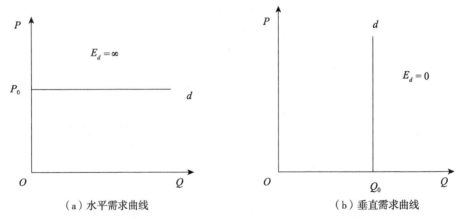

（a）水平需求曲线　　　　　　　　　（b）垂直需求曲线

图 2-5　水平的和垂直的需求曲线

第三种是双曲线式需求曲线（图 2-6）。

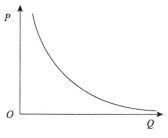

图 2-6　双曲线式需求曲线

双曲线式需求曲线的函数式为 $Q=\dfrac{a}{P}$（a 为常数）。这样，其需求价格点弹性

$|E_d|=\dfrac{dQ}{dP}\cdot\dfrac{-P}{Q}=+a\cdot P^{-2}\cdot\dfrac{P}{\dfrac{a}{P}}=+1$。就是说，双曲线式需求曲线上各点需求价格弹性均

为 1，因此，其是单一弹性。

以上第一、第二种极端的需求曲线，虽然在本书后面将会涉及（双曲线式的需求曲线例外，它缺少实际情况与之对应），但是现实中较少出现。现实中大量存在的则是负向倾斜的需求曲线。对于各种负向倾斜的需求曲线，我们如何判断它们各自弹性的大小呢？

由定义 $E_d=\dfrac{\Delta Q}{\Delta P}\cdot\dfrac{P}{Q}$ 可知，需求价格弹性大小取决于两个因素：①需求曲线斜率的

倒数 $\dfrac{\Delta Q}{\Delta P}$；②价格与需求量之比 $\dfrac{P}{Q}$。下面的讨论主要从这两点出发。

（1）对同一条线性需求曲线而言，由于其斜率是常数，所以，若价格较高，则弹性较大。若价格越低，则弹性越小。

（2）对斜率相同的两条线性需求曲线而言，在同一价格上，若需求量较大，则弹性较小；在同一需求量上，若价格较高，则弹性较大（图 2-7）。可见，B 点弹性大于 C 点弹性，却小于 A 点弹性。连接 OB 交 D_2 于 F。由于 F 点价格与需求量之比 $\dfrac{P_1}{Q_1}=\dfrac{P_0}{Q_0}$，所以 B 点弹性等于 F 点弹性。

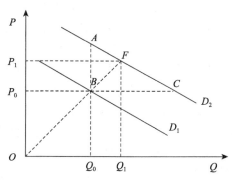

图 2-7　相同斜率时需求点弹性大小的表现

（3）若两条线性需求曲线在 A 点相交，在交点上的价格、需求量均相等，则弹性

取决于斜率的大小（图 2-8）。

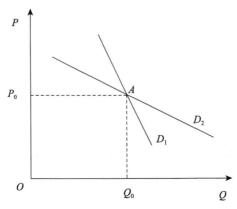

图 2-8   不同斜率时需求点弹性大小的表现

在图 2-8 中，线性需求曲线 D_1 与 D_2 交于 A。显然，在 A 点，D_2 的弹性大于 D_1 的弹性。当然，就整体来说线性需求曲线 D_2 弹性大于线性需求曲线 D_1。或者说，线性需求曲线 D_2 在各个价格上弹性都高于线性需求曲线 D_1。就是说，曲线越平缓，弹性越大；曲线越陡峭，弹性越小。今后我们会经常以较为平缓的需求曲线表示较大的需求价格弹性；用较为陡峭的需求曲线表示较小的需求价格弹性。

2.2.4   影响需求价格弹性大小的因素

现讨论影响需求曲线斜率（进而影响弹性）大小的因素。

（1）商品替代性越强，替代商品的种类越多，需求价格弹性越大。例如，某商品价格提高，由于其替代性强，需求可以急速转移到其替代品上去，从而使该种商品的需求量大大减少，即弹性大；而若商品具有完全的替代性，则弹性无穷大。反之，若替代性弱，当价格提高时，消费者不得不忍受其高价，继续维持原购买量或作稍许减少，即弹性小。

（2）时间的长短。一些有替代品的商品，当其价格提高时，在短期中，消费者未找到其替代品，不得不维持原购买量；在长期中，消费者容易找到替代品，从而减少该商品的购买量。所以，这些商品在短期，往往弹性较小；而在长期，往往弹性较大。但是有的物品，如汽车、房子，如果价格上涨，在短期，市场需求会迅速减少，但是在长期，人们不得不购买。因此，其在短期表现为弹性大，而从长期看则没有什么弹性。

（3）若一种商品的替代性与其他商品无异，而对消费者来讲有很重要的用途，则无论价格如何变动，消费者都不愿意放弃对它的购买，即弹性较小。若其重要性较差，对消费者来说是可有可无的，则当价格提高时，消费者可能减少或放弃购买；当价格下降时，消费者可能增加对其的购买，即弹性较大。

（4）若某商品在替代性和重要性方面与其他商品无异，但对商品的购买支出占消费者收入的较大比例，如对中国人来说的家用电器等，则其价格的变动会引起消费者较大的反应，即弹性较大。反之，若对商品的购买支出只占消费者收入的较小部分，如打火机、铅笔等，则弹性较小。如果消费者的收入无限大，则对任何商品的支出都只占其总收入（或潜在总收入）的很小部分，从而对任何商品的需求弹性都极小。

实际上，影响商品需求价格弹性的这些因素是综合发生作用的，如果某商品替代性很弱，却有很重要的用途，则可以肯定它的需求弹性很小。但若替代性强而用途重要，就难以直接判断了。还需要考察替代性强到什么程度、用途重要到什么程度等，这样才能比较恰如其分地判断其需求弹性的大小。如果再考虑到另外两个因素，则商品的需求弹性是四种因素合力的结果。于是，这里出现了这四种因素以不同的作用方向和以不同的作用程度综合在一起的多种组合方式，这增加了判断商品需求弹性的难度。

2.2.5　需求价格弹性与消费者支出的关系

消费者购买支出 E（expenditure）等于商品价格乘以购买数量，即 $E=Q \cdot P$。依需求法则，价格提高，市场需求量下降；价格下降，市场需求量提高。二者变动方向相反，而消费者总支出是二者之积，那么，消费者对该商品购买的总支出的变化有无一般规律可循呢？答案是有的。这取决于该商品的需求价格弹性。在以下的讨论中，消费者总支出变化的不同情况，既可以看成是对不同商品的比较，也可以看成是同一商品在不同价格下销售所引出的结果。

需求弹性大于 1 的商品，若其价格提高，则因为需求量下降的比率要大于价格上升的比率，二者之积（即消费者总支出）下降。若该种商品价格下降，则因为需求量提高的比率要大于价格下降的比率，消费者总支出提高。

需求弹性小于 1 的商品，若其价格提高，则因为需求量下降的比率小于价格提高的比率，消费者总支出提高。若该种商品价格下降，则因为需求量提高的比率小于价格下降的比率，消费者总支出下降。

需求弹性等于 1 的商品，其价格无论提高还是下降，需求量总在相反方向变动同样的比率，所以消费者总支出不变。

消费者的总支出就是生产者的总收益（$E=TR=QP$）。因此，生产者掌握总收益与商品需求价格弹性的关系，对其决策非常有意义。俗话说："薄利多销"，意思是生产者降低价格，可以提高销售量，反而可以使收益提高。根据以上分析，可以知道，这是有条件的，就是说，如果商品富于弹性，那么，降低价格，需求量增加的比率大于价格下降的比率，使总收益提高。只有在这种条件下，才能"薄利多销多获益"。反之，如果商品缺乏弹性，降低价格只能使收益降低。

有一种看法认为，降低汇率可以增加出口，减少进口。其实也不尽然。汇率降低，相当于出口商品价格降低了。商品价格降低，会使需求量增加，但能否使总收益也增加呢？这要看需求价格弹性。若商品富于弹性，则会使总收益增加；反之，只能使总收益下降。再看进口，汇率降低，会使进口商品价格提高，但这能否减少购买支出呢？这还是取决于需求价格弹性。若商品富于弹性，价格提高会使需求量按较大比率减少，从而减少购买支出；反之，只会增加购买支出。

2.2.6　需求收入弹性

如前述，消费者收入是影响需求量的重要制约因素。随着收入的提高，人们对商品的需求量一般也会提高（也有相反的情况）。但是，需求量会提高多少呢？这就需要利用需求收入弹性（income elasticity of demand）加以测度。

对需求函数 $Q=f(P, M)$，定义需求收入弹性为 $E_M = \dfrac{\Delta Q}{Q} \bigg/ \dfrac{\Delta M}{M}$，或者，

$$E_M = \lim_{\Delta M \to 0} \frac{\Delta Q}{Q} \bigg/ \frac{\Delta M}{M} = \frac{\partial Q}{\partial M} \cdot \frac{M}{Q} \text{。}$$

需求收入弹性测度当价格及其他条件不变时，消费者收入增加百分之一，会使商品需求量增加百分之几。

一般来说，正常商品的需求收入弹性大于 0，即随着收入的增加，需求量也增加。劣等品的需求收入弹性小于 0，即随着收入的增加，需求量反而下降。在正常商品内，奢侈品需求收入弹性较大，即随着收入的增加，奢侈品的需求量以较大的比率增加，生活必需品需求收入弹性较小，即随着收入的增加，生活必需品需求量以较小的比率增加。例如，在我国，随着居民收入的提高，家用电器需求量增加很多，而柴米油盐需求量增加非常有限。在图 2-9 中，纵轴表示收入，横轴表示各种商品的需求数量。A、B、C 三条曲线反映了三种商品的需求量和收入之间的关系 $[Q=f(M, P_0)]$。其中，A 曲线需求收入弹性大于 1，B 曲线需求收入弹性小于 1，C 曲线需求收入弹性小于 0。更仔细地来看，对 A 商品的需求量在消费者收入不断提高的很长一个阶段一直是 0。只是在收入提高到相当水平时，人们才对 A 商品有了需求。以后，随着收入的提高，A 商品需求量以不断提高的比率增加。可以说，A 曲线是对奢侈品的描述。

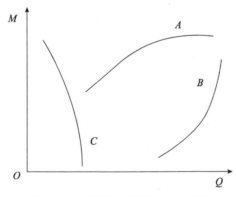

图 2-9　三种类型商品需求收入弹性

再看 B 商品。在收入处于较低阶段时，人们就开始对 B 商品有较大的需求量。以后，随着收入的提高，B 商品的需求量也提高，但其增加的比率不断下降。可以说，B 曲线是对生活必需品的描述。

C 商品需求量随着收入的提高而下降，而且下降比率不断增加，即随着收入的提高，每一次新增收入中用于购买 C 商品的支出份额不断下降。可以说，C 曲线是对劣等品的

描述。

19 世纪德国统计学家恩格尔对需求与收入之间的关系进行了经验的研究，并得出了描述二者关系的曲线——恩格尔曲线（Engel curves）。恩格尔曲线反映了一种商品的均衡购买量与收入水平之间的关系。各种商品的恩格尔曲线是不同的。图 2-9 中 A、B、C 三条曲线实际上就是理论的恩格尔曲线。在研究中，恩格尔发现：低收入家庭食品支出比例大于其他支出，高收入家庭食品支出比例小于其他支出。一般认为，这个发现具有普遍意义，因此被称为恩格尔法则。对恩格尔所发现的这一横剖面的现象，也可以从时间序列角度来理解：当收入水平较低时，家庭食品支出占总支出的比例较大；随着收入水平的提高，家庭食品支出占总支出的比例逐渐下降；当收入水平较高时，家庭食品支出占总支出的比例较小。因此这一比例可以用于判断一国的经济发展水平。这一比例，即食品支出/总支出，被称为恩格尔系数。在发展中国家，食品支出一般要占总支出的一半以上；而在发达国家，往往只有 20%以下。

2.2.7　需求交叉弹性

对于互补品或补充品来说，一种商品降价，它的需求量上升，会使另一种商品的需求量也相应上升。对于替代品来说则相反。当一种价格下降，它的消费增加时，另一种商品的需求就会下降。那么，一种商品价格变动，对相关的另一种商品需求量变动的影响程度如何度量呢？这需要用需求交叉弹性加以测度。

对商品的需求函数 $Q_A=f(Q_A, P_B, M)$，定义商品 A 对 B 的需求交叉弹性（cross elasticity of demand）为 $E_{AB} = \dfrac{\Delta Q_A}{Q_A} \Big/ \dfrac{\Delta P_B}{P_B}$，或者 $E_{AB} = \lim\limits_{\Delta P_B \to 0} \dfrac{\Delta Q_A}{Q_A} \Big/ \dfrac{\Delta P_B}{P_B} = \dfrac{\partial Q_A}{\partial P_B} \cdot \dfrac{P_B}{Q_A}$。

商品 A 对 B 的需求交叉弹性表示，当 A 商品价格和消费者收入均不变时，B 商品价格变动百分之一会使 A 商品需求量变动百分之几。

如果商品 A、B 是替代关系，B 商品价格下降，消费者由于 A 商品比价提高，而增加对 B 商品的购买，并减少对 A 商品的购买。因此，替代商品的需求交叉弹性 $E_{AB}>0$，即 B 商品价格与替代商品 A 需求量同方向变化。

如果商品 A、B 是互补关系，B 商品价格下降，其需求量会增加，从而 A 商品的需求量同时增加。因此，互补商品的需求量交叉弹性 $E_{AB}<0$，即 B 商品价格与互补商品 A 的需求量反方向变化。

正因为如此，利用需求交叉弹性可以判断商品之间是否具有替代关系、互补关系。1947 年美国司法部对杜邦公司非法垄断玻璃纸生产销售提出诉讼[①]。但法院认为，玻璃纸只是"柔性的包装材料"中的一种，其他还有包装用蜡纸、铝箔、氢氧化橡胶、聚乙烯等。玻璃纸和这些商品之间的需求交叉弹性是很高的，它们都是相近的替代品。换言之，杜邦公司在包装材料这个相对较大的市场没有垄断力量。在六年之后的 1953 年，联邦法院终于通过了著名的玻璃纸裁决，政府败诉。

---

① 沃森 D S，霍尔曼 M A. 价格理论及其应用. 北京：中国财政经济出版社，1983.

2.2.8 供给价格弹性的定义和不同弹性的供给曲线

供给价格弹性（price elasticity of supply，记作 E_S ）是指一种产品市场价格的相对变化所引起的供给量的相对变动，反映供给量的变动对价格变动的敏感程度，也就是反映当价格变动 1%时，供给量变动百分之几。它表示为供给量的变化率与价格的变化率之比，即

$$E_S = \frac{\Delta Q_S}{Q_S} \Big/ \frac{\Delta P}{P} = \frac{\Delta Q_S}{\Delta P} \cdot \frac{P}{Q_S}$$

其中， ΔQ_S 为供给量的变动量； Q_S 为供给量； ΔP 为价格的变动量； P 为价格。当 $\Delta P \to 0$ 时，

$$E_S = \lim_{\Delta P \to 0} \frac{\Delta Q_S}{\Delta P} \cdot \frac{P}{Q_S} = \frac{\mathrm{d}Q_S}{\mathrm{d}P} \cdot \frac{P}{Q_S}$$

与需求弹性的计算方法一样，供给弹性也有点弹性和弧弹性之分。因为一般情况下供给量的变动与价格变动的方向一致，所以与需求弹性不同的是，供给弹性为正值。

现在考虑最简单的供给曲线（即线性供给曲线）的情况。供给价格弹性主要有五种类型。

第一种类型 $E_S > 1$ ，它表示，供给量的变动幅度大于价格的变动幅度，称为供给富于弹性。在图形上它表现为纵坐标相交的直线，如图 2-10 中 S_1。几何作图方法可以判断供给弹性的大小。若测 S_1 曲线上 E 点弹性的大小，可作 S_1 曲线的延长线交横轴于 C，则 S_1 曲线上 E 点的弹性为

$$E_{S1} = \frac{\Delta Q}{\Delta P} \cdot \frac{P}{Q} = \frac{CA}{EA} \cdot \frac{EA}{OA} > 1$$

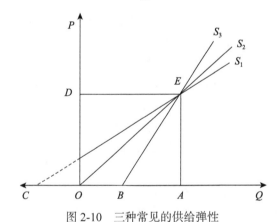

图 2-10   三种常见的供给弹性

第二种类型， $E_S = 1$ ，它表示，供给量的变化幅度与价格变化幅度相等。见图 2-10 中 S_2 曲线，即经过原点的供给曲线，该线上 E 点的供给弹性为

$$E_{S2} = \frac{\Delta Q}{\Delta P} \cdot \frac{P}{Q} = \frac{OA}{EA} \cdot \frac{EA}{OA} = 1$$

第三种类型， $E_S < 1$ ，它表示，供给量变动的幅度小于价格变动的幅度。在图形上表现为与横轴相交的直线，如图 2-10 中的 S_3。

$$E_{S3} = \frac{\Delta Q}{\Delta P} \cdot \frac{P}{Q} = \frac{BA}{EA} \cdot \frac{EA}{OA} < 1$$

综上所述，三种向右上方倾斜的供给曲线的弹性大小可以根据供给曲线的位置来判断。通过原点的，$E_S = 1$；交于纵轴的，$E_S > 1$；交于横轴的，$E_S < 1$。当然除 $E_S = 1$ 的供给曲线外，其余两种类型的供给曲线上各点的弹性系数是不同的。

第四种类型，供给弹性等于零。它表示不论价格怎么变动，供给量都不会变动。这称为供给完全缺乏弹性。在图形上它表现为一条垂直线（图 2-11）。这种情况只存在于极其珍稀和无法复制的物品上，或者由于考虑的时期过短，供给量无法调节。

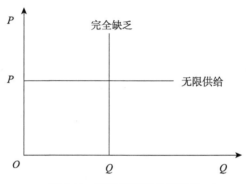

图 2-11　两种极端的供给弹性

第五种类型的供给曲线，它的 $E_S = \infty$。$E_S = \infty$ 是指价格在某一个水平上，就会有无限的供给。在图形上它表示为一条水平的直线（图 2-11）。

以上讨论的是直线性供给曲线的情况。对于弯曲的供给曲线，可以将其转化为近似的直线来处理。

上面讨论了各种不同的供给价格弹性，这种差异是什么力量造成的呢？归结起来，影响供给价格弹性的因素，大致有如下两种。

（1）调整产量的难易。产量易于调整的产品，供给弹性较大；难于调整的产品，供给弹性较小。而产量调整的难易又取决于许多因素，如：①固定资产的比重。固定资产比重大的行业产量一般难以调整，而固定资产比重低的行业则较易调整，俗话说"船小调头快"。②资本设备用途多少。若用途单一，即具有专用性，则难以将原有资本设备直接用于其他产品，调整就难。③产量增加后成本增量的大小。如果成本增量大，则供给弹性就小；反之则大。因为成本增量大意味着边际成本上升急剧，边际成本曲线陡峭。而成本增量小意味着边际成本上升缓慢，边际成本曲线也较平坦。

（2）时间的长短。即使同一行业同一产品的供给弹性也会因考察时间的长短而有大小之别。因为调整产量需要准备时间，时间越短，产品产量调整的可能性也就越小，因而供给弹性也小；时间越长，调整越充分，供给弹性也就越大。例如，电价上涨，短期内并不能导致电力供应量的明显增加，因为建设电站需要较大规模的投资，花费较长的时间。又如，房价上涨会引起房产供应量的增加，但是房屋建设周期较长，短期内价格上涨只能促使房主出售或出租已有房产，其供给量增加很有限。两三年后，由于更多开发商投资建房，所以房产的供应量会显著增加。

如果厂商运用柔性生产方式，同一套基本设备可以用来生产同类的不同产品，那么，供给弹性将大大增加。计算机技术在产品辅助设计和工艺装备辅助开发上的运用，以及生产设备的柔性设计，使得同一套基本生产设备可以较快地转向另一种产品的生产。制造业中生产柔性的大大增加，增加了短期供给弹性。不过，能这样做的厂商一般不是原子式厂商。后面，我们仍要面对原子式的厂商。

2.3 均衡价格的形成和变动

2.3.1 均衡价格的形成

通过前面两节的分析，我们已经知道市场需求曲线和市场短期供给曲线是怎么样的。接下来看看供给与需求既定情况下价格是怎么形成的。图 2-12 表示了一对既定的需求曲线和供给曲线。市场价格可能在任一水平，如在 P_1，此时由于价格较低，供给量较少而需求量较多，买者之间发生竞争，其结果是推动价格的上升直至均衡位置（E 点）。价格上升的过程中，一方面供给量会随之增加，另一方面需求量会随之减少。如果市场价格开始时在 P_2，此时由于价格较高，供给量大于需求量，卖者之间便发生竞争，其结果是推动价格下降直至均衡位置。价格在下降过程中一方面供给量会随之逐渐减少，一方面需求量会随之逐渐增加，不论初始状态下市场价格如何偏离均衡位置，供求双方相互作用的结果终究会使价格趋向均衡，即实现市场均衡。

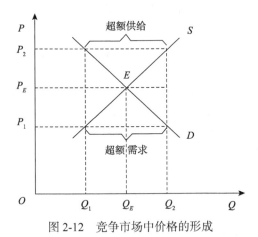

图 2-12 竞争市场中价格的形成

必须注意，这里的需求量和供给量分别为意愿量，而非事后实际成交量。因为任何一笔交易，购买量和销售量总是相等的，这种相等是恒等关系，不在我们的讨论范围之中。所谓均衡条件，就是两个意愿量相等。供给与需求双方相互作用，以趋向均衡，这就是市场机制的作用。

在已知市场需求函数和供给函数的条件下，市场均衡价格与均衡数量可通过下述方法得到。

假设 $Q_D = 39 - 9P$

　　　　$Q_S = 24 + 6P$

∵ 市场均衡条件为 $Q_D = Q_S$

∴ $39 - 9P = 24 + 6P$

$P_E = 1$（元）；$Q_E = 30$（斤[①]）

2.3.2　均衡价格的变动

　　因为市场中随时可能发生变化，当某种影响需求或供给的因素变化时，均衡就会被打破。但是，市场机制作为推动市场均衡的力量总是存在于自由竞争的市场中。当供给和需求变化时，市场机制的作用会促使新的均衡点随之产生。均衡点的变动可以通过图形直观地表现出来。图 2-13 的 D_0 和 S_0 分别表示某物原有的市场需求和市场供给，E 表示与此条件相应的均衡点。假如人们的收入增加或人口增加，则对该物品的需求也随之增加，即 D_0 移至 D_1。若供给不变，仍为 S_0，那么需求增加后新的均衡价格比原来上升，而均衡数量也比原来增多。又假如需求不变，仍为 D_0，由于技术进步，供给增加了，新的供给曲线移至 S_1。这时，新的均衡价格比原来的低，而均衡数量却比原来的多。

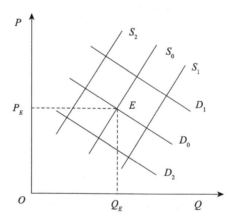

图 2-13　需求、供给变动与均衡点变动

　　例如，禽流感期间，人们对鸡鸭的需求减少了，而对作为替代品的鱼、肉的需求上升，鱼、肉的需求曲线相当于从 D_0 移动到 D_1。如果供给曲线不变，仍在 S_0，那么鱼、肉的均衡点将向右上方移动。均衡价格上升的同时促使厂商销售并生产更多的鱼、肉，鱼、肉的均衡数量也增加。

　　又如，由于保护生态的需要，国家限制对林木的砍伐，这将导致建材市场上木材的供应减少，其供给曲线向左上方移动，相当于从图 2-13 中的 S_0 曲线移动到 S_2 曲线。如果建筑和装修住房对木材的需求不变，仍然在 D_0，那么，均衡点就会向左上方移动，移动到曲线 D_0 与曲线 S_2 的交点。

　　上述两例都是假设需求或供给中有一方不变。事实上，需求和供给完全有可能同时

① 1 斤=0.5kg。

变动，而且需求和供给的变动方向也不是单向的，它们既可能增加，也可能减少。

按照上面两例的分析方法，可以对供给变动、需求变动和二者同时变动的各种可能性及其对市场均衡的影响用符号简单粗略地总结如下（　"↑"表示上升或增加，"↓"表示下降或减少；"—"表示不变；"?"表示不确定）。

（1）当 $D\uparrow \overline{S}$ 时，$P\uparrow$，$Q\uparrow$。

（2）当 $D\downarrow \overline{S}$ 时，$P\downarrow$，$Q\downarrow$。

（3）当 $S\uparrow \overline{D}$ 时，$P\downarrow$，$Q\uparrow$。

（4）当 $S\downarrow \overline{D}$ 时，$P\uparrow$，$Q\downarrow$。

（5）当 $D\uparrow S\uparrow$ 时，$P?$，$Q\uparrow$。

（6）当 $D\downarrow S\downarrow$ 时，$P?$，$Q\downarrow$。

（7）当 $D\uparrow S\downarrow$ 时，$P\uparrow$，$Q?$。

（8）当 $D\downarrow S\uparrow$ 时，$P\downarrow$，$Q?$。

上述八种可能的组合中，有两种组合的价格变动不确定，两种组合的数量变动不确定。这是因为在前提中只做了定性描述，而没有详细描述变动的程度。例如，第5种组合中价格究竟是比原来高还是低，要看需求增加的幅度大还是供给增加的幅度大。若需求增加的幅度大，价格必然上升；若相反，价格必然下降。

2.4　竞争性市场中的效率

2.4.1　消费者剩余

消费者总是会对市场价格变动做出积极反应，如果价格高，就少买些；如果价格低，就多买些。消费者总是欢迎商品价格低一些。一个人如果非常渴望得到某种物品或服务，他会愿意为之付出很高的代价。例如，在缺水的地方，他会为得到一杯水而付出很高的价格。而如果这时他实际上换取这杯水的价格低于他所愿意的，我们就说他得到了某种剩余。这就是消费者剩余（consumer surplus）。

消费者在购买商品时，有一个愿意付出的货币总额，还有一个实际付出的货币总额。在一般情况下，消费者愿意付出的货币总额大于实际付出的货币总额，其间形成一个差额，这就是消费者剩余。虽然消费者在任一价格上的购买量总是一个满意量，但满意的程度并不相同。这个差额可以用来衡量满意程度的高低。这个差额大，说明满意的程度高；差额小，说明满意的程度低。消费者剩余也就是消费者满意程度的度量。

测度消费者剩余就是要分别测度：①消费者实际支付的货币总额；②消费者愿意支付的货币总额。前者是很清楚的。若市场价格为 P_0，消费者在价格为 P_0 时的购买量为 Q_0，则实际支付的货币总额等于 $P_0 \cdot Q_0$，而后者——愿意支付的货币总额是与消费者需求（即消费者为新增商品愿意支付的价格）相联系的。

在前面，如对于鸡蛋的需求表，我们是优先确定价格，然后观察需求量变化。事实上，我们还可以换一种角度。例如，小摊贩在向你兜售水果时，你会反过来向他还价。

第 2 章 需求、供给与价格机制 **45**

你还的价格，就是以你将要购买的更多数量为前提的。如果梨子的价格本来四元一千克。在这个价格下你购买了一千克。如果小贩让你再多买一千克时，你会要求他便宜一点。实际上这时候你心里想的就是对于两千克梨的需求价格要低一些。超过这个价格，你不会再买。需求价格是指购买一定数量时，消费者所能接受的最高价格。我们在购买前，经常会估计自己能接受的需求价格。需求价格随着购买量的增加而降低。这恐怕也是需求法则的应有之义。在需求表中，我们可以先读计划购买的数量，后读需求价格。通常，借助于需求价格，我们便可以理解愿意支付的货币总额是如何随着购买量的增加而递减地增加的，因为购买数量增加时，需求价格下降了。

下面根据一个假想的资料加以说明。

表 2-2 第 1 行指的是可能的价格，也可以看做需求价格。第 2 行是一系列可能的购买量。关键是第 3 行，它表示的愿意支付额对应于购买量愿意支付的总金额。当消费者购买并消费第 1 件商品时，由于消费品稀缺，消费者情愿付出 10 元购买 1 件商品。在第 3 行愿意支付额上，与第 1 件商品对应的位置上，这 10 元就是消费者购买 1 件商品时的需求价格，也是愿意支付的总金额。若价格降至 9 元，则消费者要购买 2 件商品。因为消费者认为再用 9 元购买第 2 件产品是完全值得的。因此，9 元就是消费者购买第 2 件商品需求价格。而消费者实际上购买了 2 件商品。所以，购买 2 件商品，消费者愿意支付的货币总额就等于购买第 1 件愿意支付的价格与购买第 2 件愿意支付的价格之和，即 10 元加 9 元等于 19 元。类似地，购买 3 件商品，消费者愿意支付的货币总额为 10 元加 9 元加 8 元，即 27 元。一般来说，消费者愿意支付的货币总额等于各需求价格之和，它随着购买量的增加而增加。

表 2-2 消费者剩余

1	价格/元	10	9	8	7	6	5
2	购买量/件	1	2	3	4	5	6
3	愿意支付额/元	10	19	27	34	40	45
4	实际支付额/元	10	18	24	28	30	30
5	消费者剩余/元	0	1	3	6	10	15

第 4 行是实际支付货币总额。它是指按照统一价格购买所有数量产品所支付的金额。例如，购买 4 件商品时，每一件商品都是按照 7 元的市场价格定价交易的。实际支付货币总额也随着购买量的增加而增加，但总小于第 5 行消费者愿意支付的货币总额。

最后一行是消费者剩余。由表 2-2 可见，它随着消费量的增加而增加。

消费者剩余可以用图 2-14 来表示。根据表 2-2 作图 [图 2-14（a）]。

当价格为 5 元，购买量为 6 件。消费者愿意支付的货币总额相当于从高到低 6 块矩形面积之和，实际支付的货币总额相当于大的阴影矩形面积。因此，消费者剩余就相当于 6 块矩形减去阴影矩形剩下的部分。如果假定消费者消费量可以无限细分，就得到图 2-14（b）：曲线 d 是个人需求曲线，三角形加矩形面积相当于消费者愿意支付的货币总额，矩形面积相当于消费者实际支付的货币总额，因此，三角形面积就相当

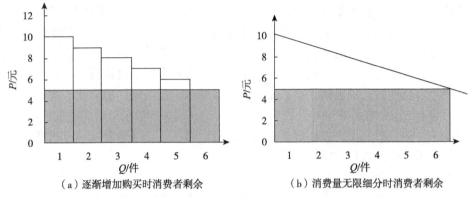

图 2-14   消费者剩余

于消费者剩余[1]。

消费者愿意用自己的钱换取某种物品或服务，一定是为了改善他自己的境况。消费者剩余就是经济学中用来描述消费者境况得到多大程度改善的一个指标。我们也可以把消费者剩余看做消费者福利，那么，消费者剩余就是衡量消费者在购买中所获福利大小的指标。它在经济学中有很重要的用途。

2.4.2   生产者剩余

我们将定义消费者剩余的方法运用于厂商，就可得到生产者剩余（producer surplus）的概念。生产者剩余是厂商按照市场价格销售一定量产品所得到的收益与厂商为提供该产品所必须得以补偿的最低金额之间的差额。

我们已经认识了市场或行业的供给曲线（实际上这是某种市场中厂商短期供给曲线。对此的详细分析将在第 6 章中介绍）。供给曲线表示了各种可能的市场价格与厂商在各个价格下愿意提供的产品的相应数量。如果市场价格高于厂商为提供该产品所必须得以补偿的最低金额，这高出的部分就是生产者剩余。

图 2-15 显示了短期生产者剩余。横坐标 Q 表示产量，纵坐标 P 表示价格、收益和成本等多种以货币计量的价值量，以后各章类似图中横坐标 Q 与纵坐标 P 也具有如此含义。图 2-15 中，曲线 S 代表某厂商的供给曲线，其上各点表示在各个可能的供应量上该厂商愿意接受的各个对应的最低价格。现在市场价格为 P，比 Q 点之前各供应量时厂商愿意接受的各对应价格都高。高出部分就可以看做厂商的生产者剩余。

2.4.3   竞争市场的效率与价格控制的效率损失

我们可以根据图 2-16 来认识竞争市场的效率。

消费者剩余是需求曲线 D 下方直至价格线（P_E 出发的水平线）的阴影区域。当消费者按照 P_E 的价格购买时，消费者获得了全部消费者剩余。消费者获得的剩余越多，福利越高，经济效率也就越高。

---

[1] 若已知需求函数，可以通过求需求函数积分的方式解得消费者剩余的量。

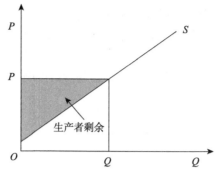

图 2-15　短期生产者剩余

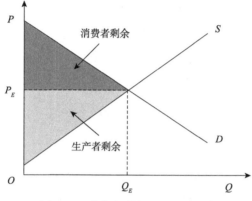

图 2-16　消费者剩余和生产者剩余

　　另外，生产者剩余是供给曲线 S 上方直至均衡价格的阴影区域，图 2-16 显示，竞争市场中达到均衡时，厂商也得到了生产者所有的剩余。消费者剩余和生产者剩余加在一起的总和达到最大化，这无疑是效率最高的表示。所以可以说，充分竞争市场中资源配置的效率最高。

　　资源配置的最优化是经济运行应该达到的重要目标，但是在现实中有很多因素会影响这一目标的实现。在本书最后部分，我们将会系统地讨论影响资源最优配置的因素及如何来纠正它们。资源配置的最优化是与其非优化相比而言的。除了本书最后部分将要讨论的外部性问题、信息问题等问题之外，人为因素，特别是对价格的控制，会影响消费者剩余和生产者剩余的充分实现。

　　如果在市场中存在对价格的控制，如限制最高定价，价格就偏离（低于）均衡价格。图 2-17 就显示出当限制最高价格时资源配置的扭曲及其效率的损失。当价格被限制在 P_1 时，供给量就会下降到 Q_1，与均衡产量 Q_E 相比，产量过少。由于产量过少，Q_1 与均衡产量 Q_E 之间本该由消费者获得的剩余就不存在；同样，由于产量过少，Q_1 与均衡产量 Q_E 之间本该由生产者获得的剩余也不存在。价格限制导致原来的生产者剩余（即浅色矩形面积）变成了消费者剩余。因此，价格控制导致消费者剩余增加了浅色矩形面积，并同时减少浅色阴影三角形面积。消费者剩余有净的增加，但是生产者剩余不仅减少了浅色矩形面积而且减少了深色阴影三角形面积。消费者剩余的增加赶不上生产者剩余的减少。浅色阴影三角形表示的消费者剩余和深色阴影三角形表示的生产者剩余两个三角形面积是福利的净损失。由此可见，这一干预使得资源配置的效率有所下降。这实际上说明，经济体系运行的各个目标之间，特别是公平与效率之间存在一定的矛盾，运用价格机制来帮助实现公平目标时，社会要为此承受一定的效率损失。同时也说明，只有在社会对消费者剩余的评价比对生产者剩余的评价高许多的情况下，这种价格控制导致的福利损失才是合算的。

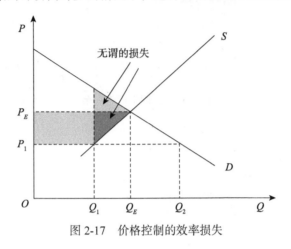

图 2-17   价格控制的效率损失

2.4.4   税收对产量和价格的影响

增加税收也有与价格限制相似的作用。假如政府对厂商某种产品增加了一定量的税收，厂商的边际成本上升，即供给曲线由原来的 S_0 上移至 S_1（两条供给曲线之间的垂直距离表示税率，实际上税率不会这么大）（图 2-18）。这时，消费者购买这种产品的价格由原来的 P_E 提高为 P_2。而生产者销售该产品实际的价格为 P_1，所以它只愿意生产 Q_1 产量。均衡产量由原来的 Q_E 减少为 Q_1。P_2 和 P_1 之间的价格差额是单位产品的税收。这样，浅色矩形阴影面积表示政府获得的税收，它由原来的部分消费者剩余和生产者剩余构成，深色阴影面积表示福利净损失。这就说明，一个经济体系必须有效、合理地使用税收，以争取在经济运行其他目标上的改善。否则，税收带来的效率损失无以补偿。

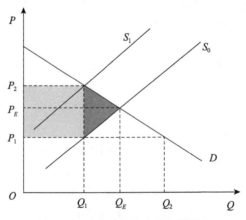

图 2-18   税收对产量和价格的影响

从上述分析可见，税收的增加使得消费者购买价格与生产者实际销售价格分离，即消费者购买价格与均衡价格分离，生产者实际销售价格也与均衡价格分离。这种分离的程度会受到供给价格弹性和需求价格弹性相对大小的影响。如果相对于既定斜率的供给曲线，需求曲线的斜率较大，即需求价格弹性较小而供给弹性较大，那么就会出现如图 2-19 所示的情况。

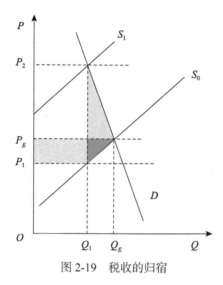

图 2-19　税收的归宿

图 2-19 显示，由于需求价格弹性较小，税收增加导致的价格上涨较多地由消费者承担，即消费者购买价格由 P_E 上涨到 P_2。税收增加导致的价格上涨较少地由生产者承担，即生产者销售价格由 P_E 下降到 P_1。相反，如果需求价格弹性较大，而供给价格弹性较小，即供给曲线斜率较大，需求曲线斜率较小，增加的税收较少地由消费者承担，较多地由生产者承担。读者可以自己作图。

图 2-19 也可用于分析在需求价格弹性较小的情况下进行最高价格限制的结果。如果 P_1 是最高限价，减少的消费者剩余，即浅色三角形阴影面积就大大增大，大大抵销由于价格下降导致的消费者剩余的增加，即浅色矩形面积。

案例 2-1：三鹿事件竟然导致豆浆机紧俏脱销

东边日出西边雨，三鹿奶粉事件后，奶粉少有人问津，越来越多的市民转而购买豆浆机回家自制豆浆，加上"十一"黄金周助力，豆浆机的销售更是出现井喷，卖到断货。2008 年 10 月 8 日，记者走访了海口大润发、家乐福、大同货仓、苏宁电器等商场超市，发现个别型号的豆浆机至今仍缺货，据销售人员说，有的型号连样品机都被买走，有的型号断货已有一周之久。

据家乐福超市国贸店九阳豆浆机的销售人员陈小姐说，"十一"期间确实出现过断货的情况，价格在 400 元到 500 元之间的几款新机，一度卖到断货，连样品机也被买走。虽然这两天厂家已经迅速补货，但仍有个别型号断货。好几位顾客只好留下联系电话预订。

陈小姐说，三鹿奶粉事件之后，越来越多的市民选择自制豆浆，豆浆机的销量因此一路上升，加上遇到黄金周，脱销在预料之中。其他品牌的豆浆机同样货源紧俏，"所剩不多了"。

在苏宁电器龙华店内，豆浆机的销售人员指着几款仅剩样机的豆浆机说，这几个型号从10月2日就已断货，至今已有一周，现在不仅有不少顾客在等着回货，连店内的员工也在等着买。

摘编自 http://foster.aweb.com.cn/2008/1009/658084413250.shtml。

根据案例2-1回答以下问题。

（1）牛奶需求变化为何这样快？

（2）豆浆机的价格在短期与长期分别有何变动趋势？

案例2-2：金融危机下的英国掠影

金融服务业一直是英国的支柱产业之一。金融危机排山倒海，金融业首当其冲，连带实体经济遭受重创。然而，英国《金融时报》希望借读者更多了解金融危机的"东风"，订阅量有所增加，报价也逆市而涨。但是，2008年10月以来，广告收入急剧下降，成本压力上升。该报目前已宣布裁员，裁员尚不涉及采编人员。金融危机也已影响到英国百姓生活的方方面面。英籍华人司机王培毅，已在伦敦生活十余年。他家本打算近期换一台液晶电视，但是由于金融危机突袭，只能无限期搁置这一计划。"不是没这笔钱！担心危机加重，不敢乱花啊。"餐桌上，猪头肉等动物头蹄及下水重新现身并走俏。20世纪50年代以来，英国绝大多数肉店已不出售这类食物。2008年9月下旬，这类物美价廉的食物重现一些大型超市。著名超市连锁店阿斯达2008年动物内脏销量与上年同期相比增长了25%。

摘自这一次我们也会挺过来——金融危机下的英国掠影. 人民日报. http://news.xinhuanet.com/world/2009-01/12/content_10642312.htm，2009-01-12。

根据案例2-2回答以下问题。

（1）金融危机导致《金融时报》的需求发生了何种变化？价格呢？

（2）为什么《金融时报》的广告收入下降了？

（3）王先生为什么推迟购买液晶电视？

（4）动物内脏是正常品还是低档品？

（5）为什么超市开始供应动物内脏？

案例2-3：取消最高零售价格限制后　部分低价药依然买不到

国家发展和改革委员会（简称国家发改委）于2014年5月初宣布，为鼓励药企生产低价药的积极性，减轻患者使用高价药的负担，取消283种低价西药和250种低价中成药的最高零售价，生产企业可在西药费用日均不超过3元、中成药日均费用不超过5元的前提下自主定价。

取消最高零售价格限制，会对药品市场有何影响？记者走访沈阳市部分药店了解到，常见的低价药目前没有出现明显的涨价，但部分低价药仍然很难买到。

"降压 0 号不仅便宜，而且效果明显，更重要的是我的老母亲服用这种药很多年了，如果换其他降压药，老人家身体会适应不了。"在文体路一家药店里，记者看到正在为母亲购买降压 0 号的齐女士，她告诉记者："服用降压药比较麻烦，有的需要一天服用多次，降压 0 号一天只吃一片，很适合健忘的老年人服用。"降压 0 号是治疗高血压的经典老药，记者在沈阳部分药店了解到，目前这种药还没有明显涨价，10 片装的一盒售价 8.5 元，相当于 0.85 元一片；30 片装的售价 23.5 元，相当于 0.78 元一片。

临床中使用最多的地高辛和毛花苷 C，是治疗心衰、抢救生命的经典老药，一片只有几分钱。在记者走访沈阳多家药店中，没有一家出售这种药。

"我现在吃的是进口药，效果还不错，不过价格贵了好几倍"，患有多年甲亢的陈女士这样告诉记者。甲巯咪唑片是她必须常年服用的药，但最近几年越来越不好买了，有时候断了药，就不得不买其他的进口药代替。

在记者走访的多家药店里，只有一家有卖甲巯咪唑片，一瓶 100 片，售价仅 18 元。个别药店会向记者推荐一种叫做赛治的进口甲巯咪唑片，50 片一盒，售价 33 元，两种药品售价相差三倍多。

国家发改委此次放开最高零售限价的低价药品种高达 533 种，涉及 1 100 多个剂型，数量相当于 2 000 多种医保报销药品的 1/4。按照要求，全国各省、市价格主管部门将在 2014 年 7 月 1 日前向社会公布本级定价范围内的低价药品清单。在记者采访市民有关低价药情况时，他们均表示很期待这一政策能够带来进一步的利好消息。

摘编自 http://finance.sina.com.cn/consume/20140522/105719191771.shtml。

根据案例 2-3 回答以下问题。

（1）国家发改委为什么取消 283 种低价西药和 250 种低价中成药的最高零售价？

（2）请根据本章有关理论，分析限制药品最高零售价会产生什么效果。

（3）请推测刚取消最高零售价限制后，部分低价药依然买不到的可能的原因。

（4）请猜测若干月后买不到低价药的情况是否会缓解。

提要

（1）个人需求是指在一段时期内，在消费者收入及其他条件不变时，对应于商品的各个价格水平，消费者愿意并且能够购买的各个可能的商品数量。因此，个人需求是指一系列商品价格和与之对应的个人需求量之间的全部关系。

（2）我们在本课程内严格区分"需求量变动"和"需求的变动"。前者表现为观察的点沿着需求曲线滑动，即需求曲线位置不变，需求量随价格变动；后者表现为需求曲线位置的改变。

（3）消费者收入的变动、对商品的偏好改变、可替代商品和互补性商品价格的变动及商品的预期价格都会影响需求，因而需求曲线会发生移动。

（4）供给或供给曲线反映的是其他条件不变的情况下，商品的供给量与价格之间的正向关系，是一条正斜率的曲线。它表明，供给的行为规律与需求正好相反，产品的市场价格越高，生产者就越愿意供给这种产品，供给数量随价格升降而增减。

（5）如果生产要素的价格变化、生产技术提高、政府的税收和扶持政策、其他商品的价格及价格预期发生变化，供给曲线将会移动。

（6）需求价格弹性反映需求量随价格变动的敏感程度。它表示为需求量的变化率与价格的变化率之比。需求价格弹性可采用弧弹性和点弹性两种方法计算。需求价格弹性系数通常分为五种类型，其中三种类型是与1相比来划分的。影响需求弹性大小的因素有许多。商品替代性与种类、时间的长短、对消费者的重要性及该商品支出占消费者收入的比例等因素，都会影响其需求价格弹性。

（7）供给价格弹性是反映供给量的变动对价格变动的敏感程度。它表示为供给量的变化率与价格的变化率之比。供给价格弹性主要有五种类型。

（8）均衡价格是由既定供给与需求的相互作用形成的。若价格较低，供给量较少而需求量较多，则买者之间发生竞争，其结果是推动价格上升直至均衡位置。如果市场价格较高，供给量大于需求量，卖者之间便发生竞争，其结果是推动价格下降直至均衡位置。需求和供给变动后，均衡价格随之变动。

（9）消费者剩余是消费者愿意付出的货币总额大于实际付出的货币总额而形成的差额。市场价格越低消费者剩余越大，故它可以衡量消费者通过市场交易获得的福利。

（10）生产者剩余是厂商按照市场价格销售一定量产品所得到的收益与厂商为提供该产品所必须得以补偿的最低金额之间的差额。

（11）充分竞争市场中，消费者和生产者各自得到充分的消费者剩余和生产者剩余，因而资源配置的效率最高。限制价格和税收会造成福利的净损失，降低效率。

复习思考题

（1）什么是个人需求？怎样区分需求量的变动和需求的变动？

（2）影响个人需求的因素有哪些？

（3）什么是需求法则？它是否有例外？

（4）什么是消费者剩余？它度量什么？

（5）什么是生产者剩余？它度量什么？

（6）市场均衡价格是怎样形成的？它会因哪些因素而变动？

（7）2004年7月南京公交车价格从原来的0.6元上涨为0.7元，7月乘坐公交车的人次数从以前的大约3 000万次，下降为2 900万次。此时南京公交车的需求价格弹性为0.22：①请判断这个需求弹性大小。②请估计8月、9月的需求价格弹性（仍以7月以前的人次为初始数，判断与7月的弹性相比是大还是小），并请说明为什么。

第3章

消费者行为

第 2 章我们通过经验和直观感受，对需求进行了描述。与需求这两字紧密联系的是消费者行为。本章就是要描述消费者的行为。

每一个人都是消费者。我们经常要考虑在哪里吃饭，买什么早点，是打车还是乘坐公交车，在网上购物还是去逛街，是看场电影还是去唱歌。我们总是处在各种消费选择中，总是想把自己稀缺的货币收入和时间配置得更为合理。本章研究消费，为的是把消费者平常经历的无数次消费行为中蕴藏的共同点找出来，并用理论将其概括描述出来，以便找到其中的规律。通过这一描述，我们可以进一步理解需求法则。

3.1 效用与消费者行为

3.1.1 效用和满足

人为什么要消费物品或劳务？因为人有欲望。一个人消费了某一种物品或劳务，就可以得到一种特殊欲望的满足，每一种具体的物品或劳务的消费可以带来不同类型的满足感。我们把各种具体的不同类型的满足感（如享受美味的满足感和穿新衣的满足感）抽象出来，那就是一般的满足感。个人在消费过程中获得的满足感只有自己知道，同一种物品和劳务给人带来的满足感是因人而异的。所以，消费的效果不能用某一种外在的、客观的指标来衡量。

首先，消费效果不能用商品物理量来衡量。因为在一定时间里，消费量大但消费效果并不好的例子并不少见。例如，饭吃得过饱，酒喝得太多，效果都不好。不同人对同一种商品消费量的要求可能大不相同，有人饭量大，有人饭量小，用单一的消费数量的多少来衡量消费效果就更不行了。再说，不同种类商品的数量无法相加，各种商品组合带来的总的消费效果更无法度量。

因此，消费效果只能取决于消费者自己在某种条件下对某种商品的消费中产生的主观心理感觉，即满足程度。消费者在消费活动中获得的满足程度称为效用（utility），它是衡量消费效果的综合指标。如果消费者在消费活动中获得较大的满足程度，则认为其效用较高，即消费效果较好；如果满足程度较低，则认为其效用较低，即消费效果较低。

效用有两个特性。

第一，效用是中性的。效用只是指消费者在消费活动中获得的满足程度，而不包含任何价值判断，即说某种商品有效用，并不意味着说那种用途是好的、合乎道德或法律的。微观经济学对消费的考察，只局限于消费活动对消费者个人有何影响这一侧面。至于消费活动其他更广阔的方面，如道德的、法律的，甚至政治的各个侧面及各侧面之间的联系，都留待其他学科解决。

第二，效用具有主观性。例如，辣椒、葡萄和巧克力，对不同的人来说，消费效果就可能不同；对同一个人来说，在不同的条件下，消费效果也可能不同。

某个消费者去菜场买菜，只买鸡蛋而不买猪肉，是因为他认为同样的货币支出，购买鸡蛋比购买猪肉将给他带来更大的满足程度，即更大的效用。在经济理性主义的假定条件下，消费者足够精明，在购买商品时会对各种商品的效用进行精密的计算，再决定购买什么，购买多少。可能正是基于这种考虑，早期边际效用经济学家认为消费的满足程度（即效用）可以在数量上用一种统一的、单一的单位来精确地加以衡量。这种统一的、单一的单位称为效用单位。这样，一切商品的效用都可以用1个效用单位，或2个效用单位，或3个效用单位，……，或 n 个效用单位精确地度量。这种用1、2、3等基数加以测度的效用称为基数效用，相应的理论分析被称为基数效用论。例如，对一个消费者 A 来说，消费1斤鸡蛋可以获得18个效用单位的效用，消费1斤猪肉可以获得20个效用单位的效用。如果这个消费者先消费了1斤鸡蛋，接着又消费了1斤猪肉，则这个消费者一共可以获得38个效用单位的效用。又如，对另一个消费者 B 来说，消费1斤鸡蛋可以获得10个效用单位的效用，消费1斤猪肉可以获得35个效用单位。可见，消费者 A 比消费者 B 更偏爱鸡蛋，消费者 B 比消费者 A 更偏爱猪肉。

在基数效用假定下，对所有消费者而言，从对各种商品的消费中获得的效用没有质的不同，只有量的差异，即只简单地表现为效用单位多少的不同。这样，消费不同的商品，其效用可以比较，也可以加总。

3.1.2 总效用和边际效用

消费者的需要是多方面的，而可供支出的货币收入又是有限的。消费者在准备花去的货币量 M 既定，各种备选商品价格 P 既定的情况下，应该怎样购买呢？理性的消费者购买商品是为了获得最大的效用总量，即总效用（total utility）最大。总效用就是一定时期内，消费者消费一定量商品所获得的总满足感。

在商品价格和消费者收入既定的条件下，理性的购买者为了使购买的效用最大，必然仔细盘算：如何将收入分配于各种商品？各种需要的商品分别要购买多少？理性的消费者甚至必然会更精心地研究：所需要的某种商品若多购买一个单位，会使总效用增加多少；少购买一个单位，会使总效用减少多少。多买一个，还是少买一个的调整就是一种边际变换，而不是要么全买，要么不买的零一变换。这就涉及经济学的重要概念，即边际效用。

边际效用（marginal utility）就是当商品的消费量（即购买量）增加一点时总效用的增加量。边际效用是本教程的第一个边际概念。在经济生活中边际变换现象存在普遍性，在以后的论述中还将遇到多个边际概念。在微观经济学和宏观经济学中，边际分析都具有非常重要的意义。

在对一种商品的消费中，总效用和边际效用直接与商品的消费数量相联系。例如，一人到某家做客，主人上茶。在喝茶过程中，可能会出现下面情况。第一杯茶递上来，色香味俱全，客人慢慢地喝，细细地品；第一杯喝完，再上茶，色香味同前，但客人感觉比第一杯差多了，但尚能调动客人饮茶的积极性；又喝完，再上茶，茶水仍同前，客人感觉麻木，若不是因为渴得厉害便不会愿意再喝。三杯水喝下去，肚皮里波涛汹涌，眼睛看着上来的第四杯茶，只有恶感而无丝毫兴趣，只有婉言谢绝。这个例子很好地反映了总效用、边际效用和商品消费量之间的关系。可以认为：该消费者喝第一杯茶时感觉最佳，获得 10 个效用单位的效用，喝第二杯则感觉次之，获得 5 个效用单位的效用；喝第三杯已很勉强，获得 1 个效用单位的效用；见到第四杯已起恶感，若喝下去反而会使总效用减少 2 个效用单位（表 3-1）。

表 3-1　茶的总效用、边际效用和消费数量的关系

消费数量	边际效用	总效用
1	10	10
2	5	15
3	1	16
4	−2	14

从表 3-1 看，随着消费数量的增加，边际效用在不断减少；在一定范围内，总效用在不断增加，但增加的量逐渐减少。从经验上看，在喝茶中反映出来的总效用、边际效用和商品消费量之间的关系似乎是相当普遍的。据此，微观经济学认为在消费活动中存在一条普遍规律——边际效用递减法则（law of diminishing marginal utility）。它可以表述为：在一定时期内，边际效用随着商品消费量的增加而不断减少。它也可以表述为：在一定时期内，总效用随着商品消费量的增加而增加，但总效用增加的量不断减少。

一种商品边际效用的大小，主要取决于商品消费量的大小，当消费量很小时，消费者的欲望尚未得到满足，从而需要强度很高。这时若增加一点消费量，便会感到很大满足，总效用增加很多，即边际效用很大。当消费量很大时，欲望已经在很大程度上得到满足。这时再增加消费量，只能使总效用增加很少，即边际效用很小。就是说，边际效用与需要强度同方向变化，与消费量反方向变化。换言之，商品越稀缺，消费者越不易得到，或者说得到的消费量越少，则边际效用越大。相反，一种商品尽管是消费者所必需的，然而其供给非常丰富，消费者得到这种商品毫不困难，从而消费量很大，则其边际效用反而较小。

说到边际效用，还应该注意两点。第一，边际效用一般大于零。由于消费者是理性的，消费活动被精心控制在消费效果最好的范围内。因此，在边际效用还没有为负时，

消费就已停止了。在这里，只是抽象地考察边际效用和消费量之间的关系。如果考虑到制约消费的因素，消费活动就会在更加远离边际效用等于零的时候就停止了。在表 3-1 中边际效用等于"–2"只是一种假想的情况，即如果消费第四杯茶，将使总效用降低两个效用单位，而不是指实际的消费。第二，边际效用和消费量之间的变化关系具有重复性。消费者喝足了茶，其边际效用近乎于零。这是不是说，以后消费者再喝茶，茶的边际效用总近乎于零？不是的。茶的边际效用从 10 至 –2 的变化，只是就一段时期而言的。过了一段时期，消费者的生理、心理发生了变化，口变干、舌变燥，心中又在呼唤茶的到来。尽情享受第一杯茶色香味的急迫需要，使茶的边际效用重新提高到 10 个效用单位。接下来的消费重复前面的过程。

在对消费者行为的描述中，边际效用递减法则是通过对经验的归纳得出的，它不能通过逻辑推理加以证明，而只能作为公理（大多数人可能愿意接受的），作为整个理论的前提加以设定。但是，这不是说不能对它做出任何的解释。下面是对边际效用递减的几种解释。

第一种解释：假设初始状态是商品较稀缺，从而边际效用大于零。假定消费者的消费不受任何因素的制约，如可能他的货币收入无限大。在理性消费的推动下，对该种商品的消费量一直提高到总效用最大时为止。而根据微积分原理，这时边际效用等于零。可见，在这个消费活动中，边际效用由大于零下降至零，是递减的。

第二种解释：生理学知识告诉我们，人对于反复刺激做出的反应趋于下降。在消费活动中，消费提供了刺激，对此的反应就是满足程度的增加。说对反复刺激的反应递减，无异说随着消费量的不断提高边际效用递减。因此，边际效用递减是一条生理学真理。

第三种解释：假定一种商品有重要性不同的多种用途，即对消费者而言，分别增加 1 单位的消费量，消费者总效用的增加量是不同的。由于这种商品的数量有限，消费者将以商品用途的不同重要性为序，把商品分配于不同的用途，以满足各种需要。例如，对水的消费情况见表 3-2。

表 3-2　水的总效用与边际效用

消费量	饮	洗	浇	边际效用	总效用
1	10	0	0	10	10
2	10	7	0	7	17
3	10	7	3	3	20

在这个消费者看来，消费 1 个单位的水，用于饮或洗或浇三个用途分别可使总效用提高 10 个、7 个、3 个效用单位。如果只能消费 1 个单位的水，消费者只能弃洗、浇两用途不顾而全部用于饮。这时总效用可增加 10，即边际效用为 10。若能消费 2 个单位的水，消费者将其首先用于饮，其次用于洗。消费第 2 个单位的水（即最后 1 单位的水）使总效用增加 7，即边际效用为 7。而总效用为 10+7=17。若能消费 3 个单位的水，则消费者的饮、洗、浇三种需要皆能满足。消费第 3 个单位的水（即最后 1 单位的水）能使总效用增加 3，即边际效用为 3。此时总效用为 10+7+3=20。可见，随着消费量由 1 至 2 再至 3 的增加，边际效用从 10 降至 7 再降至 3，即边际效用递减。

3.1.3 效用曲线和效用函数

在直角坐标系中，表 3-1 的数字可以绘制成效用曲线，这样，总效用与消费量之间的关系，以及边际效用与消费量的关系都可以得到更为直观的表现（图 3-1）。

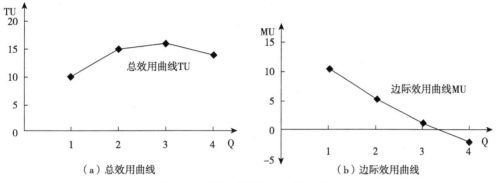

图 3-1　总效用曲线与边际效用曲线

图 3-1（a）中，纵轴表示总效用，横轴表示消费量。消费量从 0 开始，由 1 个单位依次增加到 4 个单位，总效用相应地由 10 增加到 15、16、最后下降到 14。图 3-1（b）中，纵轴表示边际效用，横轴表示消费量。消费量从零开始，由 1 个单位依次增加到 4 个单位的过程中，边际效用相应地由 10 依次递减到 5、1，最后下降到–2。

为了方便研究，在理论上往往假定消费量是可以无限细分的（且连续变化的），即消费量每次变动非常小，同时存在与每一消费量一一对应的总效用，这样就可以得到一条平滑的总效用曲线和与其相对应的边际效用曲线（图 3-2）。

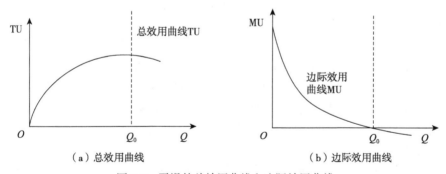

图 3-2　平滑的总效用曲线和边际效用曲线

总效用是商品消费量的函数。总效用函数表示为 $TU=f(Q)$，其中，TU 表示总效用，Q 表示商品消费量。

总效用曲线凹向横轴。在消费量未达 Q_0 以前，总效用曲线向右上方倾斜，表明随着消费量的上升，总效用也上升；在消费量超过 Q_0 以后，总效用曲线向右下方倾斜，表明随着消费量的继续上升，总效用反而下降。曲线的凹性使总效用曲线的斜率随着消费量的增加而不断下降，这表明随着消费量的增加，总效用的增加量不断下降。这就表明随着消费量的增加，边际效用不断下降，因此边际效用曲线向右下方倾斜。

边际效用是总效用的增量与消费量的增量之比，即

$$MU = \frac{\Delta TU}{\Delta Q}$$

其中，MU 表示边际效用；ΔTU 表示总效用的增加量；ΔQ 表示消费量的增加量。

总效用和边际效用之间的数量关系具有一般性。其他总量和边际量之间也具有类似的关系。

结合效用曲线和效用函数，可以看到总效用与边际效用之间具有下列关系。

（1）边际效用是总效用曲线的斜率，反过来，总效用的值就是各个边际效用的累计，或边际效用曲线下的面积。

（2）当消费量较少时，边际效用较大，而总效用较小。

（3）若边际效用大于零，则随着消费量的增加，总效用递减地增加。

（4）当消费量较多时，边际效用较小，而总效用较大。

（5）当边际效用等于零时，总效用达最大。

（6）若边际效用小于零，则随着消费量的增加，总效用反而下降。理性的消费一般不会达到这个阶段。

3.1.4　消费者均衡

理性的消费者购买商品是为了使总效用达到最大。理性的消费者不仅明了购买的目标，而且也具备实现目标的信息手段。他不仅掌握有关市场供求及价格的全部信息，而且也掌握各种商品的消费量与其总效用之间的关系，做到了"知己知彼"。这样，消费者自主地在市场上进行选择，仔细权衡，就有可能实现效用最大的购买目标。

另外，消费者的购买又受到若干因素的制约。其中最重要的有 M——消费者收入，这是指消费者在某次购买中准备支付的最大货币额，以及 P——商品价格。由于这两个因素的制约，尽管对有些商品的消费可以给消费者带来很大的满足，但对这些商品的实际购买却可能不得不予以压缩。在这里，不考虑借债度日的现象。这样，消费者的收入就构成了对消费者购买非常硬的约束不能被突破。由于消费者的购买预算约束（budget constraints）是非常硬的，而支付商品价格又是消费的前提，因此，消费者不得不在众多购买方案中进行选择，精心计算，以求最大效用。下面通过一个假想的例子，考察消费者的选择过程。假定可供消费者选择的有四种商品，它们分别是商品1、商品 2、商品 3、商品 4，消费者完全明了各种商品的消费量与边际效用之间的关系，四种备选商品的边际效用见表 3-3。

表 3-3　四种备选商品的边际效用

n	1	2	3	4	5	6	7	8
MU_1	50	45	40	35	30	25	20	15
MU_2	16	14	12	10	8	6	4	2
MU_3	11	10	9	8	7	6	5	4
MU_4	4	3.6	3.3	3	2.5	2.2	2	1.7

n 代表四种商品的消费数量。很显然，当消费 1 个单位的商品时，一个单位商品 1 带来的满足程度（50 个效用单位）最大，一个单位商品 4 带来的满足程度（4 个效用单位）最小，商品 2 和商品 3 居中（分别为 16 和 11 个效用单位）。似乎，消费者会首先购买一件商品 1，然后再考虑购买商品 2、商品 3、商品 4，但事实并不如此。在购买活动中，消费者具有追求最大效用的强烈冲动，同时又不得不面临消费者收入和商品价格的钳制。后者使消费者理智起来。假定消费者收入 M=12 元，商品价格分别为 P_1=10 元、P_2=2 元、P_3=1 元、P_4=1 元。消费者理智的选择涉及边际效用、价格和预算约束这三个因素。

消费者要比较四种商品的边际效用与价格之比的大小。商品边际效用与价格之比，即 $\dfrac{MU}{P}$ 的经济意义是什么呢？它表示购买某种商品的单位货币（每 1 元货币）的支出使消费者总效用的增加。换言之，$\dfrac{MU}{P}$ 表明每 1 元货币的使用效率。理性的消费者力求使每 1 元货币的支出都达到最高效率。因此，他要比较各种商品边际效用与价格之比的大小，即比较在各个消费量水平上 $\dfrac{MU_1}{P_1}$、$\dfrac{MU_2}{P_2}$、$\dfrac{MU_3}{P_3}$、$\dfrac{MU_4}{P_4}$ 的大小。例如，若在某个消费量水平上，$\dfrac{MU_1}{P_1} > \dfrac{MU_2}{P_2}$、$\dfrac{MU_3}{P_3}$、$\dfrac{MU_4}{P_4}$，则消费者将继续购买商品 1，而不购买商品 2、商品 3、商品 4。消费者在支出每 1 元时都作这样的考虑。消费者经过精密计算，得到表 3-4。

表 3-4　四种备选商品的边际效用价格比

n	1	2	3	4	5	6	7	8
MU_1/P_1	5	4.5	4	3.5	3	2.5	2	1.5
MU_2/P_2	8	7	6	5	4	3	2	1
MU_3/P_3	11	10	9	8	7	6	5	4
MU_4/P_4	4	3.6	3.3	3	2.5	2.2	2	1.7

注：M=12 元；P_1=10 元；P_2=2 元；P_3=1 元；P_4=1 元

消费者还要考虑对各种商品购买的支出总额不能突破收入约束，即购买必须满足 $P_1 \cdot Q_1 + P_2 \cdot Q_2 + P_3 \cdot Q_3 + P_4 \cdot Q_4 \leqslant M$。

这样，消费者开始选择。首先，他发现虽然消费 1 件商品 1 能给他带来 50 个效用单位的满足，但由于商品 1 的价格太高，用于购买 1 件商品 1 的每 1 元货币只能给他带来 5 个效用单位的效用。因此，购买商品 1 的货币支出的使用效率不高，消费者不能首先考虑购买商品 1。其次，他发现虽然消费 1 件商品 3 的满足程度不算高（11 个效用单位），但是由此支出的 1 元货币却可使他获得 11 个效用单位的效用，所以商品 3 处于所有购买之首。因此，消费者决定首先支付 1 元货币购买 1 件商品 3。再次，消费者又购买了第 2 件、第 3 件商品 3，共支出 3 元货币。然后，消费者发现，在购买第 4 件商品 3 和第 1 件商品 2 中支出的每 1 元货币同样可带来 8 个效用单位的效用。就是说，在这两次购买中货币的使用效率是一样的，而且是最高的。因此，消费者继续支出 3 元，购买 1 件商品 2 和第 4 件商品 3。接着，消费者又购买了第 2 件商品 2 和第 5 件商品 3。在这两次购买中，每 1 元货币同样可带来 7 个效用单位的效用。最后，消费者又购买了第 3 件商品 2 和第 6 件商品 3，在这两个购买中每 1 元货币的获益恰好是 6 个效用单位。

这样，消费者没有购买商品 Q_1 和 Q_4，购买了 3 件商品 Q_2 和 6 件商品 Q_3，购买支出是 12 元恰好等于购买预算。在购买（即消费）中消费者获得的总效用

$$TU = TU_2 + TU_3$$
$$= \sum MU_2 + \sum MU_3$$
$$= （16+14+12）+（11+10+9+8+7+6）$$
$$=93$$

在上述条件下，消费者的选择所获得的 93 个效用单位的效用是最大效用。如果改变这一购买方案，而采取其他任何一种购买方案。例如，增加商品 3 而减少商品 2，或者增加商品 2 而减少商品 3，或者减少商品 2 和商品 3 而购买商品 1 或商品 4，等等，都只能使总效用下降。既然这个购买方案使消费者获得了最大效用，消费者就不再考虑其他的购买方案了。这被称为消费者均衡。消费者均衡（equilibrium of consumer）就是指在效用函数不变时，自主选择的消费者在消费者收入和商品价格均既定的条件下，所购买的各种商品的数量恰能使总效用达到最大的状态。

那么，消费者是怎样在购买中达到最大效用的呢？其实，这已经很清楚了。总效用是商品消费量的函数，边际效用也是商品消费量的函数。消费者可以通过对消费量的选择来控制边际效用的大小，使所购买的各种商品的边际效用与其价格之比相等，即 $\dfrac{MU_1}{P_1} = \dfrac{MU_2}{P_2} = \cdots = \dfrac{MU_n}{P_n}$，从而使总效用达到最大。如果某一购买方案未能满足该式，消费者势必改变购买方案，直至使该式被满足。所以说，$\dfrac{MU_1}{P_1} = \dfrac{MU_2}{P_2} = \cdots = \dfrac{MU_n}{P_n}$ 是消费者均衡的必要条件。

对于消费者行为的基数效用解释，其基础是认为效用的绝对量可以测度，这一点在理论上有点牵强。后来，在基数效用的基础上发展了一种序数效用理论，它在放宽的假设前提下，仍然得出了与前者基本一致的结论。

3.2 无差异曲线与消费者行为

本节及以后很多地方将介绍无差异曲线（indifferent curve）分析方法。这种方法属于序数效用理论。第 1、第 2、第 3……等就是序数。由于人们通常面对的是对不同商品进行相对偏好的评价，所以序数效用理论更合用。

3.2.1 偏好

消费者面临的选择大部分是在两种商品以上，即会选择两种商品的一个适当组合。消费者面对的两种产品的不同数量组合可以有许多种，消费者要决定的是选择其中哪一

个组合。例如，消费者甲要考虑一星期中购买的水果和鸡蛋的数量，那么他似乎是在一系列装着不同数量水果和鸡蛋的篮子中进行选择。例如，他面前放着 A、B、C、D、E、F 这样六个篮子。这六个篮子里装的都是水果和鸡蛋，不过每一个篮子里水果和鸡蛋的数量不同。六个篮子中两种食品的数量组合见表 3-5。

表 3-5　装有不同数量水果和鸡蛋的各个篮子

篮子（商品组合）	水果/个	鸡蛋/只
A	30	30
B	40	10
C	28	15
D	18	25
E	10	35
F	10	10

面对这些不同的篮子，这个消费者应该如何进行选择呢？

第一步，消费者要明确自己在水果和鸡蛋中更偏好哪一种，于是我们就要研究消费者偏好（consumer preference）。

第二步，消费者要知道自己可以使用多少收入来购买这些商品，即他的预算约束是怎样的。于是我们要研究预算约束。

第三步，消费者将结合自己的预算和偏好选择购买方案。于是，我们把预算约束和消费者偏好结合起来，分析消费者选择的结果。

为了分析这些问题，我们必须先作些假定。

（1）完备性。这是指消费者对每一种商品组合都能说出偏好顺序，即消费者可以比较所有篮子，分辨出对哪一个篮子更偏好，或者对其中的两个篮子、三个篮子同样喜欢，即偏好无差异。

（2）偏好是可传递的（transitive）。这是一个重要假定。可传递性是指消费者对不同商品的偏好是有序的，连贯一致的。如果消费者在 A 和 B 两个篮子中，更喜欢 A，也就是说 A 大于 B；在 B 和 C 中，B 大于 C；那么，消费者在面对 A 和 C 的比较中，一定有 A 大于 C。

（3）不充分满足性。这是指在我们所考察的消费活动中，消费量远未使消费者的满足程度达到极大的程度（边际效用等于零）。因此，在不考虑预算约束时，消费者认为所有商品数量总是多一些好，多多益善，增加消费量总使消费者的偏好提高。

3.2.2　无差异曲线

用无差异曲线可以方便直观地表现消费者偏好。无差异曲线就是所有偏好相同的商品组合的点的连线。也就是说，对于该线上任何一个点上代表的两种商品的数量组合，消费者的偏好程度是无差异的。或者说，一条无差异曲线代表了能给一个人带来相同程度满足的所有各个篮子的集合。

我们仍用上面所说的六个篮子的例子。我们可以将表 3-5 中包含的信息绘制在一个由直角坐标系构成的图上。如图 3-3 所示，横轴表示鸡蛋的数量，纵轴表示水果的数量。

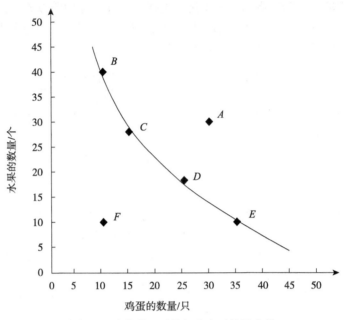

图 3-3 消费者面对的组合和无差异曲线

鸡蛋和水果两种商品所有不同数量组合都处在图 3-3 中由纵轴和横轴围起来的第一象限中，这是一个两种商品所有不同数量组合的集合，也就是消费者购买商品（在可能性上）的选择空间。其中每一个点都代表鸡蛋和水果两种商品的某一个数量组合。组合点数太多，反而使消费者的选择难以进行。现在我们仅把表 3-5 中的六个组合绘制出来，这样有利于简化分析。

图 3-3 中的 A、B、C、D、E、F 这六个点分别代表六个篮子中包含的两种商品的不同数量组合。A 点给消费者带来的满足感最高，因为根据上面第三个假定，消费者总是认为商品数量多多益善。A 点与 C 点和 D 点相比，不论鸡蛋还是水果的数量都多，因此消费者对 A 点的偏好高于 C 点和 D 点；A 点与 B 点相比，水果数量虽然少一些，但是鸡蛋数量多许多，因此 A 点的偏好也高于 B 点；与 E 点相比，A 点鸡蛋数量虽然少一些，但是水果数量多许多，因此 A 点的偏好也高于 E 点。F 点与 C 点和 D 点相比，不论鸡蛋还是水果的数量都少；与 B 点相比，鸡蛋数量虽然差不多，但是水果数量少许多；与 E 点相比，虽然水果数量差不多，但是鸡蛋数量少许多。因此消费者对 F 点的偏好最低。其余的四个点 B、C、D、E 点所代表的商品数量组合，能够给消费者带来的满足感无差异。把图 3-3 中 B、C、D、E 各个点连接起来，我们就得到一条无差异曲线 U_1（图 3-4）。

无差异曲线 U_1 表明，消费者若从 B 点组合转换为 C 点组合，满足感不会有任何变化。同样，在 C 点与 D 点之间、D 点与 E 点之间，消费者的偏好也是无差异的。

在图 3-3 中的平面中还有无数个点，它们都分别代表鸡蛋和水果两种商品的某一个数量组合。我们可以在 U_1 的上方做另一条无差异曲线 U_0，消费者对它的偏好一定大于 U_1；我们还可以在 U_1 的下方再做一条无差异曲线 U_2，消费者对它的偏好一定小于 U_1。这样

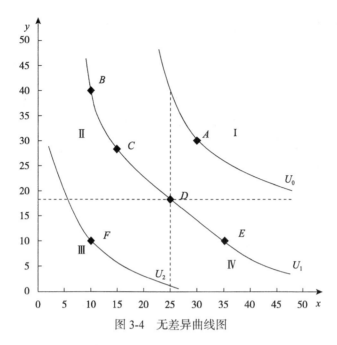

图 3-4   无差异曲线图

就形成图 3-4 中的一幅无差异曲线图。图 3-4 中的纵轴表示 y 商品的数量,横轴表示 x 商品的数量。

无差异曲线具有以下性质。

1. 其切线斜率为负

对此可以作如下讨论:设 D 为 x-y 平面上任一商品组合,经过 D 作垂直线与水平线,从而把 D 周围的其他商品组合划为 4 个区域(图 3-4)。

在这个条件下,讨论与 D 商品组合偏好无差异的其他商品组合有哪些(或者说,处于 x-y 平面上的哪些位置上)。首先,Ⅰ 区的各商品组合的 x、y 消费量均多于 D 商品组合。因此,与 D 组合偏好无差异的商品组合不会在 Ⅰ 区。其次,Ⅲ 区的各商品组合的 x、y 消费量均少于 D 商品组合。因此,与 D 组合偏好无差异的商品组合也不会落在 Ⅲ 区。再次,Ⅱ 区的各商品组合的 x 的消费量均低于 D 组合,而 y 的消费量却均高于 D 组合。因此,与 D 组合偏好无差异的商品组合落在 Ⅱ 区。最后,Ⅳ 区的各商品组合的 x 的消费量均高于 D 组合,而 y 的消费量却均低于 D 组合。因此,与 D 组合偏好无差异的商品组合也会落在 Ⅳ 区。由此可见,与 D 组合偏好无差异的其他组合是落在 Ⅱ 区、Ⅳ 区。因此可以想象,这一条无差异曲线是负斜率的。由此可以推知,所有无差异曲线都是负斜率的。负斜率的无差异曲线表明,若要增加一种商品的消费量,则必须减少另一种商品的消费量,这样才能维持偏好不变。

2. 消费者对处于较高位置的无差异曲线的商品组合更偏好

这实际上是上述第 1 个推论。例如,在图 3-4 中,消费者对 U_0 最偏好,对 U_1 次之,对 U_2 更次之。

3. 任两条无差异曲线不相交

反证如下：在图 3-5 中，设两条无差异曲线 U_1 和 U_2 交于 A 点。过 y_1 作一水平辅助线交两曲线于 B、C。根据无差异曲线的定义，B 组合与 A 组合无差异。C 组合与 A 组合无差异。从而，B 组合与 C 组合也应无差异。两商品组合对 y 的消费量是一样的。而对 x 的消费量，则是 C 组合大于 B 组合。消费者肯定更偏好 C。因此，这与前面矛盾。所以，任两条无差异曲线不相交。

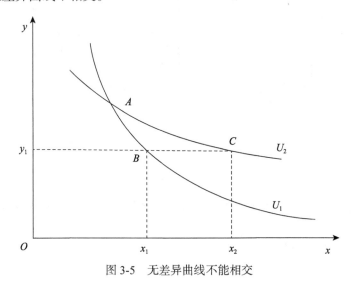

图 3-5 无差异曲线不能相交

4. 无差异曲线凸向原点

关于无差异曲线凸向原点的原因及其经济含义，在 3.2.3 小节中将做出解释。

消费者对在一条无差异曲线上许多商品组合偏好无差异，这是不是说，消费者的选择就可以是任意的呢？不是的。那么，消费者如何在一条无差异曲线上许多点（从理论上说是无数个点）中找到最合适的组合呢？这就要借助无差异曲线分析中的重要概念——边际替代率。

3.2.3 边际替代率

在既定的无差异曲线上，对某一商品组合而言，x 对 y 的边际替代率（marginal rate of substitution）表示为 $\mathrm{MRS}_{xy} = -\dfrac{\Delta y}{\Delta x}$，它表示若增加 1 个单位的 x 可以放弃几个单位的 y，方可保持偏好或满足程度不变。图 3-6（a）中初始商品组合是 $A(x_1, y_1)$，而后商品组合改变为 $B(x_2, y_2)$。其中，x 的变动量 $\Delta x = x_2 - x_1$，y 的变动量 $\Delta y = y_2 - y_1$。由于 $\dfrac{\Delta y}{\Delta x}$ 的符号恒为负，在 $\dfrac{\Delta y}{\Delta x}$ 前加一个负号，从而使 $\mathrm{MRS}_{xy} = -\dfrac{\Delta y}{\Delta x}$ 恒为正。图 3-6（b）中初始商品组合是 $C(x_0, y_0)$。当 x 在 x_0 附近变动非常小时，边际替代率 $\mathrm{MRS}_{xy} = -\dfrac{\mathrm{d}y}{\mathrm{d}x}$，即是过 C 点的切线的斜率。

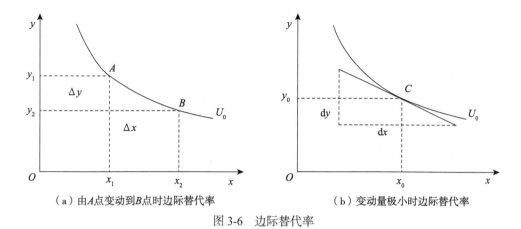

（a）由A点变动到B点时边际替代率　　　　　（b）变动量极小时边际替代率

图 3-6 边际替代率

x 对 y 的边际替代率的数值较大，表示增加 1 个单位 x 的消费量可以替代较大量 y 的消费量而保持偏好不变。这表明在 x 对 y 的替代发生之前的商品组合中，对消费者而言，x 的数量显得相对稀缺，y 的数量显得相对富裕。因此，增加 1 个单位 x 的消费量可以把减少好几个单位的 y 消费量的损失完全抵消。换言之，在这个情况下，消费者对商品 x 的偏好要高于对商品 y 的偏好。当然，这种偏好的比较，不是通过对偏好绝对量的测度，而是通过商品间的替代比率间接地表现出来的。相反，x 对 y 的边际替代率的数值较小，表示 x 的数量相对富裕，y 的数量相对稀缺，增加单位 x 的数量只能替代较少量的 y 而维持偏好不变。因为，消费者更偏好商品 y 而不是商品 x。

上面讨论了边际替代率数值大小的意义。不仅如此，实际上我们还可以看到，边际替代率的大小是随着商品消费量的变化而变化的。例如，当商品 x 的消费量较少时，x 对 y 的边际替代率较大；当商品 x 的消费量较多时，x 对 y 的边际替代率较小（图 3-7）。

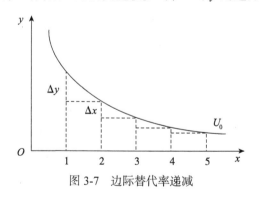

图 3-7 边际替代率递减

由图 3-7 可见，随着 x 消费量的增加，在维持偏好不变的情况下，每 1 单位 x 所能替代的 y 的数量在不断减少，这就是边际替代率递减（diminishing marginal rate of substitution）。边际替代率递减法则反映了这样一个现象：大多数消费者往往倾向于同时消费几种商品，而不是走极端，只大量消费一种商品。无差异曲线的凸性正好能表现消费的这种性质。其实，边际替代率递减与边际效用递减基本上是一回事，只是说法不同而已。在序数效用论中，边际替代率递减法则是对经验的归纳，并作为公理被设立，不能被逻辑推导证明。

最后，讨论对边际替代率的计算。这主要通过几何图形来说明。图 3-8 是商品 x、商品 y 的无差异曲线。初始商品组合是 $A(x_1, y_1)$，后改变为 $B(x_2, y_2)$。此时 x 对 y 的边际替代率 $\mathrm{MRS}_{xy} = -\dfrac{y_2 - y_1}{x_2 - x_1} = -\dfrac{\Delta y}{\Delta x}$。对于这种商品组合的改变，消费者认为其偏好是无差异的。究其原因，这实际上是因为增加 x 的消费量使偏好的提高与减少 y 的消费量使偏好的降低相互抵消了。

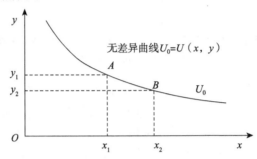

图 3-8　x 效用的增加与 y 效用的减少相等

在这里，为了使文字简明，借用基数效用理论中边际效用和总效用的概念。x 的消费量增加使总效用增加。由总效用和边际效用的关系可知：由此增加的总效用的数值近似地等于当消费量为 x_2 时 MU_x 与 Δx 的乘积，即 $\Delta x \cdot \mathrm{MU}_x$。类似地，$y$ 的消费量的减少使总效用的减少近似地等于 $\Delta y \cdot \mathrm{MU}_y$。在消费者看来，$x$ 消费量的增加带来的总效用的增加和 y 消费量的减少对消费者总效用的减少相等，改变前后，两个商品组合的偏好是无差异的，总效用的增加量为零，即

$$\Delta \mathrm{TU} = \Delta x \cdot \mathrm{MU}_x + \Delta y \cdot \mathrm{MU}_y = 0$$

$$\therefore -\frac{\Delta y}{\Delta x} = \frac{\mathrm{MU}_x}{\mathrm{MU}_y}$$

$$\mathrm{MRS}_{xy} = -\frac{\Delta y}{\Delta x} = \frac{\mathrm{MU}_x}{\mathrm{MU}_y}$$

所以，对某一既定的商品组合而言，x 对 y 的边际替代率就等于 x 增加一点使偏好的增加与 y 减少一点使偏好的减少之比。例如，当 $\mathrm{MU}_x = 2$、$\mathrm{MU}_y = 1$ 时，x 对 y 的边际替代率 $\mathrm{MRS}_{xy} = 2$，这表明在这时用 1 个单位的 x 替代 2 个单位的 y 可使偏好不变。

3.2.4　消费者预算线

消费者的购买受到消费者收入和商品价格的约束。在 x-y 商品平面上，这种制约因素可以得到直观的反映。设消费者收入 M、商品价格 P_x、P_y 既定，则约束函数为 $M = P_x \cdot x + P_y \cdot y$，即 $y = \dfrac{M}{P_y} - \dfrac{P_x}{P_y} x$。可见，在 x-y 商品平面上，它是一条负斜率的直线，

这就是消费者预算线（consumer budget line），其斜率是两种商品的价格之比，截距是收入与 y 商品价格之比（图 3-9）。

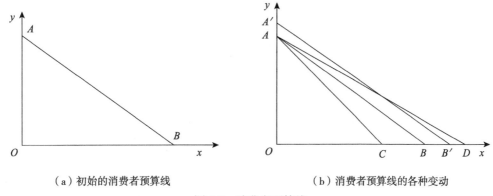

（a）初始的消费者预算线　　　　　　　　　（b）消费者预算线的各种变动

图 3-9　消费者预算线

　　线 AB 就是一条消费者预算线，它构成了对消费者购买的硬约束。对直线 AB 上的各商品组合的购买花完了消费者的货币收入 M，对三角形 OAB 内各商品组合的购买未将 M 花完。而其他商品组合，对消费者来说，是"心有余而力不足"。因此，三角形 OAB 是消费者购买的实际选择空间。

　　当消费者收入、商品价格改变时，消费者购买的预算约束（即消费者预算线的位置）随之改变。简要讨论如下。

　　如果 M、P_y 不变，P_x 提高，则全部收入 M 购买 y 的量（即纵截距）不变，而购买 x 的量减少，即横截距缩小，预算线成为 AC。这显然表明，消费者购买的选择空间变小了。相反，如果 P_x 下降，则消费者预算线变为 AD，这表明消费者购买的选择空间扩大了。

　　如果 M、P_x 不变，P_y 提高，则预算线的横截距不变，纵截距缩短（图 3-9 中没有表现）；P_y 降低，预算线横截距同样不变，而纵截距变长。

　　如果 P_x、P_y 均不变，而 M 提高，则预算线斜率不变，向右平移为 $A'B'$。这表明消费者购买的选择空间扩大了。若 M 降低，则预算线向左平移（图 3-9 中没有表现）。

　　如果 M 不变，P_x 和 P_y 同比例提高，则消费者预算斜率不变，预算线向左平移，消费者购买的选择空间缩小。若 P_x 和 P_y 同比例降低，则消费者预算线向右平移（两种情况图 3-9 中都没有表现）。

　　如果 M、P_x、P_y 同比例提高，则消费者预算线位置不变。

　　其他变化可由上述情况推知，这里从略。

3.2.5　消费者均衡

　　消费者准备购买两种商品，其虽然说不出商品的效用，却对各商品组合的偏好次序了如指掌。消费者在收入和价格的约束下力求使自己达到最高偏好。

　　消费者的选择过程可利用图 3-10 示意。

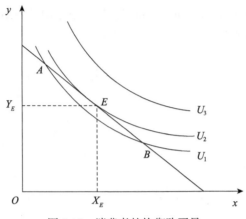

图 3-10   消费者的均衡购买量

直线 AB 是消费者预算线。有三条无差异曲线，按偏好高低次序排列为 U_3、U_2、U_1。曲线 U_1 与预算线交 A、B 两点。曲线 U_2 与预算线切于 E 点。曲线 U_3 整个在预算线之外。消费者虽然盼望着偏好能达到 U_3，但预算约束迫使他面对现实，在预算线内进行选择。由于消费者准备将手头的货币 M 花完，所以只需要考虑预算线上的各种选择。为使讨论简明，设 $P_x=1$ 元，$P_y=2$ 元，则消费者预算线斜率（绝对值）为 $\dfrac{P_x}{P_y}=\dfrac{1}{2}$。$A$ 商品组合 x 对 y 的边际替代率 MRS_{xy}（即曲线 U_2）过点 A 切线的斜率大于预算线斜率，设 A 组合的 $\mathrm{MRS}_{xy}=2$；B 组合的 MRS_{xy} 小于预算线的斜率，设 B 组合的 $\mathrm{MRS}_{xy}=\dfrac{1}{4}$。注意：这里的数字与图形不完全吻合，但大致反映了图形的基本性质。

消费者首先考虑 A 商品组合。在 A 组合，x 对 y 的边际替代率 $\mathrm{MRS}_{xy}=2$，这意味着增加 1 个单位 x 的消费量同时减少 2 个单位 y 的消费量，偏好可维持不变。消费者若进行了这样的替代，则支出的变化 $\Delta M=\Delta x\cdot P_x+\Delta y\cdot P_y=1\times1$ 元 -2×2 元 $=-3$ 元，即支出减少了 3 元。这说明在保持原来偏好不变的条件下，可以使货币支出减少 3 元。因此，A 点所表示的商品组合显然不是使消费者获得最高偏好的商品组合。如果支出这 3 元货币，使 x 的消费量提高，就可以达到更高偏好。由此也可以看到，若 $\mathrm{MRS}_{xy}>\dfrac{P_x}{P_y}$，则增加 x 的购买量，同时减少 y 的购买量，即进行 x 对 y 的替代，就可以达到更高偏好。

消费者又考虑 B 商品组合。B 组合的 x 对 y 的边际替代率 $\mathrm{MRS}_{xy}=\dfrac{1}{4}$，意味着减少 4 个单位的 x 同时增加 1 个单位的 y 时可以使偏好不变。消费者进行 y 对 x 的替代，使货币支出变化 $\Delta M=\Delta x\cdot P_x+\Delta y\cdot P_y=-4\times1$ 元 $+1\times2$ 元 $=-2$ 元，即货币支出减少 2 元。如果将这 2 元投入购买，就可以使偏好提高。因此，B 也不是最高偏好的商品组合。所以，若 $\mathrm{MRS}_{xy}<\dfrac{P_x}{P_y}$，增加 y 的购买量，同时减少 x 的购买量，就可以使偏好提高。

消费者若选择了 E 商品组合，即无差异曲线与消费者预算线的切点，则可获得最高的偏好。因为这时无论消费者如何改变商品组合，都只能使偏好降低。在切点 E 无差异曲线 U_2 与消费者预算线的斜率相等，即 $\mathrm{MRS}_{xy}=-\dfrac{\Delta y}{\Delta x}=\dfrac{P_x}{P_y}=\dfrac{1}{2}$。在这种情况下，若增加 x 的消费量，会使 MRS_{xy} 下降，如 MRS_{xy} 下降为 $\dfrac{1}{3}$。这时为维持原偏好，货币支出的变化 $\Delta M=\Delta x\cdot P_x+\Delta y\cdot P_y$ =3×1 元–1×2 元=1 元，即货币支出必须增加 1 元。这已超出原预算约束，不可取。若维持原预算约束，在 x 增加 3 个单位时，则必须使 y 减少 $1\dfrac{1}{2}$ 个单位（$\Delta M=\Delta x\cdot P_x+\Delta y\cdot P_y$，0 = 3×1 元+$\Delta y$×2 元，所以 $\Delta y=-1\dfrac{1}{2}$），这使偏好下降，因为在这种情况下，y 仅减少 1 个单位才能使偏好不变。或者，减少 x 的消费量，使 MRS_{xy} 提高为 1。这时，维持原偏好的货币支出变化 $\Delta M=\Delta x\cdot P_x+\Delta y\cdot P_y$ =–1×1 元+1×2 元=1 元，即货币支出增加 1 元，超出预算。若维持原消费预算，同时 x 减少 1 个单位，则 y 只能增加 $\dfrac{1}{2}$ 个单位（$\Delta M=\Delta x\cdot P_x+\Delta y\cdot P_y$，0=（–1）×1 元+$\Delta y$·2 元，所以 $\Delta y=\dfrac{1}{2}$）。这使偏好下降。因为在这种情况下，y 必须增加 1 个单位才能使偏好不变。

所以，当消费者选择的商品组合的边际替代率等于商品比价（$\mathrm{MRS}_{xy}=-\dfrac{\Delta y}{\Delta x}=\dfrac{P_x}{P_y}$）时，他就不再继续选择其他商品组合了，因为他已经获得了最高偏好，达到了消费者均衡。

从序数效用论观点看，消费者的购买行为可以这样来描述：对商品组合的选择总力求使其边际替代率等于商品比价。

序数效用论与基数效用论的结论是否矛盾呢？不矛盾。根据上面介绍的序数效用的看法，消费者均衡的必要条件是 $\mathrm{MRS}_{xy}=\dfrac{P_x}{P_y}$。而 $\mathrm{MRS}_{xy}=\dfrac{\mathrm{MU}_x}{\mathrm{MU}_y}$，所以序数效用论的消费者均衡的条件也可以表达为 $\dfrac{\mathrm{MU}_x}{\mathrm{MU}_y}=\dfrac{P_x}{P_y}$。从形式上看，这正是基数效用论对消费者均衡必要条件的概括。如果不去仔细推敲 $\dfrac{\mathrm{MU}_x}{\mathrm{MU}_y}$ 的基数意义与序数意义的区别，那么就可以说，序数效用论与基数效用论对消费者行为的描述是殊途同归。

无差异曲线反映了两种物品之间的这种此消彼长的关系，凡是具有这种类型关系的物品或事物的分析都可以使用无差异曲线这个分析工具。

3.3　无差异曲线的运用

3.3.1　价格消费线与需求曲线的导出

经验告诉我们，在短期内，商品价格对个人需求量产生非常显著的影响。在市场经济中，价格易变。面对价格的改变，消费者经常不得不改变原来设想的购买方案，从而改变个人需求量。现在要研究：价格如何影响个人需求量。在市场经济中，购买是分散进行的。购买行为的实质就是购买者在一定约束条件下对最大效用的追求。消费者总是对价格变动做出最有利于自己的反应。因此，要了解价格与个人需求量的关系，必须观察消费者的购买行为。

图 3-11（a）中，纵轴表示 y 商品数量，横轴表示 x 商品数量。在这 x-y 商品平面上，消费者收入 M 和 y 商品价格 P_y 不变，x 商品价格 P_x 由 P_1 降至 P_2 再降至 P_3。这样引起消费者预算线向外旋转，与横轴的交点右移，即由 AB 到 AC 再到 AD。这又引起消费者均衡点的变动，即由 E_1 至 E_2 再至 E_3。均衡点的连线称为价格消费线，它反映了在消费者收入和一种商品价格不变而另一种商品价格变动时，消费者均衡状态的变动情况。随着 P_x 由 P_1 降至 P_2 再降至 P_3，消费者对 x 的购买量随之由 x_1 增至 x_2 再增至 x_3。图 3-11（b）中纵轴表示 x 商品价格，横轴表示 x 商品数量。在 P_x-x 平面上，根据二者一一对应的关系，可以得到一条曲线，即个人需求曲线 d。曲线 d 向右下方倾斜，这表明，商品价格和购买量呈相反方向变化的关系。这种关系是普遍的。这就从理论上说明了第 2 章中所说的需求法则。

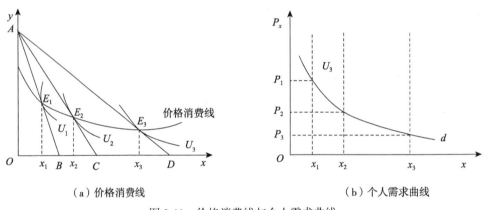

（a）价格消费线　　　　　　　　　（b）个人需求曲线

图 3-11　价格消费线与个人需求曲线

3.3.2　收入消费线

消费者收入的变动是影响个人需求的重要因素。消费者收入对个人需求量的影响可以利用收入消费线示意（图 3-12）。在图 3-12 中，纵轴表示 y 商品的数量，横轴表示 x 商品的数量。随着消费者收入的提高，消费者预算线不断右移，消费者均衡点由 E_1 变至 E_2，再变至 E_3，对 x 商品的购买量由 x_1 增至 x_2，再增至 x_3。各消费者均衡点的连线就是收入消费曲线，它反映了在商品价格和其他因素不变时，收入的变化引起了需求量怎样的变化。在许多场合，收入提高会使需求量提高，而商品价格不变。因此，收入提高使需求曲线整个地右移，也就是使需求增加。

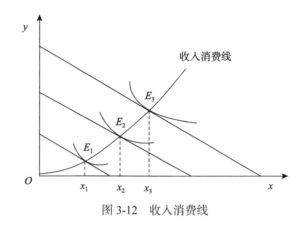

图 3-12 收入消费线

3.3.3 替代效应与收入效应

价格对商品需求量有重要影响。从理论上讲，这种影响可以在理论上人为地分解为两种效应，即替代效应（substitution effect）与收入效应（income effect）。下面，我们以 x 商品价格提高、y 商品价格不变的假设条件，来考察 x 商品需求量变动中反映出来的替代效应与收入效应。

这里所说的替代性是广义的。例如，在获得一笔奖金后，可以购买一件衣服，也可以与朋友一起吃顿饭。吃饭和穿衣，二者虽然有不同的功能或功用，不能替代，但是在效用的意义上，二者是可以相比较的，它们都能带来满足感。

替代效应是在消费者实际收入不变时，纯粹因价格变动（即商品相对价格变化）而引起的需求量改变。x 商品价格提高，而 y 商品价格不变，使两种商品的比价发生变化，即 y 商品的相对价格降低。消费者对价格变动的反应就是进行商品购买的替代，增加 y 商品的购买量，减少 x 商品的购买量。这就是价格变化的替代效应。

收入效应是不考虑相对价格变动，只考虑价格变动导致消费者实际收入变动而引起的需求量变动。x 商品价格提高，消费者名义收入虽未变，但实际收入降低了。这样消费者将因为实际收入降低而改变对 x 商品的购买量。这就是价格变化的收入效应。

商品价格变化的这两种效应是理论抽象分析的结果，在实际生活中，它们是交织在一起的，只表现为需求量的变动，消费者也无须分清二者。

图 3-13 为 x-y 商品平面。现在只考察 x 商品价格变动对 x 商品需求量的影响，故不考虑有关 y 商品的情况。初始状态是 x 商品价格较低，消费者预算线为直线 AB，消费者均衡点为 E_1，对 x 的需求量为 x_1。后来 x 商品价格提高，消费者预算线顺时针偏移为直线 AC，消费者均衡点为 E_3，对 x 的需求量减少至 x_3。

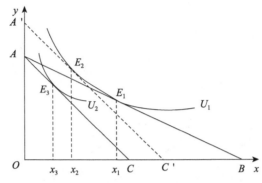

图 3-13　正常商品的替代效应与收入效应

　　首先看替代效应。在消费者实际收入不变时，纯粹因价格变动，进而商品相对价格变化而引起的需求量改变，可以看成是替代效应。作辅助直线 $A'C'$ ，使之平行于价格提高以后的预算线 AC ，且与原无差异曲线 U_1 切于 E_2 点。直线 $A'C'$ 在预算线 AC 右边，代表比 AC 高的收入水平。本来，价格提高使消费者实际收入下降。现在我们把预算线右移为 $A'C'$ ，达到 x 商品价格提高之前消费者所能达到的无差异曲线 U_1 ，即获得与此前同量的满足程度。既然消费者获得满足程度不变，就可以认为消费者的实际收入没有变。由此点出发，可以看到，补偿实际收入下降的假想的预算线 $A'C'$ 与原无差异曲线 U_1 切于 E_2 ，假想的消费者均衡点在同一条无差异曲线上由 E_1 改变到 E_2 。

　　这样，当 x 商品价格提高时，仅仅考虑预算线斜率的改变，消费者均衡点由同一条无差异曲线 U_1 的 E_1 变为 E_2 ，从而对 x 商品的消费量由 x_1 减至 x_2 ，减少量为 x_1x_2 。这纯粹是在消费者实际收入不变的假设情况下发生的，纯粹是由商品相对价格变化引起的，因而反映了 x 商品价格提高的替代效应。

　　再来看收入效应。补偿收入下降的预算线 $A'C'$ 平行于提价后的预算线 AC ，表明当消费者均衡点由 E_2 变至 E_3 时，商品 x 、 y 的相对价格没有发生变化（其变化的影响刚才已经考虑过了），而仅仅因为消费者实际收入降低了。可见，当 x 商品价格提高时，消费者均衡点由无差异曲线 U_1 的 E_2 变成无差异曲线 U_2 的 E_3 ，对 x 的购买量由 x_2 减至 x_3 ，减少量为 x_3x_2 ，这纯粹是由消费者实际收入降低引起的，因而反映了 x 商品价格提高的收入效应。纯粹由价格变动导致的消费者实际收入变动而引起的需求量变动，可以看成是价格变动的收入效应。

　　这样，就从价格变动对需求量的单一影响中分离出这一影响的两个方面——替代效应和收入效应。当然，价格变动的总效应等于替代效应与收入效应之和。在图 3-13 中，价格提高的替代效应使需求量减少了 x_2x_1 ，收入效应使需求量减少了 x_3x_2 ，总效应是减少了 $x_2x_1+x_3x_2=x_3x_1$ 。很显然在这里，替代效应与收入效应都与价格呈相反方向变化的关系，从而价格变动的总效应也与价格呈相反方向变化的关系。这满足需求法则。

　　图 3-13 描述的情况是正常商品，包括生活必需品和奢侈品。当生活必需品或者奢侈品价格变化时，其替代效应使需求量在相反方向变化，收入效应也使需求量在相反方向变化，从而总效应是使需求量在相反方向变化。如果将全部商品分为两类，即正常商品和劣等品，劣等商品的情况则有所不同，见图 3-14。

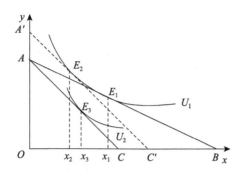

图 3-14 劣等商品的替代效应和收入效应

图 3-14 表明，当劣等商品 x 价格提高时，其替代效应使消费者均衡点由 E_1 变为 E_2，对 x 的需求量由 x_1 减少至 x_2，减少量为 $x_2 x_1$；其收入效应使消费者均衡点由 E_2 变为 E_3，对 x 的需求量由 x_2 增至 x_3，增加量为 $x_2 x_3$。由于替代效应使 x 的减少量大于收入效应使 x 的增加量，所以劣等品 x 价格提高的总效应仍然是需求量下降，不过需求量下降的程度不及正常商品。

劣等商品的替代效应同价格的变化方向相反，这和正常商品是一样的。而劣等商品的收入效应与价格变化方向相同，这和正常商品就不同了。劣等品是档次低的产品，如由代可可脂做成的巧克力相对于完全使用天然可可脂做的巧克力便是劣等品，由再生纸浆做成的纸巾或卷纸相对于完全使用原木浆的便是劣等纸巾或卷纸（劣等品是合法产品，不同于由地沟油加工的食品等假冒伪劣品）。当消费者收入水平较低时，迫于生计，消费者不得不消费较多的劣等品。当消费者收入提高时，人们会改用档次较高、品质较好的生活消费品，这样自然减少了对劣等商品的消费。因此，劣等商品价格提高时，若撇开由相对价格变化引起的购买替代，则由于消费者实际收入的降低，消费者就会购买更多该劣等品。

至于劣等商品的替代效应，则是容易理解的。当劣等商品价格提高时，消费者肯定会增加对相对价格较低的其他商品（可能也是劣等品）的购买，从而减少对该种劣等商品的需求量。可利用表 3-6 概括上述情况。

表 3-6 价格提高时正常商品与一般劣等商品的替代效应、收入效应

价格提高	替代效应	收入效应	总效应
正常商品	需求量下降	需求量下降	需求量下降
一般劣等商品	需求量下降（大）	需求量上升（小）	需求量下降

3.4 风险性收益的效用

在前几节中，我们都是假定消费者或决策者对其行为的结果都能准确地判断或预期，即消费者购买商品后能够得到某种满足这样一个结果是确定的。但是在现实生活中，人们在进行许多选择时，是面临风险的。例如，人们往往通过贷款来支付房款或支付学费，

即用明天的收入来偿还今天的债务。但是，对于绝大多数人来说，未来的收入是难以确定的。收入可能上升，也可能下降，甚至会失去工作。可是如果畏惧风险，到将来有足够收入时再买房，又要承担房价上涨的风险。因此，有必要研究存在风险的情况下风险性收益的效用。

3.4.1　风险、概率与预期值

风险（risk）是与概率相联系的一个概念。假如某人有一笔奖金，他现在要考虑是把它作为定期存款存入银行还是购买股票。定期存款一般来说是没有风险的，但是股票价格可能上涨，可能下跌。这时，他就应该考虑股票价格上涨的可能性和下跌的可能性。

概率就是表示产生某种结果的可能性。在上面的例子中，股票价格上涨的概率也许是 1/2，也许是 1/3。如果股票价格上涨的概率是 1/2，那么股票价格下跌的概率也是 1/2；如果股票价格上涨的概率是 1/3，那么股票价格下跌的概率就是 2/3。那么，人们怎么确定概率的大小呢？这恰恰是一个较为困难的事情。如果没有过去的类似试验用来度量概率，那么人们就只能以自己的直觉做出主观判断或猜测。显然，这主观判断是因人而异的，通常它与一个人拥有的经验和信息有关。

如果我们能够猜测出股票价格各种可能涨幅出现的概率和各种可能跌幅出现的概率，那么，我们就可以计算出股票的预期值（expected value）。预期值是对风险事件的所有可能性结果的一个加权平均，而权数就是每一种结果发生的概率。预期值反映了经济行为的总体趋势或平均结果。

如果我们在进行决策时股票价格为 5 元，我们预期它一年后 7 元的概率是 1/2，下跌到 4 元的概率是 1/2，那么，就可以计算出它的预期值为

$$7（元）\times 1/2+4（元）\times 1/2=5.5（元）$$

更一般地，如果有两种可能的结果，其值为 X_1 和 X_2，第一种可能发生的概率为 π，则预期值为

$$E=\pi \cdot X_1+（1-\pi）X_2$$

如果有 N 种可能的结果，各种可能结果出现的概率分别为 P_1、P_2、…、P_n，则预期值为

$$E=X_1\times P_1+X_2\times P_2+\cdots+X_n\times P_n$$

3.4.2　预期效用

假如一个人有两种选择，一种是获得 100 元的奖金，另一种是要他自己额外花费 5 元钱买（摸）彩票，其中有两种彩票 A 和 B。奖券 A 是获得 220 元的奖金，奖券 B 的奖金则为零。A、B 两种彩票出现的概率各为 1/2。这种摸彩的活动的预期货币价值为 0.5×（220–5）+0.5×（0–5）=105（元）。所以花钱买彩票的方案预期的货币价值大于 100 元奖金的货币价值。因此这个人面临的选择是接受没有风险的 100 元，还是接受有风险的 105 元。这个例子代表了这样一种选择，即人们是选择确定的较少量的货币收入，还是选择有风险但是预期货币价值最大的方案。

　　显然，在这种场合，一个人是否追求预期货币价值最大化依赖于这个人对风险所持的态度。如果他是一个谨慎的人，一想到有一半的机会可能不仅什么都得不到而且输掉 5 元钱，就不如接受现成的 100 元，也许他还认为 220 元（当然应该减去 5 元，实际是 215 元）与 100 元相差不大。但是如果换一个人，他可能认为，5 元花得起，毕竟有一半可能性获得多于双份的奖金。

　　所以，我们不能假定人们总是追求货币价值的最大化。那么，人们在遇到这类问题的时候，决策还有没有规律可循呢？人们根据什么来决策呢？冯·纽曼和摩根斯坦提出的预期效用最大化理论有助于解释这类问题。根据冯·纽曼和摩根斯坦提出的理论，理性的决策者追求预期效用最大化。也就是说，决策者将选择能够给自己带来最大预期效用的行动方案。

　　这里，效用是一个与可能的结果相联系的数额。每一个结果都有一定效用。预期效用（expected utility）是与每一结果相联系的效用乘以每一结果发生的概率之后的加总值。

　　在上述例子中，当事人如果选择摸彩票这种具有风险的活动则有两种结果，第一种结果是获得 220 元的奖金（当然应该减去 5 元），这个结果可以用 x_1 表示。第二种结果是什么都得不到，还输掉 5 元钱，即−5 元，这个结果可以用 x_2 表示。现在要考虑，第一种结果 x_1 的效用是多少，因为许多人并不认为每 1 元货币都有同样的效用。也许有人认为，失去 1 万元给自己带来的损失会大于赚得的 1 万元。获得 220 元（若忽略减去的 5 元）这个结果不一定就等于 100 元效用的 2.2 倍。第一种结果 x_1 的效用可以用 $U(x_1)$ 来表示，相应地，第二种结果 x_2 的效用是 $U(x_2)$。如果用 π 表示第一种结果的概率，则预期效用可以一般地表示为

$$U_e = \pi U(x_1) + (1-\pi) U(x_2)$$

　　对于有风险情况下的消费者，其目标仍然可以是效用最大化。不过这时的效用最大化是预期效用最大化。只要消费者的效用偏好既定，并且能够猜测各种可能的结果出现的概率，他们就可以确定预期效用，并通过对不同方案预期效用的比较来选出最佳方案。

3.4.3　消费者风险偏好

　　某种结果的效用是这种结果（即预期收入）的函数。效用的大小取决于这一货币价值，但是可能并不等于这一货币价值。也就是说，某一预期收入的效用可能大于这一预期收入，也可能等于或小于这一预期收入。预期收入的效用究竟大于、等于还是小于预期收入的价值量，这完全取决于个人对待风险的态度。

　　假定一个人正在寻找工作，他有两种选择，一份工作是每月可以得到 2 000 元的固定工资，另一份工作的工资要看将来公司收益状况，如果公司收益好，他可以得到每月 3 000 元的工资，如果收益不好，只能得到 1 000 元的工资，而出现收益好和收益差的概率分别是 50%。第二份工作的收益预期值也是 2 000 元，与第一份工作的 2 000 元固定收入相等。但是第二份工作的预期效用是否与第一份工作 2 000 元固定收益的效用相等呢？这就要看各个人对风险的偏好。如果一个人是风险厌恶者，他会认为 2 000 元固定收益的效用大于平均来说预期收益为 2 000 的预期效用；如果一个人是风险中性者，他

会认为 2 000 元固定收益的效用等于平均来说预期收益为 2 000 元的预期效用；如果一个人是风险偏好者，他会认为 2 000 元固定收益的效用小于平均来说预期收益为 2 000 的预期效用。因此对于相同收益预期值，不同风险偏好的个人会做出不同的选择。风险厌恶者会选择 2 000 元固定工资的工作，而风险偏好者则可能会选择第二份工作。

不同的人有不同的风险态度，即使同一个人对待不同的风险也可能有不同的风险态度。不过，在现实中，大多数人属于风险厌恶的类型。在风险收益预期值与无风险的收益完全相同的情况下，如上例中，很少有人愿意选择收入不确定的第二种工作。除非收益的预期值更高一些。例如，如果公司收益好，每月工资 3 400 元，而不是 3 000 元；如果收益不好，每月工资 1 000 元。也许对某消费者王先生来说，这时第二种工作的预期效用才大于第一种工作。因为第二种工作收益的预期值达到 2 200 时，其效用才大于第一种工作。也就是说，对于大多数人来说，要让他们选择具有风险的活动，必须有一个前提，那就是有风险的活动要能够获得高于确定收益的预期值。

3.5　行为经济学[①]

行为经济学是实用的经济学，它将行为分析理论与经济运行规律、心理学与经济科学有机结合起来，以发现现今经济学模型中的错误或遗漏，进而修正主流经济学关于人的理性、自利、完全信息、效用最大化及偏好一致基本假设的不足。行为经济学开始把人们生活中比比皆是的决策例子作为实验内容，直接挑战传统经济学的几个关键假设。经过二三十年的研究发展，行为经济学形成了自己的理论。2002 年，心理学家卡勒曼（Daniel Kahneman）和经济学家弗农（Vernon L. Smith）分享了当年的诺贝尔经济学奖。其最重要的研究成果是前景理论（prospect theory）。

卡勒曼和弗农 1979 年在《计量经济学》杂志上发了篇文章，提出下面这个问题。

下面两个选择，您更喜欢哪个呀？

选择 A：33% 机会赢 2 500 元，66%机会赢 2 400 元，1%机会啥也不赢。

选择 B：给你 2 400 元。

您的答案是什么？

他们问了 72 个人，18%的人选 A，82%的人选 B。为什么大多数人选 B？风险回避（risk aversion）起了作用。

把这结果代入期望效用理论，$33\%U(2500)+66\%U(2400)+1\%U(0)<U(2400)$，然后稍稍变换一下，这结果说明：$33\%U(2500)<34\%U(2400)$，即 34%机会赢 2 400 元比 33%的机会赢 2 500 元给人更大效用。

卡勒曼和弗农又改了一下题目。

下面两个选择，您更喜欢哪个呀？

选择 A：33% 机会赢 2 500 元，67%机会啥也不赢。

① 本部分改编自 http://baike.baidu.com/view/353209.htm，是粗略介绍性的，以增进读者对消费者行为的全面认识，可不作为授课内容。

选择 B：34% 机会赢 2 400 元，66%机会啥也不赢。

您的答案是什么？

结果反过来了：同样的 72 个人，83%的人选 A，17%的人选 B。把这结果代入期望效用理论，说明：33%机会赢 2 500 元比 34%的机会赢 2 400 元更吸引人。72 个人中有 61 个人给出了自相矛盾的回答。所以，卡勒曼和弗农轻易地推翻了期望效用理论，这样，经济学基于期望效用理论的关于不确定性的研究成果就值得怀疑了。

前景理论发现：第一，人们做决策时不仅考虑最终结果，还考虑现状，并以现状（不赢不输）为参照点来决定赢或者输。第二，拣 100 元的快乐弥补不了损失 100 元的痛苦。这引申为回避损失（loss aversion）。第三，赢多了（或输多了）带来的边际额外的快乐（或痛苦）是下降的。第四，不是所有的人都这样，但是大部分人是这样。

卡勒曼和弗农绝非孤军作战，同期还有类似研究，他们的研究也基本上都能统一到前景理论上来。

（1）表述方式效应（framing effect）。例如，买机票，票面 250 元，如果有托运行李，则加 10 元。或者说，票面 260 元，如果没有托运行李，则给 10 元的折扣。人们会觉得哪个效用更大？当然是第二种了。第一种让人觉得这 10 块钱是个损失。这就是表述方式的效果。

（2）四种人生态度：①面对大概率的盈利（比较 A：60%赢 1 000 元和 B：稳拿 500 元），风险回避。②面对小概率的损失（比较 A：1%损失 10 000 元和 B：花 200 元买保险），风险回避。③面对小概率的盈利（比较 A：花 2 元去赌 0.001%概率赢 10 000 元和 B：啥也不干），风险追逐。④面对大概率的损失（比较 A：90%概率损失 100 元，10%概率回本和 B：坐等损失 80 元），风险追逐。

（3）沉没成本效应（sunk-cost effect）。从理性的角度来看，沉没成本不影响决策，正如覆水难收。沉没成本是已经发生，且不论人们做出什么决策都无法回收的成本，所以在决策时不应该考虑这一因素。但是，又有多少人发现自己买了舍不得吃的菜，可能变质时毅然倒掉？过食伤胃的道理谁都懂，但又有几个人吃自助餐吃到刚刚好就买单走人？多少人出国留学读书毕业后发现自己专业难找工作，能够毅然转行的？

Richard Thaler 被认为是行为金融学最重要的创始人。他于 20 世纪 80 年代初创立了能和前景理论媲美的 mental accounting 理论，即心理账户理论。俗话说，人人心里都有一本账。Thaler 说，不然，人人心里都有几本账。心理账户主要有三个组成部分，即评估、归账和平账。评估就是事前、事后评价某笔经济活动的损益情况。归账就是把各项经济活动归到各账户中。人们经常使用的支出账户有包括食品、日杂、休闲等支出的支出账户，收入账户有包括工资收入、意外收入等收入的收入账户。平账就是计算各账户的开支和收入及最终结果，以此作为以后决策的依据。

心理账户理论有四个结论，其主要是关于如何合并（把多个经济活动整合成一个账户）和单列（把一个或多个经济活动分解成多个账户）心理账户的。合并让人们在痛苦和损失时好受很多，单列使得人们在不增加真实经济好处的情况下满足更大。

（1）如果有多个经济活动均涉及收益/甜头/好处，尽可能地单列它们。没听说过谁把所有的圣诞礼物放一个盒子里的，大家是能包几个盒子就包几个。厂家附赠几件便宜的物品比一件总价稍高的物品让顾客更开心。

（2）如果有多个经济活动均涉及开支/损失/霉头/灾难，尽可能地合并它们。

（3）如果有某个经济活动涉及开支/损失，找个另外有收益的经济活动并且收益超过前述损失的，合并它们。

（4）如果有某个经济活动涉及大笔开支/损失，同时有某个经济活动减少了一点该损失，把该经济活动单列出来。

案例 3-1：鼓励孩子买书的零用钱

随着孩子年龄的增大，家长给自己未成年孩子的零用钱也将增加。增加的方法有两种：第一种是不论孩子如何使用，每月增加一定金额；第二种方式将这笔钱用于补贴孩子购买课外书籍，即只有当孩子购买图书等时才能获得一定金额的补贴。显然，这两种方式对鼓励孩子读书和增加学习开支，减少娱乐和零食开支的效果不一样。

假设图 3-15 中纵轴表示其他物品的数量，横轴表示购买书籍的数量。AB 线是原先的零用钱水平。第一种增加零用钱的方式是每月无条件付给一定金额；第二种增加零用钱的支付方式是仅对购买书籍的支出给予补贴，这两种方式对孩子使用零用钱的方式有重要影响。孩子在第二种方式下，购买的书籍大大增加，而其他支出与初始状态基本相同。

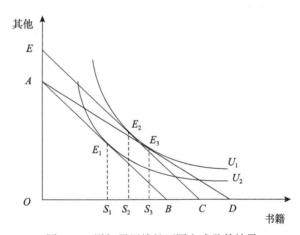

图 3-15　增加零用钱的不同方式及其效果

孩子原来消费状况用 E_1 点表示，每月无条件付给一定金额的方式，等于给孩子增加收入。孩子会按照自己偏好的方式分配这些新增的收入。孩子的偏好由无差异曲线图表示，家长按照这种方式给付一定金额后，相当于将原来的预算线平行向上移动，移至 EC 线，孩子的消费均衡点向右上方移至 E_2 点，对阅读书籍的购买有少量增加。若按照第二种方式，按照孩子买书支出比例给予补贴，则相当于对书籍降价，改变预算约束线的斜率，孩子的消费均衡点将会是 E_3 点。这时，阅读方面的支出明显增加，而娱乐和零食的支出只有少量增加。

请根据案例 3-1 回答以下问题。

这个例子是否意味着，即使价格体系保持不变，经济政策的制定者仍可以通过其他手段改变预算约束线的斜率，以达到愿意看到的选择结果？

案例 3-2：公车制度改革

我国政府长期以来为一定级别的领导干部和部门负责人配备公车。假设配备公车的量为 Q_1，相应的支出成本在 AB 线上，使用者得到的满足感则处于 U_1 线上（图 3-16）。如果节约使用公车可以增加其他消费，则可以通过减少交通消费，增加其他消费而使效用提高，达到 U_2 的满足水平。由于节约使用配备的公车不能增加其他消费，所以，虽然国家花费的成本较高，但是实际效用却较低。公车改革的方法是，取消公车，对原来享受公车待遇的干部给予定量交通补贴。如果交通补贴的金额相当于 CD 线水平支出，这些干部可以选择 E_1 点所示的消费组合，从而使自己的满足感不变。如果交通补贴的金额高于 CD 线，低于 AB 线（图 3-16 中未标出），则这些干部的满足感比改革前有所提高，而且政府该项支出的费用比改革前有所降低。这里还没有考虑过去使用司机的开支，如果考虑到节约司机的开支，则这项改革的效果更大。

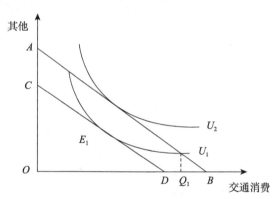

图 3-16　公车制度改革的效率

请根据案例 3-2 回答以下问题。

这个例子是否意味着，一般来说，普遍发放实物的实际效用不如发放等量货币的效用？或者说，与发放货币相比，若要达到同等效用，发放实物的价值量一般要高于货币量？为什么？

案例 3-3：高铁对民航的影响分析

在国家大力发展高铁的大背景下，深入研究高铁对民航的影响，做好前瞻性规划，对于公司的发展具有重要意义。

根据国务院审议并原则通过的《中长期铁路网规划》，我国将建成"四纵四横"客运专线网，其中"四纵"包括京沪、京广、京哈（北京—哈尔滨/大连）和沪深客运专线；"四横"包括徐兰、沪昆、青太和沪蓉客运专线。截止到 2013 年年底，高铁通车里程已超过 1.1 万千米，"四纵四横"已大部分建成通车。2014 年还将有 7 000 多千米高铁建成通车。从 2014 年 7 月 1 日实施的铁路运行图看，在全国铁路开行的总共 2 447 对旅客列车中，动车组列车有 1 330 对，占到 54.4%，成为"主力军"。根据高铁建设计划，我国高速铁路网将于 2020 年全面建成，进入高铁时代。

航空运输和高铁运输都是将旅客和货物从一个地点运输到另一个地点，满足旅客的运输需求。因此，在一定范围内，航空运输和高铁运输具有相互替代关系，航空运输和高铁运输是相互竞争的运输方式。

在高铁运输具有价格和时间优势的情况下，许多旅客选择高铁运输而不选择航空运输，对航空公司的经营造成不利影响。高铁对民航的这种影响，可以称为替代效应。

高铁对民航的替代效应，是在高铁投入运营后很快就显现的，短期即可发生影响，导致特定航线的航空客源大幅减少。而且，这种影响是永久性的，尤其是短程航线，只要因为高铁的竞争导致某条航线停飞，以后就难以恢复。例如，中国最早的航班北京至天津航班，由于地面运输的发展，早就被替代，也不可能再恢复通航。高铁对民航的替代效应是显而易见、立竿见影的。例如，武广高铁（武汉至广州）开通后，海航、深航相继退出广州长沙航线，南航每天提供三个航班，航班数量减少了一半以上；海航退出广州—武汉航线，其他航空公司的航班也大量减少。京沪高铁开通后，也有多条航线停航。

从长期看，替代效应又不明显。例如，2009 年年末武广高铁开通，在 2010 年发生较大变动后，武汉、长沙至广州航线在 2012 年基本稳定，直至 2012 年年末京广高铁全线开通。

对于不同的航班，高铁对其替代能力是不同的。国家民航局李家祥局长曾说：在民航的航线的距离段上，由于距离段的不同，冲击的程度也不同，我们论证了一下，500 千米范围内的距离段，高铁对民航的影响可能达到了 50% 以上。1 000 千米，这个影响相对就在减弱，大约在 20%，1 500 千米到 2 000 千米影响就不大了，2 000 千米以上影响更小了。也有机构认为，500 千米以内高铁对民航的冲击达到 50% 以上，500～800 千米高铁对民航的冲击达到 30% 以上，1 000 千米以内，高铁对民航的冲击大约是 20%，1 500 千米大约是 10%。从武广高铁运行一年的情况来看，这个预测是比较符合实际的。武广线全长 1 068.8 千米，民航所受影响为 11%。长广线全长 707 千米，民航所受影响为 48%。从山航对运营航线影响的分析，实际上其所受的影响要比上述分析还要严重。

摘编自中商情报网. http://www.askci.com/chanye/2014/10/20/151928c5pu.shtml，2014-10-20。

提要

（1）消费者在消费中获得的满足程度可以用统一的效用单位来衡量。效用是一种主观心理感受，不仅因人而异，而且因时、因地而异。

（2）总效用度量一定时间内消费一定量商品所获得的总满足感。边际效用是因新增加的消费量而获得的新增加的满足感。边际效用随着消费品数量的增加而递减。

（3）理性消费者的目标是既定支出下的效用最大化。他们购买商品时考虑的是商品的效用价格比，总是选择效用价格比高的商品优先购买。

（4）消费者均衡是在收入和商品价格既定的条件下，所购买的商品数量能使其达到最大满足感的状态。基数效用论与序数效用论都证明，消费者均衡的条件是：任意两种商品的效用价格比相等。

（5）无差异曲线反映的是消费者的偏好，它是凸向原点、负向倾斜并且互不相交的。其斜率的绝对值是边际替代率，反映偏好不变时，增加一种商品的一定量，要放弃多少另一种商品。

（6）预算线是反映在既定的收入和价格下，消费者的购买约束。无差异曲线与预算线的相切之点，是消费者均衡点。这两条线相切反映了两种商品的边际替代率等于它们的价格比，而这是消费者均衡条件的另一种表述。

（7）在对具有风险的商品或消费进行决策时，消费者要考虑的是效用预期值。效用预期值可以反映人们对待风险的态度。

复习思考题

（1）什么是总效用？什么是边际效用？二者的相互关系如何？

（2）什么是边际效用递减规律？边际效用为什么总是递减？

（3)消费者均衡的含义及其实现条件是什么？为什么达到这一条件就能实现消费者均衡？

（4）无差异曲线的含义及无差异曲线的特征是什么？

（5）什么是边际替代率？它如何变化？

（6）基数效用论与序数效用论有何联系与区别？

（7）你先有了一只鞋，当你获得与之相配的另一只鞋时，这第二只鞋的边际效用似乎超过第一只鞋的边际效用，这是不是违反了边际效用递减规律？

（8）免费发给人们一定量的实物与发给他们按市场价值折算的现金，哪一种方法给他们带来的效用更大？为什么？

（9）在图 3-10 中改变一下预算线的斜率，但仍然使它与无差异曲线相切，观察均衡点发生什么变化，并且分析一下变化的方向与价格变化方向有什么关系。

（10）价格变动的两重效应分别是什么？请作图分别说明。

第4章

厂商生产中的投入产出关系

厂商是产品的生产者和供给者，要研究市场供给，首先要研究厂商行为。所以，本章 4.1 节首先介绍厂商及其行为目标。4.2 节以后描述厂商面对的投入产出关系问题。在介绍描述这种投入产出关系的基本分析工具——生产函数（product function）后，相继描述三种类型的投入与产出关系：①一种投入数量可变的生产要素的投入与产量的关系；②具有替代性质的生产要素的投入与产量的关系；③可同时增加的各生产要素投入量与产量的关系。这种对投入与产出关系的考察，正是整个供给分析的基础。

4.1 厂商及其行为目标

4.1.1 厂商和利润最大化

厂商的概念与企业不同，它的外延比企业大，可以包括企业。厂商是指在市场经济中以交换为目的，通常是以盈利为目标的生产单位。它可以是个体生产者，也可以是大公司。在许多行业，生产以企业的形式进行。企业是有组织的生产单位，最基本的优越性是节约交易费用及通过统筹协调提高要素利用效率。交易费用是与交易行为、交易活动有关的费用，如寻找交易对象、发现相对价格、谈判、签约及履行契约的各种费用。建立企业，以企业为单位组织生产，可以将一些厂商之间的交易活动内部化，从而节约交易费用。不过本书在一些场合，特别是在有关完全竞争的部分，所谈论的只是厂商，其还算不上企业。

生产的实质是把投入品转化为产品的过程。投入品就是生产要素，即生产出产品所必需的一切要素。而产品也不限于物质产品，还包括各种形式的劳务，如运输、金融、批发、零售等。但本章的考察以物质产品的生产为基本背景。

本书假设厂商的动机是利润最大化，即厂商的每一次行动都以最大利润为目标。这一假定是有局限性的。在具有不确定性和信息不充分的现实世界里，厂商既不可能对需求和有关市场的信息了如指掌，也不可能控制未来事件的发展。厂商只能追求"满意的利润"，达到"有限理性"。但是，企业竞争的基础还是利润。没有利润，一切都谈不上。一个企业在市场竞争中如果常常漫不经心，不关心其盈利状况，不久便会遭淘汰。经过竞争留存在某个行业中的企业，一定是紧紧追求利润目标的。

4.1.2　所有者与经营者分离下的厂商目标

传统的业主制中，所有者即企业主自己经营企业，他们会节约每一元，因为每一元的节约都意味着其利润的增加。但是，由于个人拥有资金的限制，企业规模太小，企业难以适应大规模投资项目的需要。现代大公司通常是通过发售股票筹集资金来经营的。所有者与经营者之间发生了分离。股东是所有者，但是，他们只能在股东大会上对董事会就重大问题的提案发表意见、进行表决，很少了解，也难以知道企业的详细情况。股东大会闭幕期间，董事会代理股东大会行使权力。这就形成第一层次的委托—代理关系。企业的经营者是受董事会聘请，做日常管理工作的高层管理人员。这形成第二层次的委托—代理关系。他们虽然受到董事会的监督，但是：第一，董事会成员是否真正忠实于股东呢？高层管理者与董事会关系密切，容易形成一个高层管理者集团；第二，经理人员有较大的自由经营权，并非每件事情都通过董事会。

在缺乏密切的监督和充分激励下，掌握了日常生产决策的经营者很容易追求自身效用最大化，如追求豪华的办公室和轿车、舒适的企业付费的旅游，或者不尽心尽力地工作，等等。这就是 X 低效率的一个重要来源。所以，如何激励管理者按照所有者的目标——利润最大化行事，就成为委托—代理理论中一个重要的问题。各种激励手段也先后被使用。例如，为经营业绩良好的企业管理者发放奖金；实行股份购买计划，让管理者以低于市场的价格购买企业的部分股份。这些做法在诱导管理者从股东利益的角度行事方面起到一定作用。

制约管理者行为的较为强烈的机制是企业被接管。如果企业经营绩效太差，它的股票价格就会下跌，并成为拟收购者的目标。企业如果被收购，就会被新的所有者接管，企业管理者也将遭解聘。解聘的危险会对管理者施加压力，迫使他们在做出经营决策时更多考虑所有者的利益。但是，当企业业绩差，面临接管时，管理者会为维护其职位做各种策略性行为。

管理者与员工之间是第三层次的委托—代理关系。员工也有自己的利益，如果缺乏足够的激励，员工会倾向于减少努力和付出。这是 X 低效率的另一个来源。如何使员工尽责尽力，是企业管理工作的重要内容。

除了上述非利润最大化目标之外，对于厂商的目标有不同假说。例如，认为企业的目标是产品的市场占有份额最大化或销售收益的最大化。在现代大公司出现以后，企业实际经营目标的确发生了某种程度的变化。但是为了对厂商行为进行可行的实证分析，本章及以后各章仍假定厂商的目标是利润最大化。

4.2 生产函数的一般知识

4.2.1 生产函数的含义

在生产一种产品的过程中需要投入各种要素。例如，生产桌子需要投入木料、钢材、油漆等各种原材料，需要投入劳动，需要使用加工木料和钢材的各种机器。也就是生产者要知道，这些投入品各投入多少，才可以得到一定数量的产品。如果我们把这种关系描述出来，就得到生产桌子的生产函数。

又如，一个农户在一块面积既定的土地上耕种玉米。在这个生产过程中，土地是数量固定的投入要素，劳动是可变的投入要素，产品是玉米。假使该农户想知道这块土地上使用不同数量的劳动，会对玉米的产量带来什么变化，他们就会做一系列不断增加劳动投入量的试验。假如劳动量是以人/年为单位计算的，每增加一次劳动量就是增加 1 人/年，那么该农户可以得到表 4-1 所表示的生产函数情况。

表 4-1 投入不同劳动的玉米产量

劳动量/（人/年）	0	1	2	3	4	5	6	7	8
玉米产量/吨	0	3	8	12	15	17	17	16	13

投入不同劳动，在既定的土地上产出多少玉米依赖于生产的技术。在一定的技术条件下，如果投入的生产要素数量给定，那么产出量就可以确定。表 4-1 中不同劳动投入与玉米产量之间的关系，就是在既定的技术下的投入和产出关系。

生产函数除了用这种投入要素数量与产出数量的离散数据来表示外，还可以用函数式表示。

如果用 X_1、X_2 和 X_3 分别代表生产桌子的原材料、劳动和机器的数量，用 Q 代表桌子产量，f 代表函数关系，则生产桌子的生产函数就是：$Q = f(X_1, X_2, X_3)$。

生产函数描述了在一定的技术水平条件下，各种生产要素投入量与最大产量之间的关系。

如果我们可以将各种要素简化为劳动和资本两类，用 Q 代表产品产量，用 L 代表劳动，用 K 代表资本，则生产函数便获得了一个简明的形式：

$$Q = f(L, K)$$

很多生产可以采用不同的技术。可以多用一些工人，采用劳动密集型技术；也可以使用更多先进的机器设备，采用资本密集型技术。随着技术的不断进步，生产既定产量所需要的投入品的数量会减少，生产函数就会更新。所以，一个特定的生产函数一定是在特定的技术条件下形成的，它反映了在某种技术条件下，生产一定数量的产品各种要素至少分别投入多少，或者说，它反映了企业按照某种技术要求，以一定组合比例投入各种要素后，最多可以生产出多少产品。

4.2.2　长期和短期

生产的时期可以分为短期和长期。这里所讲的时间长短，不是一个固定的时间界限，而是指时间是否来得及使各种要素数量都得到调整，是否存在数量上不可以变动的要素，即固定要素。如果时间较短，有些生产要素的数量来不及变动，存在固定要素，就属于短期。如果各种要素的数量都可以变动，不存在固定要素，就属于长期。

在短期，资本 K 的投入量不变，而劳动 L 的投入量可变，产量随着劳动投入量的变动而变动。由经验可知，在较短时期内，厂商的机器、设备、厂房、管理等要素是不容易改变的。这样，在较短时期内，生产的额定能力也是不容易改变的。在这种情况下，如果市场景气，厂商可能充分利用现有厂房机器设备，通过投入更多劳动和原辅材料等来增加产量；如果市场萧条，厂商就减少劳动、原辅材料等的投入量，使产量减少。在产量的这些变动中，额定的生产能力，从而生产规模没有改变。短期生产函数正是对这一现象的描述。厂商的短期生产函数意味着其与生产规模既定条件下的产量决策有关。

在短期中，投入数量随着产量的变动而变动的要素称为变动要素。变动要素包括劳动、原材料、辅助材料等。投入数量不随着产量变动而变动的要素称为固定要素。固定要素包括机器、厂房，设备、借入的资金等。短期生产函数的重要特点就是不仅包含变动要素，还包含数量无法改变的固定要素。这些固定要素是因为时间来不及，所以数量无法改变。

在长期，全部生产要素的投入量都可变动。从一个较长时期来看，短期中固定要素的投入量都可变动，如厂房可以扩大、机器设备可以添置、资金可以筹集更多等。这样一来，产能增加了，换言之，生产规模扩大了。当然，在短期中的变动成本，在长期中仍然是可以变动的，而且也是必须变动的。因为在生产规模变动的序列中，在每一个既定的生产规模上，都还有一个决定产量的问题，即变动要素随产量变动的问题。

4.2.3　可变比例生产和固定比例生产

生产函数除了在时期长短上有区别，还在要素比例上有区别。在有的生产函数中，要素投入比例是固定的，称为固定要素组合生产函数。绝大多数产品的各种原、辅材料的投入量都有某种固定性，如此才形成一定的质量、规格、品种等。要素投入量比例可以变动的称为变动要素组合生产函数。在各生产部门，都有一个劳动投入量与资本投入量如何组合的问题，在许多场合，可以采用多投入劳动与少投入资本相配合的方式，也可以采用少投入劳动与多投入资本相配合的方式。例如，在农业生产中，可以采用多投入劳动、少投入机器设备的方式；也可以采用少投入劳动、多投入机器设备的方式。

4.3　一种可变要素的投入与产出

4.3.1　产量与产量曲线

假如现在生产者从事的是种植业的农业生产，承包的土地面积及土地上的设施等都是固定的投入要素，可变的是劳动投入量，以及水、肥料、农药等。我们也不妨把劳动、水、肥料和农药等投入量看做一组以劳动为代表的投入量。

表 4-2 就是根据表 4-1 种玉米的例子加工得到的。

表 4-2　劳动的总产量、平均产量与边际产量

劳动/人	总产量/吨	平均产量/（吨／人）	边际产量/吨
0	0	0	
1	3	3	3
2	8	4	5
3	12	4	4
4	15	3.75	3
5	17	3.4	2
6	17	2.83	0
7	16	2.29	−1
8	13	1.63	−3

表 4-2 中包含几个重要的产量概念。

（1）总产量（total product，TP）是指生产要素投入后得到的全部产量。在我们仅仅考察劳动者这种可变要素（L 表示其数量）的时候，这个总产量也可以看做劳动的总产量，记作 TP_L。

（2）平均产量（average product，AP）是指平均每一单位可变要素，即每一单位劳动的平均产量，全称是劳动的平均产量，记作 AP_L。

$$\mathrm{AP}_L = \frac{\mathrm{TP}_L}{L}$$

（3）边际产量（marginal product，MP）是指增加一个单位劳动增加的产量，即总产量的增加量。劳动的边际产量记作 MP_L。

$$\mathrm{MP}_L = \frac{\Delta \mathrm{TP}_L}{\Delta L}\quad（\Delta \mathrm{TP}_L \text{ 表示总产量增量；} \Delta L \text{ 表示劳动增量}）$$

从表 4-2 可以看出，随着劳动投入量等可变要素投入量的增加，总产量开始是增加的，但是增加到一定程度之后，则下降。原因是边际产量开始是递增的，到一定程度以后，就转而减少了。

根据表 4-2，可以绘制出总产量曲线、平均产量曲线和边际产量曲线（图 4-1）。

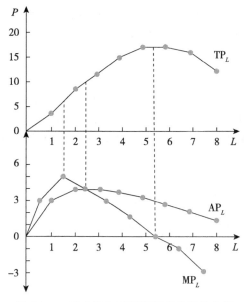

图 4-1　一种（组）可变要素下的产量曲线

1. 总产量曲线：TP_L

在图 4-1 中，上图纵轴表示总产量。横轴表示劳动投入量。总产量曲线 TP_L 显示出，在一块土地上，当劳动的数量从 0 开始逐渐增加，总产量一直不断增加，劳动量增加至 5 人后，从第 5 人到第 6 人时，总产量停止增加。这样，总产量的最高点位于第 5 人与第 6 人之间，为 17 吨。在此以前的总产量增加阶段，总产量增加的情况又分为两种类型。从第 1 人到第 2 人时，总产量都是递增地增加的。从图 4-1 可见，第 1 人使总产量增加了 3 吨；第 2 人使总产量增加了 5 吨，使总产量增加到 8 吨。从第 3 人开始，总产量虽然仍在增加，可是增加的比率却不断减少，即增加的幅度越来越小。第 3 人使总产量增加了 4 吨。到第 4 人时，这个人带来的总产量增加量下降为 3 吨，第 5 人带来的总产量增加量进一步下降为 2 吨。当劳动力从第 5 人增加到第 6 人时，总产量增加量为 0。从第 6 人以后，总产量呈下降趋势。

2. 平均产量曲线：AP_L

由图 4-1 中上图总产量曲线可以推导出图 4-1 中下图平均产量曲线（AP_L）。图 4-1 中下图表示平均产量和边际产量。平均产量 $AP_L = \dfrac{TP_L}{L}$。一定劳动投入量上的平均产量是总产量曲线上与该劳动投入量相对应的点与原点连线的斜率。例如，在劳动投入量为 3 人时，对应的总产量曲线上的总产量为 12 吨，平均产量就是 $\dfrac{12 吨}{3 人} = 4$ 吨/人。平均产量曲线开始随着总产量以递增的比率增加时上升，当总产量由以递增比率增加，变为以递减比率增加以后，平均产量曲线继续上升并逐渐达到最高点，以后平均产量曲线平稳向下倾斜。在图 4-1 中，在劳动投入量达到 3 人之前，平均产量曲线一直是向上走的，当劳动投入量达到第 3 人时，平均产量与第 2 人一样，都是 4 吨，达到最大。此后，劳动投入量继续增加，平均产量曲线平稳向下倾斜。

3. 边际产量曲线：MP_L

总产量以递增的比率增加时，边际产量是增加的，即前两人的边际产量曲线为上升状态。总产量以递减的比率增加时，边际产量是减少的，即两人以后的边际产量曲线为下降状态。当总产量达到最大时，边际产量为零。边际产量曲线为 5 ~ 6 人时与横轴相交。当总产量下降时，边际产量为负，即 6 人以后的边际产量曲线低于横坐标。

4.3.2   可变要素连续变化时的产量曲线

如果假设可变要素可以无限细分并连续变化，总产量曲线、平均产量曲线与边际产量曲线的状况就如图 4-2 所示。图 4-2 中上、下图中纵轴与横轴的含义分别与图 4-1 中上下图的一致。

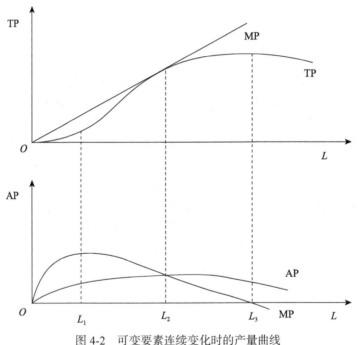

图 4-2　可变要素连续变化时的产量曲线

1. 总产量曲线

总产量曲线始于 O 点。这意思是说，虽然已投入了土地，但若不投入劳动，仍然不会有产出。投入劳动以后，开始有产出。随着劳动投入量的增加，总产量不断增加。当劳动投入达到 L_3 时，总产量达到最大。以后，如果劳动投入继续增加，总产量反而下降。在劳动投入为 $O\text{-}L_1$ 段，总产量呈递增地增加。在投入第 L_1 个劳动时，总产量的增加幅度达到最大。在劳动投入为 $L_1\text{-}L_3$ 段，随着劳动投入不断增加，每一单位新增劳动的投入使总产量的增加量不断下降，总产量递减地增加。总体来看，随着劳动投入的增加，总产量的变化规律是：先递增地增加，接着递减地增加，在劳动投入达某一水平时达最大，然后下降。

总产量的这种变化，是不是由于所投入的劳动的质量有了变化？或者说，是由于在劳动投入的 O-L_1 段所投入的劳动的质量在不断提高，第 L_1 个劳动的质量最高，然后在劳动投入的 L_1-L_3 段所投入的劳动的质量不断下降？完全不是。在整个的分析中，总是假定每单位劳动的质量是完全一样的，在这种情况下，总产量的变化完全是由变动要素的投入数量与固定要素的投入数量之间不同的组合（搭配）关系引起的。当劳动投入过少时，其他既定数量的要素难以充分发挥效率。在上例中，是既定面积的土地难以充分发挥效率。劳动投入过少而土地投入过多这种极不合理的要素组合，只能使产量处于很低的水平。在这种情况下，增加劳动投入，可以使要素组合状况迅速得到改善，从而使产量大幅度提高。随着劳动投入的增加，劳动投入与土地投入的组合日趋合理，劳动的效率逐渐达到巅峰状态，土地的效率也处于很高水平。以后，在继续增加劳动投入的过程中，与土地投入量相比，劳动投入量偏多了。不过由于土地的效率此时尚未挖掘殆尽，其仍能使总产量提高，只是总产量提高的幅度越来越小。劳动的继续投入，终于达到土地所能容纳的最大限度，总产量达到最大。此后再增加劳动的投入，总产量反而会减少。

2. 边际产量曲线

总产量曲线始于原点，使边际产量曲线也始于原点。总产量曲线递增地上升时，边际产量曲线随着劳动投入的增加而上升。总产量的增加幅度在劳动投入为 L_1 时达最大，这时边际产量曲线上升至最高点。当总产量曲线递减地上升时，边际产量曲线随着劳动投入的增加而下降。当总产量达最大时，边际产量为零。当总产量下降时，边际产量为负。

总体来看，随着劳动投入的增加，边际产量也是先增加，后减少；并依次大于 0、等于 0、小于 0。

3. 平均产量曲线

劳动的平均产量表示单位劳动投入所生产的产量。在图形上，平均产量等于总产量曲线上的点与原点连线的斜率值（而边际产量等于总产量曲线上点的切线斜率，请注意二者完全不同），总产量曲线位置确定了，平均产量曲线的位置同样也就确定了。

劳动的平均产量曲线也始于原点。在总产量递增地增加段，平均产量曲线显然随着劳动投入的增加而上升。在总产量递减地增加段，虽然新增单位劳动投入所增加的总产量在下降，但只要大于平均产量，平均产量仍然会增加。换言之，只要边际产量曲线高于平均产量曲线，平均产量曲线就会继续上升。在劳动投入量达到某一水平时，新增单位劳动投入所增加的总产量恰好等于平均产量，即边际产量曲线与平均产量曲线相交时，平均产量曲线达到最高点。以后，随着劳动投入的继续增加，边际产量继续下降，且低于平均产量，促使平均产量不断减少，即平均产量曲线向右下方倾斜。

就是说，随着劳动投入的增加，平均产量曲线也是先上升，后下降。当边际产量高于平均产量时，平均产量上升；当边际产量低于平均产量时，平均产量下降。因此，边际产量曲线恰好交于平均产量曲线的最高点。这种特殊的关系可以用数学证明（见本章附录4-2）。从图形上看，由于平均产量是总产量曲线上的点与原点连线的斜率值，过原点作一直线使之与总产量曲线相切（其他各点的连线都不相切），切点的斜率最大（其他连线的斜率都小于该切线切点的斜率），即此时的平均产量最高（对应图4-2下图中平均产量曲线的最高点）。这条切线的斜率既反映该劳动投入量的平均产量，也是其边际产量，因此边际产量与平均产量两者恰好在这时相等。也就是，在平均产量最高的劳动投入量上，边际产量曲线相交于平均产量曲线。

4.3.3　边际报酬递减法则

如前所述，边际产量、平均产量、总产量曲线随着劳动投入的增加，都依次经历了先增加、后减少的过程。这三条产量曲线的特征，或者说，它们所反映的物质技术关系，被认为具有普遍意义，并被归纳为生产要素的报酬递减法则（law of diminishing marginal returns）。它可以表述如下：在技术不变、其他生产要素投入量不变时，连续地把某一种要素投入量增加到一定数量之后，所得的产量的增量是递减的。而且，在一定条件下，不仅其边际产量是递减的，平均产量、总产量也是递减的。该法则又称为边际报酬递减法则、边际收益递减法则，或边际生产力递减法则。生产要素报酬递减法则的重要限制条件是技术水平不变、其他生产要素投入量不变。如果这两个条件发生变化，情况会怎么样呢？如果技术进步，其他生产要素投入量增加，会推迟生产要素报酬递减的出现，但报酬递减作为一种规律，总会出现。在一些场合，如果其他生产要素（如农业）的投入量不可能再增加或只能很少地增加，那么，为了限制生产要素的报酬递减，技术进步就具有更加重要的意义。

4.3.4　生产要素投入的三个阶段

为了更清楚地看到在劳动投入量不断增加的过程中，总产量、平均产量、边际产量的变化情况，可按一定的标准，将连续投入生产要素的过程划分为三个阶段。

第一阶段，投入量为 $O\text{-}L_2$ 段。在这个阶段内，边际产量大于平均产量，即边际产量曲线高于平均产量曲线。总产量先递增地增加，后递减地增加，但增长的幅度都较大。

第二阶段，投入量为 $L_2\text{-}L_3$ 段。在这个阶段内，边际产量小于平均产量，即边际产量曲线低于平均产量曲线，但是边际产量曲线仍在横轴之上，即边际产量大于零。总产量递减地增加，最后达到最大。

第三阶段，投入量大于 L_3。在这个阶段内，边际产量小于零，总产量下降。

这三个阶段简称为生产的三阶段。生产的三阶段还可以按劳动投入的产出弹性 E_L 来划分。

$$E_L = \frac{\Delta \text{TP}}{\Delta L} \bigg/ \frac{\text{TP}}{L} = \text{MP}_L / \text{AP}_L$$

第一阶段：投入量为 0-L_2 段。在第一阶段，$E_L > 1$，即 $MP_L > AP_L$。

第二阶段：投入量为 L_2-L_3 段。在第二阶段，$E_L < 1$，即 $MP_L < AP_L$。

第三阶段：投入量大于 L_3。在第三阶段，$E_L = MP_L / AP_L < 0$。

从厂商资源配置的角度看，首先，如果以总产量、平均产量为标准，那么第三阶段显然是不可取的。在这一阶段，可变要素投入量过多，使总产量、边际产量、平均产量下降，造成资源的浪费。如果资源配置已经处于这一阶段，那么，减少劳动的投入，就可以改善资源配置状况，使产量提高。其次，第一阶段也不可取。在这一阶段，可变要素投入量过少，固定要素的作用不能充分发挥，所以，只要增加可变要素的投入，就可以使总产量、平均产量提高。在这一阶段，劳动边际产量达最高点。但是，这只是说明劳动的增加使资源配置效果提高得最多，但不说明资源配置效果已经达到最好的程度。可取的是第二阶段：L_2-L_3。在这一阶段，不仅总产量达到最大（在 L_3），而且单位劳动的产出量也达到最大（在 L_2）。

厂商的产量决策，进而生产要素的投入决策，是要考虑其投入与产出的物质技术关系的。就此点而论，厂商对变动要素的投入，往往会选择第二阶段。但是，厂商到底是怎样决策的，可变要素究竟投入多少，要看成本与收益的关系，目前尚无法决定。

4.3.5　技术进步和资本增加对产量的影响

技术进步是现代经济的一个重要特征。当技术进步发生了，我们就应该在新的技术水平下描述生产函数。图 4-3 就是发生两次技术进步，相继产生的三条不同的劳动总产量曲线，每一条曲线对应一种技术水平。

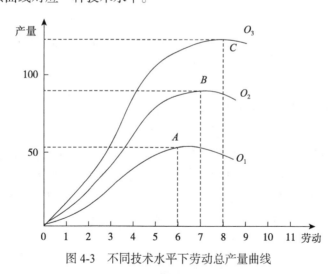

图 4-3　不同技术水平下劳动总产量曲线

由于技术进步，生产函数更新，在与原来相同的劳动投入数量上，总产量增加，因此，总产量曲线在技术进步后比原来高。图 4-3 表示，初始时期的总产量曲线是 O_1，第一次技术进步后，移至 O_2；第二次技术进步后，生产函数再次更新，总产量曲线再次向

上移至 O_3。在图 4-3 中，如果 A 点变动到 B 点，即意味着在劳动投入量增加的同时发生了技术进步，这使得本该即将递减的产量继续增加。但是，我们不能由此认为边际报酬递减的法则有了改变，因为，在同一条线 O_2 上，即在同一个技术水平下，在 B 点以后曲线还是向下倾斜了。

与不同资本（或土地）数量相结合的劳动的总产量曲线和边际产量也有相似的图形。由于与更多数量的资本（或土地）相结合，增加同样的劳动能带来更多的产量。

图 4-4 中，纵轴表示产量或平均产量、边际产量，横轴表示劳动投入量。图 4-4（a）显示，在土地数量增加后，总产量增加；图 4-4（b）显示，在土地数量增加后，边际产量和平均产量也都增加。不过图 4-4（a）只是显示了总产量曲线的上升部分，其下降部分没有显示。图 4-4（b）也只是显示了边际产量和平均产量曲线的下降部分，其上升部分没有显示。

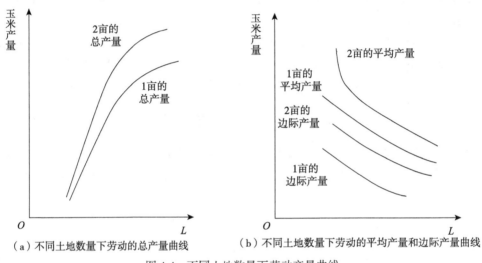

（a）不同土地数量下劳动的总产量曲线　　（b）不同土地数量下劳动的平均产量和边际产量曲线

图 4-4　不同土地数量下劳动产量曲线

4.4　可替代要素的投入与产出

对一些生产过程来说，投入要素之间，如不同的肥料之间、不同的金属材料之间，以及劳动、资本之间，都具有某种替代性。就是说，减少一种要素的投入，增加另一种要素的投入，仍可维持原来的产量。例如，减少手工劳动，可以用机械力去补偿。厂商在什么情况下以及怎样进行投入要素替代的问题将在下一章讨论。在本节，先单纯地描述可替代投入与产出的关系。

4.4.1　投入品之间的替代与等产量曲线

在长期，劳动和资本的数量都可变动，而且具有替代关系。可以多用劳动，少用资本；也可以出现相反的情况。

设要素 L、K 在一定范围内具有替代性，为维持一定的产量，显然存在 L、K 多种投入组合的可能性。从决策的角度看，假定厂商的产量已经确定，现在需要做出投入决策，则首先必须了解哪些投入替代方案能保证上述产出量。所有这些投入替代的方案构成了厂商的选择空间。

这类问题可以利用等产量曲线（isoquants curve）来描述。在理论上，通常只考虑两种要素的替代关系，这样便于利用曲线直观地加以表现。等产量曲线就是在技术水平不变条件下，使产量不变的两种要素投入的各种可能组合的轨迹。可以说，等产量曲线就是无差异曲线的推广。在图 4-5 L-K 平面上，它是一条曲线。等产量曲线的形状可以是多样的，曲线不同的形状反映了不同的替代关系。下面先考察等产量曲线的一般形态，然后再考察它的两种极端形状。

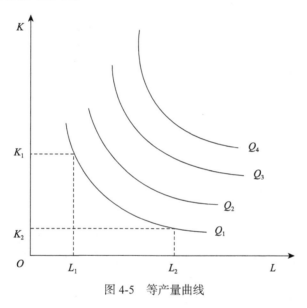

图 4-5　等产量曲线

图 4-5 中横轴表示劳动的数量，纵轴表示资本的数量。有四条等产量曲线，它们的产量分别为 Q_1、Q_2、Q_3、Q_4，且 $Q_4 > Q_3 > Q_2 > Q_1$。以等产量曲线 Q_1 为例，可以看到，维持产量 Q_1，存在着许多不同的投入要素组合，如组合（L_1, K_1），组合（L_2, K_2）。维持 Q_1 的产量，增加劳动的投入，就必须减少资本的投入；增加资本的投入，就必须减少劳动的投入。这一段等产量曲线的切线斜率为负，正好反映了要素替代的这种性质。无论对哪一个投入组合来说，若劳动的投入量一定，增加资本的投入量，都可以使产量提高。

4.4.2　边际技术替代率

在产量不变的前提下，劳动投入量增加时，可以减少资本投入量；资本投入量增加时，可以减少劳动投入量。这两种投入要素可替代的程度用边际技术替代率来表示。劳动对资本的边际技术替代率（marginal rate of technical substitution of labor for capital）

$$\mathrm{MRTS}_{LK} = -\frac{\Delta K}{\Delta L}$$

其中，ΔL 表示劳动的增量，ΔK 表示资本的增量。一般来说，两个增量中总有一个是负值。为了使得边际技术替代率为正，在劳动的增量与资本的增量之比前加上负号。

劳动对资本的边际技术替代率表示，为使产量保持不变，增加 1 单位劳动投入可以减少的资本投入数量。如果要计算等产量曲线上某一点劳动替代资本的边际技术替代率，则 $\mathrm{MRTS}_{LK} = \lim\limits_{\Delta L \to 0} -\dfrac{\Delta K}{\Delta L} = -\dfrac{\mathrm{d}K}{\mathrm{d}L}$。这时，边际技术替代率实际上就是等产量曲线切线的斜率。

边际技术替代率还可以由两种要素的边际产量之比来表示。在等产量曲线上不同点之间移动，意味着变动要素的组合，增加一种要素，同时减少另一种要素，而产出保持不变。如果用劳动来替代资本，那么，因为新增的劳动带来的产出增加量为劳动的边际产量与新增的劳动量的乘积，即

$$\text{新增的劳动带来的产出增加量} = \mathrm{MP}_L \cdot \Delta L$$

同样，资本的减少带来的总产量的减少等于资本的边际产出与新增资本量之乘积，即

$$\text{资本的减少带来的总产量的减少量} = \mathrm{MP}_K \cdot \Delta K$$

在等产量曲线上，总产量不变，因此有

$$\mathrm{MP}_L \cdot \Delta L + \mathrm{MP}_K \cdot \Delta K = 0$$

整理后可得

$$\mathrm{MRTS}_{LK} = -\frac{\Delta K}{\Delta L} = \frac{\mathrm{MP}_L}{\mathrm{MP}_K}$$

即劳动对资本的边际技术替代率就是劳动的边际产量与资本的边际产量之比。

在等产量曲线凸向原点的情况下，如图 4-5 所示，边际技术替代率是递减的。就是说，随着劳动投入量的增加，为保持产量不变，增加单位劳动投入所能替代的资本投入量是逐渐减少的。这里有两方面因素起作用。在劳动投入方面，第一，当资本投入量不变时，随着劳动投入量的增加，劳动的边际产量递减（如 4.3 节所述，厂商对要素数量的选择总是在生产的第二阶段进行，因此边际产量是递减的）。第二，在劳动投入量不断增加的同时，资本的投入量不断减少，这使劳动的边际产量曲线向左下方向移动，从而使劳动的边际产量递减得更厉害。在资本投入方面，随着资本投入的减少，资本的边际产量递增；而在劳动投入增加的情况下，资本的边际产量递增得更多。因此，劳动对资本的边际技术替代率，即劳动的边际产量与资本的边际产量之比，随着劳动投入的增加，是逐渐减少的。

边际技术替代率一般是负的，但是边际技术替代率为正的情况也会发生。这种现象多半出现在某一种要素投入过多之后。边际技术替代率为正表示一种要素数量增加时，不仅不能减少另外一种要素的数量，相反另外一种要素的数量同时也要增加。例如，农药用得过多时，不得不花更多的劳动做清除农药的工作。由于这种情况与理性主义假定不相吻合，所以不再予以考虑。

4.4.3 极端形态的等产量曲线

上面考察了一般形态的等产量曲线，它是凸向原点的一条曲线。现在考察极端形态

的等产量曲线（图 4-6）。第一种是直线形的。第二种是直角形的。

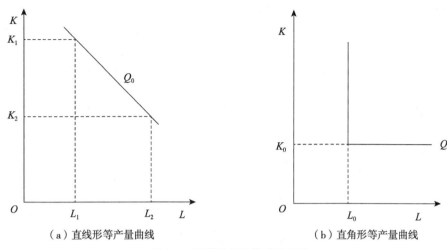

（a）直线形等产量曲线   （b）直角形等产量曲线

图 4-6 极端形态的等产量曲线

对直线形的等产量曲线来说，要素的投入替代可以在投入组合（L_1，K_1）和（L_2，K_2）之间进行。替代的特点是边际技术替代率是常数，即无论在哪一投入组合上，增加 1 单位劳动总是替代同样数量的资本而维持产量不变。这说明两种要素是完全可替代的。例如，公交车、停车场可以由人工检票，也可以由仪器自动检票。一台仪器总是可以替代两个人。

直角形等产量曲线表明要素组合是固定的，即在产出量为 Q_0 时，经济上有效率的要素投入组合只能是（L_0，K_0）。因为如果资本投入量为 K_0，劳动投入量超过 L_0，产量仍为 Q_0；而劳动投入量为 L_0，资本投入量超过 K_0，也只能得到 Q_0 的产量。这说明两种要素是完全不可替代的。例如，一台纺织机，必须由一个操作工人操作。机器不能代替人，人也不能代替机器。在现代化的工业生产中，这种情况更为普遍。

4.5 规模变动中的投入与产出

4.5.1 规模扩大中投入与产出的关系

如果在长期，市场的行情很好，厂商就会考虑扩大生产规模，通过生产规模的扩大更大量地增加产出。扩大生产规模，意味着厂商不仅要增加劳动和原辅材料等要素的投入，还要增加机器、设备等要素的投入。在规模扩大的过程中，投入与产出可能有三种关系：①产出增加的比例大于投入增加的比例；②产出增加的比例等于投入增加的比例；③产出增加的比例小于投入增加的比例。下面分别讨论。

（1）产出增加的比例大于投入增加的比例，这种情况称为规模报酬递增（increasing return to scale）。当厂商从最初的极小规模开始扩张时，往往会出现这种情况，主要原因如下。

第一，大规模生产可以使分工得到充分发展，而专业化的产生不仅有利于直接提高劳动效率，而且有利于发明并使用专用工具和设备，提高效率。

传统微观经济学中较少研究技术进步，并且常常把对规模报酬的分析独立于技术进步，仅仅研究因为投入数量增加而带来的报酬的变化，即假定规模扩大时，并不发生技术进步。但是在现实中，规模的扩大常常伴随着技术进步，而且规模扩大常常是由技术进步带动的。

第二，具有较高技术水平的机器设备的使用对生产规模有一最低限度的要求，即存在最小有效规模（minimize efficient scale，MES）。只有当生产规模达到这一要求时，才能较为充分地使用有关机器设备。例如，汽车装配流水线对汽车年产量，大型炼铁炉对选矿、烧结、炼焦能力都有一定的要求。因此，当生产规模扩大了，能够使用这些先进机器设备了，就能获得规模扩大的效益。

可见，上述第一个原因和第二个原因是密切联系并相互作用的。大规模生产促使分工和专用设备的运用；而专用设备的不可分割性导致大规模生产的要求。

第三，厂房、仓库、运输工具的大型化也可以获得明显的规模扩大的效益。在厂房大型化过程中，建材增加的比例要小于其空间增加的比例。在仓库、管道、运输汽车大型化过程中，也会发生类似的情况。若这些要素在某种产品的生产中处于重要地位，则该种产品生产规模扩大的效益就会非常显著。

在供热和水处理等基础设施方面的投入、产品研发投入、广告和职工培训方面的投入，常常具有相对的固定性，不随产量的增加而增加。在大规模生产时，这些相对固定的投入可以分摊到更多的产量上，有效降低平均成本。在现代经济中，这些固定成本被更多产量分摊，是规模收益递增最重要的因素。此外，大规模采购原材料可以获得更优惠的价格，大规模销售时库存不必同比例增加，等等，这些都可以带来递增的规模报酬。

（2）产出增加的比例等于投入增加的比例，这种情况称为规模报酬不变（constant return to scale）。在生产规模扩张的一定阶段，大规模生产的效益已经充分发挥，进一步扩大生产规模，已经很难使规模效益进一步提高。同时，大规模带来的困难已经日趋显露，这迫使厂商调动一切手段来减缓它的不利影响。这样，在生产规模扩大的这一阶段，会出现规模效益大致不变的情形。

（3）产出增加的比例小于投入增加的比例，这种情况称为规模报酬递减（decreasing return to scale）。当生产规模过于庞大时，可能会出现这种情况。其原因主要是，生产规模过大，层次过多，管理人员与一线员工之间沟通困难，各个工序和操作环节之间难以协调，现场管理混乱，从而导致效率低下。另外，在技术研发型企业，生产活动主要是科技人员的技术创新活动，上面第一点所述导致规模报酬递增的若干因素并不重要，所以，小企业的效率往往高于大企业。

在企业规模不断扩大的过程中，上述三种情况是依次出现的。在厂商开始扩张时，产出增加的比例大于投入增加的比例；在规模达一定水平时，产出增加的比例等于投入增加的比例；规模继续扩大，产出增加的比例小于投入增加的比例。如果企业对规模的扩大抱有谨慎的态度，企业不会轻易扩大到产出增加比例小于投入增加比例的程度，所以我们就较少看到规模报酬递减的情况。不过，的确出现过企业过大导致低效率，终于被拆分的事件。

产出增加比例等于投入增加比例的生产规模是比较理想的。在实际中，一般认为，生产规模在达到或接近达到这个阶段时，是实现了规模经济（economies of scale）；而当规模太小，因而规模报酬没有充分实现时，或者当规模太大，因而规模报酬递减时，都称为规模不经济（diseconomies of scale）。规模经济一词通常具有相对的意思，也就是相对于以前规模更加经济了的意思。例如，在处于规模报酬递增阶段，若因扩大规模获得更多收益，人们也可以称之为规模经济。但是，在市场经济中，厂商对生产规模的选择既会受到利润最大化要求的影响，又会受到多种因素的制约。常见的制约因素有能够获得的投资金额的限制和市场份额的限制。斯密早就指出市场范围限制分工。市场扩大，是扩大规模的前提。

4.5.2　规模报酬的其他表达方式

现实中生产规模的扩大，通常是与技术进步联系在一起的。在扩大生产规模的同时，技术也发生了变化。例如，石化企业在将乙烯生产规模由年产 30 万吨扩大到年产 46 万吨的同时，其生产操作更新升级，自动化水平也提高了。如果技术进步体现在要素上，那么要素的效率就会提高。技术进步导致的对要素投入量的节约，对于不同要素往往是不一样的，如有些技术进步主要节约劳动。因此，规模扩大在现实中并不一定是所有要素都同比例增加。但是，在理论上，为了讨论问题方便，假设在规模变动时，各种要素都是同时以相同比例变动的。这样上述三种不同类型规模报酬就可以得到简洁的表达。

规模报酬的数学表达如下：设生产函数为 $Q=f(L, K)$，且设当 L、K 分别增加 λ 倍时，产量增加 γ 倍，即 $\gamma Q=f(\lambda L, \lambda K)$，则 $\gamma>\lambda$ 为规模报酬递增；$\gamma=\lambda$ 为规模报酬不变；$\gamma<\lambda$ 为规模报酬递减。

不同的规模报酬，也可以用不同的等产量曲线图来表达。同一条等产量曲线表示产量相同，位置更高的等产量曲线代表的产量水平越高。如果在一幅等产量曲线图上，每两条等产量曲线之间产量的差额是一样的，而它们之间的距离越来越小（从低的产量到高的产量），则表示得到同样多的新增产量所投入的要素减少了，即实现了规模报酬递增；如果每两条等产量曲线之间产量的差额是一样的，而它们之间的距离也相等，则表示得到同样多的新增产量所投入的要素不变，即规模报酬不变。

4.5.3　企业规模与生产规模

引起规模报酬变化的原因有很多种，不同行业引起规模报酬递增的原因也有很大差别。在一些运用现代化自动化成套设备，并且生产线是连续运转的生产中，规模报酬递增是十分明显的。小规模的生产会因为设备的不可分割性而丧失规模报酬。例如，汽车装配、石油化工、浮法玻璃等行业都存在最小有效规模，低于这个规模，称为规模不经济。由于某些单个生产过程要求大规模地进行，所以这些行业中的企业就必然采取大规模生产。也就是说，这些行业主要是设备的不可分割性导致生产的大规模，进而要求企业以大规模生产。

生产的大规模，会导致企业的大规模，但是，企业的大规模不一定意味着生产的大规模。当把上下游各个相关制造环节都纳入一个企业时，企业规模的扩大是因为生产环节增加，而不是生产规模的扩大。这时企业内每一个环节都可能没有达到规模经济。

当一个完整的产品是通过企业网络（或企业集群）内部各个企业的分工合作完成的时候，企业规模的缩小与单个生产环节的规模经济可以并存。这时，各个相互关联的加工制作由不同的专业化企业分别承担，每个专业化企业同时分别为不同的企业加工某种零部件。因此，在每一单个生产环节上，规模都扩大了，都实现了规模经济。由于把许多工序分解给了不同的专业化企业，单个企业的规模缩小了。

4.6 范围经济

与规模经济概念接近的是范围经济（economies of scope）。范围经济是指同一个企业生产两种或两种以上产品时，每种产品的成本低于只生产其中一种的情况，即企业扩大生产范围可以带来节约的情况。

有许多企业不止生产一种产品。生产录像机的企业也生产音响设备；生产儿童食品的企业还生产儿童服装；房地产企业也办学校。有些时候一个企业生产的两种或两种以上产品之间在性质上有某种联系，联合生产可以充分发挥在原有产品生产上的优势，可以分享技术、品牌、销售渠道等投入要素；有些时候这些产品的使用者是同一群人，联合生产也就意味着联合利用营销上的优势和充分利用营销力量，节约交易费用；有些时候，有的产品在生产过程中会产生某种副产品，稍经加工就可获得可观收益；有些时候两种产品之间是互补关系，同时提供两种产品比单独提供一种产品更容易赢得消费者。出售花盆的淘宝网店，同时也出售营养土、肥料和园艺工具。多种关联产品一次搞定，自然可以吸引更多的园艺爱好者。反过来，园艺爱好者的诉求促使店家获得并搜集积累园艺投入品方面的多种信息。当这些几乎不费成本就得到的经验知识用在更多园艺投入品经营时，自然能提高效率和收益。这些都是企业扩大经营范围的理由，也是范围经济的原因。此外，范围经济效应还可以由生产和经营上的统一管理、协调而产生，它使得在日程安排、计划调度、供货衔接和财务支持方面获得多种好处。

实际上，还可以从另一个角度来考察范围经济。如果我们把直接购买的产品看做各种零部件及投入要素的组合，企业愿意将各种零部件及投入要素通过企业内部组织装配起来再销售，也是对组织生产过程中各交易成本的节约。例如，当我们购买一辆自行车时，一般是比分别购买两个车圈、两个车胎、一个车架、一个车把、一根链条、两个煞车、两个脚踏板、一个车座……以及雇佣装配人员，要来得容易，这就是自行车厂商集中生产或采购后，装配生产具有范围经济，节约了我们购买零部件和雇佣装配人员过程中的交易成本。

扩大生产范围不一定带来范围经济。相反，一个企业生产多种产品的成本可能会高于不同企业分别生产各种产品的成本。这时便发生了范围不经济（diseconomies of scope）。

这种情况在一种产品的生产与另一种产品有冲突时可能会发生。

一家企业可以因为生产两种以上产品而获得范围经济，但是，它可能在每一种产品的生产上都还没有获得充分的规模经济。当然，一个企业可以以很大规模进行生产而丝毫不涉及范围经济，因为它只生产单一产品。因此，规模经济与范围经济不一定是一致的。

案例 4-1：轿车工业的规模经济

国外的一些学者曾估算过汽车工业的最小有效规模，但是由于中外技术条件不同、经济条件不同、产品不同，这些成果并不能简单地运用于我国现实的轿车市场。国务院发展研究中心于 1990 年利用会计法计算出轿车的最小有效规模为年产 30 万辆。随着汽车制造技术的发展（模块化生产、共用生产平台等），市场竞争格局发生了变化，最小有效规模有上升的趋势。2002 年前，各主要轿车厂商的整车生产能力分别如下：桑塔纳 30 万辆；小红旗 7 万辆；奥迪 3 万辆；捷达、富康、夏利 15 万辆；切诺基 5 万辆；长安奥拓 10 万辆。可见，我国轿车厂家在很长时期内没有达到最小有效规模。既然规模经济能够带来成本的下降和利润空间的上升，国内的厂商为何不扩大生产能力呢？市场容量对规模经济有重要的影响。在我国，轿车刚刚步入家庭，轿车价位相对于消费者购买能力而言还偏高，使得我国市场容量有限。另外，同类企业数量过多使得单个企业拥有的市场容量更为有限。

随着轿车价格逐渐降低和轿车逐步进入家庭，轿车企业的产量也正在逐步上升，不过 10 大轿车厂家中仍有 3 家产销量不足 10 万辆。2008 年，销量排名前 10 位的轿车生产企业依次为一汽大众、上海大众、上海通用、一汽丰田、东风日产、奇瑞、广州本田、北京现代、吉利和长安福特，与 2007 年同期相比，上海通用、奇瑞和长安福特有所下降，其他企业呈不同程度增长，其中一汽丰田、东风日产和北京现代增幅更为明显。2008 年，上述十家企业共销售 327.89 万辆轿车，占轿车销售总量的 65%。

摘编自干春晖，戴榕，李素荣. 我国轿车工业的产业组织分析.中国工业经济，（8）：15-22，2002；上海大众汽车有限公司的公司介绍. http://auto.sina.com.cn/salon/BAICVOL
KSWAGEN/BAICVOLKSWAGEN.shtml；张毅. "造车运动"烟消云散. 文汇报，2005-03-18；2008 年国产轿车年销量排名-深度分析. http://www.chinacir.com.cn/ywzx/200911384765.
shtml。

请根据案例 4-1 回答以下问题。

（1）在现实中，哪些因素影响生产规模？

（2）请画出几个主要轿车企业到目前为止的长期平均成本曲线的示意图。

案例 4-2：小鸡生产的等产量曲线

在美国，每年生产的用于烤焙的小鸡的价值超过 80 亿美元。这种小鸡的主要饲料是玉米和大豆渣粉。根据经济合作与发展组织提供的数据，如果在某一时期喂养小鸡的饲料玉米和大豆渣粉是表 4-3 中的几种组合，那么小鸡的重量都会增加一磅（1 磅≈0.45 千克）。

表 4-3 小鸡重量增加一磅时两种饲料的各种投入量（单位：磅）

玉米的数量	1.0	1.1	1.2	1.3	1.4
大豆渣粉的数量	0.95	0.76	0.60	0.50	0.42

依据这张表中的数据，可以绘制出一条等产量曲线（图 4-7）。

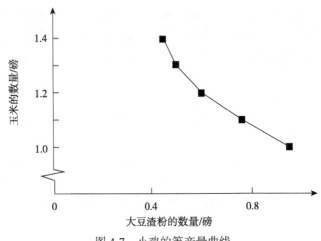

图 4-7 小鸡的等产量曲线

请根据案例 4-2 回答以下问题。

（1）请计算这条等产量曲线上这些点的边际技术替代率。

（2）如果一磅玉米的价格等于一磅大豆渣粉，那么，一只小鸡的饲料数量组合是 1.1 磅玉米和 0.76 磅的大豆渣粉，这样合算吗？

摘引自曼斯费尔德.微观经济学.北京：中国人民大学出版社，1999.

附录 4-1：可变要素连续变化时各种产量间的关系

劳动的边际产量 MP_L 表示当劳动投入增加一个单位时，总产量的增加量。在理论上，假设劳动的投入变化非常小，则劳动的边际产量

$$MP_L = \lim_{\Delta L \to 0} \frac{\Delta TP}{\Delta L} = \frac{dTP}{dL}$$

也就是说，边际产量是总产量的一阶导数。在图形上，总产量曲线上各点切线的斜率值，就是各劳动投入量上边际产量的数值。图 4-2 中，总产量曲线始于原点，使边际产量曲线也始于原点。当总产量曲线递增地上升时，边际产量曲线随着劳动投入的增加而上升。当总产量的增加幅度在劳动投入为 L_1 时达最大，边际产量曲线上升至最高点，这时边际产量的一阶导数为 0，也就是总产量的二阶导数为 0，即 L_1 对应于 TP 曲线上的拐点。当总产量曲线递减地上升时，总产量的一阶导数边际产量随着劳动投入的增加而下降。当总产量达最大时，边际产量为 0（函数极大的必要条件是其一阶导数为 0）。当总产量下

降时，边际产量为负。

平均产量等于总产量曲线上的点与原点连线的斜率值（边际产量等于总产量曲线上的点的切线的斜率）。随着劳动投入的增加，平均产量曲线也是先上升，后下降。当边际产量高于平均产量时，平均产量上升；当边际产量低于平均产量时，平均产量下降。因此，边际产量曲线恰好交于平均产量曲线的最高点。这种特殊关系的数学证明见附录 4-2。

附录 4-2：边际产量曲线恰好交于平均产量曲线最高点的数学推导

平均产量极大的必要条件是平均产量函数一阶导数为 0，即

$$\frac{d\mathrm{AP}}{dL} = \frac{d\left(\dfrac{\mathrm{TP}}{L}\right)}{dT}$$

$$= \frac{1}{L} \cdot \frac{d\,\mathrm{TP}}{d\,L} - \frac{1}{L^2} \cdot \mathrm{TP} = 0$$

故

$$\frac{d\mathrm{TP}}{dL} - \frac{\mathrm{TP}}{L} = 0$$

所以

$$\mathrm{MP}_L = \mathrm{AP}_L$$

附录 4-3：柯布–道格拉斯生产函数

较常用的生产函数是柯布–道格拉斯型生产函数，即

$$Q = AL^\alpha K^\beta \quad (\alpha + \beta = 1)$$

其中，A 为技术因子；α、β 为特定的参数。它反映的是 1899～1922 年美国制造业的总生产函数。它集中反映了边际产量递减、边际替代率递减、规模报酬不变这些重要的经济特性，因此应用很广泛。

1. 边际产量

$$\mathrm{MP}_L = \frac{\partial Q}{\partial L} = \alpha\, A\left(\frac{K}{L}\right)^{1-\alpha}$$

$$\mathrm{MP}_K = \frac{\partial Q}{\partial L} = (1-\alpha)A\left(\frac{K}{L}\right)^{-\alpha}$$

可见，边际产量只与要素投入的比例 K/L 有关，若 K、L 投入量不变，或增加同样倍数，则边际产量不变。

2. 要素报酬递减：边际产量递减

$$\frac{\partial \text{MP}_L}{\partial L} = \frac{\partial^2 Q}{\partial L^2} = \alpha(\alpha - 1)AL^{\alpha-2}K^{1-\alpha} < 0$$

$$\frac{\partial \text{MP}_K}{\partial K} = \frac{\partial^2 Q}{\partial K^2} = -\alpha(1 - \alpha)AL^{\alpha}K^{-\alpha-1} < 0$$

3. 平均产量递减

$$\text{AP}_L = \frac{Q}{L} = AL^{\alpha-1}K^{1-\alpha}$$

$$\frac{\partial \text{AP}_L}{\partial L} = \frac{\partial}{\partial L} \cdot \frac{Q}{L} = (\alpha - 1)AL^{\alpha-2}K^{1-\alpha} < 0$$

$$\text{AP}_K = \frac{Q}{K} = AL^{\alpha}K^{-\alpha}$$

$$\frac{\partial \text{AP}_K}{\partial L} = \frac{\partial}{\partial K} \cdot \frac{Q}{K} = -\alpha AL^{\alpha}K^{-\alpha-1} < 0$$

在一种要素投入量不变时，另一种要素平均产量随其投入量的增加而减少。

4. 产出弹性

$$E_L = \frac{\partial Q}{\partial L} \cdot \frac{L}{Q} = \frac{\partial}{\partial L} \cdot Q \cdot \frac{L}{Q} = \alpha$$

$$E_K = \frac{\partial Q}{\partial K} \cdot \frac{K}{Q} = \frac{\beta}{K} \cdot Q \cdot \frac{K}{Q} = \beta$$

这就说明了 α、β 这两个参数的经济意义，即 α 为劳动的产出弹性；β 为资本的产出弹性。

5. 边际技术替代率

$$\text{MRTS}_{LK} = -\frac{\text{d}K}{\text{d}L} = \frac{\dfrac{\partial Q}{\partial L}}{\dfrac{\partial Q}{\partial K}} = \frac{\alpha}{\beta} \cdot \frac{K}{L}$$

在产出弹性已定时，边际技术替代率亦取决于两种要素投入量之比。

$$\frac{\partial \text{MRTS}_{LK}}{\partial L} = -\frac{\alpha}{\beta}KL^{-2} < 0$$

所以，边际技术替代率递减。

6. 规模报酬不变

设各要素均增加 λ 倍时的产量为 Q'，即

$$Q' = A(\lambda L)^{\alpha}(\lambda K)^{\beta} = A \cdot \lambda^{\alpha+\beta}LK = \lambda Q$$

这说明当各种要素都增加 λ 倍时，产量也增加 λ 倍。

提要

（1）厂商是以盈利为目的的生产单位，它可以是个体户，也可以是跨国公司。它们的共同特征是实现投入与产出之间的转换，追求利润的最大化。

（2）生产函数表示的是一定技术条件下生产中投入量与产出量之间的关系。厂商的生产可以分为短期与长期，它们分别表示是否存在数量上固定的要素。在短期，因为时间短，有些要素数量来不及变动，故存在固定要素；长期就不存在固定要素。

（3）在技术不变、其他要素的数量不变的情况下，连续将一种可变要素投入量增加到一定数量之后，所得产量的增加量（即边际产量）是递减的。边际产量随可变要素增加，先增加，后减少。在总产量上，就表现为总产量先递增地增加，后递减地增加。在平均产量上，在边际产量大于平均产量时，平均产量上升；在边际产量小于平均产量时，平均产量下降；在平均产量达到最大值时，平均产量与边际产量相等。

（4）不断增加可变要素投入量的生产过程，可以根据边际产量，以及边际产量与平均产量的关系，划分为三个阶段。在生产第一阶段，边际产量大于平均产量；在生产第二阶段，边际产量小于平均产量；在生产第三阶段，边际产量小于零。

（5）在投入要素可以互相替代的情况下，为达到一定产量可以使用不同的要素组合。这种用不同要素数量组合生产出同等产量的投入产出关系，可以用等产量曲线来表示。等产量曲线上两种要素数量相互替代的比率叫做边际技术替代率。边际技术替代率递减表示，要维持产量不变，在增加一种要素的投入数量时，可以减少的另一种要素的投入数量是逐渐减少的。

（6）在生产规模扩大的过程中，产出数量的增加可能大于投入要素数量的增加，也可能小于或等于投入要素数量的增加。它们分别是规模报酬递增、规模报酬递减和规模报酬不变。

（7）在产量或规模较小的时候，有多种因素可以导致规模报酬递增。许多行业要求生产按照最小有效规模进行。

复习思考题

（1）要素报酬递减法则的内容和前提是什么？
（2）说明生产的三个阶段是怎样划分的。
（3）说明总产量曲线与边际产量曲线的特点及其相互关系。
（4）说明总产量曲线与平均产量曲线的特点及其相互关系。
（5）说明边际产量曲线与平均产量曲线的特点及其相互关系。
（6）举例说明规模报酬的类型与原因。

第5章

成　本

根据第 4 章等产量曲线的分析可知，在同一产量水平上，存在着多种要素投入组合。在要素价格既定和技术水平既定的条件下，随着要素投入组合沿着一条等产量曲线滑动，成本也在变动。如果资本的相对价格较高，则资本投入量较多、劳动投入量较少的组合的成本较高，资本投入量较少、劳动投入量较多的组合成本较低。厂商在面对投入要素组合问题时，会争取成本最低。本章首先描述厂商追求最低成本的行为，然后讨论与成本有关的概念。

成本的含义是什么？成本，作为对完成了的经济活动的统计，它是会计成本；作为对尚未开始的经济活动的决策或选择，它是机会成本（opportunity cost）。本章是为厂商供给行为的研究提供基础，这离不开从厂商决策角度讨论成本问题，所以涉及机会成本概念。

在各个产量水平上，成本分别是多少，或者说，随着产量的变动，成本将呈现怎样规律性的变化？厂商要决定生产多少产品，就要知道在其所能选择的各个产量水平上，成本分别是多少。这是影响厂商产量决策的重要因素，从而也是影响市场供给的重要因素。

除了有关成本（同时也有关利润）的若干基本概念之外，本章的讨论分为三个层次：第一，厂商追求最低成本的行为规律；第二，描述短期成本与产量的关系；第三，描述长期成本与产量的关系。

从以后的论述便可看出，成本曲线的特性完全是由生产曲线的特性决定的。就是说，本章的分析完全是在第 4 章的基础上展开的。

5.1　机会成本与经济利润

本节主要介绍若干成本概念。因为利润是相对于成本而言的，所以同时也相应地介绍有关利润的概念。

5.1.1　私人成本与社会成本

私人成本（private cost）是单个厂商承担的生产某种产品的成本。这种成本并不总是等于生产这种产品的全部成本。例如，造纸厂排出大量污水，使河里的水被污染。这就是对原本清洁的河水资源的占用，因为河水不再能饮用，或者使河水加工成为能饮用水的成本提高了。这就增加了他人的额外成本，被称为外部成本（external cost）。这种成本其实是造纸所产生的，所以从社会角度看，造纸的全部成本高于其私人成本。社会成本（social cost）就是生产某种产品的全部成本，包括外部成本。私人成本只是由厂商承担的成本部分。所以有：社会成本=私人成本+外部成本。

外部成本的测度，可以依靠机会成本的概念。例如，河水被污染的代价就是其没有被污染时可能带来的社会利益。机会成本就是因为某种活动，丧失了的原本可以获得的收益。这种原有机会的收益就是从事某项活动应该考虑的代价。外部成本也可以是为治理污染所实际付出的成本，如对于污染河流的治理费用。凡是不由生产者支付的这类成本就是外部成本。

由于外部成本不由厂商负担，厂商决策时，就不考虑外部成本。在这种情况下，决策的优化程度就会受到影响。对此类问题，本书将在第 14 章予以讨论。

5.1.2　会计成本与机会成本

私人成本可以从两个角度来考虑。一方面，厂商购买生产要素的实际货币支出，它反映在会计的账目上，称为会计成本。会计成本包括购买变动要素的货币支出和固定要素的货币支出。变动要素按其实际投入的货币支出计入成本。固定要素中的机器厂房设备等的货币支出按其折旧计入成本。固定要素中的其余部分，如借入资本的利息，可平均分摊计入成本。总之，会计成本是对已发生事件的某种记录。产品生产出来了，厂商为此花费了多少货币，这就是会计成本所要计量的。在量上，会计成本具有固定性。就是说，它完全取决于实际购买时的货币支出，而不会因为以后市场供求及其他变化而发生变化。

另一方面，私人成本还可以从机会成本的角度来考虑。机会成本就是一定量资源因为用于某个领域（即某种用途），而放弃的将它用于其他领域（或用途）可能带来的最大收益。严格来讲，资源任何选择的机会成本只有一个。对 A 方案而言，其他所有可选择方案中可能带来的最大效益，才是它的机会成本。厂商在掌握一定数量的要素以后，必然会仔细掂量，将这些要素投入哪些领域可使他获利最大。为了解决这一选择问题，会计成本就不够用了。因为会计成本衡量的是过去选择的代价。但是，对生产要素任何时候都面临重新选择的厂商来说，这种衡量是不够精确的，而只有机会成本才能精确地衡量选择的代价，从而为厂商选择获利最大的方案提供准确的依据。例如，对于房地产开发商来说，会计成本表示的是当时（开发房产的周期一般较长）购买土地的代价。但是如果土地价格上涨了，那么现在继续拥有这块土地的代价（考虑到土地可以转售），只有从机会成本角度才能够说明。所以，机会成本才更能够说明各个选择方案可能的代价。

也就是说，在会计成本的考虑中，只有某一选择方案的收益与货币支出的对比。而机会成本考虑的是选择期各个选择方案的代价，这对于厂商的选择显然具有非常重要的现实意义。会计成本是购买期的货币支出。购买期和选择期往往不一致。市场供求变化很快。因此，会计成本至多只能反映购买期选择的代价，而不能反映购买之后第二步选择（投入生产，还是转手卖出）的代价。

正因为如此，厂商从决策角度出发，必须注重机会成本。微观经济学考虑成本，是为了研究厂商行为，进而揭示市场供给的一般规律。因此，微观经济学对成本的考察，与厂商决策的角度一样，也必须考虑机会成本。

5.1.3　外显成本与内隐成本

私人成本可以分为外显成本（explicit cost）与内隐成本（implicit cost）。外显成本就是会计成本，是通常由会计师记录在会计账目上的，是显而易见的。内隐成本简单地说，是以自有要素的机会成本来计算的成本。也就是说，内隐成本是没有被计入会计成本的，企业在决策时应该考虑的成本部分。

一个小店店主，为了经营小店需要付出雇员工资、通信费用等，若他还租用房子，便还会有房租。这些支付给别人的费用便是其外显成本，亦即会计成本。他往往不会考虑为自己发工资。由于没有给自己支付工资，所以在会计成本上没有这项支出。但是他却为经营这个小店付出了代价。他如果在别的企业工作一年可以得到五万元年薪，那么这五万元就应该成为他为自己小店工作（即因为人力）而付出的机会成本。

如果他同时还投入了资金，这笔资金若投入其他地方（如购买国库券）可以得到两万元的收益，那么这两万元也应该算做他对自己小店投入的资金的代价，即资金的机会成本。所以 2+5=7（万元），都应该算做内隐成本，计入总成本。

当然，还存在另外一种全面计算私人机会成本或内隐成本的方式，即将全部厂商的成本都按照机会成本来计算。这就是严格地将所有投入的资源，不仅仅是自有资源，而且，从制造业业主来说包括已经购置的原材料，从房地产开发商来说包括已经购置的土地，都按照若现在出售可获得多少收益来计算使用资源的机会成本。这样，由于现时的价格与当初购买时价格可能存在差价，因而会计成本和与会计支出项目（进货、通信）对应的内隐成本（不含业主自有要素的机会成本）之间存在差额。若现在的价格高于过去购买时的价格，则这些项目上的内隐成本高于会计成本，所高出部分就是额外的内隐成本。

如果我们忽略"额外的内隐成本"（因为这样计算既很复杂，也不一定必要，所以，我们采取比较经济的计算方式），那么，简单地说，内隐成本就是业主自有要素的机会成本。因此，在量上，

$$私人成本＝会计成本＋内隐成本$$
$$＝外显成本＋内隐成本$$
$$＝外显成本＋业主投入自有资源的可能收入$$

包括会计成本与以自有要素机会成本来计算的内隐成本在内的总成本，也可以看做

经济成本。

5.1.4　经济利润

利润是收益与成本之差，因此，利润概念似乎是很清楚的。但是，由于成本的含义不同，利润的含义是有差异的，必须仔细地区别开来。

收益与会计成本之差为会计利润。会计利润是厂商进行生产活动的实际盈亏在账面上的反映。

业主投入自有资源的机会成本被看做内隐成本。但是如果企业主通过经营活动将这笔成本收回了，他也有理由将它看做正常利润。之所以说是正常利润，是因为这笔报酬是他以其他方式也照样可以得到的。如果他得不到这份回报，他就不会将自有要素投入该项生产中。因此，通过投入自有要素产生的报酬，对业主——要素所有者的所得收入来说，表现为利润——正常利润；而对这项生产来说，同时表现为生产的代价，即成本。

收益与包括内隐成本在内的私人成本之差为经济利润（economic profit）。如果生产某种产品的经济利润为零，这就表示把要素投入这项生产和投入其他生产的获利是一样的。因此，这项选择是可行的。如果经济利润大于零，这就表示这项选择比其他任何选择的获利更大。这项选择当然更可行。如果经济利润小于零，这就表示其他选择的获利更大，因此，这项选择不可行。微观经济学中谈到的利润，如不特别指明，那就是经济利润，亦称净利润或超额利润。

三个利润概念的数量关系如下：

会计利润=收益-会计成本

正常利润=业主自有资源的机会成本

经济利润=收益-全部成本

=收益-会计成本-内隐成本

=会计利润-内隐成本

=会计利润-正常利润

假设某企业主投资 200 000 元自己经营某项生产（这里不考虑时间价值因素）。其中自有资本 50 000 元，借入资本 150 000 元。购买了 50 000 元的机器设备，机器设备的寿命为 5 年。另购买了 100 000 元的原料，支付了 50 000 元工人工资。市场利率为 10%。该企业主若在其他地方工作可得薪水 20 000 元。生产对环境的污染的代价估计为 3 000 元。这样，会计成本为 175 000 元，其中，原料购买 100 000 元；工资支付 50 000 元；折旧 10 000 元；利息支付 15 000 元。假定这四项支出的机会成本等于会计成本，则内隐成本为 25 000 元，其中，自有资本利息 5 000 元；业主可能薪水 20 000 元。私人成本 200 000 元，其中，会计成本 175 000 元；内隐成本 25 000 元。社会成本 203 000 元，其中，私人成本 200 000 元；外部成本 3 000 元。

假定产品收益为 200 000 元，则

会计利润=200 000-175 000

=25 000（元）

$$经济利润=200\,000-175\,000-25\,000$$
$$=0（元）$$
$$产品收益-社会成本=200\,000-203\,000$$
$$=-3000（元）$$

这说明，这项生产对厂商而言是可行的，对社会而言则不可行。

5.1.5　沉没成本

机会成本尽管是隐性的，但是在做出决策时必须予以考虑。但是有一种成本概念正好与此相反，这就是沉没成本。沉没成本（sunk cost）是已经发生，且不论你做出什么决策都无法回收的成本。沉没成本可以是实物资产的投资，也可以是一个人投入的时间、精力。沉没成本是与资产的高度专用性相联系的。例如，如果一个化工厂为运输自己的石化产品（如化肥）专门铺设一条铁路，这条铁路的投资就是沉没成本。因为这条铁路除了对这家石化厂有用之外，没有其他用途。又如，一个员工如果为学习只在本企业有用的知识付出了成本，那么这种成本也是沉没成本，因为离开这家企业，他（或她）所学的知识就没用，在这些知识的学习上付出的代价就无法收回。当然即使在这家企业，所学知识短期看也是沉没成本，但是它可以通过逐年获取报酬得到回收。

沉没成本，由于一旦投资不可回收，所以通常不影响短期决策，即短期经营中不用考虑它。这是因为该项设备没有其他用途，不能转作它用，在投资以后其机会成本为零。所以，企业在对专用性设备投资以后，对于如何使用它，在决策上就比较简单。而在做出专用性投资时，即长期决策时，企业必须慎重测算这项投资在经济上是否合算，做好项目投资的可行性研究。

5.2　厂商争取最低成本的行为

由于竞争的压力和对最大利润的追求，厂商在它选择的各个可能的产量水平上，总是力求使其成本最低。在要素之间存在替代关系时，厂商可以通过选择合理的要素投入组合使成本达到最低。为了理解要素投入的合理组合，就要理解给定成本下企业能获得的投入组合。这就要需要运用等成本曲线。

5.2.1　等成本曲线

如果要素市场是充分竞争的，那么，要素的价格是给定的（厂商能够影响投入品价格的情况将在第 11 章讨论）。

对一个使用劳动和资本两种要素生产过程来说，若劳动雇佣价格 P_L 和资本租赁价格 P_K 既定，则两种要素的使用量与成本之间的关系表现为

$$C = P_L \cdot L + P_K \cdot K$$

如果成本 C 是由厂商预算给定的，成本 C 就构成成本约束，那么在要素 L-K 平面上，成本约束表现为一条直线，其斜率是两种要素价格之比，即

$$K = \frac{C}{P_K} - \frac{P_L}{P_K}L$$

这就是等成本曲线（isocost curve）（图 5-1），可以看出，等成本曲线是无差异曲线的推广。

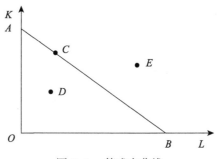

图 5- 1　等成本曲线

在要素价格和成本约束既定时，厂商购买生产要素的数量就受到了限制。在图 5-1 中，等成本曲线 AB 和纵轴、横轴围成一个三角形 OAB，其构成了厂商购买要素的硬预算约束区。就是说，无论厂商选择怎样的要素组合，都只能局限在三角形内。点 A 所示要素组合表示全部预算都购买了资本，点 B 所示要素组合表示全部预算都购买了劳动。C 是等成本曲线上任一点，表示花费了全部预算的某一资本–劳动的投入组合。总之，等成本曲线 AB 表示花费了全部预算所购买的各种可能的要素投入组合。三角形内的各要素组合表示对它们的购买未将预算花完，如 D 要素组合。三角形外的各要素组合表示对它们的购买将超出预算约束，因此厂商不会选择这些要素组合。在下面讨论中，总假定厂商正好将其预算花完，这样，厂商只能在等成本曲线上选择要素投入组合。

若厂商预算不变，而要素比价改变，等成本曲线的斜率就会改变。如果资本价格降低，而其他不变，等成本曲线的纵截距会加长，横截距不变。这表示和原来相比，用全部预算可以购买更多的资本，而且，在所购买的每一个要素组合中，资本数量都增加了。如果资本价格提高，其他条件不变，等成本曲线的纵截距会缩短，横截距不变。这表示和原来相比，用全部预算只能购买较少的资本，而且，在每一个等成本的要素组合中，所购买的资本数量都减少了。

如果劳动价格改变而其他条件不变，等成本曲线会发生类似的变化，这里从略。

如果要素比价不变，而厂商预算增加了，等成本曲线就向外平移（斜率不变），这表示厂商的预算宽松了，可以购买更多的要素；如果厂商预算减少了，等成本曲线就向内平移（斜率不变），这表示厂商的预算紧张了，只能购买更少的要素。如果厂商的预算无限大，则等成本曲线距离原点无限远。这表明如果要素有供给，则厂商可以选择任意的要素组合。在现实中，虽然这种极端的情况不存在，但与此近似的情况却是存在的。

如果要素价格既定，而厂商预算不确定，则等成本曲线表现为一组平行线。距离原点较远的曲线表示成本较高，距离原点较近的曲线表示成本较低。在产量确定时，厂商对要素投入组合的选择一定力求使等成本曲线尽可能靠近原点，这时厂商的成本最低。

5.2.2　最低成本投入组合

在图 5-2 中，等成本曲线 C_2 和等产量曲线 Q_0 切于 E。与 E 点对应的 K^*、L^* 就是最低成本的要素投入组合。等产量曲线切线斜率是边际技术替代率 MRTS_{LK}，等成本曲线的斜率（的绝对值）是要素价格之比 $\dfrac{P_L}{P_K}$。在切点 E，边际技术替代率恰好等于要素价格之比，即

$$\mathrm{MRTS}_{LK} = -\frac{\Delta K}{\Delta L} = \frac{P_L}{P_K}$$

因此，可以说，当厂商把要素投入调整到使其边际替代率等于要素价格比时，既定产出的成本最低。

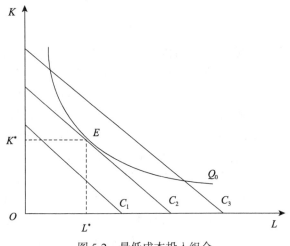

图 5-2　最低成本投入组合

现在就来说明这一点。假设 P_K=2 元，P_L=1 元，则 E 点 $\mathrm{MRTS}_{LK}=\dfrac{1}{2}$。假定厂商要素投入的初始选择是 E 点，以后改变要素投入，看成本有何变化。

（1）增加资本投入，减少劳动投入。由于 $\mathrm{MRTS}_{LK} = -\dfrac{\Delta K}{\Delta L} = \dfrac{\mathrm{MP}_L}{\mathrm{MP}_K}$，增加资本投入，使资本边际产量下降，减少劳动投入，使劳动边际产量上升，这样，要素投入的改变使劳动对资本的边际技术替代率提高。假设 MRTS_{LK} 由原来的 $\dfrac{1}{2}$ 提高到 1。就是说，现在 $\mathrm{MRTS}_{LK} = -\dfrac{\Delta K}{\Delta L} = 1$，减少 1 单位劳动，同时增加 1 单位资本，可使产量不变。在产量不变的情况下，成本的改变

$$\begin{aligned}\Delta C &= P_K \cdot \Delta K + P_L \cdot \Delta L \\ &= 2\ \text{元} \times 1 + 1\ \text{元} \times (-1) = 1\ (\text{元})\end{aligned}$$

这表明成本提高了 1 元。

（2）增加劳动投入，减少资本投入。增加劳动投入使劳动的边际产量下降，减少资

本投入使资本的边际产量上升。这样一来，劳动对资本的边际技术替代率下降了，假设现在 $MRTS_{LK}=-\dfrac{\Delta K}{\Delta L}=\dfrac{1}{3}$，这表示劳动增加 3 个单位，资本减少 1 个单位，可使产量不变。这时成本变化

$$\Delta C = P_K \cdot \Delta K + P_L \cdot \Delta L$$
$$= 2\,元 \times (-1) + 1\,元 \times 3 = 1（元）$$

成本仍然提高了 1 元。

　　总之，如果厂商的要素投入已经使其边际技术替代率或边际产量之比等于要素价格之比了，那么，无论怎样继续改变要素投入组合，都只能使成本提高。反之，如果厂商的要素投入组合未能使边际技术替代率等于要素价格之比，就必然改变要素投入组合，直至使二者相等，从而获得最低成本。因此，在边际技术替代率与要素价格之比相等时，厂商的要素投入达到了均衡。这通常被称为生产者均衡（producer equilibrium）。生产者均衡就是，生产者通过采取适当的要素组合，以最低的成本生产出既定产量的情况。生产者均衡也可以理解为，成本既定时，通过采取适当的要素组合，使产量达到最大化。这里均衡的意思就是，如果其他条件不变，厂商就保持这样的要素投入组合，而不去改变它。边际技术替代率与要素价格之比相等，是生产者均衡的必要条件。

　　若要素比价改变了，厂商就会随之调整要素投入组合，使 $\dfrac{P_L}{P_K}=\dfrac{MP_L}{MP_K}$ 重新被满足，并重新达到最低成本。调整的过程可由图 5-3 示意。

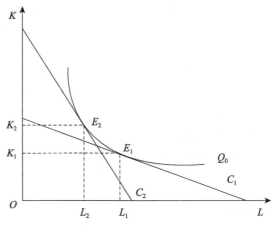

图 5-3　要素比价改变引起要素投入组合调整

　　图 5-3 中，等产量曲线为 Q_0，初始等成本曲线为 C_1。Q_0 与 C_1 相切于 E_1，这是生产者均衡点。投入 K_1、L_1 可使成本最低。后来，资本价格下降，劳动价格上升，等成本曲线变为 C_2。C_2 与 Q_0 相切于 E_2，厂商将资本投入量增至 K_2，劳动投入量减至 L_2，在产出为 Q_0 时重新达到最低成本。对调整过程在理论上可以这样说明：由于资本价格下降，$\dfrac{P_L}{P_K}$ 与 $\dfrac{MP_L}{MP_K}$ 不再相等，而是 $\dfrac{P_L}{P_K}>\dfrac{MP_L}{MP_K}$。这时厂商增加资本投入，减少劳动投入，使资

本边际产量下降，劳动边际产量上升，从而 $\dfrac{MP_L}{MP_K}$ 提高了。经充分的调整，重新使

$\dfrac{P_L}{P_K} = \dfrac{MP_L}{MP_K}$。其机制可简要地表示如下：

$$P_K \downarrow \to \frac{P_L}{P_K} \uparrow \to \left(\frac{P_L}{P_K} > \frac{MP_L}{MP_K} \right) \to$$

$$\left. \begin{cases} K \uparrow \to MP_K \downarrow \\ L \downarrow \to MP_L \uparrow \end{cases} \right\} \to \frac{MP_L}{MP_K} \uparrow \to \left(\frac{MP_L}{MP_K} = \frac{P_L}{P_K} \right) \to C^*$$

5.3   短期成本

前面已经讨论了既定产量下的最低成本。那么，随着产量的变化，最低成本有何变化规律呢？这正是成本理论所要揭示的内容。

本节和 5.4 节主要通过几何图形来研究成本函数。本节研究短期成本，5.4 节研究长期成本。

5.3.1   短期成本的含义

在短期，一部分要素（如厂房、机器、设备等）的投入量是固定的，不随着产量的变动而变动，这部分要素称为固定要素。购买固定要素的费用就是固定成本。在短期，另一部分要素（如劳动、原材料、燃料等）的投入量随着产量的变动而变动，这部分要素称为变动要素。支付变动要素的费用就是变动成本。要素价格既定的条件下，在短期，固定成本不变，变动成本随着产量的变动而变动。这是短期成本最显著的特点。

在短期，固定要素投入量不变，从而固定成本不变，这实际意味着生产规模不变。生产规模可以表现为设计生产能力，或额定生产能力。在生产规模不变的情况下，产量有一定的弹性。变动要素投入得多，产出就多；投入得少，产出就少。所以，短期成本描述的是：在生产规模不变的条件下，随着可变要素投入增加带来的产量的变动如何导致成本的变化。

5.3.2   短期总成本曲线

在短期，即使是总成本也有多种分类。

首先是短期总成本（简称总成本）。总成本，记为 TC（total costs），它是随着产量的变化而变化的，即 $TC = f(Q)$。

总成本分为总固定成本和总可变成本（或总变动成本）。总固定成本是固定资产折旧等方面的成本，它不随产量的变动而变动，记为 TFC（total fixed costs）。总固定成本不变，可视为常数，即 $TFC = C_0$。

总变动成本（total variable costs，TVC）是随产量的增减而增减的成本，即总变动成

本是产量的函数，即 TVC=C（Q）。

总成本是总变动成本与总固定成本之和，即 TC=TVC+TFC=C（Q）+C_0

总成本曲线、总变动成本曲线、总固定成本曲线如图 5-4 所示。

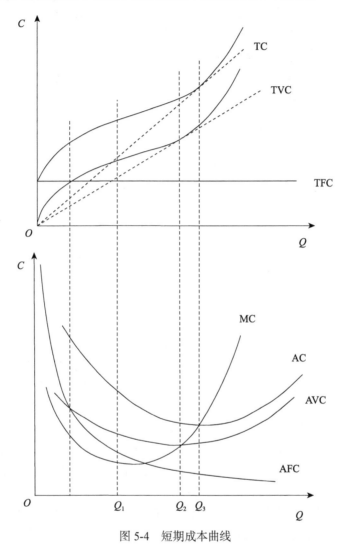

图 5-4　短期成本曲线

在图 5-4 中，纵轴表示成本，横轴表示产量。总固定成本曲线 TFC 是一水平线，表示它是一常数，在短期内不随着产量的变动而变动。总变动成本曲线 TVC 从原点出发，向右上方倾斜，这表示随着产量的增加，总变动成本也增加。在产量达到 Q_1 以前，总变动成本以逐渐减少的比例增加，称为递减地增加。在产量超过 Q_1 以后，总变动成本以逐渐增加的比例增加，称为递增地增加。总成本是总固定成本与总变动成本之和。因此，总成本曲线在总变动成本曲线之上，两曲线之间的垂直距离等于总固定成本的数值。总成本曲线的形态特性完全取决于总变动成本曲线，所以，随着产量的增加，总成本曲线也是先递减地增加，后递增地增加。

　　总变动成本曲线从而总成本曲线的形态特性之所以如此，是要素边际报酬递减法则起作用的缘故。在产量处于较低水平阶段，与固定要素相比，变动要素投入量太少，二者比例极不合理。这样，增加变动要素的投入，可以使要素比例迅速改善，从而使产量以更大的比例增加。在要素价格既定的条件下，这就表现为总变动成本，从而总成本递减地增加。随着变动要素投入量的增加，变动要素与固定要素的搭配比例逐渐合理。以后，随着变动要素投入量的继续增加，从经济角度看，变动要素数量过多了。这样，要素比例又逐渐趋向不合理。这使得产量随着变动要素投入量的不断增加，以越来越小的比例增加。在要素价格既定的条件下，这就表现为总变动成本从而总成本递增地增加。

5.3.3　边际成本和平均成本曲线

由总成本曲线可以得到边际成本曲线和各个平均成本曲线（图 5-4）。

1. 边际成本

$$MC = \frac{\Delta TC}{\Delta Q} = \frac{\Delta TVC}{\Delta Q}$$

或者

$$MC = \lim_{\Delta Q \to 0} \frac{\Delta TC}{\Delta Q} = \frac{dTC}{dQ}$$

$$MC = \lim_{\Delta Q \to 0} \frac{\Delta TVC}{\Delta Q} = \frac{dTVC}{dQ}$$

　　边际成本（marginal cost，MC）表示当产量增加 1 个单位时，总成本增加多少。在短期，产量增加 1 个单位时，总成本的增加量就是总变动成本的增加量，所以边际成本也表示当产量增加 1 个单位时，总变动成本增加多少。在理论上，假定产量变化极小，边际成本就是总成本或总变动成本的一阶导数。总成本曲线上各切线的斜率就是与之一一对应的边际成本的值。总成本开始随着产量的增加，递减地增加，边际成本下降；以后总成本递增地增加，边际成本上升。在总成本由递减地增加转变为递增地增加的产量处（Q_1），边际成本处于最低点。

　　边际成本是总变动成本的导数，反过来，总变动成本是边际成本的积分。因此，边际成本曲线下的面积，就是与之对应的总变动成本的值（但不是总成本的数值，总成本还需加上总固定成本的数值）。

2. 平均固定成本

$$AFC = \frac{TFC}{Q} = \frac{C_0}{Q}$$

　　平均固定成本（average fixed costs，AFC）表示平均每一单位产品负担的固定成本。在短期，固定成本是常数。因此，随着产量的增加单位产品负担的固定成本逐渐减少，就是说，平均固定成本 AFC 曲线向右下方倾斜，逐渐向横轴靠拢。

3. 平均变动成本

$$AVC = \frac{TVC}{Q} = \frac{C(Q)}{Q}$$

平均变动成本（average variable cost，AVC）表示单位产品负担的变动成本，它随着产量变动而变动。从图 5-4 可见，随着产量的增加，平均变动成本先下降，后上升。平均变动成本的这种特性取决于总变动成本从而边际成本的特性。在边际成本下降阶段，平均变动成本肯定是下降的，而且，平均变动成本肯定大于边际成本。就是说，在产量变化的这一阶段，平均变动成本曲线在边际成本曲线之上。边际成本上升，但只要边际成本仍低于平均变动成本，平均变动成本就继续下降，直至平均变动成本等于边际成本为止。之后，边际成本高于平均变动成本，从而使平均变动成本提高。这等于说，边际成本曲线交于平均变动成本曲线的最低点。

由 $AVC = \frac{TVC}{Q}$ 可知，平均变动成本等于总变动成本曲线上各点与原点连线的斜率（注意：不是切线的斜率）。从原点作一直线与总变动成本曲线相切，得到一切点。在所有连线中，该连线（即切线）的斜率是最小的。由此可知，在与切点相对应的产量 Q_2 水平上，平均变动成本最低。

4. 平均成本

$$AC = \frac{TC}{Q} = \frac{TVC}{Q} + \frac{TFC}{Q} = AVC + AFC$$

平均成本（average cost，AC）表示单位产品负担的总成本，也就是平均变动成本与平均固定成本之和。显然，平均成本曲线 AC 在平均变动成本曲线 AVC 和平均固定成本曲线 AFC 之上，平均成本曲线 AC 与平均变动成本曲线 AVC 之间的垂直距离就是平均固定成本 AFC 的值。由于随着产量的增加，平均固定成本逐渐减少，所以，平均成本曲线与平均变动成本曲线逐渐靠拢。

与平均变动成本类似，当边际成本小于平均成本时，平均成本下降；当边际成本大于平均成本时，平均成本上升。边际成本曲线交于平均成本曲线的最低点。

随着产量的增加，平均固定成本逐渐下降。因此，当平均变动成本下降时，平均成本也是下降的。平均变动成本降到最低点后，开始上升。但只要平均变动成本上升的比例小于平均固定成本下降的比例，平均成本就继续下降。而当平均变动成本上升的比例大于平均固定成本下降的比例时，平均成本才上升。就是说，随着产量的增加，先是平均变动成本达到最低点，然后才是平均成本达到最低点。

过原点作一直线与总成本曲线相切，在与切点对应的产量水平 Q_3 上，平均成本达到最低。

总之，在短期，由于要素边际报酬递减法则起作用，随着产量的增加，边际成本、平均变动成本、平均成本曲线都呈 U 形，即先下降，后上升。这三条成本曲线依次先后达到最低点。

这几条成本曲线从理论上描述了在生产规模不变时，成本随产量变动而变动的一般规律。短期成本曲线对理解短期厂商产量决策及经营状况具有重要意义。

5.4 长期成本

长期成本的实际背景则是生产规模可变。在生产规模不断扩大的条件下，随着产量的增加，成本将有什么样的变化呢？这正是长期成本理论所要揭示的。由于生产规模可变，机器、厂房、设备这些要素的投入就不再是固定投入，其支出也不再是固定成本。简言之，在长期中，没有固定要素，一切要素投入均可变动；没有固定成本，一切成本均为变动成本。在长期中，只需要研究三条成本曲线，即长期平均成本曲线、长期总成本曲线和长期边际成本曲线。

追求利润最大化的厂商在考虑产量变化会导致成本怎样变化时，考虑的一定是各种可能的成本中最低的成本，而不是一不小心就多花了了的成本。与生产函数是考察各种投入品带来的最大产出一样，长期成本（long-run cost）考察的是，在规模可以变动，即一切投入品数量都可以变动的情况下，与各个产量对应的可能的最低成本。这个特征对上述三条曲线都是适用的。

5.4.1 长期平均成本曲线

长期平均成本（Long-run average cost，LAC）是规模可以变动的情况下，生产某些产量的可能的最低平均成本。考察长期平均成本，必须从短期平均成本入手。短期平均成本是存在固定要素情况下的平均成本。第 4 章曾说过，固定要素数量的改变可以改变要素的边际产量曲线和平均产量曲线。从成本来看则是，在固定要素数量较少时，短期平均成本曲线在较小的产量达到最低点。因为，随着可变要素增加，可变成本与固定成本数量相比，很快就显得支出过多，即在较少的产量上出现边际成本最低，并且过早出现平均成本最低。随着规模扩大，即短期来看的固定成本增加，边际成本最低点，相应地平均产量的最低点，将在更高的产量上出现，因此，规模越大，平均成本最低点对应的产量越高，反之则反是。这样就不难理解，不同最低点（对应于不同产量）的短期平均成本曲线就可以代表不同的规模。

图 5-5 中，纵轴与横轴的含义与图 5-4 中的相同。短期平均成本曲线 SAC_1 代表较小规模的短期平均成本，因为它在较少的产量达到其最低点；曲线 SAC_4 代表较大规模的短期平均成本，因为它在较多的产量上达到其最低点。曲线 SAC_2 和曲线 SAC_3 居于两者之间。

若产量是 Q_1，则较小的规模 1 和较大的规模 2 的平均成本是一样的（在 Q_1 上，SAC_1 曲线与 SAC_2 曲线相交），若继续扩大产量，如扩大至 Q_2，情况就不同了。对规模 1 而言，变动要素投入量过多，而使平均成本提高至 C_1。对规模 2 而言，变动要素投入量增加，使变动要素与固定要素投入比例趋于合理，从而使平均成本降低至 C_2。

因此，当产量为 $O \sim Q_1$ 时，厂商将采用以 SAC_1 表示的生产规模 1。当产量为 $Q_1 \sim Q_2$ 时，厂商将使生产规模扩大至以 SAC_2 表示的生产规模 2。其实，在产量为 $Q_1 \sim Q_3$ 时，厂商一直维持生产规模 2。由此推知，当产量为 $Q_3 \sim Q_4$ 时，厂商将使生产规模扩大

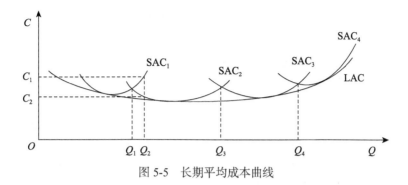

图 5-5　长期平均成本曲线

至生产规模 3。当产量超过 Q_4 时，厂商将使生产规模扩大至生产规模 4。

这样，当产量为 O ~ Q_1 时，长期平均成本 LAC 就是 SAC_1；当产量为 Q_1 ~ Q_3 时，LAC 就是 SAC_2；当产量为 Q_3 ~ Q_4 时，LAC 就是 SAC_3；当产量超过 Q_4 时，LAC 就是 SAC_4。所以，长期平均成本曲线 LAC 实际上就是考虑到规模的不断扩大，与各产量对应的最低短期平均成本的连线，即包络线。在图 5-5 中，该包络曲线呈波浪起伏状。

在理论上，为使讨论简化，假定有无数个生产规模。在这个假定下，长期平均成本曲线就不呈波浪起伏状，而表现为一条平滑的曲线（见图 5-5 中 LAC 曲线）。在这条 LAC 曲线之上，有代表无数个生产规模的短期平均成本曲线与之相切。值得注意的是，在一般情况下，切点并不是短期平均成本的最低点。换言之，在一般情况下，短期平均成本的最低点都高于长期平均成本。在 LAC_1 下降段，每一生产规模的 SAC 与 LAC 切点对应的产量都小于 SAC 最低点对应的产量；在 LAC 上升段，每一生产规模的 SAC 与 LAC 切点对应的产量都大于 SAC 最低点对应的产量；仅在 LAC 的最低点，与之相切的 SAC 也是最低点，这一情况完全是由无数生产规模的假定引起的，并不含有特别的经济意义。只要假定变动的生产规模是有限的，这种情况就会消除。例如，在图 5-5 中，假定有四个生产规模，长期平均成本曲线是短期平均成本曲线的包络线，则四个生产规模的短期平均成本曲线的最低点均在长期平均成本曲线上（而不是在长期平均成本曲线之上方）。

5.4.2　长期总成本曲线

长期总成本（long-run total cost，LTC）是指在生产规模可以变动的情况下，生产一定数量产品所必须耗费的可能最低总成本。长期总成本曲线表示在所有要素投入量均可变动的情况下（仍假定技术水平和要素价格给定），随着产量的变动，所有要素的最低支出有怎样的变化规律。

长期总成本的变化规律是：随着产量的增加，长期总成本先递减地增加，后递增地增加。这是规模报酬起作用的缘故。在生产开始扩张阶段，扩大生产规模使产量增加的比例大于要素投入增加的比例，即规模报酬递增。在要素价格不变的条件下，这就表现为总成本增加的比例小于产量增加的比例，即总成本递减地增加。随着生产的扩张，会出现产量增加的比例等于要素投入增加的比例，即规模报酬不变这样一个阶段。这表现为总成本增加的比例最小。之后，生产规模继续扩大，产量增加的比例小于要素投入增加的比例，即规模报酬递减。这表现为总成本递增地增加。

如果已经掌握了长期平均成本曲线，根据 LAC×q=LTC 就可以得到长期总成本曲线。

如果只投入两种要素，那么，长期总成本曲线可以通过对等产量曲线的分析得到。如果技术（生产函数）、产量、要素价格给定，两种要素投入量都可以变动，就可以得到一条等产量曲线，以及与之相切的等成本曲线。切点表示最低成本的要素投入组合。如果产量不断增加，则可以得到一系列切点，切点的连线称为长期生产扩展线，它表示各个产量最低成本要素投入组合的连线。在技术和要素价格不变的条件下，最低成本的要素投入比例是不变的。换言之，长期扩展线是一条直线。但是若因某种因素变化，该线可以略微弯曲。由长期生产扩展线很容易得到长期总成本曲线（图 5-6）。

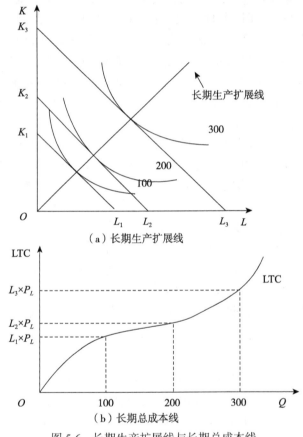

图 5-6   长期生产扩展线与长期总成本线

在图 5-6（a）中，纵轴表示资本数量，横轴表示劳动数量。某一产量的最低总成本 $C^*=P_L×L^*+P_K×K^*$（L^* 和 K^* 分别代表最佳劳动投入量和最佳资本投入量，在图中没有标出）。在量上，产量为 100 的最低总成本有 $C^*=L_1×P_L$（或 $C^*=K_1×P_K$）。依次类推，产量为 200 的最低总成本有 $C^*=L_2×P_L$（或 $C^*=K_2×P_K$），产量为 300 的最低总成本有 $C^*=L_3×P_L$（或 $C^*=K_3×P_K$）。根据最低成本的这种表达方式就可以得到与各产量对应的各最低总成本。将各点连接起来，就形成了长期总成本曲线［图 5-6（b）］。图 5-6（b）中纵轴表示长期成本，横轴表示产品的产量。长期总成本曲线 LTC 上对应于 Q_1、Q_2 和 Q_3 的点的高度 $L_1 \times P_L$、$L_2 \times P_L$、$L_3 \times P_L$ 分别表示与其产量相应的全部用劳动支出费用表示的总成本。

由于长期内所有要素都可变，可以保持最低成本的要素组合，因而长期生产扩展线是一条由原点发出的线。与此不同，短期内如果要增加产量，受到固定要素的制约，只能通过增加可变要素数量来实现。如图 5-7 所示（纵轴表示资本数量，横轴表示劳动数量），如资本要素的数量固定在 K_1，增加产量只能增加劳动，若产量从 100 分别增加到 200、300，则劳动必须从 L_a 增加到 L_b，再增加到 L_c，即劳动量分别与不变的资本 K_0 结合，各个结合点都在 K_0 点发出的水平直线上，故该水平直线可以看做短期生产扩展线。短期生产扩展线上各点要素组合所耗费成本通常分别高于同样产量的最低成本。

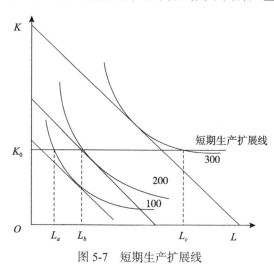

图 5-7　短期生产扩展线

5.4.3　长期边际成本曲线

长期边际成本（long-run marginal cost，LMC）表示产量增加 1 个单位时，长期总成本增加几个单位，$LMC = \dfrac{\Delta LTC}{\Delta Q}$。在理论上，假定产量的变化极小，这时长期边际成本就是长期总成本函数的一阶导数，即 $LMC = \lim\limits_{\Delta Q \to 0} \dfrac{\Delta LTC}{\Delta Q} = \dfrac{dLTC}{dQ}$。

长期总成本递减地上升时，长期边际成本下降；长期总成本递增地上升时，长期边际成本上升；长期总成本由递减上升向递增上升转化时，长期边际成本最低。

长期边际成本低于长期平均成本时，长期平均成本下降；长期边际成本高于长期平均成本时，长期平均成本上升；长期边际成本曲线交于长期平均成本曲线最低点。

长期边际成本与短期边际成本相交于长期平均成本与短期平均成本相切处，也就是长期总成本与短期总成本相切的产量处。

在图 5-8 中（纵轴表示成本，横轴表示产量），当产量为 Q_2 时，长期边际成本达到最低；当产量为 Q_3 时，长期平均成本达到最低。当产量为 Q_1 时，第 1 规模的短期平均成本与长期平均成本相等（两曲线相切）；而且，该规模的短期总成本与长期总成本相等（两曲线相切）；短期和长期总成本曲线的斜率，即短期边际成本与长期边际成本相等（两曲线相交）。

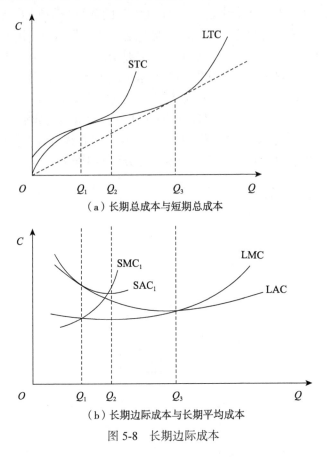

（a）长期总成本与短期总成本

（b）长期边际成本与长期平均成本

图 5-8　长期边际成本

5.4.4　计量成本曲线与理论成本曲线

　　以上介绍表明，平均成本曲线（平均固定成本除外）与边际成本曲线都呈 U 形。这些具有一定形态特征的成本曲线实际上是理论成本曲线，它们分别揭示了从理论上认识到的产量和各成本之间重要的依存关系。根据厂商投入产出的实际资料得到的成本曲线是计量成本曲线。计量成本曲线反映了某一企业或某一部门过去成本和产量之间的实际关系。显然，计量成本曲线与理论成本曲线是有区别的。一些计量成本研究[1]认为计量成本曲线有以下两点不同于理论成本曲线的地方：①短期平均成本曲线和短期边际成本曲线几乎是水平的；②长期平均成本曲线呈 L 形，即随产量增加，长期平均成本开始下降，然后几乎保持不变。为什么经验研究与理论研究相悖？可能的主要原因分别是：①理论上的各种短期成本曲线是以可变比例生产函数为前提的。但是，实际上，在现代工业化、自动化生产方式中，各种生产要素的投入比例可变动的余地很小，即在大多数工业化生产中，在运用一种既定技术时，人们很难用劳动来替代机器，也很难用机器来替代劳动

————————
　　① 曼斯菲尔德.微观经济学. 上海：上海交通大学出版社，1988.

（出现这样替代的时候便发生了技术进步，因而不在考虑之列），劳动、机器和材料的比例通常是基本固定的。也就是，实际上厂商很少遇到通过增加可变要素投入来增加产量的情况，自然也就不会遇到短期平均成本曲线和短期边际成本曲线中向右上方倾斜的部分。即便有些生产过程中，通过增加可变要素投入可以增加产量，但是由于可变要素边际报酬会过快递减，会导致边际成本急剧上升，因此厂商不会采取这种方式。②在长期，规模虽然可以有很大的变动余地，但是追求利润最大化的厂商通常也不会将规模扩大到规模报酬递减的程度（如果出现了过大规模导致的低效率，也会及时纠正），因此观察到的计量长期平均成本曲线没有出现向右上方倾斜的情况。③规模报酬递减，即 LAC 上升阶段多是规模过大后管理效率下降所致。计量成本研究立足于实际工业技术数据。在实际中，企业会避免规模过大导致长期平均成本上升阶段，因而很少呈现相应的管理数据。

案例 5-1：民航的固定要素

对每一个航班来说，固定成本，如航油、起降、租赁和销售、管理费用所占比例很大，变动成本仅占很小部分，不足 10%。增加乘客的边际成本极低，多卖一张机票就少一份亏损，多一份盈利。2000 年，中国民航国内航班的平均客座率比 1999 年增加了 2.7 百分点，但仍然只有 60.3%。世界公认的、处在"盈亏平衡点"的客座率应当在 68% 左右。而中国因为航油、管理成本等固定成本大大高于国际水平，"盈亏平衡点"的客座率就更高。只有提高客座率，才能实现盈亏平衡或盈利。

另外，近年来民航机票涨幅过大（现在的票价水平大约是 10 年前的 3.3 倍），乘客降价要求强烈。现在民航的旅客中，自费旅客比例已经接近 40%。他们对机票价格变化的敏感度（也就是需求价格弹性）正在增加。打折对提高客座率效果明显。因此，近几年来，各个航空公司为了生存和发展，不顾禁止打折的规定（2003 年后同意在一定范围内实行价格浮动）竞相打折。

民航基础建设费用（不是旅客缴纳的机场建设费，而是航空公司缴纳的利用机场的费用等）在航空公司的固定成本中也占有重要比例。由于整个民航业的规模小，机场等设施的费用分摊到每一个航班或航空公司的比例也就较大。中国一个省的面积相当于许多欧洲的一个国家的面积，小型飞机的支线航空可以和公路运输竞争，也可以和大的航空公司联盟，把客源输送到附近大的枢纽站，这是国外的普遍做法。美国经营支线航运的航空公司就有二百多家。但中国航线的密度和发达国家相比要小得多，这也进一步增加了固定成本的比例。如果能够通过拍卖航线权，发展中国的支线航空，提高机场利用率，扩大整个民航业的规模，单位航班的基础建设费用可以降低。目前，中国民航与公路、铁路发展比例严重失衡，运送旅客人数仅占整个交通运输业的 0.4%（美国民航占 18%）。经济界人士普遍认为：中国的航空市场潜力非常大，民航的规模效益远未发挥出来。

摘编自 2002 年 2 月 5 日《中国经济时报》、2002 年 1 月 15 日航运商务网报道。
请根据案例 5-1 回答以下问题。

（1）航油、租赁的机场和销售等方面的支出是可变要素还是固定要素？它们是针对什么而言的固定要素？是一个航班还是航空公司？如果飞机可以租赁，它对于航空公司是可变要素还是固定要素？

（2）请用经济学语言说明发展我国支线航空和扩大整个民航业规模的直接经济意义。

案例 5-2：目前中国生产工业机器人制造企业的现状

据统计，2012 年中国工业机器人市场规模增长达 14.5%，预计到 2013 年年底将完成 19.8%的增长，预计到 2015 年，中国工业机器人规模增速都将保持在 20%左右。从不同的应用用途来看，2013 年中国工业机器人市场中，用于机械加工的机器人增速最快，达 44%，而用于上下料、喷涂、搬运、焊接的机器人销量分别增加 28%、25%、20%、7%。

2004 年以来，中国工业机器人市场开始启动，国内需求强劲。国际机器人联合会（International Federation of Robotics，IFR）预测，到 2015 年，中国机器人市场需求将达 350 000 台，占全球比重的 16.9%，成为全球规模最大的市场。

工业机器人并不是在电影中看到的能走路、跳舞的"人形"机器人，而是面向工业领域的多关节机械手或多自由度的机器人，是集机械、电子、控制、计算机、传感器、人工智能等多学科先进技术于一体的自动化装备。可替代人工从事简单、重复的工作，不仅可提高生产效率、保证产品质量，还能带动产业技术升级。在劳动力日益紧缺和人力成本逐步上涨的今天，使用工业机器人也是企业降低人力成本的有效途径。

机器人可以抓取包装货物，将其移到指定位置，放下并整齐、自动地码在托盘上（或生产线上），不断重复地拿起、移位、放下、再拿起。与机械式码垛机不同的是，当物品的体积、形状等发生变化时，只需在触摸屏上稍做修改即可。机器人从低速到高速、从包装袋到纸箱及桶装物料，从码垛一种产品到多种不同产品，可广泛应用于酒水饮料、石化、药品等生产线的搬运、拆装、摆放等方面，效率更高、适用性更强。这也是工业机器人与其他专用自动机的差别，前者能够自主动作，可重复编程，可多功能、多自由度操作，能适应产品种类变更；后者则是适应大量长期稳定单一化的产品生产。

近年来，在珠三角、江浙等制造企业比较密集的地区，像码垛、上下料、包装等单调、频繁的作业，或涂胶、焊接等危险、恶劣环境下的作业，已经纷纷开始用工业机器人来代替人工。珠三角制造业使用机器人的企业年增长速度更是达到了 30%～60%。

工业机器人的技术已日趋成熟，其重点在于工业机器人的规模化、产业化，其未来将朝着标准化、轻巧型、智能化等方向快速发展。

工业机器人功能部件逐步标准化和模块组合化，就能降低制造成本和提高可靠性，减轻重量和减少安装占用空间，从而使更多的企业有购买和使用的可能。

当工业机器人拥有了类似人类感觉器官的传感器和类人型双手和双臂的执行装置，以及很强的检测功能和判断功能，并能够根据任务的不同快速调整的时候，工业机器人就不仅只是代替人们完成各种劳动密集产业中的简单重复操作、危险场合作业，以及其他恶劣环境中的作业，而是将伴随着移动互联网、物联网的发展，逐步渗透到制造业的方方面面，完成更为复杂的工作，彻底改变传统作业方式，并且帮助企业由制造实施型向服务型转化，实现整个制造业的转型升级。

当前，对全球机器人技术的发展最有影响的是欧美和日本。欧美在工业机器人技术的综合研究水平上仍处于领先地位，而日本生产的工业机器人在数量、种类方面则居世界首位。并且，外资企业由于起步早，产业已形成规模化优势，因此，在研发设计、核心零部件等领域形成了标准化流程，具有较强的领先优势。

有数据统计，以平均无故障时间（mean time between failures，MTBF）计算，国内机器人产品平均为 8 000 小时，而国外同类产品可达数万小时。可靠的稳定性就成了企业选择"洋人"的主要原因，但是昂贵的价格和后期维修费用也让很多企业望而却步。

正是国外机器人高昂的价格和使用成本，给国内自主研发的机器人提供了机会。虽然与"高富帅"抢市场是目前国产工业机器人制造企业的现状，然而从某种角度说，正是外资品牌的进入，满足了中国机器人市场萌芽时期的应用需求，也加速了中国机器人产业的发展进程。

事实上，国内的工业机器人制造企业也在持续发力中。依托"研发核心技术+嫁接成熟技术"的研发模式，三十三所已经成功开发出了装卸源机器人、移动印刷机器人、自动焊锡机器人等多种拥有自主知识产权的产品。

摘编自模具材料网. http://www.mjcl.net/news/22251078.html。

请根据案例 5-2 回答以下问题。

（1）工业机器人为何在近年来获得快速发展？

（2）工业机器人的发展对我国制造业可能会造成哪些影响？

案例 5-3：发电的平均煤耗与边际煤耗

北京许继电气公司的工作人员发现，在汽轮机的经济运行区域内，汽轮机效率为上凸的曲线，通常在额定负荷取得极大值，相应的单位煤耗为下凹的曲线，在额定状态取得最小值。

图 5-9 是他们根据实测数据描绘的某机组发电的平均煤耗与边际煤耗曲线。

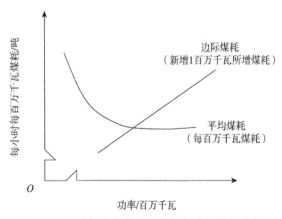

图 5-9 某机组发电的平均煤耗与边际煤耗曲线

一些自动化程度较高、运行工作状况变化平稳、加热器全部投入运行、不使用过负荷阀门调节过负荷的汽轮发电机组，汽轮机的能耗特性是连续平滑的，因而机组的平均能耗曲线是连续下凹的，并且在设计点附近取得极小值；相应的边际能耗曲线是连续递增的。在平均能耗的极小值点，平均能耗与单位边际能耗相等。其他一些机组，通常汽轮机的能耗特性是分段连续平滑的，在工作状况非平稳变化的点（如过负荷阀门打开），边际能耗曲线不连续。

摘编自高波，张晓东，王清照.火电厂发电成本与上网电价的研究. 热力发电，（5）：6-8，2003。

请根据案例 5-3 的边际煤耗曲线，判断平均煤耗曲线的走势。

附录 5-1：生产者均衡的数学推导

目标函数为

$$C = P_L \cdot L + P_K \cdot K$$

约束函数为

$$Q = f(L, K)$$

拉格朗日函数为

$$L_a = C + \lambda[Q - f(L, K)]$$
$$= P_L \cdot L + P_K \cdot K + \lambda[Q - f(L, K)]$$

$$\frac{\partial L_a}{\partial L} = P_L - \lambda \frac{\partial Q}{\partial L} = 0$$

$$\frac{\partial L_a}{\partial K} = P_K - \lambda \frac{\partial Q}{\partial K} = 0$$

$$\frac{\partial L_a}{\partial \lambda} = Q - f(L, K) = 0$$

$$P_L = \lambda \frac{\partial Q}{\partial L}$$

$$P_K = \lambda \frac{\partial Q}{\partial K}$$

$$\frac{P_L}{P_K} = \frac{\partial Q}{\partial L} \bigg/ \frac{\partial Q}{\partial K}$$

因为 $\frac{\partial Q}{\partial L} = \mathrm{MP}_L$，$\frac{\partial Q}{\partial K} = \mathrm{MP}_K$，所以成本最小的必要条件可表达为 $\frac{P_L}{P_K} = \frac{\mathrm{MP}_L}{\mathrm{MP}_K}$，或 $\frac{\mathrm{MP}_L}{P_L} = \frac{\mathrm{MP}_K}{P_K}$。成本最小化的充分条件可由等产量曲线凸向原点保证。这里从略。

从数学上看，根据

$$\begin{cases} \dfrac{P_L}{P_K} = \dfrac{\mathrm{MP}_L}{\mathrm{MP}_K} \\ Q = f(L, K) \end{cases}$$

就可以解出最小成本的要素投入 L^*、K^*。

附录 5-2：边际成本曲线交于平均变动成本曲线最低点的证明

平均变动成本极小的必要条件是其一阶导数为 0，即

$$\frac{\mathrm{dAVC}}{\mathrm{d}Q} = \frac{\mathrm{d}}{\mathrm{d}Q} \cdot \frac{\mathrm{TVC}}{Q} = \frac{1}{Q} \cdot \frac{\mathrm{dTVC}}{\mathrm{d}Q} - \frac{1}{Q^2} \cdot \mathrm{TVC} = 0$$

$$\frac{\mathrm{dTVC}}{\mathrm{d}Q} = \frac{\mathrm{TVC}}{Q}$$

$$\mathrm{MC} = \mathrm{AVC}$$

这说明变动成本极小的必要条件是边际成本等于平均变动成本。因此，边际成本曲线交于平均变动成本曲线的最低点。

附录 5-3：要素价格的变动对成本的影响

要素价格的改变对成本有不同影响。

1. 固定要素价格变动对成本的影响

以下标 0 表示价格变动前的成本，以下标 1 表示价格变化后的成本。设由于固定要素价格变动，总固定成本 TFC_0 的变化量为 $\Delta\mathrm{TFC}$。则

$$\mathrm{AFC}_1 = \frac{\mathrm{TFC}_0 + \Delta\mathrm{TFC}}{Q} = \mathrm{AFC}_0 + \frac{\Delta\mathrm{TFC}}{Q}$$

$$\mathrm{TC}_1 = \mathrm{TC}_0 + \Delta\mathrm{TFC}$$

$$\mathrm{AC}_1 = \frac{\mathrm{TC}_0 + \Delta\mathrm{TFC}}{Q} = \mathrm{AC}_0 + \frac{\Delta\mathrm{TFC}}{Q}$$

$$\mathrm{AVC}_1 = \mathrm{AVC}_0$$

$$\mathrm{MC}_1 = \frac{\mathrm{d}(\mathrm{TC}_0 + \Delta\mathrm{TFC})}{\mathrm{d}Q} = \mathrm{MC}_0 + 0 = \mathrm{MC}_0$$

就是说，固定要素价格变动使平均固定成本 MC 和平均成本 AC 改变了，对其他则无影响。

2. 变动要素价格变动对成本的影响

设总变动成本增加 $\Delta\mathrm{TVC}$，即 $\mathrm{TVC}_1 = \mathrm{TVC}_0 + \Delta\mathrm{TVC}$，则

$$\mathrm{AVC}_1 = \mathrm{AVC}_0 + \frac{\Delta\mathrm{TVC}}{Q}$$

$$\mathrm{TC}_1 = \mathrm{TC}_0 + \Delta\mathrm{TVC}$$

$$\mathrm{AC}_1 = \mathrm{AC}_0 + \frac{\Delta\mathrm{TVC}}{Q}$$

$$\mathrm{MC}_1 = \frac{\mathrm{d}(\mathrm{TC}_0 + \Delta\mathrm{TVC})}{\mathrm{d}Q}$$

$$= \mathrm{MC}_0 + \mathrm{d}\frac{\Delta\mathrm{TVC}}{\mathrm{d}Q}$$

就是说，变动要素价格提高引起变动成本提高，使平均变动成本、平均成本，边际成本都提高了。

提要

（1）经济学强调机会成本，它是厂商将要素投入其他领域可能带来的最大收益，这将帮助厂商在经济活动开始之前做出决策。厂商除了必须计算会计成本（即外显成本）之外，还要计算由自有要素的使用造成的机会成本，即内隐成本。

（2）经济学所讲的利润是经济利润，它等于会计利润减去内隐成本。如果经济利润大于零，就表明该项目的获利要超过其他任何选择，项目决策可行；如果经济利润小于零，就表明其他项目更能获利，选择该项目将损失投资机会。

（3）私人成本是由厂商承担的成本，而社会成本是从整个社会角度看所需承担的成本。两种成本之间的数量差额是外部成本，没有被厂商承担。

（4）为寻求既定产量下的最低成本，厂商所采用的投入组合应当是等产量曲线与等成本线的切点，这时实现了生产者均衡，它满足等式：$MP_L/MP_K = P_L/P_K$。

（5）成本函数揭示的是，随着产量的增加最低成本的变化规律。根据生产规模是否改变，成本函数被区分为短期成本函数和长期成本函数。在短期，用于支付固定要素的折旧费用就是固定成本，而支付变动要素的费用就是可变成本。可变成本随产量的变动而变动，固定成本则保持不变。在长期，由于生产规模本身可变，各种生产要素都是可变投入，也就不存在固定成本与可变成本的区分。

（6）长期总成本表示在所有要素投入均可变的情况下，随着产量的变动，厂商最低支出的变化规律。长期平均成本曲线 LAC 实际上就是各生产规模下，短期平均成本的包络线。长期平均成本也与短期平均成本相切于长期总成本与短期总成本相切的产量，与此同时长期边际成本与短期边际成本相交。

复习思考题

（1）什么是外显成本、内隐成本？什么是经济利润？

（2）解释为什么 MC 与 AVC、AC 相交于 U 形曲线的最低点？

（3）分析为何平均成本的最低点一定在平均可变成本的最低点的右边？

（4）LAC 曲线是 SAC 曲线的包络线。每个厂商在各阶段都会追求最低成本，但为什么 LAC 曲线一般不经过 SAC 的最低点，而是有且只有一点经过？

（5）在短期内，如果从第一单位产品的生产就开始出现边际产出递减，那么 AC 与 MC 曲线分别是什么形状？在长期内，如果厂商的生产函数表现为规模报酬不变，那么 LAC 和 MC 曲线是什么形状？

（6）短期平均成本曲线与长期平均成本曲线都呈 U 形，请解释它们形成 U 形的原因有何不同？

第6章

产量决策与供给

我们在消费者理论中通过分析消费者的效用最大化得到消费者均衡的购买决策，并且通过分析一种产品价格变化，从消费者均衡点的移动中获得了该产品的需求规律，即得到了消费者对该产品的需求曲线。在关于生产者理论的第 4 章和第 5 章，我们分别从厂商生产的产量和成本两个侧面考察了厂商的生产过程。厂商的生产目标是获取超额利润，产品并不是厂商的最终目标，仅仅是厂商实现利润的工具。因此，能否实现利润关键在于厂商将生产出来的产品拿到市场上卖给购买者，完成从产品形态到货币形态"惊险的一跃"，实现超过生产成本的货币剩余。本章就是解释厂商利润最大化的均衡产量决策，并在分析产量如何随着产品售价发生变化中理解产品的供给曲线。

为简化分析，本章假定厂商在市场上是以给定的价格销售所生产的产品，暂不考虑价格从何而来，也不考虑厂商可以影响价格的情况。也就是说，厂商是一个价格接受者，生产出来的产品拉到市场上销售时接受市场上产品的现行价位，没有能力提价也无须降价就完全可以销售掉所有产品。实际上这里假定的就是高度竞争的市场，所涉及的厂商就是处在这种市场中的厂商。例如，农户将生产的鸡蛋、粮食、蔬菜或其他农牧产品运到集市上随行就市地销售；小五金、电子元器件的厂商将各自产品以类似的定价进行销售。虽然现实中具体成交价可能有细微差别，我们在理论分析时可以将其忽略不计，所有可能的价格简化成同一个市场价格水平。至于厂商不是价格接受者的更复杂的情况，我们留待第 7 章以后再行详细介绍。

6.1 销售收益和厂商利润

6.1.1 产品售价和厂商总收益

各产量水平上的收益包括一组概念，即总收益、平均收益和边际收益。如果厂商以市场现行价格水平 P_0 销售产品，那就有各产量水平下的总收益、平均收益和边际收益。

（1）总收益（total revenue，TR），是厂商出售一定数量产品所得到的全部价款，它等于单位产品的售价 P_0 与销售量之积，即 $TR = P_0 \cdot Q$。

（2）平均收益（average revenue，AR），是单位产品的销售所得，$AR = \dfrac{TR}{Q}$。由于厂商总以不变的价格 P_0 出售，所以单位产品的销售所得即为 P_0，亦即 $AR = P_0$。

（3）边际收益（marginal revenue，MR），是增加一个单位的销售量所引起的总收益的增量，$MR = \dfrac{\Delta TR}{\Delta Q}$。由于产品售价 P_0 不随单个厂商的销量而变，所以每增加一单位销售量所引起的总收益增量就是产品的价格，即 $MR = P_0$。

由上述介绍可知，厂商的平均收益、边际收益均与产品售价 P_0 相等，即 $AR = MR = P_0$。这种关系在图形［图 6-1（a），图中纵轴表示价格，横轴表示产量］上反映为厂商的平均收益曲线和边际收益曲线，其都可以表示为从 P_0 点作的水平线 $P = P_0$，即水平的价格线 P、厂商的平均收益曲线 AR 及边际收益曲线 MR 已经三线合一了。图 6-1（b）中纵轴表示总收益，横轴表示产量，该图表示厂商的总收益随销售数量变动的轨迹。由于价格水平 P_0 不变，其总收益曲线是一条发自原点的正斜率直线。

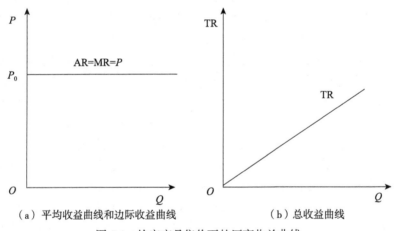

（a）平均收益曲线和边际收益曲线　　　　（b）总收益曲线

图 6-1　给定产品售价下的厂商收益曲线

6.1.2　利润函数

利润最大化是厂商生产目标的合理假定。厂商利润（π）是总收益（TR）超过总成本（TC）的部分。各产量水平上的总收益刚才已经介绍。有关各产量水平上的总成本在第 5 章已作介绍，这里需要强调我们提到的总成本是厂商生产所需各类资源的经济成本。因为总收益随价格水平和产量的变化而变化，总成本随着产量水平而变化，即 TR 是价格水平 P_0 和产量 Q 的函数，TC 是产量 Q 的函数，所以利润 π 将是价格水平 P_0 和产量 Q 的函数，即

$$\pi(P_0, Q) = TR(P_0, Q) - TC(Q)$$

6.1.3　利润最大化的两种分析方法

厂商要实现利润最大化必须比较各产量水平上的收益和成本。因为成本和收益都是随着产量而变动的，调整产量就可以调整利润。在某一个产量上，利润达到最大值时，厂商就达到了均衡，对应的产量水平便是厂商的均衡产量。在这一产量水平上，不论增加还是减少产量均会降低利润水平，因此厂商不会再做出进一步调整，这便达到了稳定状态，即均衡。

比较收益和成本可通过两种途径实现。

1. 总分析法

如果某个厂商具有如图 6-2（纵轴表示价格、收益和成本，横轴表示产量）所示的总收益和总成本（短期）状况，那么短期内他将在何处达到均衡呢？解决的方法很简单：观察和比较一下图 6-2 中 TR 是否高于 TC，即是否有正的利润。因为利润 π 为 TR 和 TC 之间的差额。比较 TR 与 TC 之间的垂直距离，距离最大时表示利润最大，对应的产量就是利润最大时的均衡产量。不难发现，在 B 点上，TR 与 TC 垂直距离最大，因而在产量为 650 单位时，利润最大。

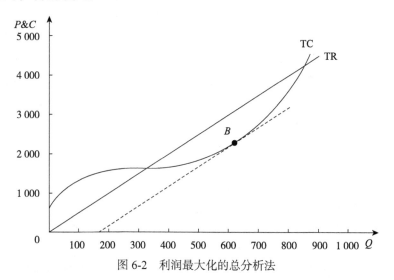

图 6-2　利润最大化的总分析法

虚线表示的辅助线是对 TC 曲线作平行于 TR 的切线。在切点 B 点，TR 与 TC 的垂直距离最大。这说明在 B 点所对应的产量上，厂商利润达到了最大。

2. 边际分析法

利润最大化也可能通过边际分析的方法获得。设想厂商的决策思考从产量为零开始。如果生产下一单位产品能获得利润，即该产品的收益能大于成本，就说明生产下一单位产品是划算的、有利可图的。边际分析法本质上就是将产量在边际上变化时的收益与成本相比较，即将边际成本与边际收益相比较，而得到最大利润的方法。边际成本是每变动一个单位产量时总成本发生的变动量；边际收益是每变动一个单位产量时总收益变动的数量。图 6-3（纵轴表示价格、收益和成本，横轴表示产量）表示了一个厂商短期边际成本和边际收益的情况。

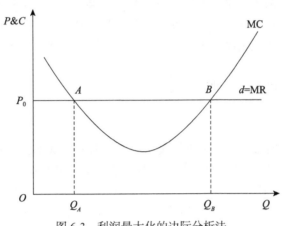

图 6-3　利润最大化的边际分析法

当厂商在 Q_A 与 Q_B 之间的某个产量上时，边际收益大于边际成本，说明边际产量所获收益扣除成本后有余。在此阶段，随产量增加利润增加，所以厂商会继续扩大生产。这一过程将持续到产量等于 Q_B，因为在 Q_B 上，边际收益等于边际成本（MR=MC），这意味着此时边际产量所带来的收益与其所花费的支出相等。由于边际成本曲线是向右上方倾斜的，所以若继续增加生产，边际成本必将高于边际收益，即新增产量所支出的成本大于所获收益，利润将减少。这表明，在 MR=MC 的产量 Q_B 上，利润达到最大。厂商得到了一切可能得到的利润，也就是达到了利润最大的境界，边际分析法又称"MR=MC 原则"。

MR=MC 的产量在图 6-3 中有两个，一个是 Q_B，一个是 Q_A。很明显，当产量低于 Q_A 时，边际成本总是大于边际收益或价格，因而只亏不盈。此时的边际成本曲线是向右下方倾斜，扩大产量将减少亏损额，并且随着产量超过 Q_A，便会出现 MR>MC，新增产量的边际利润能进一步弥补之前的亏损额。所以，MR=MC 原则须附加一个条件：MC 曲线向右上倾斜。

总分析方法和边际分析方法这两种方法实际上是一回事。总成本曲线切线的斜率就是边际成本，总收益曲线的斜率就是边际收益。所以，作平行于总收益曲线与总成本曲线相切的切线，就等于说找到边际收益与边际成本相等的点。由于边际分析法还具有数学上的分析优势（参见附录 6-1），所以我们此后分析厂商利润最大化时将普遍采用边际分析法。

需要指出，MR=MC 原则是厂商利润最大化的基本原则，它不仅适用于我们现在分析的简单情况，而且适用于后面将要介绍的其他各种市场结构中的所有厂商；它不仅适用于厂商短期利润最大化分析，也适用于长期利润最大化分析。所不同的是，在我们简化的分析中，由于假定厂商按市场现行价格水平 P 销售其所有产品，P=MR，所以 MR=MC 又表现为 P=MC。

6.2 厂商利润最大化的短期产量决策和供给

根据是否存在固定投入要素，厂商生产过程可以分成短期和长期。我们先考察短期内的利润最大化，然后再考察长期内的利润最大化。

短期利润最大化相对于长期而言有何特点呢？刚才已做说明，短期里厂商生产中使用的某些要素是固定不变的，即存在固定成本。在短期，厂商能够也只能通过调整可变要素的投入量来调整其产销量。短期产量决策的实质就是厂商如何通过可变投入量的调整，来选择一个最合适的产销量，以便实现利润最大化。

6.2.1 盈亏平衡分析与短期产量决策

图 6-4（纵轴表示价格、收益和成本，横轴表示产量）展示了某个代表性厂商在预先给定四种不同价格水平下短期利润最大化的产量决策和盈利状况。

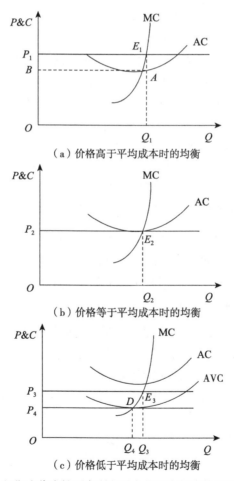

（a）价格高于平均成本时的均衡

（b）价格等于平均成本时的均衡

（c）价格低于平均成本时的均衡

图 6-4 短期内代表性厂商利润最大化的产量决策和盈亏分析

厂商按照利润最大化的 MR=MC 原则进行生产。图 6-4（a）中市场现行价格水平 P_1

较高，边际收益曲线和边际成本曲线相交的点表示为短期利润最大化的均衡点 E_1，利润最大化的产量水平为 E_1 对应的产量水平 Q_1。由于 E_1 点高于 A 点，即 Q_1 产量水平上的 AC，即单位产量的平均收益 AR$=P_1$ 高于单位产量的平均成本 AC（此时平均成本 AC$=B$），厂商因此可以得到超额利润（或称为净利润、经济利润，因为正常利润已包含在总成本之中）。利润水平既可以用均量表示，也可以用总量表示。产量为 Q_1 时，每单位产品的平均收益 AR 高于平均成本 AC，则单位产品可获得平均利润 AR$-$AC，总利润 π 即为平均利润（AR$-$AC）乘以产品数量 Q_1。这在图 6-4（a）中表现为 P_1E_1AB 的长方形面积。如果用总量表示，产品销售价格为 P_1，产量为 Q_1，二者之积即是总收益，即 $P_1E_1Q_1O$ 的面积；产量为 Q_1 时的平均成本在图形上为 AQ_1，平均成本与产量之积为产品生产的总成本，即 BAQ_1O 代表的长方形面积。利润等于总收益减去总成本，即总收益长方形面积与总成本长方形面积之差，这表现在图 6-4（a）中 P_1E_1AB 代表的长方形面积，也就是超额利润。因此，用单位产品的均量方法或总量方法都得到 P_1E_1AB 长方形面积代表的超额利润。总之，当 $P>$AC 时，厂商处于盈利状态。

上述分析过程也被称为厂商的盈亏平衡分析。根据这一分析方法，可以看出在图 6-4（b）中给定的价格水平 P_2 上，利润最大化的均衡点为 E_2，利润最大化的产量水平为 Q_2。在这一产量水平上，厂商盈亏相抵，因为利润最大化均衡时价格正好等于平均成本，总收益正好等于总成本。均衡点 E_2 也被称为盈亏平衡点或收支相抵点。

在图 6-4（c）中，当给定的价格水平为 P_3 时，利润最大化的均衡点为 E_3，利润最大化的产量水平为 Q_3。但是在这一产量水平上厂商蒙受短期亏损。产量水平为 Q_3 时，平均收益 P_3 低于 AC，但高于 AVC，此时，短期内的厂商仍应继续生产。有人可能要问：已经亏损了，为什么还要生产？会不会越生产越亏损？我们的回答是：不会。分析如下，如果不开工生产，可以省下对应于可变要素投入的可变成本，但是初始的固定成本已经投入并完全沉没，则不生产的亏损为全部固定成本。如果生产 Q_3 数量的产品，单位产品需要投入相应的 AVC，生产出来的产品售价为 P_3，因为此时的价格水平高于 AVC，故每单位产品的销售不仅回收了单位产品的 AVC，而且还有 P_3-AVC 的剩余，这可用于弥补部分固定成本。通过开工生产回收了部分固定成本，相对于不生产减少了亏损。因此，在给定 P_3 的价格水平下，利润最大化的产量为 Q_3。由此可见，实际上利润最大化包含着亏损最小化的含义。E_3 实际上是亏损最小化的均衡点。

当市场上给定的价格水平更低（如 P_4）与 AVC 最低点代表的水平一样时，厂商不论生产与否，都无法弥补固定成本的沉没损失。因此，厂商生产与不生产是没有差异的，因此均衡点 D，即当给定的价格在 AVC 最低点时，厂商一定停止生产。所以我们将图 6-4（c）中的 D 点称为停止营业点。

上述盈亏平衡分析表明，所谓短期利润最大化的均衡，到底是盈利还是亏损，取决于市场给定的价格水平高低。利润最大化原则既表现为盈利最多，也可以表现为亏损最少。

6.2.2　厂商的短期供给曲线

厂商短期内的生产规模是既定的，也就是生产技术不变，如果进一步假定可变投入要素价格不变，则厂商短期成本曲线（包括 MC 曲线、AVC 曲线和 AC 曲线）的形状就是不变的。我们已经知道，如果给定产品销售价格，厂商短期利润最大化的产量决策就根据"MR（=P）=MC"原则确定产品生产数量。因此，价格就成为厂商利润最大化产量决策的基本依据。当产品的市场销售价格变化时，厂商利润最大化的均衡点也随之变动。由于利润最大化的产量决策总是遵循 P=MC 原则，因此，利润最大化均衡点始终在 AVC 最低点以上的 MC 线上。图 6-5（纵轴表示价格、收益和成本，横轴表示产量）所示的在停止营业点（D 点）以上的 MC 曲线就构成厂商短期内的供给曲线。

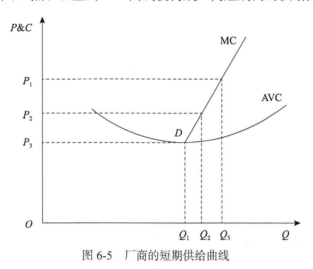

图 6-5　厂商的短期供给曲线

在这条 AVC 最低点以上的 MC 曲线上，我们可以看到在某个给定价格时，厂商在短期愿意向市场提供的产品数量。这条曲线也就表示了，在各个不同价格下产品供给量和市场价格之间可能组合的轨迹。因此，D 点以上 MC 曲线成为厂商的短期供给曲线。图 6-5 表明，当市场价格分别为 P_3、P_2、P_1 时，厂商的产量也即供给量相应地分别为 Q_1，Q_2，Q_3。在 D 点以下，由于价格低于 P_1 时，厂商选择停产，不愿向市场提供产品。如果更简化一些，短期供给曲线也可用一条向右上倾斜的直线表示。

6.2.3　再论生产者剩余

我们在第 2 章中介绍了生产者剩余的概念。那是整个行业的生产者剩余。从单个厂商看，生产者剩余是厂商按照市场价格销售一定量产品所得到的收益与该厂商为提供该产品所必须得以补偿的最低金额之间的差额。在这里，我们进一步看看做这样规定的理由。

在短期，由于假定固定成本完全沉没不能回收，因此，只要产品销售收益能高于变动成本，厂商就愿意提供产品。这高出的部分就是生产者剩余。

图 6-6 显示了厂商的短期生产者剩余。图 6-6 中（横坐标 Q 表示产量，纵坐标 P 表示价格、收益和成本等）厂商利润最大化的产量为 Q_E，此时 P=MC。生产者剩余有两种表示方式：①厂商的生产者剩余可以表示为厂商水平需求曲线以下边际成本曲线以上，产量从 O 到 Q_E 的阴影面积。因为产量从 O 到 Q_E 的边际成本的加总就是这个产量上的总变动成本 TVC。所以 TVC 就是产量从 O 到 Q_E 边际成本 MC 曲线以下的面积。该产量上厂商的总收益（长方形 $OABQ_E$）与 MC 曲线以下面积的差额（即阴影面积）就是生产者剩余。②厂商的生产者剩余也可以表示为矩形 $ABCD$ 的面积。因为 C 点表示产量为 Q_E 的平均变动成本，矩形 $ODCQ_E$ 就表示相应的总变动成本，该产量上厂商的总收益（矩形 $OABQ_E$）与矩形 $ODCQ_E$ 的差额就表示该厂商的生产者剩余。

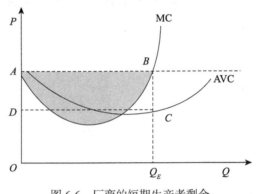

图 6-6　厂商的短期生产者剩余

需要指出，生产者剩余不等于利润。从概念可知，用总收益减去总成本等于利润，而生产者剩余等于总收益减去总可变成本，因此生产者剩余中含有利润和固定成本。

$$生产者剩余=TR{-}TVC$$
$$利润=TR{-}TVC{-}TFC$$

由于只要厂商愿意开工生产就肯定能回收部分或全部固定成本，所以可回收的固定成本一般大于零，进而生产者剩余大于利润。在市场价格既定的情况下，厂商的生产者剩余取决于其变动成本，变动成本越低，生产者剩余则越高。

第 2 章介绍的是行业的生产者剩余，它是以市场供给曲线为前提的。下面我们就看看市场的短期供给曲线是什么。

6.2.4　市场的短期供给曲线

市场往往由许多生产同种产品的厂商组成。市场的供给曲线（在不严格的情况下也可称为行业供给曲线）是指在每一可能的价格下市场上所有厂商愿意生产并供给的产品数量。它可以粗略地看做由许许多多厂商的供给曲线的水平轴的数值加总得到。假设某市场中有 A、B、C 三家厂商供应同一种产品，它们的短期供给曲线已知（图 6-7）。当价格为 P_1 时，A、B 和 C 厂商的产量分别为 8 单位、12 单位和 10 单位，把价格为 P_1 时三家厂商的供给量相加即可以得出，价格为 P_1 时市场供给量为 30（即 8+12+10）单位。同理可得出当价格为 P_2，P_3，$\cdots$，P_n 时的市场供给量。将各个价格下的市场供给量描绘出来，连接起来的总和（即行业中所有厂商高于平均变动成本的边际成本曲线的横向叠加）就汇总成一条市场或行业的供给曲线 S。

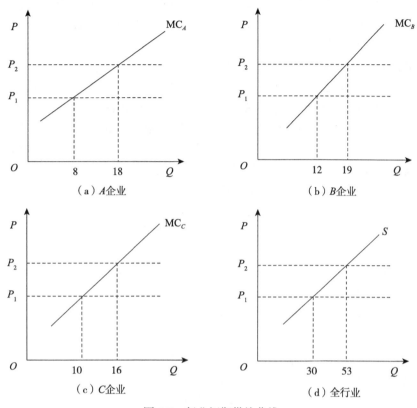

图 6-7　行业短期供给曲线

图 6-7（d）中的供给曲线就是某个行业的短期供给曲线，也是某个市场的供给曲线。我们在 2.1.5 小节中所说的正斜率的曲线就是这条线。现在读者就明白在 2.1.5 小节及其之后我们为什么要说到这条曲线了。正是它与市场需求曲线的相互作用决定了市场短期均衡价格。

使用这一简化的每一价格水平单个厂商供给加总方法，实际上包含着一个前提假设：所有厂商同时增加或减少产量并不影响生产要素的价格，否则单个厂商的供给曲线（即 MC 曲线）会发生变动。事实上，行业中所有厂商同时扩大或缩小产量很可能使生产要素价格发生变化。产量扩大时，生产要素价格提高；产量缩小时，生产要素价格降低。由此，单个厂商的边际成本曲线（即供给曲线）便必然发生逆时针方向的偏转（图中没有画出）。在此情况下，行业的短期供给曲线必将不是各个厂商原有短期供给曲线的简单水平加总，它的弹性将小于根据个别厂商原有短期供给曲线水平加总形成的曲线。

各个厂商的生产者剩余加总起来，就形成市场的生产者剩余。市场的生产者剩余就等于某一给定价格水平以下市场供给曲线以上的那部分面积。

案例 6-1："复印店"项目的投资评估

小王是某校大四学生，大学四年特别是自己毕业论文要打印、复印时的经历，让他觉得学校周边复印店的生意还真不错，有许多同学都要装订毕业论文，并且每年都会有大批同学毕业。因此，小王心里盘算：如果自己投资经营个"复印店"，不知划不划算？

小王估计开设"复印店"需要以下投资。

A3 幅面中速复印机，19 000 元；A4 幅面彩色打印机，4 300 元；台式电脑两台，8 000 元；租赁办公房，15 000 元/年；装修，2 000 元；办公用品 2 000 元。固定投资总计：19 000 元+4 300 元+8 000 元+2 000 元+2 000 元=35 300 元。现根据 5 年折旧期，预计年使用成本为 35 300 元/5 年=7 060 元/年。小王还准备雇佣一个员工，月工资 800 元。为保持员工操作技术的稳定性，小王打算跟雇员签年度合同。小王属于大学生创业，其所在城市给予营业税及各种杂费的减免，可不考虑。因此，每年的固定成本如下：设备 7 060 元+房租 15 000 元+雇员工资 9 600 元（800 元×12 月），总计 31 660 元/年。

开门营业还要充墨粉、购置打印纸及其他易耗品，还有水电及物业管理费，估算摊到每页的变动成本为 4 分钱。

学校周边复印价格为 0.06 元/页，打印 0.1 元/页。从量上来讲，一般打印量要小于复印量，估计每页平均价格为 0.07 元/分。

现在，要做出投资决策判断，请您帮小王继续分析以下问题。

（1）在开业经营时，小王要不要接小批量的打复印业务？

（2）小王要实现不盈不亏，需要多少业务量？

（3）小王估计成本时是会计成本还是经济成本？有没有遗漏什么？

（4）如果要给小王最终的投资建议，还要分析哪些内容？

案例 6-2：iSuppli 测算 iPhone 利润高达 55.6%！

人们普遍反映 iPhone 价格昂贵，业界知名分析机构 iSuppli 拆开 iPhone 来评估它的所有零件及制造成本，虽然最终报告还没有公布，但是就目前消息来看，苹果 iPhone 8GB（吉）的制造成本为 264.85 美元、零售价为 599 美元，iPhone 的利润为 55.6%，基本相近于 iPod 水平。当然，iSuppli 给出的这个毛利润比率当然不包括苹果研制 iPhone 所用掉的巨大研发成本，还有支持产权授权费用、运营及营销成本。根据 iSuppli 的分析，三星成为 iPhone 供应商中的最大赢家，因为苹果每制造一台 iPhone 就需要向三星购买价值 76.25 美元的零件，其中包括，NAND 闪存 8GB 版本为 48 美元（4GB 版本为 24 美元），1GB DDR SDRAM14 的价格为 14 美元，ARM 处理器的价格为 14.25 美元。iPhone 的触摸屏幕则由两部分提供，屏幕的总成本为 27 美元，开发商是德国企业 Balda AG 及其大陆合作伙伴 TPK Holding。iPhone 触摸屏的控制元件由三家日系企业提供，分别为爱普生、夏普和东芝，总成本为 24.5 美元。总体来说，屏幕成本超过了总成本的 20%。在苹果 iPhone 中，也有其他厂商的元器件，如国家半导体向苹果 iPhone 提供了串行显示接口芯片，造价为 1.5 美元，英飞凌提供了基带无线电收发器和电源管理元件，成本为 15.25

美元。iSuppli 还对 iPhone 的销售前景做出了预估，它们认为 iPhone 的首发销量为 50 万~70 万台，到 2007 年年底共计将达到 450 万台，而 2008 年年底将增长至 1 350 万台，到 2011 年有可能达到 3 002 万台。

改编自："利润高达 55.6%！iPhone 制造成本详解". 泡泡网. http://www.pcpop.com/ doc/0/207/207083.shtml，2007-07-07。

请根据案例 6-2 回答以下问题。

（1）案例中 iSuppli 测算的成本属于固定成本还是变动成本？

（2）为什么 iPhone 的毛利润率如此高？

案例 6-3：三部门联合部署首台（套）重大技术装备保险补偿机制试点工作

为贯彻党的十八届三中全会关于全面深化改革、加快完善现代市场体系的总体要求，推动重大技术装备创新应用，日前，财政部、工信部、保监会联合印发《关于开展首台（套）重大技术装备保险补偿机制试点工作的通知》（简称《通知》），确定从 2015 年起开展首台（套）重大技术装备保险补偿机制试点工作。

《通知》指出，重大技术装备是国家核心竞争力的重要标志。由于其技术复杂、价值量大，且直接关系用户企业生产经营，在首台（套）产品使用过程中存在一定风险，面临市场初期应用瓶颈。建立首台（套）重大技术装备保险补偿机制，是发挥市场机制决定性作用、加快重大技术装备应用推广的重要举措，对于促进装备制造业高端转型、打造中国制造升级版具有重要意义。

《通知》强调，首台（套）重大技术装备保险补偿机制坚持"政府引导、市场化运作"原则，由保险公司针对重大技术装备特殊风险定制综合险，装备制造企业投保，中央财政适当补贴投保企业保费，利用财政资金杠杆作用，发挥保险功能，从而降低用户风险，加快重大技术装备推广应用。

《通知》明确，试点期间，主要对列入《首台（套）重大技术装备推广应用指导目录》（简称《目录》）的装备产品进行保险补偿。《目录》由工信部牵头制定，并根据重大技术装备发展情况适时进行调整。对制造《目录》内装备且投保定制化综合险的企业，中央财政按照不超过 3% 的费率和年度保费的 80% 予以补贴。补贴时间按保险期限据实核算，原则上不超过 3 年。

《通知》指出，鼓励保险公司组成共保体按照示范条款开展首台（套）重大技术装备保险业务，分担风险、分享收益。同时，符合要求的保险公司也可单独承保。《通知》要求，参与试点工作的各保险公司要深入制造企业提供保险服务，建立理赔快速通道，积累保险数据，加强基础研究和分析，不断优化保险方案和服务。

摘编自 http://money.163.com/15/0305/08/AJUAUGPO00253B0H.html。

请根据案例 6-3 回答问题。

你能猜测一下为何我国要大力推动重大装备制造业的发展吗？

附录 6-1：利润最大化的必要条件和充分条件的数学证明 1

已知

$$\pi = TR - TC$$

则

$$\frac{d\pi}{dQ} = \frac{dTR}{dQ} - \frac{dTC}{dQ}$$

π 为极大值时的必要条件是 π 对 Q 的一阶导数为 0，故令：

$$\frac{d\pi}{dQ} = 0$$

或

$$\frac{dTR}{dQ} = \frac{dTC}{dQ}$$

即

$$MR = MC$$

π 为极大值时的充分条件是 π 的二阶导数为负，故令：

$$\frac{d^2\pi}{dQ^2} = \frac{d}{dQ}\left(\frac{dTR}{dQ}\right) - \frac{d}{dQ}\left(\frac{dTC}{dQ}\right)$$

$$= \frac{d^2TR}{dQ^2} - \frac{d^2TC}{dQ^2} < 0$$

即

$$\frac{d^2TR}{dQ^2} < \frac{d^2TC}{dQ^2}$$

上式表示，利润为极大值要求边际成本曲线的斜率（即总成本对产量的二阶导数）要大于边际收益曲线斜率（即总收益对产量的二阶导数）。边际收益为一水平直线，其斜率为 0，因此，要使上式成立，边际成本函数的斜率必大于 0，即边际成本递增。

提要

（1）在给定产品价格时，厂商所面临的需求曲线是水平的，即需求弹性无穷大。厂商为追求利润最大化，按照 $P=MR=MC$ 原则，确定产出水平，在短期内这一均衡产量可能会使厂商盈利、盈亏相抵甚至亏损。厂商平均可变成本的最低点是厂商的停止营业点。高于停止营业点的边际成本曲线，是厂商的短期供给曲线。

（2）均衡产量可以用总分析方法分析。利润 π 为 TR 和 TC 之间的差额。厂商是通过调整产量来实现利润最大化的，因此，在给定的产量水平上比较 TR 与 TC 之间的垂直距离，距离最大者即表示利润最大，对应的产量就是利润最大时的均衡产量。

（3）利润最大化也以通过边际的方法获得。厂商的产品生产从初始的零开始决策，如果生产下一单位产品能获得利润，即该产品的收益能大于成本，就说明生产下一单位产品是划算的、有利可图的。边际分析法本质上就是将产量在边际上变化时的收益与成本相比较（即边际成本与边际收益相比较）而得到最大利润的方法。

（4）厂商按照利润最大化的 MR=MC 原则进行生产时，盈亏状态是不确定的，它取决于价格水平。价格高于平均成本厂商获得净利润；价格等于平均成本，盈亏相抵；价格低于平均成本厂商亏损。当价格等于平均变动成本时，厂商停止生产。平均变动成本最低点为停滞营业点。

（5）在短期，价格高于平均变动成本最低点，厂商就会愿意生产。厂商选择的产量总是符合 MR=MC（即 P=MC），即 MC 曲线指示了各个价格下的均衡产量，所以该点之上的边际成本曲线就是厂商的短期供给曲线。

（6）长期来看，厂商的均衡产量取决于长期边际成本曲线和长期平均成本曲线相交所对应的产量。在长期内，如果产品的销售价格水平低于 LAC 最低点，厂商将选择停止生产。当价格水平高于 LAC 最低点时，厂商根据 P=LMC 确定利润最大化的均衡点和对应的产量水平。因此，LAC 曲线最低点以上的 LMC 曲线即为厂商利润最大化的长期供给曲线。它表现为向右上倾斜的一条曲线。

复习思考题

（1）为什么利润极大化原则 MR=MC 在厂商按市场价格水平 P 销售条件下可表达为 P=MC？

（2）厂商短期均衡时的盈利情况有哪些可能性？厂商为什么在亏损时还愿意生产？

（3）厂商的短期供给曲线是什么？为什么是这样？

（4）厂商的短期供给曲线与行业短期供给曲线是何关系？

（5）厂商长期供给曲线是怎样的？为什么是这样？

第 7 章

完全竞争市场的产量和价格

我们从消费者的理性选择推导出需求曲线和从生产者利润最大化的理性选择推导出供给曲线，实际上是进一步验证需求曲线或供给曲线不仅仅可通过统计观察，其也是个体理性选择的结果。在其他条件给定时，需求曲线给出了给定产品价格下的需求意愿量，供给曲线给出了给定产品价格下生产者的供给意愿量，也就是说在给定产品价格时，我们已经知道消费需要什么（即生产什么），知道厂商应该生产多少。那么，产品价格是如何决定呢？第 2 章中已经介绍过，在竞争的市场上产品价格可以通过产品的供给曲线和需求曲线相交的交点来确定。那么，究竟什么是竞争的市场，市场的竞争性会有不同的类型吗？让我们先来回答这个问题。

7.1 市场结构的类型

前面我们介绍供求原理及需求和供给时，都是假定需求曲线是由很多消费者的需求加总而成，供给曲线则是由许多生产者的供给加总形成的。这暗含着市场双方的参与者都有很多。但是，现实中市场双方参与者的数量可能差异比较大，这会影响市场均衡价格和数量的形成方式。简单地说，如果参与者很多，竞争可能比较激烈；如果参与者很少，市场竞争就相对缓和，以至于没有竞争。也就是说，作为市场参与者的个体在市场中占的比例会影响他的行为及价格的决定。我们在本章及第 8~10 章中将分别研究各种不同结构的市场。由于市场中买者结构的研究可由卖者结构推演，我们在市场结构中主要从卖者角度进行分析。以市场中生产厂商数量及相应竞争状况为划分依据，市场结构可以分为四种类型，即完全竞争市场、完全垄断市场、垄断竞争市场和寡头市场。

7.1.1 完全竞争市场的条件

完全竞争（perfect competition），又称纯粹竞争（pure competition），是指市场中有大量参与者，因此每个厂商相对于市场总量而言很小，以至于单个参与者调整生产数量或需求数量对市场总量的影响微乎其微，几乎可以忽略不计，因此单个参与者就成为市场价格水平的接受者。具体而言，完全竞争的市场类型一般需要同时具备以下条件。

1. 众多买者和卖者

市场活动的每一个参与者，不论是买者还是卖者，其经济活动规模与整个市场规模相比，都是非常小的。可以说，每一个参与者都是市场中的一个小原子。也就是说，任何人的购买量或销售量在市场交易中所占的比重极小。厂商可以变动自己的销售量，但无法使市场的供应量发生看得见的改变，所以他们谁也不能影响产品的价格。价格看不出是受谁影响而变动的，似乎存在一只 "看不见的手"。其实，价格是市场供给与市场需求之间的相互作用形成的。这样，每一个厂商都只能把市场价格看成是既定的。一句话，他们是 "价格接受者"，而不是 "价格制定者"。正因为如此，在完全竞争市场中表面似乎看不到激烈的竞争活动，但是，若某个厂商的价格只要高于相邻厂商一丁点，他的顾客就会被抢走。这又意味着竞争异常激烈。

2. 产品同质

要构成完全竞争，任何一个厂商的产品在所有买者看来都应该是一样的、无差异的，即产品是同质的。一些商品，如大米、小麦、大豆和玉米等，它们的形态表现单一，质量指标少而易于测量，只要注明产品的等级，人们就能确认产品的质量。属于同一等级的各个厂商的产品都是一样的、完全可以替代的。这意味着当价格相同时，买谁的产品，完全是无差别的。因此就会发生当某一厂商价格稍微高一点时，买者就会去购买别人产品的情况。这进一步说明完全竞争厂商不能左右价格。

3.自由进入和退出

完全竞争市场意味着对于厂商的进入和退出，不存在任何法律的、社会的或自然的障碍，各种资源都能够顺畅地进入或退出该市场，从一种用途转到另一种用途中去。具体来说，它要求：劳动力能够在不同地区、不同职业和岗位间流动；物质生产要素不为某一个厂商所垄断；生产所需的投资能够筹集到。因此，当一家厂商获得超额利润时，就会引发其他厂商的进入，进而把超额利润分摊，以至于没有超额利润。当一家厂商亏损时，有些亏损厂商又会很快退出，转向有利可图的行业。这一条件意味着，市场上最终将没有厂商能获得超额利润也没有厂商亏损，即零利润。

4. 完全信息

市场参与者要能够形成完全竞争还需要获取充分信息，即消费者、厂商和要素所有者都对价格、产品特征、生产技术等方面的信息有充分完整的了解，不仅知道过去和目前，而且了解未来。消费者若了解产品的价格，就不会在市场价格水平之上购买；劳动者和资本拥有者了解资源在各种可能用途中的收益，以便把资源提供给出价最高者；厂商知道所有生产要素的价格和有关技术，以便在最佳投入组合和最佳规模上进行生产和销售。

信息技术和互联网的发展使人们更容易获得产品信息。例如，淘宝网促成了 B2C[①]或 C2C[②]贸易，消费者只需要在网页上搜索同品牌同型号就会列出大量卖家，再进行价格从低到高的排序，就会发现多数卖家的报价基本相同，即大量卖家在销售同质的产品，竞争很直接，迫使价格接近一个统一的定价，而一些比价网的发展使产品搜索和信息完全程度进一步深化。

很显然，完全竞争的条件是非常严格的。事实上没有一个市场能同时满足所有特点。只有某些产品市场（如农产品市场）比较接近完全竞争。那么，保留这样一个理论上的模型意义何在呢？经济学家认为，即便一个模型的某些假定不现实，这一模型也可能是相当有用的。它可以被看做一种基本模型和认识其他市场类型的参照系，并作为标准来评判其他市场中产品的供给特征和资源配置的效率。其他市场结构类型可以是不断放松完全竞争市场所要求条件的结果，通过比较条件放宽前后的均衡结果就能了解该条件起了什么样的作用。这正是我们在各个市场结构之间作比较静态分析的一个基础。

7.1.2 四种市场结构条件上的差异

完全竞争市场的条件比较理想，现在我们通过放宽条件来比较四种市场结构之间的差异。一般情况下，区分四种市场结构只需要以完全竞争市场的前三个条件为依据，即前三个条件是比较根本性的。最后两个条件（即信息和交易费用）现在暂且搁置，待本书最后一章我们再作介绍。四种市场结构类型的条件比较如表 7-1 所示。

表 7-1　四种市场结构类型的条件比较

市场结构类型	卖者数量	产品间性质	市场进入壁垒
完全竞争市场	非常多	产品同质	自由进入/退出
垄断竞争市场	许多	产品有差异	自由进入/退出
寡头垄断市场	少数几个	可能同质或有差异	壁垒很高
完全垄断市场	一个	—	难以或无法进入

完全竞争和完全垄断是市场类型的两个极端，垄断竞争和寡头垄断是介于上述两者之间的状态。如前所述，完全竞争市场中的厂商是价格接受者，沿着完全竞争—垄断竞争—寡头垄断—完全垄断从上而下的顺序，厂商开始具备越来越强的产品定价能力，成为有效的价格制定者，也即单个厂商的市场势力越来越强。在完全竞争和垄断竞争市场中，都存在许多卖者，所以这些市场又被称做多数之间的竞争；在完全垄断市场上，一个市场只有单一的厂商；寡头市场则存在屈指可数的少数卖者，所以其又被称做少数之间的竞争。经济学家之所以对市场类型产生兴趣，是因为厂商的行为在不同类型的市场中是不同的，研究市场结构能够帮助解释和预测现实市场类似结构中厂商行为和价格形成机制。这也是本章及第 8～10 章内容的主要工作。

[①] business-to-customer，即厂商对消费者。

[②] customer-to-customer，即消费者对消费者。

7.2　完全竞争市场的短期均衡

7.2.1　市场供求均衡和完全竞争厂商需求曲线

根据供求原理可知，当把产品的需求曲线和供给曲线同时置于产品价格和数量的坐标平面上时，需求曲线和供给曲线的交点即为均衡的价格和数量。如图 7-1（a）所示，供求曲线相交的 E 点为均衡点，即在均衡价格 P_E 水平上，厂商愿意生产的产品数量 Q_E 正好是消费者愿意购买的数量。市场上没有剩余产品，生产者不再愿意降价销售，也没有消费者愿意以更高价格购买，即达到了供求均衡和市场出清。

我们已经在 2.3.1 小节的图 2-12 中见过图 7-1（a），那里介绍的"竞争市场中价格"正是现在所说的"完全竞争市场的短期均衡价格"。我们在了解完全竞争市场及该市场中厂商的产量选择和供给规律之后，这个图形所包含的内容更丰富了，也就更能够接受均衡价格的分析了。

在完全竞争市场中，存在众多销售同质产品的小型厂商，单个厂商没有能力影响市场整体价格水平而成为价格接受者。这就意味着不论厂商生产销售多少产品（单个厂商扩大产量，或规模再增加几倍，对于完全竞争市场而言仅是多增加几个小型厂商，根本微不足道），其产品售价都不会发生改变。换句话说，在给定的市场价格水平上，厂商可以销售其愿意生产并销售的任意数量，那么单个厂商所面临的需求曲线是一条几乎与横坐标平行的直线，具体如图 7-1（b）所示。水平的需求曲线表示，厂商的需求弹性无穷大，稍稍提高一点价格，产品便一个也卖不出去；而在既定的市场价格上，厂商可以卖掉它所有的产品。

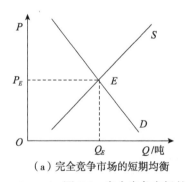
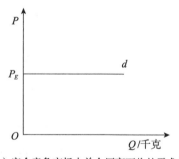

（a）完全竞争市场的短期均衡　　　（b）完全竞争市场中单个厂商面临的需求曲线

图 7-1　完全竞争市场的短期均衡和单个厂商面临的需求曲线

完全竞争市场中单个厂商面临的水平的需求曲线的价格水平正是来源于图 7-1（a）中的市场均衡价格水平。请注意图 7-1（a）和图 7-1（b）在横坐标上使用了不同的单位名称。由于完全竞争市场中个别厂商具有与市场规模相比极小的经营规模，因而可能在表示数量的横坐标上使用比图 7-1（a）较大的比例尺和较小的单位。个别厂商的市场份额极小，意味其产量相对于市场的产量来说极少，在此极有限产量范围内发生的变动，在图 7-1（a）所示的市场需求曲线上几乎表现不出来。

图 7-1（b）就是在第 6 章图 6-1 "给定产品售价下的厂商收益曲线"中。第 6 章中我们假定价格是既定不变的，即不像需求法则表现的那样，价格随着成交量或供应量的增加而增加。现在我们就能够理解做出这一假设的合理性及其背后的原因了。

完全竞争市场中单个厂商的短期均衡在第 6 章中［图 6-4（a）］已经介绍过，这里不再重复。在短期中最短的时期是市场期，下面讨论这种时期的均衡。

7.2.2　市场期的均衡

市场期是指这样一个时期，在此期开始时一切物品都已生产出来，能随时出售。所以市场期的特点是有交换，但无生产。市场期不存在产量如何增减的问题（即供给数量固定），唯一的问题是按什么价格卖掉现有的产品，进行市场出清。可见市场期也不是一个确定的日历时期，而是一组条件。不同产品保持供给数量固定的时期是不一致的。这种时期的长短取决于生产周期（使供给量增加所需要的时间），又取决于物品保鲜的时期（不因腐败而使其数量减少）。所以市场期均衡的分析主要适用于生产周期长或保鲜期短的物品。市场期对新鲜草莓来说是一天，对香蕉来说也许是三天。

例如，有很多农产品，如西瓜、荔枝、桃子，一上市等待销售的数量就确定了，无论价格如何变动供给量不会随之变动。即使价格明显上升，供给量也无法增加（如果考虑增加产量，那我们将面临另一个市场期）。所以，在市场期，表示在各个可能的价格下产品供给数量的市场供给曲线是一条垂直线。如图 7-2 所示，D_0、D_1 和 D_2 分别代表三种不同的市场需求，S 代表供给量固定在 A 点的市场供给。

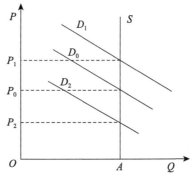

图 7-2　市场期的均衡价格决定

我们知道市场均衡在需求等于供给、货物全部卖清（即市场出清）的一点上。在这里，由于供给数量不变，均衡问题只是指价格的决定。在图 7-2 中，若市场需求为 D_0，则 S 与 D_0 的交点决定了均衡价格 P_0。在这个价格水平上，购买者的需求量正好与生产者的供给量相等，市场得以出清。图 7-2 中的曲线 D_1 和 D_2 分别表示比 D_0 较高的需求和较低的需求。当需求为 D_1 所示的较高水平时，均衡价格 P_1 也较高；当需求为 D_2 所示的较低水平时，均衡价格 P_2 也较低。可见，在市场期，均衡数量和均衡价格的决定是分离的。数量由供给方面决定，价格由需求方面决定，而与供给方面的因素（主要是生产成本）无关。

讨论市场期价格问题的意义在于显示市场期价格的调节作用。当价格为均衡价格时,现有的供给量就被顺利成交了。在需求不变的情况下,如果价格定得高于均衡价格,那么就会有部分产品卖不掉。为卖出不宜保存的产品,供应商会降低价格;如果价格低于均衡价格,那么就会发生抢购,消费者会愿意出高价。我国改革前国营或集体菜场时常出现大堆过剩蔬菜腐烂的情况,可以解释为缺乏市场机制,国营或集体菜场因缺乏自主调价权,而未能使价格调低到使全部蔬菜卖清的程度。

市场机制(market mechanism)是指在一个自由竞争的市场里,供求双方相互作用,使得价格得以变化,一直达到市场出清为止的趋势。市场期价格的调节作用在于通过价格的调整,有效地分配既定的产出,将数量有限的产品分配给愿意支付那种价格的人。产品既无过剩,也无短缺。

有经验的消费者会发现,一般来说,一些鲜鱼活虾和活鸡等的价格在双休日和星期一、二有所不同。原因何在?这与市场期的特点相联系。双休日购买的人多,市场需求大,相对于既定供给量,价格自然上升。一些海洋捕捞的鱼类,即使在工作日需求比较稳定的情况下价格也会波动,这主要是因为其供应量不稳定。

7.3 完全竞争市场的长期均衡

如果完全竞争市场中的代表性厂商在短期内能获得超额利润,则厂商将扩大生产规模以获得更多利润,同时还会吸引潜在厂商进入这一市场分享超额利润;如果代表性厂商亏损,则长期内厂商可以选择退出这一市场。因此,完全竞争市场的长期实际是指两个层面:①各厂商能够调整一切生产要素的投入量,包括那些在短期内无法变动的厂房设备等,从而选择一个最合理的规模,使得在此规模上生产时所费成本(总成本和平均成本)最低。②市场中厂商的数目可能发生变化,若代表性厂商获得了超过正常利润的超额利润,新的厂商便会进入该市场,厂商的数目因此增加;若现有厂商处于亏损状态,部分厂商便会退出,厂商的数目因此减少。

7.3.1 完全竞争市场的长期均衡和单个厂商的长期均衡

在长期,厂商可以通过调整规模来争取获得更多利润。如果单个厂商达到了图 7-3(a)中(复制于图 6-7,并将横轴符号改为 q)所示的状态,即单个厂商根据长期边际成本和市场价格水平相交确定均衡后,仍可获得超额利润。高于正常利润的经济利润,则在市场可自由进入退出的情况下,将引发潜在厂商进入。新厂商的加入使市场的供给增加,即图 7-3(b)中市场供给曲线 S_1 向右平移。如果市场需求没有增加,新的均衡价格水平将降低。

只要该市场中大部分厂商存在经济利润,就会有新厂商不断加入。与此同时,市场均衡价格也将不断下降,直到单个厂商没有超额利润为止,即供给曲线向右平移至图 7-4(b)中的 S_E,均衡价格 P_E 与(a)中 LAC 最低点高度完全一致才会停止。最终结果表示在图 7-4 中。图 7-4(b)中的 D 线表示市场需求,S_E 线表示市场供给,E 点

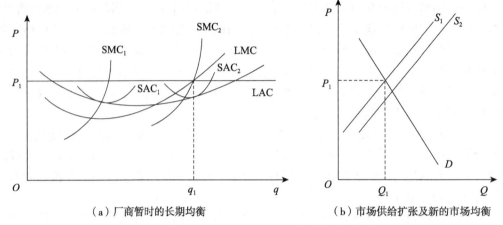

（a）厂商暂时的长期均衡　　　　（b）市场供给扩张及新的市场均衡

图 7-3　单个厂商暂时的长期均衡和市场供给扩张

表示市场均衡，P_E 表示均衡价格。图 7-4（a）表示代表性厂商的均衡状态，这时，厂商面临的需求曲线（即高度为 P_E 的水平线）与长期平均成本曲线相切，均衡价格等于长期平均成本。

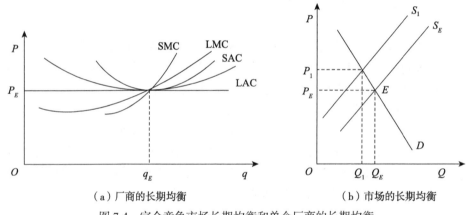

（a）厂商的长期均衡　　　　（b）市场的长期均衡

图 7-4　完全竞争市场长期均衡和单个厂商的长期均衡

由于新厂商的加入，厂商数量增加，市场总的供给量较先前有所增加，即图 7-4（b）中 Q_E 大于 Q_1。在这一过程中，从图 7-3（a）到图 7-4（a）的均衡，原有在位厂商也将根据下降的价格来减少产量，即图 7-4（a）中的 q_E 少于图 7-3（a）中的 q_1。

如果初始状态与上述情况相反，即长期平均成本高于价格，多数厂商不仅不能获取净利润，反而处于亏损状态，那么这些厂商必然会将他们的资源转移到其他市场。部分厂商退出该市场的结果导致整个市场供给减少，即供给曲线向左移动。若需求并无减少，那么市场均衡价格就会上升。这个过程也会持续进行，直到价格上升到正好等于最低平均成本为止。

由于图 7-4（a）中的厂商处在盈亏相抵的状态，厂商在 P_E 的价格水平上不愿再调整生产规模和产量，从而实现了长期均衡。由于厂商没有超额利润，即市场上没有超额利润存在，也不会吸引新厂商进入，也没有厂商因亏损而退出，市场进入退出达到了均衡。

由此可见，长期均衡价格一定等于长期平均成本的最低点。只有在这个价格水平上，经济利润才为零，厂商的进入和退出都停止，长期均衡得以实现。当价格等于长期平均成本最低点时，价格也等于长期边际成本（因为只有在长期平均成本最低点，长期边际成本才等于长期平均成本），这是长期均衡的必要条件。在长期平均成本最低点，短期平均成本也与长期平均成本相等。所以，完全竞争厂商的长期均衡条件可以表述为

$$P=MR=SMC=LMC=SAC=LAC$$

在长期中，厂商对产量的调整过程与整个市场产量的变动过程是相互影响、相互作用的。二者的均衡也是相互依存、同时实现的。一方面，整个市场（即市场的供给和需求）决定着产品的均衡价格，各厂商根据这一既定价格通过调整投入物数量来调整产量。另一方面，部分厂商由于亏损退出这个市场或因为赢利进入这个市场；这时，新厂商的进入或部分老厂商的退出又影响到整个市场的供给，使原有的均衡态被打破而形成新的均衡。只有当该产品在其供给和需求达到稳定，并且由此决定的均衡价格正好等于各厂商长期平均成本最低点时，厂商才达到长期均衡——不再调整规模与产量；市场也达到了长期均衡——不再有厂商进入或退出。所以，厂商的长期均衡亦表现为市场的长期均衡。长期均衡的实现过程就是厂商之间的竞争过程，长期均衡态就是厂商间竞争的结果。市场进入和退出是厂商为了争取经济利润和避免亏损所进行的竞争，而这种进入和退出导致供给的增加或减少，从而引起产品市场价格的变动，使之最终达到与最低平均成本相等的水平。也就是说，厂商间的竞争导致了市场均衡的形成，在均衡态上，经济利润（超额利润）消失，亏损也消失，各个厂商只得到正常利润。所以，完全竞争市场的长期均衡是"零利润均衡"。

需要指出，图 7-3（a）是在不考虑市场状态下，单个厂商的长期均衡。而图 7-4（a）表示在自由进出的调整结束后，市场达到均衡时完全竞争市场中单个厂商的长期均衡。二者的前提条件是有差异的。

7.3.2 完全竞争行业的长期供给曲线

如前所述，在完全竞争市场一开始存在超额利润的长期均衡过程中，一方面单个厂商为实现长期均衡需要扩大生产规模，另一方面其还会吸引潜在厂商进入这一市场。这两个层面都意味着对相关投入要素或中间投入品的需求将大幅度增加。那么，对投入要素需求的增加会不会影响要素价格，进而影响厂商的成本曲线呢？接下来，我们首先考虑产品市场供给增加不影响要素价格的简单情形，其次考虑影响要素价格的情形。

为什么要考虑要素价格进而要素成本的变化呢？因为在完全竞争市场中单个厂商长期均衡时一定是零利润均衡，即只有一个价格和长期平均成本最低点数量之间具有对应关系，无法形成市场的长期供给曲线。要获得市场的长期供给曲线就必须考虑长期中市场价格与供应数量之间的连续对应关系。行业长期供给曲线不像行业短期供给曲线那样单一，而是存在三种可能形态，即水平的、负斜率的和正斜率的。它们分别取决于行业扩大生产时要素成本的变化情况。接下来的分析中，我们都是从完全竞争市场和单个厂商的长期均衡出发，考虑某个原因导致需求增加后的市场均衡过程。

1. 成本不变行业的长期供给曲线

图 7-5 是一个成本不变行业长期供给曲线。假定图 7-5（b）中的 D_0 是初始的需求曲线，S_0 是初始的短期供给曲线。开始时厂商处于长期均衡状态，即价格线处于长期平均成本线的最低点。行业亦处于均衡状态，即 D_0 曲线与 S_0 曲线相交于 E_0 点，均衡价格为 P_0。若市场需求增加，需求曲线向右移至 D_1，在短期内产品的市场价格便从 P_0 上升到 P_1［图 7-5（b）］，价格上升使每个厂商根据 MR=P=SMC 的原则调整产量，而使产量由 q_0 扩大到 q_1［图 7-5（a）］，由于此时 P_1 高于厂商在 q_1 产量下的短期平均成本，所以每个厂商均能获得经济利润。这一结果导致新厂商进入该行业，并使行业短期供给曲线向右移动。与此同时，由于新厂商进入扩大了供给，供给不断与需求相适应，价格逐渐下降，这使原有厂商逐步削减产量，使之恢复到初始均衡产量 q_0。

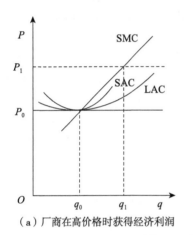 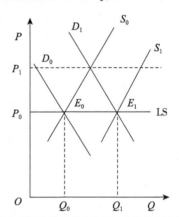

（a）厂商在高价格时获得经济利润　　　　（b）行业需求和供给变动前后两个均衡价格点的连线

图 7-5　成本不变行业的长期供给曲线

新厂商进入后，行业供给增加未使生产要素价格发生变动，因而长期平均成本曲线仍在原处。当供给曲线移至 S_1 时，新的均衡价格恢复到初始水平，即厂商原长期平均成本的最低点，这时经济利润等于零，不再有新厂商进入。当这一系列由需求增加引起的波动平息以后，均衡点 E_1 落在原均衡点 E_0 的右边，两个均衡点的连线为一水平直线，这就是该行业的长期供给曲线。

这种水平的长期供给曲线表明：①行业产量的增加是由新厂商提供的。Q_0 为行业中原有厂商的总产量，ΔQ（即 Q_1 减 Q_0）为新进入厂商提供的总产量。②只要行业持续处于成本固定的情况，产量就可以适应需求的扩大而无限地增加，供给弹性无穷大。

2. 成本递增行业的长期供给曲线

图 7-6 表示的是成本递增行业的长期供给曲线。行业的初始状态与图 7-5 一样，D_0 表示行业初始需求曲线，S_0 表示初始短期供给曲线，行业、厂商均处于均衡状态。

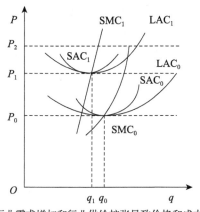 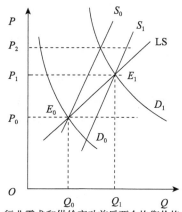

（a）行业需求增加和行业供给扩张导致价格和成本上升　（b）行业需求和供给变动前后两个均衡价格点的连线

图 7-6　成本递增行业的长期供给

假定市场需求增加了，D_0 曲线移至 D_1，市场价格势必上涨。上涨的价格 P_2 使厂商可获经济利润，新厂商因而被吸引进来，继而供给增加，供给曲线向右移动。一直到此时，情况与成本不变行业的分析是完全一样。但是，如果该行业在产出数量增加的过程中，伴随着投入成本的上升（投入品价格上升），即 AC 曲线和 MC 曲线比原来提高了，应表现为一个成本递增的行业。厂商 MC 曲线上升，必然导致行业短期供给曲线较图 7-6（b）中的 S_1 左移。所以行业供给曲线 S_0 在向右移动的同时又有左移的趋势。行业供给增加而使供给曲线向右移的程度总是大于厂商边际成本上升而使它向左移的程度（否则就不会有行业产量的增加），所以总的结果是向右移动。当它移至图 7-7（b）中 S_1 时（此时 LAC_0、SAC_0 和 SMC_0 曲线分别上升至 LAC_1、SAC_1 和 SMC_1），S_1 与 D_1 的交点 E 便成为新的均衡点，其对应的价格 P_1 为新的均衡价格，因为 P_1 正好处于行业供给为 S_1 时各厂商长期平均成本最低点。

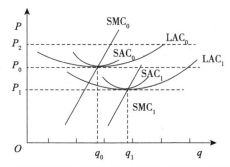 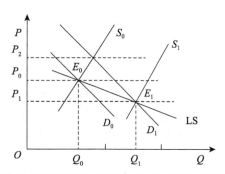

（a）行业需求增加和行业供给扩张导致价格和成本下降　（b）行业需求和供给变动前后两个均衡价格点的连线

图 7-7　成本递减行业长期供给

连接变动前后的两个均衡点 E_0 和 E_1，就形成一条该行业的长期供给曲线 LS。该曲线是正斜率的，它说明，成本递增行业在长期内可以根据市场需求调整供给量，但产品价格也随之上涨。

随着行业供给的增加，平均成本向上移动的情况常常发生在以自然资源为生产对象的行业。例如，在有限的水域里捕鱼，捕鱼队数量越多，每只船、每个队捕到的鱼便越少，从而每个队的平均成本曲线便向上移动。又如，随着钻井台数量的增多，每个钻井队的石油产量必然下降，平均成本必然因此而上升。另一种情况是：当某行业所使用的一些生产要素是该行业专用的，或者说行业的厂商是这些生产要素的主要使用者，那么当该行业的生产量增加时，对这些要素的需求也相应增加，如果这些要素的供给不变，它们的价格必然上升，进而推动厂商成本的提高。

行业成长过程中成本递增是一种外部不经济，它不是由个别厂商的行为直接导致的，而是整个行业许多厂商共同作用的结果。对个别厂商来说，这是一种来自外部的不经济。

3. 成本递减行业的长期供给曲线

图 7-7 反映的是成本递减行业长期供给曲线的形成过程。

假设开始时，行业处于均衡点 E_0，厂商处于均衡点 q_0。如果市场需求增加，由需求曲线 D_0 移至 D_1，原有价格 P_0 上升至 P_2，原有厂商利用其已有厂房设备扩大产量，并由此赚得超过正常利润的经济利润。经济利润吸引新厂商进入该行业。厂商数目的增加导致市场供给扩大，供给曲线右移。在供给扩大的过程中，由于某种原因，投入的生产要素的数量或价格下降，平均成本曲线也下降了。下降的成本使得该行业成为有厚利可图的行业。更多的厂商相继进入。当平均成本曲线下降和行业短期供给曲线的右移分别达到 LAC_1 和 S_1 时，行业的供给与需求相等所形成的价格 P_1 与厂商长期平均成本的最低点相等，经济利润等于零，新厂商的进入停止，供求相等，行业再度实现了均衡。变动前后两个均衡点的连线即为该行业长期供给曲线，它是一条向右下方倾斜的曲线。

成本递减的行业一方面通常存在于某些新兴行业，或者说某些行业的成长初期。某些行业，在它们成长的初期，由于行业总产量很小，使用某些高效率的生产设备或运输设备（因其产量少，价格高）的平均成本就很高。随着总产量的增加，平均成本会有所下降。例如，由于建筑项目的增加，社会需要的建筑工人数量增多，这使得专门集中训练建筑工人是有利可图的，因而任何一个厂商都能够雇用到受过训练的建筑工人。又如，在某个地区，养鸡的产量会随着养鸡人数的增加而增加。养鸡户增加从而养鸡行业发展起来以后，为养鸡行业服务的辅助工业（如饲料业）也会得到发展，这便使得养鸡户可以得到质优价廉的饲料。另外，产品需求的扩张，引发产品生产规模扩张，进而导致中间投入品市场需求扩张。这往往使得中间投入品的研发和技术进步加快，促使中间投入品生产效率大幅度提升，从而降低了中间投入品价格。

向右下方倾斜的行业供给曲线表示，行业在供给量增加的时候，由于其成本是递减的，所以价格也是递减的。这是一种外部经济，是由行业规模，即厂商之外的因素导致的节约，而不是由厂商的规模变化导致的节约。

通过对上述三种类型行业长期供给曲线的介绍，不难看出，所谓的行业长期供给曲线，就是行业成长过程中，行业供求均衡点变动的轨迹。

7.4　完全竞争市场的资源配置效率

7.4.1　资源配置效率

微观经济学的研究目标是稀缺资源的有效配置。那么，完全竞争市场长期均衡时是不是有效配置了资源呢？对于这一问题，将在第 13 章中进行系统解答。下面，先从静态角度就如何判断资源配置有效性问题做简要介绍。

第一，所有稀缺资源是否按最有效率的方式生产出最多的产品？什么是有效率的生产呢？我们在第 1 章介绍生产可能性边界时曾指出，在当前技术条件下，如果生产的产品组合位于生产可能性边界，就表明已经充分利用了稀缺资源生产出了最多的产品。现在，我们从另一角度考察，厂商的长期平均成本曲线是厂商能够达到的短期成本曲线的包络曲线，即厂商已经在当前技术条件下能够做到的最低成本就是长期平均成本曲线。长期平均成本曲线也代表了厂商能够使用稀缺资源生产出某一产品的最低成本的要素组合。如果长期均衡时，厂商能够以最低的长期平均成本生产某一产品，势必意味着用等量的资源能够生产出最多的该产品。因此，从成本的角度看，在长期平均成本的最低点进行生产也是有效利用稀缺资源生产出最多产品的一个标志，即长期平均成本最低点是最有效率的生产位置。完全竞争市场结构的长期均衡点，在厂商长期平均成本的最低点实现，意味着厂商按最节约的方式使用稀缺资源，从而表明该市场类型资源配置效率最高。

第二，是否让消费者以最低的价格获得产品？价格的高低直接影响消费者剩余的大小。长期均衡时市场价格越低，则市场资源配置的效率越高。在完全竞争市场长期均衡时，厂商的净利润为零，长期均衡价格正好等于长期平均成本的最低点，即达到了可能的最低点。所以，消费者以最低的价格（等于长期平均成本最低点水平）买到了产品。你可能想问，有没有可能再低一些？如果价格再低，则厂商会出现亏损进而退出市场，一是当前需要的产品无法全部供应出来，二是因部分厂商退出市场必然引起供给曲线向左移动，进而促使价格回升。在第 2 章的 2.4.1 节图 2-14 中，我们已经说明，消费者在按照均衡价格购买时，获得了全部消费者剩余。当然生产者也得到了所有的剩余。消费者剩余和生产者剩余加在一起的总和达到最大化，这无疑是效率最高的。

第三，厂商生产的产品和数量是否正是消费者所需要的？如果生产出来的每一件商品都是消费者需要的，则没有产品是胡乱生产的，即没有浪费资源。

消费者均衡根据 $\dfrac{\mathrm{MU}_X}{\mathrm{MU}_Y}=\dfrac{P_X}{P_Y}$ 条件，即产品边际效用之比等于价格之比，来确定两种商品的数量选择。其中，产品价格是消费者为得到产品效用所付的代价。而在完全竞争市场条件下，长期均衡的条件是 $P=\mathrm{LMC}=\mathrm{SMC}$，因此，价格同时也意味着社会为得到这一产品所要花费的资源成本。假设仅生产 X 和 Y 两种产品，则完全竞争市场长期均衡时有：$P_X=\mathrm{MC}_X$；$P_Y=\mathrm{MC}_Y$。根据消费者均衡条件 $\dfrac{\mathrm{MU}_X}{\mathrm{MU}_Y}=\dfrac{P_X}{P_Y}$，或 $\dfrac{\mathrm{MU}_X}{P_X}=\dfrac{\mathrm{MU}_Y}{P_Y}$，则有 $\dfrac{\mathrm{MU}_X}{\mathrm{MC}_X}=\dfrac{\mathrm{MU}_Y}{\mathrm{MC}_Y}$。$\dfrac{\mathrm{MU}_X}{\mathrm{MC}_X}$ 表示一单位资源增量（用货币量衡量的）用在 X 商品上得到了多

少的效用增量；$\dfrac{MU_Y}{MC_Y}$ 表示一单位资源增量（用货币量衡量的）用在 Y 商品上得到了多少效用增量。这二者相等，意味着完全竞争市场均衡时，一定量资源用在任何一种商品上所得到的效用增量是一样的，即无法通过资源在 X 和 Y 产品上的重新配置来获得更多的效用。由于完全竞争市场长期均衡时，生产的所有产品都能通过市场供求均衡实现市场出清，所以，市场长期均衡实现了资源在各种产品上的均衡配置，保证了各种产品及其数量都是消费者所需要的。

7.4.2 完全竞争的局限性

1. 过于理想的完全竞争假设

本章 7.1 节对完全竞争市场的特征或规定性做了具体描述，相关条件是非常苛刻、严格的，没有哪个行业全部符合这些条件。即使农业生产，完全信息和自由进入退出这两个条件，也很难完全符合完全竞争的条件。例如，某一种农产品存在净利润的信息在市场上传开后，不断有农户进入，而有关新厂商进入的信息通常是不完全的，在由于新厂商进入增加的供给已经足够时，还有厂商继续进入，这就会导致行业的过度进入。就生产要素或资源的转移来说，在实际经济生活中，并不存在完全自由。自由退出旧的行业进入一个新的行业，意味着原来使用的生产要素无代价地转让出去，或转用于新的行业，即意味着不存在任何沉没成本。实际上，很多生产要素（即使是通用的要素）在转让时，都会有价值损失。况且许多投入是沉没成本，如装修房屋的投入，原有行业专业知识信息的投入，包括技术信息和市场信息等的投入。因此，一般情况下，我们是抓住完全竞争的核心假定——单个厂商（如分散的农户）是价格接受者，来模拟分析一些类似结构的市场行为的。我国制造业中有很多低技术含量产品的产业集群内或集群间竞争等。

2. 动态调整中的盲目性

完全竞争市场的均衡结果十分和谐、平稳和宁静。一切不均衡、一切供求的缺口都可以在供给曲线和需求曲线所构成的十字图上得到迅速的调整。价格机制、市场机制这只"看不见的手"似有回天之力，社会经济可以在这只手的操纵下均衡地运行。但是，我们若看其过程，有效性便要打一个折扣。因为资源重新配置意味着已经投入资源的撤除，而很多资源具有专用性，其相应的投资是沉没成本。已经投入资源的撤除意味着对已有生产能力的破坏。这就是马克思早就看到的自由竞争所带来的社会生产的盲目性和社会资源的浪费。经济运行起落越大，行业退出的总量越大，社会资源的浪费也就越大。本章 7.5 节中的蛛网模型就是一个例证。

3. 完全竞争与技术进步

以熊彼特为代表的一些现代西方经济学家极为重视现代经济中技术进步及由此带来

的效率，因此对完全竞争市场类型与技术进步的关系表现出了较大的兴趣。他认为[①]，在生产方法不变、商品不变和既定产业的条件下，行业进入自由可以实现资源最适度配置，这一认识的确是十分正确的。但是从创新发展的观点来看，完全竞争类型便会处于不利地位。完全竞争只是用既定的基本不变的方法生产一些熟悉的商品，一旦出现新领域，完全竞争必然停止。完全自由进入一个新领域，就会使进入新领域成为根本不可能的事。很难设想完全竞争一开始就会迅速采用新生产方法和新产品。这就是说，技术进步和经济进步大部分与完全竞争不相容。

　　同时，熊彼特还认为，完全竞争市场中的价格等于生产过程中所花费的平均成本，这似乎是最有效率的，但是由于长期内价格较低，生产者只能获取正常利润，不能为新产品和新技术的开发提供必不可少的经费和保障，从长远来看，在这种市场中的厂商不可能有效地改进技术，在开发新产品等方面处于不利地位。所以，在技术进步或外来干扰的冲击下，完全竞争厂商比大厂商更容易被击溃，更容易加剧萧条和推动经济波动。从这个角度看，完全竞争并非理想效率的典范。

7.5　蛛网模型：考虑供给反应时间的动态均衡

　　我们在 7.3.1 小节分析完全竞争市场长期均衡时，并没有考虑均衡实现的过程问题；7.3.2 小节研究行业的长期供给曲线是在 7.3.1 小节长期均衡的基础上扩展，考虑了投入成本的变化，但没有考虑均衡过程是如何实现的。实际上，本书一直使用的都是静态均衡和比较静态均衡分析。例如，对供求均衡采用了静态分析；供求变动、供求弹性及 7.3 节完全竞争长期均衡采用的均是比较静态分析方法。静态分析和比较静态分析都把均衡点的移动看做理所当然和轻而易举的事，其实这是一种误解。一种最简单的动态模型——蛛网模型为理解均衡途径、均衡过程的特点提供了新的认识。与静态分析和比较静态分析不同，动态分析是研究在时间序列中经济现象的发展变动过程。动态模型的一个基本特点是引入时间因素。

　　蛛网模型建立在以下三项基本假定前提之上。

　　（1）一种产品的生产，即从开始生产到上市要经历相当长的一段时间，并且本期供给量是上期价格的函数，$S_t=f(P_{t-1})$，因而供给量的变动存在时滞。这一假定适用于农产品行业，如种植业和养殖业等。例如，第一年市场上生猪的成交价格为 P_1，它决定生产者的饲养量，从而决定第二年的供给量。

　　（2）需求量的变动不存在时滞，市场价格一有变动，需求量就有变动，即需求量是本期价格的函数，$D_t=f(P_t)$。

　　（3）不考虑产品的储存，必须每期出清市场，即市场价格总要调整到使全部供给量被买者吸收。

　　有三种不同类型的蛛网模型，它们分别是收敛型蛛网模型、发散型蛛网模型和循环

---

① 熊彼特. 社会主义、资本主义和民主主义. 北京：商务印书馆，1979.

型蛛网模型。下面分别表述。

7.5.1　收敛型蛛网模型

如图 7-8 所示，已知某种产品的需求曲线和供给曲线分别为 D 和 S。假定过程开始时，市场价格为 P_1。根据第一条假定，本期供给量取决于上期价格，故第二年的产量取决于 P_1，在供给曲线上表现为与 P_1 相对应的产量 Q_2（如图 7-8 中 A 点所示）。

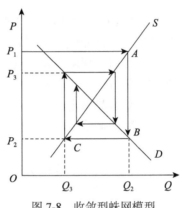

图 7-8　收敛型蛛网模型

按照第二、三条假定，需求量取决于本期价格且此供给量必须全部卖掉，这就是说价格必须调整到需求方面能够买进全部供给量 Q_2 的水平上。根据需求曲线，愿意购买 Q_2 数量产品的价格只能是 P_2（如图 7-8 中 B 点所示）。这样，第二年的价格由第一年的 P_1 降至 P_2。

第二年的成交价格 P_2 将进一步影响下一个生产周期。生产者依此价格筹划相应的生产量。由于价格由 P_1 下跌至 P_2，生产者所愿提供产量急剧减少至 Q_3（如图 7-8 中 C 点所示）。

在供给量急剧减少以后，需求方面为争取得到为数有限产品所展开的竞争使得价格上升至 P_3。在此价格水平上，需求方面正好购买当年全部供给量 Q_3。

此过程将持续下去，循环往复，直至最后达到需求曲线与供给曲线的交叉点——均衡点。这一过程的变动轨迹好似一张蜘蛛网，蛛网模型因此而得名。

在图 7-8 所代表的动态均衡过程中，逐年的成交价格环绕其均衡价格忽上忽下波动，产销量也相应地交替出现偏离均衡值的超额供给或超额需求的现象，但价格和产销量偏离均衡的幅度逐渐减弱，最终达到均衡。这种蛛网式的动态过程被称为收敛式的。收敛的原因是供给价格弹性比需求价格弹性小，在图 7-8 中表现为需求曲线比供给曲线更平坦。

在图 7-8 中，当价格由第一期的 P_1 降至第二期的 P_2 时，需求量由 Q_1 增加至 Q_2，而供给量由第二期的 Q_2 减少至第三期的 Q_3。供给价格弹性小于需求价格弹性意味着，对应于价格一定量的变动，供给量的变动要小于需求量的变动。因此，Q_2Q_3 要小于 Q_2Q_1（图 7-8 中 Q_1 没有标出来，它是 P_1 与需求曲线交点对应的产量，小于 Q_3），前者是第三期与第二期均衡产量的差，后者是第二期与第一期均衡产量的差。可见，第三期与第二期均衡产量的差要小于第二期与第一期均衡产量的差。由此可以推知：随着时间的推移，各期均衡产量的波动越来越小，最后收敛于均衡点。

7.5.2　发散型蛛网模型

图 7-9 表现的是发散型蛛网模型。在此，供给价格弹性大于需求价格弹性，即供给曲线比需求曲线更平坦，偏离均衡价格的市场价格的波动对下期供给量变动的影响甚大。如果第一期价格高于均衡价格，如图 7-9 所示，则第二期的供给量将大大增加，而当供给量大大增加时，为了能使市场出清，市场价格自然也就大大下降。因此，偏离均衡的市场价格出现以后，交替出现的需求过剩或供给过剩便越演越烈，市场价格也以更大的幅度上下波动，以至于越来越远离均衡点。这种波动过程的轨迹是发散型的，故称发散型蛛网。

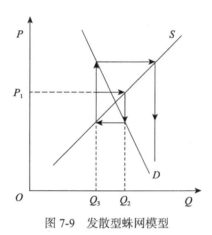

图 7-9　发散型蛛网模型

7.5.3　循环型蛛网模型

在图 7-10 中，供给曲线的弹性和需求曲线的弹性相同，即表现为两条曲线斜率的绝对值相同，价格波动引起的供给量的扩张和收缩的程度始终不变，因此一旦价格偏离均衡点，它引起的供给量的变动只是简单的重复，其波动过程的轨迹是周而复始、首尾相连的封闭图形，其波动幅度由开始时价格离开均衡点位置的远近决定。

蛛网理论恰恰在证明市场机制具有有效配置资源功能的同时，揭示了市场机制自发作用的另一个特点：价格调整和产量调整在时间序列上的波动性。不论是哪一种蛛网模型，只要价格或产量偏离均衡价格和产量，经济体系便会经历持久的价格、产量波动。即使是收敛型蛛网模型，价格和产量在趋向均衡点的过程中也不能避免这种波动和由此造成的损失。而发散型蛛网则证明，一旦偏离均衡点的状态发生，价格和产量的波动将会以越来越大的幅度持续下去。产量和价格的大幅波动时常造成已经形成的生产能力的破坏和已有产量的损失。现代市场经济中发展了以套期保值为目的的期货交易，它可以避免或减少因为蛛网波动造成的损失。以新的市场安排来校正或弥补市场机制的不足，而不是废除某种市场，是完善市场机制的一种现代思维。

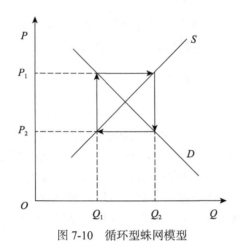

图 7-10　循环型蛛网模型

案例 7-1：鲜牛奶为何被倒掉

　　世界奶类的人均年占有量为 92.73 千克，而我国三四年（指 1998～1999 年——编者注）前人均年占有量仅为不到 7 千克。人们据此预测我国乳品市场潜力巨大。高昂的鲜奶和乳制品价格也引起厂商竞相进入，推动了奶业的发展。可是 2001 年之后，兰州、南京和海南、广西、浙江某些地区相继发生多起倾倒鲜奶事件。这到底是为什么？

　　首先，鲜奶不易储藏。一旦乳品加工企业遇到突发事件，或因销售不畅，产量下降，鲜奶就因储藏困难而过剩。而我国乳品企业产品质量不稳定，不能严格遵循市场规则，难以避免突发事件。

　　其次，除了牧区之外，奶制品不是我国传统食品，鲜奶消费不够普及，市场相对狭小。易储藏的发酵奶制品（如奶酪等），尚未被消费者接受。据调查，我国城镇居民每人每年用于乳品的支出为 43 元，仅占食品支出的 2%。与日常鲜奶消费相比，冰淇淋和含奶饮料等反倒成了相对大宗消费乳品。因乳品行业季节性很强，一些企业进入乳品行业不久，缺乏经验和协调手段，就难免出现淡季过剩。我国居民与西方国家的消费习惯相差甚大，普及牛奶消费需要一个较长的过程。而近几年一些地区小乳品企业大量出现，乳业迅速发展，故出现局部供大于求。

　　最后，目前我国奶牛饲养业和乳品加工企业的规模小、技术低、成本高，乳品价格高（我国进口奶粉的到岸价格已降到每吨 1.5 万～1.7 万元，这个价格已低于我国奶粉的平均成本）。这也阻碍了我国乳品迅速普及成为日常食品。至今很多人仍把乳品看做老弱病者和婴幼儿的营养品。乳品消费集中在人均收入较高、经济较发达的大城市。这说明人们认可乳品的营养价值和对乳品有一定偏好，不过乳品的需求受到支付能力约束。由于成本过高，乳品企业难以在消费者愿意接受的价格生产。一旦乳品价格下跌，加工企业难以支撑，便拒收鲜奶。

　　摘编自郑风田. 倒奶：激战前的预警. 经济学消息报，2002-06-21。
　　请根据案例 7-1 回答以下问题。

（1）本案例反映的市场期的情况，还是短期的情况？为什么？

（2）如果牛奶可以储藏，案例中出现的情况是否会有所减轻？

（3）库存牛奶会带来什么新的问题？

案例 7-2：多晶硅产业剧变

多晶硅按其纯度可分为太阳能级多晶硅与电子级多晶硅，顾名思义，半导体与光伏电池是多晶硅的两大下游产业。最近十多年来，多晶硅的需求量随全球光伏发电热潮以每年 40% 以上的速度急速增长。然而，千吨级多晶硅生产线技术却长期被美、日、德这三个国家的七家公司垄断。在供不应求的市场条件下，多晶硅现货价格从 2005 年的每千克 35 美元一路攀升至 2008 年的每千克 480 美元的历史最高峰。

从供给看，由于启动多晶硅项目的门槛比较高，至少要千吨级项目。只有达到这样的经济规模，才能将多晶硅的制造成本控制在 15～25 美元（利用改良西门子法），如果用硅烷法成本可以降到 15～20 美元。而 1 000 吨的项目国内投资需要 10 亿元投资，3 000 吨至少要 25 亿元；1 000 吨至少有 10 万千瓦的双路电源；考虑到电占多晶硅成本的 30%～40%。

高价带来的高利引发了大量投资，粗略统计 2006 年以来，国内建成或在建多晶硅产能达到 44 000 吨。第一轮多晶硅扩产项目于 2008 年年底陆续投产，而且国内多家公司已基本掌握相关技术。产能大幅度扩张及 2008 年下半年爆发的金融危机，使多晶硅现货价格自 2008 年 11 月以来从每千克 400 美元的高位狂跌不已，短短五个月中就跌破了每千克 100 美元。多晶硅进入了自由竞争时代，价格跌破每千克 100 美元是利润的合理回归。

从整个光伏发电产业链来看，成本下降的趋势已经从原材料传导到终端产品。自 2008 年年底以来，受多晶硅价格下滑、第二代薄膜太阳能电池等低成本电池市场份额迅速扩大等因素影响，光伏组件的价格开始步入下滑通道。

金融危机的冲击，使得光伏发电成本降低的速度高于预期。行业普遍预测，到 2012 年，光伏发电成本将降到 1 元/千瓦时。据了解，目前国际最前沿的技术已经将装机成本降到 1 美元/瓦以下，发电成本已经降至 1 元/千瓦时以内。从国内生产情况看，以无锡尚德为首的企业已经具有在 2～3 年内将太阳能发电成本降低到 1 元/千瓦时的实力。而"敦煌 10MW[①]并网光伏发电项目"报出 0.69 元/千瓦时的"超低"投标价。除了敦煌项目之外，政府目前还批准了两家太阳能电站示范项目，1 兆瓦的上海市崇明岛项目、255 千瓦的内蒙古鄂尔多斯项目。崇明岛及鄂尔多斯项目目前已经建成，并已获得政府 4 元/千瓦时的发电补贴，在成本下降和政策资助推动下实现进一步的扩张。

改编自叶超. 光伏产业 低成本和政策利好双轮驱动. 中国证券报, 2009-04-14；中金在线/财经编辑部. 多晶硅现货价格狂泻不已　阵痛中悄然蕴育新变局, 2009-04-13. http://news.cnfol.com/090413/101，1280，5730565，03.shtml。

---

① 即兆瓦。

请根据案例 7-2 讨论以下问题。

（1）预测多晶硅行业需求和供给的长期趋势，并判断价格走势。

（2）多晶硅行业的进入壁垒如何？该行业当前会吸引企业进入吗？

（3）2008 年年底，中国多晶硅行业生产企业达到 300～400 家，单个企业对价格的影响能力如何？

提要

（1）产品市场具有不同的类型。根据市场集中度、产品的差别性、进入壁垒等指标，微观经济学将市场分为完全竞争市场、完全垄断市场、垄断竞争市场和寡头垄断市场。完全竞争市场和完全垄断市场是两种极端的市场类型，垄断竞争市场和寡头垄断市场是介于上述两者之间的状态。

（2）完成竞争市场要求满足四个条件：①众多的小规模买者和卖主；②各厂商生产的产品具有同质性；③自由进入和退出该行业；④完全的技术经济信息。

（3）市场的均衡可分为市场期均衡、短期均衡和长期均衡。其中，市场期均衡是指产品已经生产出来，获得市场出清的价格和产量，这时均衡产量由供给方面的因素决定，均衡价格由需求方面的因素决定。短期均衡则是在供给与需求既定的条件下，供求双方相互作用使市场价格趋向均衡价格。长期均衡的实现，依赖两个条件：一是厂商可变动生产规模，二是行业中厂商数目可调整。

（4）在完全竞争市场中，如果价格高于长期平均成本，存在净利润，就会引发新厂商进入，导致供给增加，价格回落；反之，如果价格低于平均成本，厂商亏损，就会迫使老厂商部分退出，导致供给减少，价格回升。完全竞争市场的长期均衡条件是 $P=MR=SMC=LMC=SAC=LAC$，这时厂商的经济利润为零，不能获得超额利润。

（5）完全竞争行业长期供给曲线不同于短期供给曲线，共有三种可能的类型。其原因是，在行业成长过程中，行业长期平均成本会有递增、不变和递减三种不同类型。

（6）蛛网模型是一种最简单的动态模型，它假定需求没有时滞，而供给存在时滞，为了实现市场出清，产量和价格的波动可能会表现为三种类型，即收敛型、发散型和循环型。其中，当需求弹性大于供给弹性时，呈收敛型蛛网；当需求弹性小于供给弹性时，呈发散型蛛网；当需求弹性等于供给弹性时，为循环型蛛网。蛛网理论表明，一旦价格背离均衡价格，即使有可能达到均衡，其在此过程中也会持续经历周期性波动。这种周期性波动及其所造成的资源浪费是竞争性市场中一个难以克服的问题。这是动态分析不同于静态分析的一个重要结论。

（7）价格机制的作用在完全竞争市场上表现得最为充分。"看不见的手"，指的就是价格机制的这种作用。在长期，市场上的价格受到厂商自由进入或退出所造成的供给增加或减少的影响而波动，而厂商之所以进入或退出某个行业，正是价格使然。

（8）在完全竞争市场中，各厂商根据 $P=MC$ 原则进行决策，可以实现最优的资源配置效率。这具体表现在：①在长期均衡时，厂商以最低成本进行生产，资源在厂商内部得到充分利用；②整个行业实现了最大产出，行业内保留下来的厂商都是富有效率的，资源在行业内得到有效配置；③价格信号反映消费者对产品需求的偏好程度，引导资源在不同行业间的配置，生产者所生产的产品是消费者愿意接受的产品；④产品价格达到最低平均成本，消费者福利实现最大化。

复习思考题

（1）完全竞争市场具有哪些特点？
（2）完全竞争厂商需求曲线为何是水平的直线？
（3）完全竞争市场期均衡是怎样实现的？
（4）完全竞争市场长期均衡状态有哪些特点？
（5）完全竞争市场长期均衡是怎样实现的？
（6）"看不见的手"的作用是什么？
（7）从哪些方面可以看到竞争性市场的有效性？
（8）蛛网理论说明产量和价格是怎样波动的？它做了哪些假定？

第8章

完全垄断市场的产量和价格

8.1 垄断性厂商的需求曲线

8.1.1 完全垄断的市场结构

根据第 7 章表 7-1 对市场结构的分类，完全垄断是与完全竞争相对的一种没有任何竞争的市场结构，又简称垄断或独占（monopoly）。完全垄断一般要具备以下条件：①一个厂商独家控制一种产品的生产和销售；②这个独家厂商所售商品没有类似的替代品；③新厂商不能进入该市场。

如果某厂商提供一种产品没有合适的替代品，也就意味着该厂商控制了这一产品的生产和销售。要理解这一点，即第二个条件，就会涉及"市场"的概念。市场是由相近替代品构成的供求关系[①]。由于什么是相近替代品不是非常清晰，这导致"市场"本身不是一个边界非常清楚的概念，因此实际分析中需要界定市场的边界。市场界定通常涉及两个层面，即相关产品市场和相关地理市场[②]。

我们先分析相关产品市场。如果产品完全同质，肯定属于同一个市场。现在的问题就是不同质又具有替代性的产品，对于这种产品则用需求的交叉价格弹性来判断替代品是否"相近"。但是这取决于消费者的主观判断，因此难以形成客观、统一的标准，需要一市场一议。

现在来分析相关地理市场。存在关税的情况下，香港提供产品与内地提供的同一品牌的产品很明显是不一样的。即使没有了关税，还会涉及运输成本问题。因此，需要考虑多大地理空间上的产品属于同一市场。一般情况下，如果不同地区相近替代品的运输成本相对于产品价格而言非常小，通常可以将其归入同一市场。

---

① 需要指出，"市场"与"行业"不是相同概念，市场主要是从购买者的角度加以界定，而行业或产业则是从生产技术或方式的相近性加以分类。在不少情形中，二者是一致的，但也存在不少交叉的情形。

② 市场界定是反垄断法的一个重要内容，更多知识请参阅反垄断法方面的著作。

在现实的市场经济中，为什么某种产品只有一家厂商提供呢？为什么会产生垄断呢？其核心原因是进入壁垒。进入壁垒体现在以下几个方面。

（1）对生产要素的控制。某个厂商如果控制了制造既定产品所必需的全部基本的生产要素，他就可能成为垄断者。最典型的例子是美国铝的生产行业。铝矾土是生产铝的主要原料。在相当长的一段时期内，美国的所有铝矾土都被美国铝业公司控制着，它因此成为美国唯一的铝生产商。

（2）专利权。专利权被用来保护发明创造者的利益，鼓励发明创造。某项新产品、新工艺在获取专利权的有效期内，不得由其他厂商仿制。这就对排除竞争者起到了非常重要的作用，拥有专利权者就可以成为垄断者。

（3）政府特许。由于某种原因，如为了便于政府对某种商品的控制和管理，政府有关部门只准许少数厂商生产这些产品。这些厂商在一段时期中便获得了该种产品的垄断权。

（4）规模报酬递增。规模报酬递增在厂商的长期平均成本曲线上表现为产量增加，长期平均成本曲线向下倾斜。一个厂商的产量如果能满足全部市场需求，其平均成本处于下降阶段，且这时的价格又有利可图，那么率先经营这个行业的厂商便可以通过增加产量、降低平均成本和售价的有力竞争手段击败潜在对手或准备进入者。即使行业里初始时有两个或更多的厂商，它们的平均成本必然高于单一厂商经营的平均成本。厂商间扩大产销量、降低成本和售价的竞争结局似乎只能是在行业中保留下单一胜利者。况且，规模报酬递增的行业需要花费巨额资本才能开始经营，这就为一般的潜在进入者设置了屏障。规模报酬递增的作用使一个大厂商大规模地经营比多个厂商较小规模地经营更为经济。

从市场需求与厂商生产规模的关系还引申出一条道理：垄断能否产生依赖于市场容量，即依赖于市场容量与单个厂商最佳规模之间的对比关系，市场空间越小，或越带有地方性，同厂商最佳规模相比的市场容量越是有限，垄断就越容易发生。一个小镇上的理发店极易成为垄断者，但是，一个大的家电制造商却面临全国甚至国外同行的竞争。

以管线网络经营为特点的行业，如管道煤气、自来水、电力供应和固定电话等，天然存在规模报酬递增的性质。因为主干管线一次性投入的成本很高，随着用户和用量的增加，分摊到每一个用户和每一份用量上的平均成本持续下降。主干管线重复投入显然不经济。

大厂商之间的兼并和收购是容易限制竞争从而导致垄断的做法。

有的厂商为了排挤竞争对手、保住市场，不惜损失一时的利润，将价格暂时压低。这种极端的定价做法叫做掠夺性定价。这种定价方法也是一种阻止潜在对手进入的重要壁垒。

在我国，出于保护地方性厂商的目的，地方政府在经济中会采取排斥外地厂商产品的做法，某些行业主管部门也会出于保护行业内厂商的目的，实行行政性垄断。

不过，在制造业和服务业中，完全不存在替代品的商品是很少的，多数商品都有替代品，只是可替代程度不同而已。一些看起来用途很不一致的商品，在某一用途上却可以互相替代。因此垄断者对市场并不拥有无限的权力。他虽然没有直接的竞争者，但是面临着其他可替代商品的生产者的间接竞争或潜在竞争。即使独处战场，四周渺无一人，他也会感觉到正处在竞争局势之中。这就是垄断者具有的心态。即使是理论上的完全垄断者仍然不能完全为所欲为，其经营活动还是要受到市场需求的制约。

8.1.2　垄断厂商的需求与边际收益

如果垄断厂商是一种产品的唯一生产者，它提供了这种产品市场的全部供给量，那么也可以说它面临的需求曲线就是这种产品的市场需求曲线。市场需求曲线一般都是负向倾斜的。负向斜率的需求曲线表示垄断厂商的销售价格与其销售量的变化方向相反，即随销售量增加价格不断下降。表 8-1 反映了一个假设的垄断厂商所面临的需求曲线。

表 8-1　一个垄断厂商所面临的需求和收益

价格 P/元	产量 Q	总收益 TR/元	边际收益 MR/元
8.00	0	0	
			7
7.00	1	7	
			5
6.00	2	12	
			1.75
5.50	2.5	13.25	
			1.25
5.00	3	15.00	
			1
4.00	4	16.00	
			−1
3.00	5	15.00	
			−3
2.00	6	12.00	
			−5
1.00	7	7.00	
			−7
0	8	0	

注：表中的 ">" 表示相邻两个总收益之差

如表 8-1 所示，当需求曲线向右下方倾斜时，边际收益不再是一个常数，也不再等于平均收益和价格，而是逐渐减少的，并且比价格更低，减少得更快。这一点与完全竞争厂商的情况完全不同。

边际收益总是厂商出售一单位产品新增加的总收益，或者是少出售一单位产品所减少的总收益。垄断厂商所面临的需求曲线向右下倾斜，意味着厂商的销售量没有增加，不仅最后增加的这个单位产品的卖价比以前降低，而且全部销售量（即除此单位之外的其他各单位产品）的卖价也同样降低。因此，增加一个单位产品带来的总收益的增加——边际收益，总是小于产品的价格。

根据表 8-1 绘制的图 8-1 直观地反映出垄断厂商直线形需求曲线和边际收益曲线两者间的关系，下面就来分析这种关系。

图 8-1 中，D 为需求曲线，MR 为边际收益曲线。随着产量的增加，在每一产量上的边际收益曲线的高度表示在此产量上总收益的增量。图 8-1 中，在价格为 4 元时，需求曲线上对应产量为 4 个单位，边际收益曲线上对应的产量正好是它的一半，即 2 个单

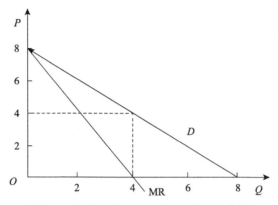

图 8-1 垄断厂商需求曲线和边际收益曲线

位；价格为 6 元时，需求曲线上对应的产量为 2 个单位，而边际收益曲线上对应的数量也正好是它的一半，1 个单位。其他任何一个价格对应的产量与其边际收益对应的产量都保持这种关系。边际收益曲线正好平分需求曲线和价格轴之间的水平线。这不是偶然巧合，而是代表了负向倾斜的直线需求线与相应的边际收益线之间的一般关系。这可以通过几何方法和代数方法证明。

几何法证明如下（图 8-2）。

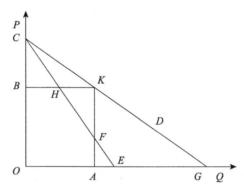

图 8-2 负向需求曲线与边际收益曲线之间的关系

总收益等于价格与产量之乘积，即 $TR = P \times Q$，矩形 $OBKA$ 的面积即是产量为 A 时的总收益。同时，总收益还可以用边际收益曲线下面的面积 $OCFA$ 来表示。因为总收益等于每单位产量上边际收益之和，这可以从表 8-1 中看出。当销售量为两个单位时，边际收益之和为 7+5=12（元），正好等于总收益。

由于在面积上，矩形 $OBKA$=梯形 $OCFA$，所以在面积上，$\triangle CBH = \triangle FKH$，且 $\triangle CBH \backsim \triangle FKH$，所以，$\triangle CBH \cong \triangle FKH$，$BH = KH$，即 H 是 BK 的中点。

上述关系还可以用代数方法证明（见附录 8-1）。

以上论证说明，当需求曲线是直线时，边际收益曲线也是直线；边际收益曲线可以由需求曲线推出，并平分需求曲线到价格轴的任何一条水平线。

8.1.3 垄断厂商的收益、价格与需求价格弹性的关系

当需求曲线向下倾斜时，负向需求曲线与边际收益曲线分离开，负向需求曲线上仅表示与各个需求数量相对应的价格，边际收益低于价格。当需求曲线是向下倾斜的直线时，边际收益与价格之间、需求价格弹性之间存在以下关系：

$$MR=P\left(1-\frac{1}{E}\right) \tag{8-1}$$

现以几何图形法证明如下（仍看图 8-2）。

因为 K 点的弹性

$$E=\frac{GK}{KC}=\frac{KA}{CB}$$

又因为

$$\triangle HCB\cong\triangle HFK$$

所以

$$E=\frac{KA}{CB}=\frac{KA}{KF}=\frac{KA}{KA-FA}$$

因为 KA 是数量为 A 时的价格，FA 是相应的边际收益，所以

$$E=\frac{KA}{KA-FA}=\frac{P}{P-MR}$$

或

$$MR=P-\frac{P}{E}=P\left(1-\frac{1}{E}\right)$$

由式 8-1 中上述边际收益与需求曲线之间关系，可以引申出下列关系。

（1）若 $E>1$，则 $MR>0$［MR 曲线位于横轴上面，见图 8-3（a）］。这表示，降低价格、增加产量可以使总收益增加，如图 8-3（b）（纵轴表示总收益）所示，总收益曲线上升。

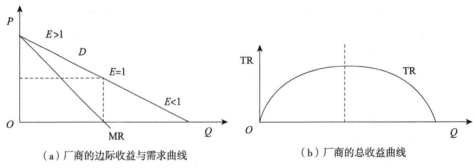

（a）厂商的边际收益与需求曲线　　　（b）厂商的总收益曲线

图 8-3　总收益、边际收益与需求价格弹性之间关系

（2）若 $E=1$，则 $MR=0$（在需求曲线上弹性为 1 的产量上 MR 曲线交于横轴）。这

表示在这个产量上，需求量变动的百分比等于价格变动的百分比。价格降低，数量增加不会引起总收益的增加，总收益达到极大值。

（3）若 $E < 1$，则 $MR < 0$（MR 曲线处于横轴下面）。这表示降低价格和增加产量将使总收益减少（总收益曲线下降）。

垄断厂商的边际收益与需求价格弹性之间存在如此关系，那么追求利润最大化的垄断厂商，必定在 $E > 1$ 的价格上出售产品。因为利润最大化的条件是 MR=MC，而 MC 不可能为负数，一般也不等于零，所以边际收益也必须大于零。

8.2　垄断厂商的均衡

8.2.1　垄断厂商的短期均衡

完全竞争厂商只是市场价格的被动接受者，他们只能通过调整产量来实现在既定价格下的利润最大化。与此不同，垄断厂商就是市场，他可以控制市场，进而控制价格来达到利润最大化的目的。因为，当他提高价格时，他不用担心会失去很多买者。但是，垄断厂商并不能随心所欲地提高价格，价格和产量仍然受到市场需求的约束。

与完全竞争厂商一样，垄断厂商获取最大利润的条件也是边际收益等于边际成本。

8.1 节对垄断厂商的边际收益做了介绍。至于成本，垄断厂商的成本曲线可能与完全竞争厂商的一样。不过，究竟如何，还要看垄断厂商在生产要素市场上的地位如何。该厂商若在生产要素市场上作为完全竞争者，他所购买的生产要素只占总供给量的很小比例，便不能影响生产要素的价格。在此情况下，垄断厂商的成本就与完全竞争厂商的成本没有什么区别。但是，如果垄断厂商在生产要素市场上是一个举足轻重的重要主顾，其购买额在总成交额中占很大比重，那么该厂商对这些生产要素所付的价格将会低一些。这种情况将在第 11 章中详细讨论。不过，垄断厂商在产品市场上缺乏竞争，缺乏降低成本的压力，容忍更多的低效率，因而其成本也许会高于完全竞争者。

对垄断厂商均衡的分析也可以使用总分析法。这里仅介绍边际分析法。

假如某垄断厂商有图 8-4 所描绘的需求曲线和成本曲线。那么它将根据 MR=MC 原则找到边际成本曲线与边际收益曲线的交点 E，并确定其均衡价格和产量分别为 P_0 和 Q_0。这是由实现利润最大化的目标决定的。当边际收益大于边际成本时，厂商每增加一单位产品所增加的收益（即边际收益）大于增加一单位产品所增加的成本（即边际成本），所以增加产量意味着利润增加。随产量逐渐增加，边际成本不断上升，以至于边际收益在产量为 Q_0 时与边际成本相等，这时利润便为最大。若产量小于 Q_0，边际收益大于边际成本的那部分利润就得不到；若产量大于 Q_0，每增加一单位产品，边际收益将小于边际成本，利润反而减少。只有在产量为 Q_0 时，厂商才可以实现利润最大化。

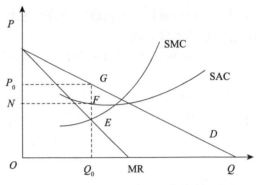

图 8-4 垄断厂商的短期均衡

垄断厂商产量和价格决策与完全竞争厂商的有所不同。垄断厂商首先根据 MR=MC 原则决定利润最大化的产量，其次根据这个产量选择在需求曲线上与这个产量对应的价格。只有按照需求曲线上表明的对应价格进行销售，垄断厂商才能把这么多产品如数销售出去。这就体现了，垄断厂商也必须接受市场需求的约束。图 8-4 反映了一个获得了净利润的垄断厂商的情况。在垄断厂商的均衡产量 Q_0 上，平均成本为 N，价格为 P_0。价格与平均成本之间的差额与产量的乘积即矩形 NP_0GF 的面积代表该垄断厂商所获得的净利润。

垄断厂商虽然可以通过控制产量和价格获取更多利润，但盈利情况不一定总能像图 8-4 中反映的那样，获得可观的净利润。与完全竞争厂商一样，垄断厂商在短期内的经营可能获得净利润、净利润为零或盈亏相抵（只获得正常利润）和蒙受亏损这样三种情况。垄断厂商的处境如何，取决于需求的状况和成本的状况，也就是取决于需求曲线和平均成本曲线的相对位置。图 8-4 中的垄断厂商之所以能获得净利润，是因为在均衡点上需求曲线高于平均成本曲线，也就是在均衡产量上，价格高于平均成本。如果需求曲线与平均成本曲线的相对位置不如此，厂商的处境就不同。

图 8-5 分别表示第二种情况和第三种情况，即盈亏相抵和蒙受亏损。

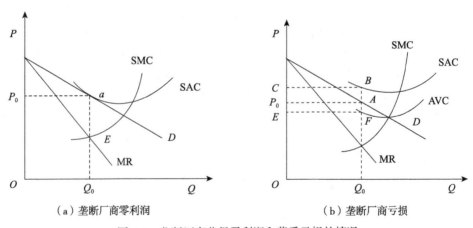

（a）垄断厂商零利润　　　　　　　　　（b）垄断厂商亏损

图 8-5 垄断厂商获得零利润和蒙受亏损的情况

第二种情况为净利润为零，在图 8-5（a）中垄断厂商根据边际成本曲线和边际收益曲线的交点，在需求曲线上找到能够获得最大利润的价格 P_0 和相应的产量 Q_0。在 Q_0 产量上，平均成本也在 a 点，与价格相等。这意味着垄断厂商的总收益和总成本相等。二者之差等于零，没有净利润，垄断厂商只得到正常利润。

第三种情况为厂商遭亏损的情况。在图 8-5（b）中，垄断厂商的平均成本曲线出现在其需求曲线的上方。厂商仍根据边际收益曲线与边际成本曲线的交点来确定在需求曲线上对应的均衡点及均衡价格 P_0 和均衡产量 Q_0。从平均成本曲线上与产量 Q_0 对应的 B 点可以确定此时的平均成本为 C。平均成本 C 高于价格 P_0，此时垄断厂商的总收益为 OP_0AQ_0，总成本为 $OCBQ_0$，二者之差 P_0CBA 为亏损额。图 8-5（b）中价格 P_0 仍高于平均变动成本 AVC，厂商除了可以收回全部变动成本，还可以收回一部分固定成本（P_0EFA），因而有可能继续生产。

8.2.2 垄断厂商的长期均衡

如果短期存在经营亏损，垄断厂商当然要研究产生亏损的原因。如果主要原因是生产规模不合适，或相对于需求来说成本过高，垄断者将改变生产规模，或降低成本，以争取获得经济利润。如果这样做成功了，它就继续留在该行业内，该行业能够保存下来。但若垄断厂商做了努力仍不能改变亏损状态，那么厂商在长期内必然离开这个行业，结果是该行业的消失。

现在假定厂商在短期内能够盈利，那么，它必然通过进一步的调整来争取更大利润。垄断厂商的需求曲线、边际收益曲线、长期平均成本曲线和长期边际成本曲线分别如图 8-6 所示。其短期均衡时的生产规模为 SAC_1 和 SMC_1 所表示的规模，在此条件下形成的均衡产量为 Q_1，从这一产量在需求曲线上的对应点可以确定价格轴上的价格为 P_1。

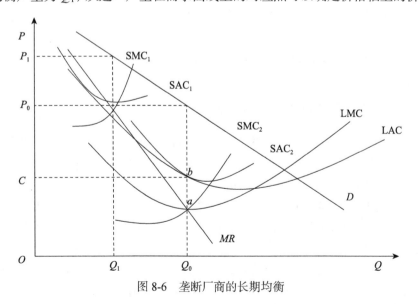

图 8-6 垄断厂商的长期均衡

从长期看，以 SAC_1 和 SMC_1 为代表的生产规模并不是最优选择。这时长期边际成本曲线 LMC 低于边际收益曲线 MR，扩大生产规模可使利润增加。当生产规模扩大到边际收益等于代表生产规模的短期边际成本，也等于长期边际成本时，长期调整结束。MR=SMC=LMC 即为垄断厂商长期均衡条件。在图 8-6 中，边际收益曲线、短期边际成本曲线和长期边际成本曲线三条线交于 a 点，与 a 点相对应的产量和价格分别为长期均衡产量 Q_0 和价格 P_0。短期平均成本曲线 SAC$_2$ 正好与长期平均成本曲线相切于 a 点上方的 b 点。因为 SAC$_2$ 代表的生产规模是最优产出水平 Q_0 最合适的生产规模，生产该产出量所付平均成本最低。这一现象与 SMC=LMC 的条件相吻合。

本书第 7 章的分析表明，完全竞争厂商在达到长期均衡时，价格等于长期平均成本，净利润为零。那么，在垄断行业长期均衡时厂商的盈利情况如何呢？完全竞争行业净利润的消失是由行业自由进入导致的。如果一个行业的确是完全垄断的，垄断厂商不会遇到新进入者的竞争，如果它的产品价格高于平均成本，就可以在相当长的一段时期内持续获得净利润或生产者剩余，这个生产者剩余便是长期生产者剩余。长期生产者剩余等于价格与平均成本之差乘以产量，即长期生产者剩余=（价格−平均成本）×产量。

8.2.3　垄断厂商没有供给曲线

在一个竞争的市场中，价格与供给数量之间有明显的稳定的关系。这种关系就是我们在第 7 章看到的由行业总的短期边际成本曲线表示的供给曲线。行业供给曲线表示的是在每种价格下整个行业愿意而且能够提供的产量。在完全竞争下，价格由市场决定，厂商在既定价格下，根据价格等于边际成本原则确定产量。边际成本曲线反映了边际成本与产量的关系，因为厂商总是按照 P=MC 原则决定产量，边际曲线就具有价格和产量一一对应的关系。所以，短期边际成本曲线反映了厂商的短期供给曲线。而在垄断情况下，价格不等于边际收益，MR=MC 原则与价格不直接联系，所以表示边际成本和产量一一对应关系的边际成本曲线不能成为供给曲线。因此，垄断厂商不存在供给曲线。

8.3　对完全垄断市场的福利评价和公共政策

8.3.1　完全垄断的福利评价

在第 7 章中，我们提出了静态资源配置效率评价的三条标准，并证明了完全竞争在资源配置上的有效性。由于完全竞争被视为其他市场结构福利评价的参照系，现在以完全竞争达到的三条标准来评价完全垄断市场。

（1）完全垄断市场均衡时，没有在长期平均成本最低点进行生产。在完全竞争条件下，每个厂商处于长期均衡时，分别在短期平均成本和长期平均成本最低点上经营。垄断厂商在长期均衡时虽然选择对其产量来说最佳的生产规模（图 8-6），但是这个生产规模本身并不是可以使平均成本降到最低点的生产规模。也就是说，垄断厂商若超过均衡点扩大产量，它的平均成本会更低。图 8-6 中，垄断厂商的均衡产量在 Q_0，这时对应的平均成本处于厂商长期平均成本曲线最低点的左边。若厂商的产量大于 Q_0，则平均成本会继续降低。在长期平均成本最低点进行生产，意味着各种生产要素的效率都得到了充分发挥。从此意义上说，垄断厂商的经济效率低于完全竞争条件下厂商的经济效率。

（2）从上述可见垄断厂商产量过少。

（3）完全垄断市场的均衡价格水平高于边际成本。由于完全竞争厂商面临的需求曲线是一条水平直线，价格即等于边际收益，所以 MR=MC 原则直接转换为价格等于边际成本。而垄断厂商由于其反映价格和产量关系的需求曲线高于边际收益曲线，所以当厂商根据 MR=MC 原则确定价格和产量时，价格必然高于边际成本。在图 8-6 中可以看到，在垄断厂商选定的均衡产量 Q_0 上，价格 P_0 高于边际成本。

图 8-7 假定完全竞争市场与垄断厂商有相同的需求曲线 D 和边际成本曲线 MC，MC 曲线同时又是完全竞争市场的供给曲线。完全竞争市场均衡产量和均衡价格分别是 Q_c 和 P_c，P_c=MC。垄断厂商的均衡产量和价格分别是 Q_m 和 P_m，P_m>MC。因此，完全竞争厂商均衡时 P=MC，垄断厂商均衡时 P>MC。

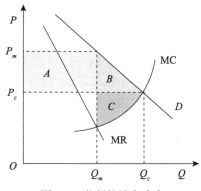

图 8-7 垄断的社会成本

垄断市场的均衡价格高于完全竞争市场的同时，产量还比完全竞争行业低。这就造成了资源配置的低效率和社会福利损失。

由于垄断价格高（高于边际成本），销量少，该商品的消费者丧失了以 A 和 B 表示的消费者剩余。A 这部分收益由垄断厂商获得，属于社会福利的转移。

B、C 两部分表示的社会福利是净损失。这是因为，消费者对在 Q_m 和 Q_c 之间的产品评价（需求曲线 D）高于生产者的生产成本（MC 曲线），如果将 Q_c-Q_m 的产品生产出来，即会带来 B 表示的额外的消费者剩余和 C 表示的额外的生产者剩余。这部分损失又称做垄断的社会成本，这是垄断势力造成的无谓损失。

8.3.2 垄断厂商的市场势力

由于独家控制一种产品的生产和供应，完全垄断厂商的定价水平高于边际成本，我们现在把厂商将价格水平定得高于边际成本的能力定义为垄断者的市场势力。在完全竞争市场中，单个厂商的价格等于其边际成本。现实经济中，完全垄断的情况很少见，但厂商定价水平高于边际成本情况却比较普遍。也就是说，完全垄断很少，完全竞争也很少，多数厂商都处于完全垄断和完全竞争之间。只要厂商定价水平高于边际成本，就达不到完全竞争的福利效果。因此，现实中，厂商或多或少拥有某种市场势力，只是程度不同而已。

测度垄断势力的一个方法就是计算价格超过边际成本的程度，即勒纳指数。它是经济学家勒纳（Lerner）在 1934 年提出的。

$$L = \frac{P - \mathrm{MC}}{P}$$

勒纳指数的变动区域为 0～1。完全竞争厂商的勒纳指数为零。垄断程度越高，勒纳指数越高。

垄断势力就是厂商将价格定得高于边际成本的能力。价格超过边际成本的幅度取决于厂商需求曲线的倾斜程度，即需求价格弹性。对于给定需求曲线上的点而言，需求曲线越陡峭，需求曲线越远离边际收益曲线，进而价格越高于边际成本，此时的需求价格弹性也越小；需求曲线越平缓，需求曲线与边际收益曲线靠得越近，进而价格高于边际成本的程度越有限，此时需求价格弹性越大。我们考虑一种极端情形，如果需求曲线是完全弹性的，即水平的，此时需求曲线就和边际收益曲线相重合，这正是完全竞争市场单个厂商面临的水平的需求曲线，进而均衡时价格等于边际成本，没有市场势力。显而易见，单个厂商曲线的形状程度取决于市场结构，即相近替代品或竞争对手的数量。相近替代品越少，消费者可选择的余地越小，市场结构越接近于完全垄断，单个厂商的市场势力就越大；相近替代品数量越多，消费者可选择余地就越大，市场结构越接近于完全竞争，单个厂商的市场势力越小。

垄断厂商具备较强的市场势力，既然能将价格定得高于边际成本就可以获得较高的超额利润，所以对超额利润的追逐转化为对垄断资格的追逐，这就产生了寻租问题。寻租（rent seeking）是获取政府的特殊待遇，从而从他人那里转移消费者剩余、生产者剩余，以赚取经济利润的行为。寻租不一定导致完全垄断，但是它会限制竞争，往往会引起垄断，至少会形成垄断性的市场势力。

8.3.3　从动态竞争的角度看垄断

第一，可竞争市场（contestable market）理论：如果市场自由进出，厂商的市场势力将失去存在的基础。

垄断的核心原因是存在市场进入壁垒。如果进入是完全自由的，且退出是完全无成本的，市场中在位厂商即使只有一个，即垄断的，该厂商仍然面临潜在竞争的威胁。这个垄断厂商必须像一个竞争性厂商那样生产和定价。如果它把价格定得明显高于竞争价格，其他厂商就会进入市场与之竞争。因此，这个厂商即使独处战场，四周渺无一人，他也感觉到正处在竞争局势之中。这就构成了鲍莫尔等提出的可竞争市场。也就是说，如果厂商可以轻易进入或退出市场，垄断厂商也会像竞争性厂商一样定价。例如，航空公司围绕某一条特定航线客运市场的进入和退出，就具有这一特征。可竞争市场的实质就是厂商奉行"打得赢就打，打不赢就跑"，连打带跑的战术。

这种可竞争市场中厂商数量虽然不多，可能仅有几家，但是因为只要价格定在有超额利润的水平，就会招致捕捉瞬间获利机会者的进入，因此，可竞争市场运行与完全竞争市场十分相似。经济利润将趋于零。如果有正的利润，那么，新进入者就可以在进入市场后与现有厂商一样，生产同样的产品，并以比现有厂商稍微低一点的价格销售，获得利润。如果行业内厂商的生产成本没有达到最低成本，那么，新厂商就将进入该行业，以最低成本生产，并压低现有厂商的价格。这样就迫使成本被推向最低水平。

不过，大多数垄断市场是不可竞争的。因为，在这些行业中厂商都要投入巨额的沉没成本。因此，完全可竞争的市场只是理论上的一种可能。但是，可竞争市场理论提出了治理垄断市场结构的一个重要方向，即除了技术性的进入退出壁垒外，政府公共政策应着力于降低非技术性的各种市场壁垒。

第二，动态技术进步：一定程度的市场势力也许有利于创新。

熊彼特认为垄断没有消除竞争，只是改变了竞争的方式。他认为竞争的方法有多种，除了常讲的价格竞争和销售竞争外，还有新产品、新技术、新供给来源、新组织类型的竞争。独家生产的新产品还要与旧产品竞争；新产品还得有人采用，即它的需求表还有待于创建。这种竞争在长期内会产生与完全竞争十分类似的竞争行为。垄断组织的出现，并不意味着竞争的减弱，而是意味着静态竞争转变为动态竞争，转向更深层次的竞争。熊彼特还认为垄断利润是创新活动的投资来源。完全竞争市场中的各个厂商虽然在每个均衡点上发挥了最大的效率，但是在长期内，这种市场类型中厂商的效率并不一定很高。因为有些经济活动及由此带来的经济效率必须经过若干代才能表露出来。从某个均衡状态看，即从静止的观点看，垄断厂商索取的价格比完全竞争下通行的价格要高些，产量要少些，消费者为此付出了代价，社会福利出现了净损失。但是，如果放眼较长的时期，便可看到，垄断厂商通过减少产量、提高价格的限制战略，为其创新研究提供了必不可少的经费，为新产品的开发提供了以免后顾之忧的保险。新技术的运用也成功地降低了行业成本。过去的损失可以得到加倍补偿。

我们现在可以看到，在一些技术进步速度很快的行业，如 IT 行业，的确存在由技术进步引起的潜在竞争。例如，A 厂商只能在某一个时期垄断市场，因为 B 厂商可能在不久后推出新产品，取代 A 厂商的地位。而 B 厂商也不能高枕无忧，他面临着与 A 厂商同样的潜在竞争。传统行业中各个厂商同一时期围绕销售同一种产品的竞争，转变为在一个更长的时期内竞相创造新产品和采用新技术的竞争。由此看来，在高新技术行业技术进步频繁发生的情况下，如何评价垄断，是一个更为复杂的问题。单纯从静态的角度分析垄断的社会成本，可能要稍微打一些折扣。

然而，到底什么样的市场结构有利于创新，符合社会长远利益，是一个未有定论的课题。如果垄断厂商已经实现了创新，但为了赚足当前产品的超额利润，也可能会推迟新产品的上市。而且，一旦竞争对手厂商准备推出新产品时，垄断厂商又可以立马推出自己的新产品来打压对手，限制竞争。从历史经验来看，在一种技术范式下位居领先的厂商，往往不是下一代技术范式中的核心创新者和领先者。这一方面表明当前垄断者面临技术范式不确定性下的潜在厂商竞争，另一方面也可能存在当前垄断厂商虽有超额利润，但创新动力不足的问题。

8.3.4　对垄断势力的公共政策

1. 反垄断法

鉴于垄断的社会成本，大多数国家或地区都不同程度地制定并实施了反垄断法（美国称为反托拉斯法，英国、加拿大等国称为竞争法，欧盟称为竞争政策）。《中华人民共和国反垄断法》于 2008 年 8 月开始实施。

由于美国反托拉斯法历史较为悠久、成文法和案例法具有重要借鉴意义，我们以其为样本介绍大概情形。19 世纪末期，美国出现了第一次兼并浪潮，以托拉斯（Trust）权利结构形成了一大批控制众多经济领域的近乎完全垄断托拉斯组织，深刻地影响到美国社会各个阶层的利益。美国国会通过了一系列旨在反对垄断势力、推动竞争的法案和修正案，其中成文法主要有 1890 年的《谢尔曼法》和 1914 年的《克莱顿法》《联邦贸易委员会法》，其间或其后又通过判例法和一系列的修正案，如 1936 年的《罗宾逊·帕特曼法》、1950 年的《塞勒–凯弗维尔法》及 1968 年以来多次更新的《兼并控制指南》，这些法律条文和案例不断得到完善和调整，被统称为反托拉斯法。第二次世界大战后，在美国推动下西方国家先后制定了类似的法律规定；20 世纪八九十年代以来不少国家出于管理经济运行的需要又出现了一次反垄断法立法高潮。

反垄断法的实体部分一般包括三大内容：①禁止企图垄断，如通过合谋制定垄断高价、分割市场等；②禁止滥用垄断势力，如实施价格歧视（price discrimination）、排他性交易等；③限制可能形成较强垄断势力的兼并活动。

各国除反垄断法的内容之外，一般还包括反不正当竞争的法律条文。不正当竞争的内涵比垄断要广一些，因反垄断法已对垄断做了专门规定，所以反不正当竞争法主要针对与垄断势力无关的小型不正当的竞争行为，如欺诈、欺行霸市等。中国 1993 年《中华人民共和国反不正当竞争法》的内容因当时没有出台反垄断的专门法律，既有反不正当竞争条文，也有反垄断条文。2008 年《中华人民共和国反垄断法》除反垄断的三大实体法内容之外，还包括反行政垄断问题。这是中国比较特殊，也是之前较为普遍、较难治理的经济运行现实。

反垄断法执行的效果如何呢？以美国为例，西方学者众说纷纭。有一点可以肯定，反托拉斯法在执行中的确遇到不少难题。例如，根据《谢尔曼法》第 1 节及最高法院对它所作的解释，任何互相竞争的销售者（或购买者）中间，在价格上订立协议也是非法的。总之，不论经济后果究竟如何，只要共谋，就是违法。这一条款在执行中遇到的问题是究竟哪些活动可以作为违法的共谋？对于那些简单明确的价格或产量协议，判决并不难办。但是对那些合法组织（如全产业性贸易协会）的关于产品预期需求估计等活动，却很难判决。又如，在少数寡头控制一个产业产量的绝大部分的场合，这些寡头厂商之间相互熟悉，几乎不需要交谈，或者只需要在餐桌上、电话里简单地谈几句就能有效地达成价格一致。法院对此几乎无能为力。但是，对反共谋协议的结果，也有许多积极的、肯定的意见。人们认为美国的法律确实制止了很多其他国家仍在盛行的产业卡特尔的发展。

反合并方面也有类似的情况。合并有不同类型，不同类型的合并对竞争形成的影响也不一样。横向合并，它是生产同一或同类产品的厂商、公司的合并。这种合并很明显地加剧市场的集中程度，因而是被严格禁止的。纵向合并，是从生产和销售的先后次序上，使不同阶段的厂商、公司合并到一起。美国铝业公司曾因合并而受到美国反托拉斯组织的处罚。因为它从矾土矿开始，经过铝锭到铝锅，什么都生产。而且该公司既控制了铝的价格，又控制了铝锅的价格。使别的铝锅厂处于垂危境地。第三种是混合合并，因为它会使厂商过大，也同样处于受攻击之列。不过，反合并活动对消退合并浪潮确实有一定影响。

什么情况下算得上垄断或者市场份额太大？这是反垄断中常常遇到的难以正确回答的问题，这个问题涉及两个层次：第一，什么是市场，即某种产品市场究竟有多大？第二，市场占有额多大才算是"太大"，对此问题，法院和被告常常各持一端。为此，经济学家们研究出一整套定义市场的方法。尽管如此，这类问题仍未能彻底解决。

对"太大的"厂商怎么办？法院曾令标准石油公司、美国烟草公司、AT&T 分拆为小厂商，但从那以后，这种办法使用得很少。这涉及反垄断法的核心目标问题，反垄断法并不简单地看到垄断就反对，它主要是反对垄断势力滥用。巨型厂商滥用垄断势力是一个高概率事件，但在法律上提供证据成本太高，因此在其形成巨型厂商之前往往就要刻意防止垄断势力的形成。

2. 管制

一些公用事业，如电力公司、煤气公司、自来水公司、邮电公司等，具有显著的规模经济效应，即厂商的生产规模越大，平均成本越低。由于独家厂商的长期平均成本曲线是不断下降的，若不断扩大规模，这些公司可持续地得到平均费用越来越低的好处。换句话说，如果一个城市不止有一家电力公司或自来水公司，对同一居民区重复架设输电路或自来水管，平均成本将比只由一家经营时高得多。因为若人为地将一个大的垄断厂商拆分为两个或两个以上厂商，重复铺设管线，各自的平均成本都将上升。这种行业天然适合垄断经营，叫做自然垄断。通过图 8-6，可以对自然垄断做出简洁的说明。如果遍及相关产量水平的范围，单个厂商均能提供整个行业需要的产量，且其成本小于任何其他多个厂商，这种行业就称为自然垄断。

这就产生了一个矛盾：公用事业若由一个以上厂商承担，势必在生产与销售方面出现不必要的重复和浪费；若仅由一个厂商承担，又可能出现完全垄断的若干弊端。对此，西方国家（如美国）的解决办法是允许公用事业垄断经营，再由政府加以管制。政府往往采取直接管制的办法，如价格管制——限制最高价格。其目的不只是消除不合理的垄断利润，而且还着眼于资源利用效率的提高。

图 8-8 显示了一个自然垄断厂商受到政府限价管制的情况。未受管制时，厂商均衡点是 $B(Q_1, P_1)$。现在政府规定产品的最高价格为 P_2。这样，厂商的需求曲线变成弯折的曲线 P_2AD。产量在 O 到 Q_2 之间价格是不变价格 P_2。因此，在此产量区间，厂商像一个接受市场价格的完全竞争厂商一样，其需求曲线、边际收益曲线重合为一条线。超出 Q_2 产量后，厂商的边际收益曲线为 C 点以下的 MR 线。在 Q_2 所示的产出水平上，厂商可以获得最大利润。因为，厂商的产量若小于 Q_2，则 MR>MC；产量若大于 Q_2，则 MC>MR。

所以，在政府将管制价格定在 P_2 时，厂商的合理产量只能是 Q_2。

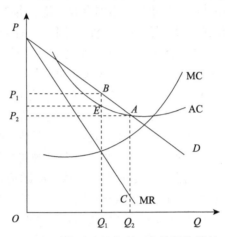

图 8-8　政府对自然垄断厂商的限价管制

政府管制的一般结果是，价格比过去低，产量比过去多，厂商获得的净利润比过去少。管制前垄断厂商以 P_1 价格出售 Q_1 数量的产品，净利润为以 P_1E 为对角所形成的矩形面积；管制以后厂商按 P_2 价格出售 Q_2 数量的产品，净利润为零。数量的增加说明价格高于边际成本的差额有所缩小，垄断所造成的资源不合理配置有所改善。

管制价格应定在什么水平上？政府负责管制的机构可能有两种选择的原则：第一种是把价格限制在它与平均总成本相等的水平上。例如，在图 8-8 中，管制者将把价格定在需求曲线与平均成本曲线交点所对应的价格上，将价格确定在此水平上的理由是，仍可以也只能够让垄断者获得公平合理的正常利润。其做法是，先了解一个公平合理的正常利润率 π，再了解厂商的投资额 TC 和产量，然后根据价格与利润率、投资、产量之间的关系 $P=\dfrac{\text{TC}(1+\pi)}{Q}$ 算出管制价格应为多少。

但在实践中政府部门难以掌握这些资料。政府部门与垄断厂商在对估计最佳产量或最优规模等问题上往往存在分歧，反抗管制的垄断厂商也可能夸大投资额，隐瞒利润率，垄断厂商拥有精干的人员、雄厚的财力，掌握着详细的情报资料。相比之下，政府部门人力、财力有限，难以战胜对手。所以管制常常不够有力，效果也不显著。难怪西方人士说"很难说谁管制谁"。第二种是把价格确定在 $P=\text{MC}$ 的水平上，即 D 与 MC 曲线交点对应的价格，因为 $P=\text{MC}$ 是资源优化配置的标志。这样做仍会遇到垄断公司的抵制。

8.4　有市场势力厂商的差别定价策略

垄断厂商除通过将价格定得高于边际成本获得超额利润之外，还可以通过定价策略实现更多利润。这些定价策略不仅完全垄断的厂商可以实施，而且凡是有市场势力的厂商都可能实施，因此差别定价策略也适用于垄断竞争和寡头垄断市场中的厂商。

相同成本的同一种产品，若按不同价格出售，就存在差别定价，或称为价格歧视。

在实际生活中，许多市场都充斥着差别定价。例如，超市里大包装产品比同等质量的小包装产品价格低，商场、酒店、娱乐健身场所对持会员卡的顾客实施低价，医生对享受公费医疗的病人开高价药品处方，等等。

差别定价一般分为三类，即一级价格差别、二级价格差别和三级价格差别。不过，这一分类并没有表明它们各自到底是什么。如果我们从厂商定价时拥有的信息区分三种价格差别，也许会有帮助。一级价格差别要求厂商拥有顾客对每单位产品的需要信息，不过这难以做到。如果厂商能根据顾客的某类特征信息，将顾客划分为不同的消费群体并分别定价，就构成了三级价格差别。如果厂商不清楚顾客的需求信息，但是为了赚更多，就设计出价格菜单，如同批发价或零售价、中国移动通信公司推出全球通/神州行/动感地带，让顾客自己做出最适合其自身的选择，就构成了二级价格差别。

8.4.1　一级价格差别

一级价格差别是指垄断厂商在销售同一种产品时，对不同买者以不同的价格出售，以获取最大可能的利润。有时这种差别价格方法又称做完全的价格差别。

垄断厂商之所以能够实行一级价格差别，是因为他了解到一些买者对购买一定数量商品所愿意支付的最高金额是由这种产品的总效用决定的。一级价格差别的实质是垄断厂商向每个消费者索取他所愿意出的最高价格，即攫取全部消费者剩余。其前提是垄断者了解消费者对一定量商品的总效用的评价，或对一定商品愿意支付的最高金额。在采取一级价格差别的场合，产品是以要么全买、要么不买的方式销售的。或者说，消费者仅购买一单位产品。第 2 章中讲到，消费者对商品所愿支付的价格由商品的边际效用和货币的边际效用决定（$MU/P=\lambda$），若消费者认为某商品的边际效用较高，其愿意付的价格也较高；否则愿意付的价格较低。对于两个不同收入水平的消费者，即使商品的边际效用相同，但是两人的富有程度不同，各自的货币边际效用不同，也会导致所愿意支付的价格不同。富有的人货币边际效用较低，愿意付的价格也较高；穷的则相反，愿意付的价格较低。

垄断厂商对每个消费者的需求均能充分了解的情况实属少见。所以，只有在某些实行个别服务、每次交易涉及的消费者为数甚少的行业可以看到一级价格差别。例如，律师和个体行医的医生，他们对自己为数较少的服务对象的需求状况可以充分了解。

8.4.2　二级价格差别

运用得较多的差别定价方式是二级价格差别。二级价格差别是指垄断厂商将其产品分批定价出售，以获取较大的收益和利润。

假定每个家庭对电力的需求是相同的。图 8-9 表示的是家庭每月对电力的需求。在实行二级价格差别时，垄断厂商的定价方法如下：当用电量为 Q_1（或不足 Q_1）时，每千瓦时电的价格为 P_1；当用电量超过 Q_1 达到 Q_2 或不足 Q_2 时，超过 Q_1 的部分价格稍便宜些，为 P_2；当用电量超过 Q_2 时，其超过 Q_2 部分的价格更低一些，为 P_3。如果该家庭月用电量为 Q_3，那么他们所缴的总电费相当于 OP_1aQ_1、Q_1EbQ_2 和 Q_2FCQ_3 三个矩形面积之和，即图 8-9 的阴影部分，此亦为垄断厂商的收益。

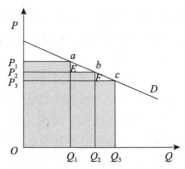

图 8-9　垄断厂商的二级差别定价

二级价格差别较多地出现在公用事业行业中。实行二级价格差别时，垄断厂商得到部分消费者剩余。在上例中，由垄断厂商得到的部分消费者剩余相当于矩形 P_2P_1aE 和 P_3P_2bF 面积之和，而三个小三角形面积的总和则表示买主保留的那部分消费者剩余。显然，垄断厂商通过对不同销售量收取不同价格的方法可以得到更多的利润。

二级价格差别与一级价格差别的区别在于，一级价格差别实质是对不同买者按不同价格出售，二级价格差别则是对所有的买主分批定价、分批出售。

实行二级价格差别的条件是产品必须易于衡量、记录并成批出售。

8.4.3　三级价格差别

运用最多，也最为常见的差别定价方法是三级价格差别。三级价格差别是指垄断厂商对同样的产品在不同的市场上以不同价格出售，以获取最高利润的定价方法。例如，同样一种产品——丝绸，对本国居民以较低价格出售，对外国顾客则以较高的价格出售。三级价格差别是较普遍的一种垄断定价方法。

要使三级价格差别成为切实可行的，必须具备如下特殊的市场条件。

（1）同一产品的市场因面对不同消费者或不同市场环境而被分割开来。当地域不同且运输成本较高，消费者收入、偏好不同、消费者信息不全或者存在人为壁垒时，而且产品不能转售（产品不能转售是所有价格差别的必要条件），那么同一产品的市场就被分割开来。

（2）分割后的各市场必须具有不同的需求价格弹性。根据前面的介绍，垄断厂商的价格、边际收益和需求价格弹性之间的关系为 $MR = P\left(1 - \dfrac{1}{E}\right)$，它表明，若 MR 是既定的，那么价格与需求价格弹性之间便有确定的联系。若两个市场需求价格弹性不同，垄断厂商便可以对两个市场的消费者分别索取不同价格，以此获取更多的收益和利润。

要做到上述第一条，必须使买者不能轻易从一个市场转移到另一个市场。因为同一商品在不同市场以不同价格出售，若买者可在各市场之间轻易转移，则高价市场的买者便会到低价市场购买，垄断厂商维持价格差别的企图就难以实现。

假如同一产品市场被分割为两个市场，垄断厂商在这两个市场上如何分配产量、如何决定价格呢？对此问题的分析，可分两步进行。

1. 既定产量下的数量配置和价格决定

三级价格差别的最简单的分析例证是一个垄断者在两个市场上出售某种现成物品。对这个问题的分析同市场期均衡的问题相类似，只考虑已经生产出来的产量如何分配于两个不同市场而对成本不予考虑。分配的方法是调整两个市场的销售数量，使两个市场的边际收益相等。在既定产量下于不同市场如此分配销量，得到的利润是最大的。不难设想，若两个市场的销售量被确定时，两个市场的边际收益不等，如 A 市场为 5 元，B 市场为 3 元，那么通过对 B 市场减少一单位产品，增加给 A 市场，可以增加总收益。只有当两个市场的边际收益相等时，销量的分配才是最优的。

在销量被决定以后，在已知各市场需求曲线的情况下即可确定各个市场的价格。需求价格弹性大的市场上定价较低，而需求价格弹性小的市场定价较高。

由于 $MR_A = MR_B$

于是

$$P - \frac{P_A}{E_A} = P_B - \frac{P_B}{E_B}$$

假设

$$E_A = 2，E_B = 1.5$$

那么

$$\frac{P_A}{2} = \frac{P_B}{3} \left(或 P_A = \frac{2}{3} P_B\right) \qquad (8\text{-}2)$$

从式 8-2 可知，若 $E_B < E_A$，则 $P_B > P_A$；若 $E_B > E_A$，则 $P_B < P_A$；若 $E_B = E_A$，则 $P_B = P_A$，即不存在价格差别。

2. 产量的决定及在不同市场的分配

如果考虑的是短期或长期，那么垄断厂商遇到的决策问题还包括总产量应该是多少。这个决策中，不仅要考虑到两个市场的需求及由此决定的收益状况，还要考虑厂商生产中所花费的成本。厂商将选择这样一个产量水平，其边际成本等于两个市场上的边际收益。

图 8-10 的例子展示了一个垄断厂商如何选择生产总量和在两个市场上确定不同销售量的过程。

某个厂商在 A、B 两个隔离的市场出售同一种产品，这两个市场的需求曲线分别为以下两个方程。

A 市场：$P_A = 60 - 0.5Q_A$

B 市场：$P_B = 110 - 30Q_B$

其中，P_A 和 P_B 分别为两个市场的产品价格；Q_A 和 Q_B 分别为两个市场的产品数量。

图 8-10（c）列出的总需求曲线 D_{A+B} 代表市场 A 和市场 B 在每一价格水平上的总需求量，其边际收益曲线 MR 也有类似的含义。例如，在市场 A，40 个单位产量的边际收益为 20 元，在市场 B，15 个单位产量的边际收益为 20 元，相应的厂商总边际收益曲线上，产量为 55 个单位时，边际收益为 20 元。成本是由生产过程决定的，与产品在哪个

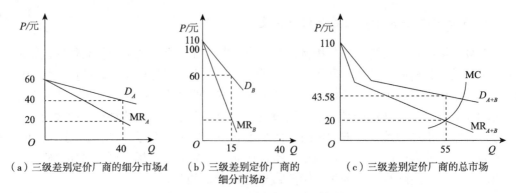

图 8-10　垄断厂商的三级差别定价

市场销售无关，所以图 8-10（c）列出一条边际成本曲线 MC。

首先，该厂商必须决定利润最大的总产量水平。最大利润发生在边际成本等于边际收益的总产量水平上，图中为 55 个单位，而边际成本与边际收益均等于 20 元。

接下来，厂商必须将总产量在两个市场间进行分配。分配的原则是使两个分市场上的边际收益分别等于 20 元。各分市场边际收益曲线上数值为 20 元的点对应的销量表明了市场最佳销售量，在需求曲线上对应的价格则为应选的价格（图 8-10）。该厂在总利润最大的情况下，总销售量为 55 个单位，A 市场以 40 元的价格出售 40 个单位，B 市场以 65 元的价格出售 15 个单位。B 市场的价格显著高于 A 市场，是因为 A 市场的需求弹性比 B 市场的需求弹性大了 60% 多。这一价格差别使厂商的利润为之大增。

在不实行价格差别的情况下，总产量 55 个单位，均以 43.58 元的价格出售，总收益为 2 397 元，在实行价格差别的情况下，A 市场总收益为 1 600 元（40 元×40 个单位），B 市场的总收益为 975 元（65 元×15 个单位），厂商总收益为 2 575 元，比无价格差别总收益多 178 元。因厂商的成本不变，增加总收益全部为净增的利润。

实行三级价格差别对划分同一产品不同市场的主要依据如下。

（1）地理差别。如果产品的供应者认为销售地区的差别可把各地区市场隔离开来，那就可以利用地理差别在不同地区实行不同价格。例如，美国通用汽车公司 1978 年规定"歇维特"牌轿车在美国西部售价低于国内其他地区，因为日本轿车的竞争，美国太平洋沿岸轿车市场的需求价格弹性比美国其他地区大。

（2）产品用途。例如，电力、煤气、自来水等公用事业公司对工商用户与个人用户的收费标准不同。居民用户因为没有较好的能源取代电力，只能依赖电力公司供电，所以需求弹性较小；而许多工业用户能自己供电，需求弹性较大。

（3）时间。某些产品的市场在不同季节或一天中的不同时间中有淡、旺之分。旺季的需求弹性较小，定价也高，而淡季的需求弹性较大，定价较低。例如，电信局对白天和夜晚的长途通话规定不同的收费标准；旅游服务收费则以旺季为贵，淡季为贱。这样做的另一个好处是，相对减少旺季的需求量，使产量在不同时间上的分布较为均匀，以便减少只满足旺季需求所必备的生产设备及其投资。

（4）收入水平高低不同的消费者能被区分开，便能形成不同的市场需求。对某些物品，尤其是高档消费品，收入多的人的需求弹性小于收入少的人。例如，通过为外国人指定销售商店的办法，可以将国内居民的市场与外国人的市场隔离开来，并通过对外国人规定较高价格的办法，实行三级价格差别。

除了上述四种分离市场的依据外，还有一些因素（如性别、年龄）有时也起着同样的作用。例如，对儿童理发、儿童看电影收取较低的价格，老年人的公园门票价格优惠，等等。

价格差别的作用难以一概而论。在许多场合，实行价格差别后垄断厂商把消费者剩余据为己有，从而能够获得更多的收益，攫取更多的利润；但是在另外一些场合，价格差别使得向特定市场和消费者提供商品和劳务成为可能，甚至使整个行业的存在成为可能。

无论穷人还是富人都需要医生的服务，富裕者对医疗服务的需求较高，且弹性较小，穷人对医疗服务的需求较低，且弹性较大。例如，这两类人对医疗的需求曲线分别如图 8-11 中的 D_1 和 D_2，采用差别定价，医生以 P_1 的价格向富人提供 Q_1 数量的服务，以 P_2 的价格向穷人提供 Q_2 数量的服务。如果不实行差别定价，而以单一价格（如 P_0）向一切病人收费，那么穷人有病就得不到治疗了。

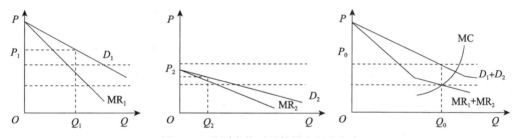

图 8-11　差别定价可以使某个行业存在

另一种情况是，没有价格差别，厂商就不能进行生产，如图 8-12 所示，D_1 是第一分市场的需求曲线，D_2 是第二分市场的需求曲线，D_1UV 是总市场的需求曲线。因为平均成本高于需求曲线，如果不实行价格差别，就不会有产品提供，厂商就不能生产和生存。在实行三级价格差别以后，对第一分市场以 P_1 的价格出售 Q_1 的数量，对第二分市场以 P_2 的价格出售 Q_2 的数量，而两个市场合在一起的平均价格为 P_0（$P_0 = \dfrac{Q_1}{Q_0} P_1 + \dfrac{Q_2}{Q_0} P_2$），总销售数量为 Q_0，情况就不一样了。这时厂商的平均售价 P_0 等于其平均总成本 AC。总收益等于总成本，即厂商有了生存的条件。

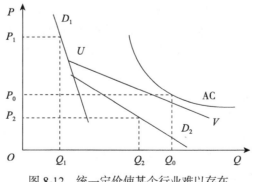

图 8-12　统一定价使某个行业难以存在

案例 8-1：中国电力供应：国家电网和南方电网

2002 年 12 月 29 日，中国电力供应分别设立国家电网和南方电网（图 8-13）。

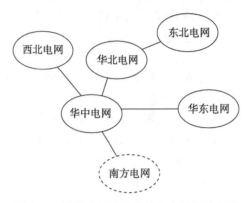

图 8-13   国家电网装机容量和主网架示意图

资料来源：www.sgcc.com.cn

国家电网公司名列 2008 年《财富》全球企业 500 强第 24 位，是全球最大的公用事业企业。经营区域覆盖 26 个省（自治区、直辖市），覆盖国土面积的 88%，供电人口超过 10 亿人，管理员工 153.7 万人，具体分布见表 8-2。

表 8-2   2006 年年底国家电网装机容量分布表（单位：兆瓦）

电网名称	2006 年年底统调装机容量			
	总容量	火电	水电	其他
国网系统	435 867	355 400	75 403.5	5 063.5
华北	118 780	115 500	3 280	0
东北	41 360	35 250	5 740	370
华东	128 970	109 900	14 870	4 200
华中	91 080	62 840	28 240	0
西北	42 890	29 200	13 310	380

南方电网公司经营范围为广东、广西、云南、贵州和海南五省（自治区），面积约为 100 万平方千米，东西跨度近 2 000 千米，供电总人口 2.3 亿人。网内拥有水、煤、核、抽水蓄能、油、气、风力等多种电源，网内总装机容量超过 1 亿千瓦。目前西电东送已经形成"3 条直流、6 条交流"9 条西电东送大通道，最大输电能力超过 1 200 万千瓦。

资料来源：www.csg.cn。

根据案例 8-1 回答下列问题。

（1）中国电力供应的两家公司是不是完全垄断企业？为什么？

（2）就某个省份或区域而言，电力供应垄断合适理由是什么？

（3）一般地级市都拥有一个或一个以上的发电厂，有水力发电、火力发电、核电或风电等项目，那么单个电厂对电价的影响能力如何？

案例 8-2：机场内商品的价格

在浦东机场一碗吃不饱肚子的"烧肉拉面"，没什么特别用料，就卖了 45 元。而与此同时在南京路附近一家豪华面馆吃这种面，也就 20 元出头。无独有偶，据《华商报》报道，有人在西安咸阳国际机场也亲身体验到，餐饮价格贵得没边没谱：一碗牛肉面 38 元，一碗炸酱面 38 元，一碗水饺 38 元，一碗馄饨 35 元，而这些食品在普通店里只卖几元。2 元多的一瓶 500 毫升可乐，在机场餐厅变成了 10 元，一杯普通的柠檬茶，要价 30 元。其实不只是这两家机场的商品价格特别贵，各地机场的情况大都如此。

不过，这种情况从 2004 年起在某些地方开始改变。广东省广州市新出台的《新机场候机楼商业价格管理暂行规定》中增加了关于最高限价方面的内容。最高限价原则主要是针对零售商品价格、餐饮类服务价格、品牌店商品价格实行。其中规定：零售商品价格与市区同档次同类商品基本一致；品牌店商品价格不得高于其在广州市中心区设立的同一品牌店价格。记者在候机楼内检查发现物价确实有所调整，在一个水果店，罐装可乐只卖 3 元，甚至比市区部分地方的价格还便宜。但水果的价格则普遍比市区的要贵一点，据有关人士解释，这是因为水果比较容易腐烂，而且运输不方便。

此外，专卖店、首饰店等也明确向媒体表示，它们实施全市等价，有的甚至要在机场分店推出优惠，以吸引旅客在候机的同时进行购物。

根据 2004 年 1 月 21 日人民网和 2004 年 8 月 12 日《信息时报》有关报道整理。
请根据案例 8-2 回答以下问题。
（1）非机场候机楼内零售店和餐饮店的价格为什么比其他地方的价格高许多？
（2）除了垄断因素之外，是否还有一些因素可以导致非机场候机楼内商品和服务价格高于其他地方？这些因素是什么？
参考答案要点如下。
（1）目前各大城市的机场多设在郊区，并且旅客进入候机厅以后不能再出来，机场所辖范围或候机厅内，自然形成了一个零售与餐饮业的垄断经营环境。旅客在机场待机或滞留期间，除非是自备干粮酒水，否则，就只能到机场商店消费。缺乏替代品是机场零售店提高价格的便利条件。我国缺乏反垄断法是使得这类行为缺乏规范的重要原因。
（2）目前我国乘坐飞机旅行还不很普遍，飞机乘客是收入相对高的人群，因此机场商品价格也会有所上升。

案例 8-3：南京自来水价格表

表 8-3 南京自来水价格表（单位:元/立方米）

类别		供水价格	城市附加	污水处理	水资源费	到户价
生活用水	第一阶梯	1.24	0.06	1.30	0.20	2.80
	第二阶梯	1.86	0.06	1.30	0.20	3.42

续表

类别		供水价格	城市附加	污水处理	水资源费	到户价
生活用水	第三阶梯	2.48	0.06	1.30	0.20	4.04
机关团体及事业单位用水		1.42	0.08	1.50	0.20	3.20
工商服务业用水		1.57	0.08	1.55	0.20	3.40
特种行业用水		2.65	0.10	1.65	0.20	4.60

注：2009 年 4 月 1 日起施行；供水价格中含原省专项费 0.02 元/立方米

附：用户分类明细表

表 8-4　用户分类明细表

类别	编号	分类	分类说明
生活用水	1	居民	居民生活用水
	2	学校	托儿所、幼儿园、普通中小学、大中专院校、职业学校的食堂、澡堂用水
	3	社会福利单位	孤儿院、老年公寓、社会福利院等社会福利机构用水
机关团体及事业单位用水	4	机关团体	国家机关、政党机关、社会团体用水
	5	部队	部队机关、营房驻地用水
	6	科文体卫	科研、文化艺术、体育、医疗卫生等机构用水
	7	公共服务	环境卫生、公共绿化、消防用水
	8	其他事业单位	其他事业单位办公用水
工商服务业用水	9	采掘业	采掘业用水
	10	制造业	食品、纺织、造纸印刷、医药生物、化学塑料、机械、冶金设备、电子等用水
	11	能源	石油、电力、燃气、水的生产和供应等用水
	12	交通运输、仓储及邮电通信业	交通运输、仓储及邮电通信业用水
	13	批发和零售贸易、餐饮业	批发和零售贸易、餐饮业用水
	14	金融保险业	金融保险业用水
	15	社会服务业	公共设施服务业、居民服务业、旅馆业、租赁服务业、旅游业、娱乐服务业、物业管理、信息、咨询服务业及其他社会服务用水
	16	其他	除特种行业用水以外的其他各类生产经营服务业用水
特种行业用水	17	建筑施工	土木工程建筑、建筑装饰业、房地产开发等用水
	18	桑拿洗浴	桑拿（包括宾馆、饭店桑拿）洗浴用水
	19	其他	冷饮、饮料、直饮水生产，洗车、船舶等用水

资料来源：南京市自来水公司. http://www.jlwater.com/gsfw/gsfw.htm，2009

根据案例 8-3 回答下列问题。

（1）自来水公司实施了哪些类型的价格歧视？

（2）为什么能成功实施这些类型的价格歧视？

案例 8-4：电影院的区别票价

电影院的区别票价体现了三级价格歧视的应用。影院的上座率，在节假日与平时不一样，每天的不同时段也不同。若采用单一票价，则非黄金时段的消费者必然大幅减少。因此，影院根据三级价格歧视的原理，分割市场，区别对待，在不同的时段收取不同的票价。

南京万达影城优惠信息如下。

（1）周一、周四、周五 12：00 前半价（包括 3D）。

（2）周一会员日：2D 影片 30 元/张，3D 影片 40 元/张，IMAX 影片 50 元/张。

（3）周二、周三全天半价（包括 3D）。

（4）持学生证、军官证半价（单证每天限购一张，仅限本人）。

而在特殊节假日，影院优惠信息无效，甚至还会提高票价。

资料来源：万达影城官网。

根据案例 8-4 回答下列问题。

（1）根据南京万达影城的票价信息，判断其依据三级价格歧视原理分割市场的依据有哪些。

（2）电影院此举有何好处？

（3）谈谈你对价格歧视策略的看法和理解。

附录 8-1：完全垄断厂商的需求曲线与边际收益曲线

设需求曲线的函数关系为 $P=a-bQ$，其中 P 为价格；Q 为产量；a 为需求曲线在纵坐标上的截距；b 为需求曲线的斜率。

$$P=a-bQ$$
$$TR=PQ=Q(a-bQ)=aQ-bQ^2$$

则

$$MR=\frac{dTR}{dQ}=a-2bQ$$

比较 $P=a-bQ$ 与 $MR=a-2bQ$ 可知：①需求曲线与边际收益曲线在纵轴上的截距一致，即交于纵轴。②边际收益曲线的斜率（$-2b$）是需求曲线斜率（$-b$）的两倍。③需求曲线在横轴上截距为 $\frac{a}{b}$（即 $P=0$ 时，$Q=\frac{a}{b}$），边际收益曲线在横轴上截距为 $\frac{a}{2b}$（即 $MR=0$ 时，$Q=\frac{a}{2b}$），边际收益曲线的横截距正好是需求曲线横截距的一半。

附录 8-2：边际收益、价格与需求弹性之间的关系

当需求曲线是向下倾斜时，边际收益与价格之间、需求价格弹性之间存在的关系也可以用微积分方法来证明。

$$MR=\frac{dTR}{dQ}=\frac{d(P\cdot Q)}{dQ}=\frac{dP\cdot Q+dQ\cdot P}{dQ}$$

$$= \frac{dP \cdot Q}{dQ} + P = P\left(1 + \frac{Q}{P} \cdot \frac{dP}{dQ}\right)$$

$$= P\left(1 - \frac{1}{|E|}\right)$$

其中，$E = -\dfrac{dQ/Q}{dP/P} = \dfrac{dQ}{dP} \cdot \dfrac{P}{Q}$

附录 8-3：完全垄断厂商的利润最大化

基于附录 8-1，假设完全垄断厂商的成本函数为：TC=cQ+FC，即设固定成本为 FC，边际成本为不变的常数 c。参见图 8-14。

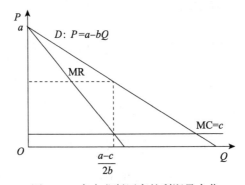

图 8-14　完全垄断厂商的利润最大化

则根据完全垄断厂商利润最大化的原则（即 MR=MC 原则），MR=a-2bQ=c，得

$$Q_E = \frac{a-c}{2b}$$

$$P = a - bQ = \frac{a+c}{2}$$

其中，Q_E 为均衡产量；P 为均衡价格。

提要

（1）完全垄断是指独家垄断的情况。垄断可以由多方面因素引起，对生产要素的控制、专利权、规模报酬要求及政府特许是常见的原因。

（2）厂商所面临的需求曲线就是整个市场的需求曲线，向右下方倾斜。当需求曲线是线性的时候，其边际收益曲线也是线性的，而且平分需求曲线到纵轴的水平连线，或其斜率（绝对值）比需求曲线大一倍。

（3）垄断厂商的边际收益、价格与需求价格弹性之间的关系是：MR=$P\left(1 - \dfrac{1}{E}\right)$。垄断厂商的需求价格弹性大于 1 时，边际收益大于零，价格降低，总收益增加；需求价格弹性等于 1 时，边际收益等于零，总收益达到最大；需求价格弹性小于 1 时，边际收益小于零，价格降低，总收益下降。

（4）垄断厂商确定最大利润产量的原则仍然是边际收益等于边际成本，与该产量相对应的价格就是均衡价格。垄断厂商在需求约束的范围内，可以自己制定价格，具有一定市场力量。

（5）在短期，垄断厂商的盈利状况可以有多种，不一定获得净利润；在长期，留存下来的垄断厂商都能获得净利润。

（6）与完全竞争市场不同，完全垄断长期均衡时，厂商并不处在长期平均成本最低点，其产量小于竞争性产量，价格高于边际成本。

（7）垄断厂商可以通过实施差别定价来获取更多利润。一级差别定价的实质是看人定价；二级差别定价的实质是量大价跌；三级差别定价的实质是，在各个需求价格弹性不同的市场中，定不同的价格。

复习思考题

（1）为什么完全垄断市场要强调"该厂商的产品没有非常类似的替代品"？本书中关于需求交叉弹性一节里杜邦公司的案例说明了什么？

（2）垄断厂商为什么不会选择总收益最大化的产量？

（3）垄断厂商总能保持盈利吗？

（4）什么是自然垄断？政府可以如何对其进行管制？

（5）垄断厂商为什么没有供给曲线？

（6）假设某一著名旅游风景区对国内游客的票价定为 20 元，而对国外游客的票价定为 40 元，请问：①这里是实行了哪一种差别价格？②实行这种差别定价运用了哪些前提条件？

（7）为什么实施三级差别价格时要根据两个市场中边际收益相等的原则来分配各市场中的销售量？

第9章

垄断竞争市场的产量和价格

　　我们身边的产品市场完全垄断的不多，完全竞争的也不多，多数都是介于两极之间的市场结构，即垄断竞争和寡头垄断[①]。根据表 7-1 对四种市场结构的划分，寡头垄断市场中厂商的市场势力大一些，但没有形成独家垄断，而是有几家厂商控制市场。垄断竞争市场中的厂商市场势力弱一些，许多厂商都在提供类似的产品。我们先在本章研究垄断竞争市场，再在第 10 章介绍寡头垄断市场。

　　现实生活中，产品市场结构是垄断竞争的还是比较普遍的。我们从手中这本《微观经济学》教材说起。在纸质书刊中，微观经济学教材处在大学教材市场中经济学教材子市场的经济学原理——初级微观经济学的细分市场中。该市场中既有翻译过来的众多教材（包括不断升级的版次、中英双语版等），也有国内学者编写的众多材料。就主流教材来讲，书店同一书架上的这类教材也不下十几种。这些教材一般对案例、读者友好、简洁、装订、教辅材料、作者知名度等特征各有侧重，纷纷使出各个招式来吸引教师、学生和普通读者。实际上，各类餐馆、酒店、娱乐健身场所、商场、医药、卫视和众多产品，都呈现出垄断竞争的市场特征。

9.1　垄断竞争和该市场结构中单个厂商的需求

9.1.1　垄断竞争的定义

　　垄断竞争（monopolistic competition）市场，是指市场上有许多厂商生产销售不完全

---

　　① 20 世纪 30 年代前，经济学理论中还只有完全竞争和完全垄断这两种市场结构，有经济学家发现这两种理论难以解释经济生活实践中的大量现象，而经济学的任务重在解释经济运行。罗宾逊夫人和张伯伦两位经济学家分别在 20 世纪 30 年代提出了"不完全竞争"理论和"垄断竞争"理论，进而充实了市场结构类型。经济学理论在四五十年代又逐渐形成了寡头垄断理论。后来，学界普遍使用不完全竞争来总称与完全竞争相对的三种市场结构，而把垄断竞争当做四种市场结构中的一种。

相同的同类产品。一般情况下，该市场结构有三个条件：①市场上有许多厂商从事同类产品的生产；②产品之间有一定差异；③市场进入、退出壁垒比较低，容易进出。

产品差别（product differentiation）是理解垄断竞争的关键。它既包括产品在质上的客观差别，也包括消费者心目中认为的主观差别。产品在材质、功能、性能、规格等方面的差异属于产品自身质上的差异；销售地点不同、营业时间不同、售后服务及质量不同等属于延伸产品上的差异；包装材质、色彩、品牌及消费者感受到的差异多属于主观性差异。有时，我们还将产品差异区分为纵向产品差异和横向产品差异。前者是产品档次上的差异，如五星级酒店和三星级酒店的差异、宝马汽车 7 系和 3 系的差异。后者是指产品属于同一档次但产品性能、包装等方面存在差异，如相同价格上的青年旅馆一家提供早餐但没有独立沐浴设施，另一家不提供早餐但有独立沐浴设施。

要提供垄断竞争的产品，大多没有难以逾越的进入壁垒。一般而言，投资规模不是非常大，技术难度有限，所需要的各种设备、原料、中间投入品和技术人才都可以较为容易地获得。以开一家服装生产厂的厂商而言，厂房有政府提供的标准厂房，各种设备可以直接从国内外采购，技术人才和工人可以分别在人才市场和劳动力市场招聘得到，面料可以向生产厂商订购。虽然细节不少，但总体而言没有什么太大的进入壁垒。

为了从理论上比较容易地模型化垄断竞争市场，我们有时将垄断竞争市场假设为自由进入和退出的，即没有进入和退出壁垒。根据我们在完全竞争市场分析进入和退出壁垒的经验，市场自由进出的假设实际上意味着，厂商在长期一定是零利润均衡，即无法获得超额利润。

9.1.2 单个厂商的需求曲线

在垄断竞争上，销售的是差异产品，对于不同质的产品我们无法直接简单相加获得市场需求曲线和供给曲线。这就如同鸡、鸭、鹅都是家禽类，但单位不同不能相加。因此，我们分析垄断竞争市场时，不再分析市场整体的情形，而着力分析该市场结构中的单个厂商。这样的单个厂商，实际上是垄断竞争市场中所有个体厂商的典型，是代表性厂商。我们现在以代表性厂商为例来了解垄断竞争市场的运行。

产品差别越大，消费者对某一产品越热衷，生产该产品的厂商就越能控制该产品的价格。某厂商的产品越有自己的特色，消费者就越不愿意购买别的产品，所以该产品与其他产品的差异越大，其他产品对该产品的替代性就越小。由于消费者比较忠诚，消费者对该产品需求量对价格变动的反应也就不灵敏。即使价格上涨较多，产品销售也不至于受到严重影响。因此，厂商就拥有了对需求的较强控制能力，即定价能力。

这表明产品差别化程度越高，厂商的市场势力就越大。如果我们将产品差异性推向极端，如某一产品与其他产品差异如此之大，以至于没有了相近替代品，该产品是不是就形成了完全垄断的情况？在产品完全垄断的情况下，该产品就代表着整个市场，我们知道产品的需求曲线就是市场的需求曲线。其如果是线性的，那么就表现为一条向右下倾斜的直线。在垄断竞争市场上，该产品与其他产品存在差异，厂商在该产品市场拥有一定市场势力，因此单个厂商的需求一定表现为向右下倾斜的需求曲线。由于该产品有相近替代品，当该产品价格提高到一定程度后，消费者就不再忠诚而是转向相近替代品，因此该厂商的市场势力不很大，也就是需求曲线弹性要比完全垄断产品的大一些。在需求曲线图形上，垄断竞争厂商的产品需求曲线比完全垄断厂商的要平缓一些。

随着该产品在垄断竞争市场上的相近替代品的相近性加大，即产品差异变小，垄断竞争厂商向右下倾斜的产品需求曲线越来越平缓。仍然推向极端，如果产品差异完全消失了，即消费者认为该产品与市场上其他产品没有什么差异，完全同质了，则该厂商就没有办法将产品价格定得高于其他产品。实际上，产品完全同质时，该市场结构就演变为完全竞争了。

因此，我们可以采用产品差异化程度工具来模拟从完全垄断到完全竞争市场中单个厂商的需求曲线演变趋势：产品差异越大，厂商的市场势力越强，需求曲线越陡峭；产品差异越小，厂商的市场势力越弱，需求曲线越平缓；以致产品同质时，需求曲线变为水平，厂商成为价格接受者，没有任何市场势力了。

垄断竞争市场代表性厂商的需求曲线的示意图如图 9-1 所示。我们同时将第 8 章的图 8-1 也复制在左边以示对比。由于示意的需求曲线为线性，我们也可在图 9-1 中画出该厂商的边际收益曲线。

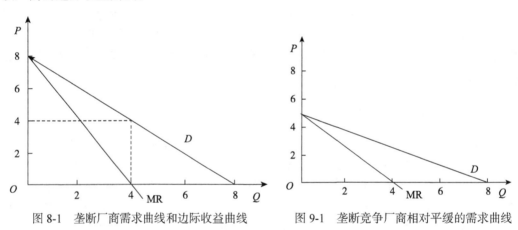

图 8-1　垄断厂商需求曲线和边际收益曲线　　　　图 9-1　垄断竞争厂商相对平缓的需求曲线

9.2　垄断竞争厂商的均衡

有了垄断竞争市场中代表性厂商的需求曲线和边际收益曲线，如果我们将该厂商的成本曲线也在同一坐标平面上画出来，就可以分析该厂商利润最大化的均衡。

9.2.1　垄断竞争厂商的短期均衡

先讨论一个代表性厂商在短期其产量和价格是如何决定的。假设该厂商的情况如图 9-2 所示。该厂商利润最大化的边际条件要求边际收益等于边际成本，根据 MC 曲线和 MR 曲线相交，可以确定该厂商利润最大化的均衡点。该点对应的均衡产量为 Q_E，均衡价格为 P_E。由图 9-2 中平均成本 AC 曲线的位置可知，该厂商短期均衡时可以获得超额利润。当然，我们根据可能的短期成本曲线位置，也可以画出代表性厂商盈亏相抵或亏损的情形（图形略）。

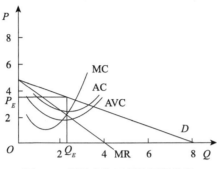

图 9-2　垄断竞争厂商的短期均衡

从图 9-2 的均衡过程可以看出，垄断竞争厂商短期均衡的过程与完全垄断厂商没有什么差异，不同的只不过是垄断竞争厂商的需求曲线比完全垄断厂商的需求曲线要平缓一些。

9.2.2　垄断竞争厂商的长期均衡

在长期，垄断竞争市场不仅面临代表性厂商生产规模可以调整，而且还会面临潜在厂商的进入或在位厂商的退出。

垄断竞争市场的代表性厂商如果像图 9-2 中所示，能够获得短期超额利润，其将选择扩大生产规模以获得长期最大利润。长期利润最大化的均衡处于长期边际成本曲线和边际收益曲线相交的点，根据均衡数量可以在需求曲线上找到该产品的定价。该结果表示在图 9-3（a）中。

然而，由于该市场里的代表性厂商能够获得超额利润，所以将引发潜在企业进入这一市场。根据垄断竞争市场关于市场进入和退出壁垒的假定，该市场结构容易进出，或进一步讲，自由进出，完全没有市场壁垒，则该市场最终的长期均衡将是代表性企业的零利润均衡。这意味着，该厂商的定价水平和均衡产量上的长期平均成本是相等的。由于该代表性厂商的需求曲线是向右下倾斜的，而 LAC 曲线是平滑的 U 形曲线，因此，该厂商最终长期均衡时将如图 9-3（b）所示，在 LMC 曲线与 MR 曲线相交确定的均衡产量 Q_E 上，正好有该厂商 LAC 曲线与需求曲线相切于 E 点。E 点指示了需求曲线上与均衡产量对应的定价水平。

9.2.3　垄断竞争厂商长期均衡的福利评价

首先，从图 9-3（b）中可以看到，垄断竞争厂商的需求曲线向右下倾斜，一定与长期平均成本曲线相切于长期平均成本下降阶段，而不是长期平均成本的最低点。与长期平均成本最低点相切，必然要求需求曲线是水平的，而这是完全竞争的情况。因此，垄

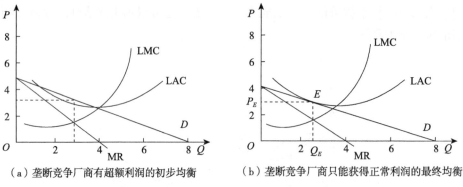

（a）垄断竞争厂商有超额利润的初步均衡   （b）垄断竞争厂商只能获得正常利润的最终均衡

图 9-3   垄断竞争厂商长期的初步均衡和最终均衡

断竞争厂商并没有在最有效率的长期平均成本最低点进行生产，相对于完全竞争是缺乏生产效率的。这也可参见图 9-4，完全竞争厂商的均衡点位于长期边际成本和长期平均成本曲线的交点，因为该点就是长期平均成本的最低点，也即完全竞争厂商水平需求曲线与长期平均成本曲线的切点。

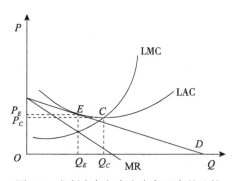

图 9-4   垄断竞争与完全竞争厂商的比较

从技术上而言的最优生产规模是 Q_C，它与垄断竞争厂商长期均衡时的产量 Q_E 之间的差额，称为超额生产能力。这个所谓超额生产能力是指长期均衡时厂商选择的规模小于最优生产规模。既定的市场需求量被分配给过多的规模过小的厂商。或者说，每个厂商的规模过小，而厂商的数目过多，如城市里有过多的服装店、理发店，而每个店中的生产能力都没有被充分运用。这就使得成本提高，消费者为此付出比完全竞争更高的代价，这就造成了资源浪费。然而，这仅是问题的一个层面。如果产品完全同质，饭店的菜都一个口味、服装全都是绿军装色等，也许生活就失去了选择和个性化的乐趣。产品差异实际上带给消费者更多的选择机会，这也是一种收益。因此，超额生产能力也许是多样性好处的一个机会成本。

其次，由于图 9-3（b）中的需求曲线比完全垄断厂商的需求曲线要平缓了不少，因此，边际收益曲线离需求曲线的距离要相对近一些，即市场均衡价格水平高于边际收益（即边际成本）的程度，要比完全垄断厂商低。就这一点而言，垄断竞争市场产品定价水平对消费者更有利。

再次，垄断竞争厂商的定价水平高于边际成本，这也是表明消费者评价（即需求曲线）高于长期边际成本的产量，即消费者需要的数量并没有足额生产出来。然而，当产量超过 Q_E 后，企业如果再生产就面临亏损了。

最后，需要指出的是，我们上述分析假设垄断竞争市场是完全自由进出的，只是理论分析的需要。现实生活中，垄断竞争市场虽然容易进出，也不是完全自由进出的，总会存在一定的市场进入壁垒。这意味着垄断竞争市场均衡的常态往往如图 9-3（a）所示，长期均衡时厂商能够获得一些超额利润。

9.3　非价格竞争策略

从我们对垄断竞争市场的分析可以了解到，产品差异，或将自己的产品区别于其他类似产品，是代表性厂商市场势力和超额利润的核心来源。此外，经过长期商业动作培育的品牌和顾客忠诚度，也将成为代表性厂商制造市场进入壁垒，培育核心竞争力的重要途径。因此，制造产品差异，或进一步定位于细分市场中的目标顾客，为其提供专业化服务或产品，成为垄断竞争厂商参与市场竞争的核心手段。例如，厂商可以采取改变产品的样式、设计、造型，加强宣传、提高服务质量等非价格手段，使自己的产品区别于其他厂商的同类产品。由于产品间相互有差异，价格竞争反而退居其次。当然，这并不是说价格竞争不重要，当产品差异较小时，它仍然是主要竞争手段。

各种非价格竞争可以归为两类：一类是在产品自身上做文章，改变产品的式样和外观等，这类竞争被称为产品变异，即使产品特征多样化；另一类是在产品的推销过程中打主意，通过强化宣传等推销手段增加销售。无论运用哪种非价格竞争手段，厂商都要花费额外的成本，问题是与使用非价格竞争手段后增加的销量从而增加的收益相比，这种额外的成本支出值不值？以多少为宜？这就使运用非价格竞争手段的厂商面临着新的选择。

9.3.1　产品差别化

本章 9.1 节描述产品差别的五条含义既是同类产品差别之所在，又是厂商用来标新立异、招揽顾客、从事竞争的手段。垄断竞争市场的各个厂商都努力创造产品的差别，尽量使自己的产品与别人的产品不同，以适合消费者的口味，加强自己的垄断地位，扩大产品销路。厂商既可以通过质量的提高、花样的翻新吸引顾客，也可以通过改进包装、服务来扩大销路。广告宣传则是企图在消费者心目中造成产品差异的手段之一。厂商设法使自己的产品有别于同类厂商产品的策略被称为产品差别化策略。

人们由于年龄、文化修养、生活习惯和所处环境的不同，对同一种产品会有不同的要求。有人偏重质量，有人偏重款式，有人偏重附加的功能，这就形成各式各样的需求。为了增加销售，厂商往往千方百计地投顾客所好。有些厂商为了迎合对价格非常敏感的顾客的需要，他们使得产品价格不贵，但质量也相对低一些；有些厂商为了迎合对质量较敏感的顾客的需要，则使产品具有高质量，而价格昂贵；而另一些厂商则可能翻新花色、更新款式，生产出各种内在质量虽同，但外在质量变异的新品种，以吸引各种类型的顾客和那些喜好弃旧图新的顾客。

产品差别化（product diversity）在扩大销售量的同时也会使厂商增加生产成本。增加的生产成本能否为销售量的增加所增加的收益所弥补，对厂商至关重要。产品特征变化将使其需求曲线向右上方移动，但同时，成本曲线也会相应地上升。厂商可以计算每种特征产品不同价格对销售量的影响，进而对利润的影响，从而找到每种特征产品最有利可图的价格，然后再对每种特征产品最大利润进行比较，找到所有各种特征产品中利润最大的一种进行生产，并对该产品索取能获得最大利润的价格。

9.3.2　广告与销售开支

垄断竞争厂商之间存在明显的竞争，厂商为了提高自己产品的竞争力往往借助于广告宣传和销售服务等。这样做一方面吸引了更多的顾客，同时也提高了销售开支。在这里，厂商同样需要在广告和销售开支的额外支出与因此获得的额外收益之间进行权衡，在不同的广告形式和服务方式之间进行选择，以求得尽可能多的利润。

厂商在做广告以后支出一笔广告费，平均成本曲线向上移动，边际成本曲线不会发生变动。因为这笔费用等于增加了一项固定成本。如果其他同行业竞争对手没有进行类似的推销活动，该厂商做了广告宣传之后，需求会明显增加，则新的均衡产量明显增加，价格提高，广告费用的支出可以带来比自身大得多的利润。

其实，情况远不是如此乐观，因为别的厂商也会借助广告来扩大销售。做广告的厂商只能使销售量有少量增加。广告战使厂商用于广告推销的开支与日俱增，而相比之下市场总的需求却所增无几。如果广告战持续进行，各参与厂商的平均成本曲线就会不断上升，直到产品的价格等于产品的平均成本为止。

对于垄断竞争中厂商广泛使用广告的认识，理论界分歧很大。一些人认为，广告做得过多，作用相互抵消，结果是增加了产品的成本和价格；有些广告名不副实，自欺欺人；由于广告费用巨大，所以广告阻碍了行业进入。另一些人却认为广告宣传有一定的积极作用，如广告能给消费者提供大量市场信息，使其免于搜寻；广告支持了广播、电视、报纸和杂志等。

如上所述，价格竞争、产品变异和广告或销售开支是影响厂商利润的三个因素，也是各个垄断竞争厂商相互竞争的手段和达到均衡的途径。其实，厂商往往对三者兼施并用、在推出新花样时对价格做出有利于盈利的调整，同时还加强广告攻势，可谓三管齐下。此外，不断率先开发新产品的厂商，也可以获得不错的经济利润。

案例 9-1：洗发水市场的竞争

我国是目前世界上洗发水生产量和销售量最高的国家，国内市场上的洗发水品牌超过 3 000 个，预计 2008～2009 年洗发护发市场规模超过 220 亿元。2008～2009 年，从发展趋势来看，护发产品将更加趋向多样化，产品越来越细分化；而洗发水产品也将向中高档次、功能性、成分天然化方向发展。随着时间的推移及客观环境的变化，染发市场的日化线销售将有可能超过专业线销售。在我国洗发护发市场上，可以说是国外的一些强势品牌占据着绝对优势，而国内品牌则处于竞争的劣势，生存空间受到了一定的挤压；但与此同时国内品牌仍有一定的发展市场，如洗发水的中低档市场，一些二、三级的区域市场，一些细分市场，等等，国内企业仍可加以利用。

目前国内洗发水市场的竞争可谓异常激烈，随着主要市场被国际大品牌占领，一些较小的洗发水品牌逐步退出市场，其他品牌不得不开始加入对方细分市场的战斗，进一步导致行业整体利润减少与市场价格下降。国际品牌依靠先进的技术实力、管理经验和高效的营销模式，占据了洗发、护发行业的大半个江山。仅宝洁公司就占据了市场份额的 60%。本土洗发水因为品牌弱小和研发能力不足，一直都无法取得更大的突破，大部分二线品牌只能退守江东，去占领庞大但低端的农村市场。而如今，农村市场也失去了往昔的平静。跨国公司纷纷瞄准低端市场，发起猛烈进攻，使得国产品牌处于退无可退的尴尬局面。从地域分布来看，国内主要洗发水制造企业多分布在上海、广东等沿海经济发达地区或经济地理战略重地，尤其是广东省。

由于洗发水企业多数采用多品牌策略，所以，按照依据企业竞争实力其可分为四大阵营。第一阵营为宝洁，拥有飘柔、海飞丝、潘婷和沙宣、伊卡璐等洗发水品牌，这些品牌有着很高的市场渗透率和占有率，强势品牌特征非常明显，占绝对优势；丝宝和联合利华位于第二阵营，分别拥有舒蕾、风影、顺爽和夏士莲、力士等知名品牌。第三阵营包括花王诗芬、飞逸、奥妮、100 年润发，以及蜂花、安利等全国性品牌，发展前景可观。其余中小区域企业及新锐品牌为第四阵营。

2008 年的十大品牌为：①海飞丝（宝洁公司出品，影响力品牌）；②清扬（联合利华出品，知名畅销品牌）；③夏士莲（联合利华出品，国家免检产品）；④霸王（霸王国际集团，影响力品牌）；⑤潘婷（宝洁公司出品，畅销品牌）；⑥力士（联合利华出品，国家免检产品）；⑦飘柔（宝洁公司出品，畅销品牌）；⑧拉芳（中国驰名商标，国家免检产品）；⑨舒蕾（丝宝集团出品，中国驰名商标，中国名牌）；⑩沙宣 VS（保洁公司出品，著名品牌）。

各个品牌之间的市场定位不一样，产品差别化及广告销售的开支导致价格不一样。几种品牌同等容量的洗发水的价格高低有如下序列：霸王、沙宣、风影、清扬、海飞丝、飘柔。霸王主要是针对防脱发，清扬和海飞丝都是主打去屑，而飘柔让头发变得更为柔顺，潘婷很滋养修护，伊卡璐的主要特征是香味比较重，留香很久。

资料来源：2008—2009 年中国洗发护发品行业调查报告. 中商情报网. http://www.askci.com/reports/2008-06/2008626141841.html；齐凯. 国内洗发水品牌的格局与发展. 中国化妆品网. http://www.c2cc.cn/news/access/sybg/2004/10/22/58310.htm；2008 年中国十大热销洗发水品牌. http://www.988ww.com/art_list.asp?id=1600，2008-12-28。

根据案例 9-1 回答以下问题。

（1）洗发水市场细分时有哪些分类标准？

（2）洗发水市场四大阵营的进入壁垒如何？预期利润会有什么样的分布？

案例 9-2：南京的星级饭店

为了促进旅游业的发展，保护旅游者的利益，便于饭店之间有所比较，国际上曾先后对饭店的等级做过一些规定。从 20 世纪五六十年代开始，按照饭店的建筑设备、饭店规模、服务质量、管理水平，逐渐形成了比较统一的等级标准。通行的旅游饭店的等级共分五等，即一星、二星、三星、四星、五星（或称四星豪华）饭店。就地点而言，一个城市和另一城市的星级饭店不存在直接的竞争关系，但同一城市的同星级饭店存在直接的竞争关系。

根据《南京统计年鉴》（2008 年），南京住宿业拥有规模以上企业 150 家，其中，5 星级 11 家，四星 19 家，三星 61 家，二星 33 家；经营网点共 258 处，其中，5 星级 27 处，四星 37 处，三星 100 处，二星 44 处。

2007 年，由中国旅游饭店协会、江苏省旅游协会举办"中国饭店集团化发展论坛"，在论坛上，中国旅游饭店协会及浩华管理顾问公司历时一年，对全国 492 家星级饭店做了调研，共同发布了《2007 中国饭店业务统计》。据悉，全国平均五星级饭店房价为 792 元，四星级饭店房价为 437 元，三星级饭店房价为 278 元。在对全国 26 个重点城市星级饭店的比较中，上海五星级酒店房价均价最贵，高达 1 358 元，三星级价格也为 388 元，北京饭店房价均价位列第二。与之相比较，南京星级宾馆价格则显得较低廉，位列倒数第五位，仅略高于乌鲁木齐。据悉，在南京住一晚五星级饭店，平均要支付 472 元，仅为上海房价的 1/3，三星级饭店平均只要花 183 元就能住上一晚。金陵饭店相关人士分析说，导致低房价的因素是多样的，这与南京地区长期形成的房价定制标准有一些关系。加之，南京这几年源源不断地出现高星级饭店，客房数量大幅增长导致星级饭店价格整体不高。酒店业人士认为，除上海以外，目前江苏苏州市的五星级房价为 910 元/间/天，作为省会城市南京，这么低的房价似乎不太合理，其有可能在未来 2～3 年内向上海、苏州靠拢。

资料来源：南京统计年鉴（2008 年）；黄阳阳.南京星级饭店成全国价格盆地.南京晨报，2007-06-29。

根据案例 9-2 回答以下问题。

（1）南京星级酒店中市场竞争最接近垄断竞争的是几星级酒店？

（2）为什么南京星级酒店价格相对较低？

（3）学过经济学后，你认为价格高低能用合理与否判断吗？

案例 9-3：日用品行业的广告

现实生活中，广告的狂轰滥炸对我们每个人来说已经是习以为常的事情。在黄金时间打开电视，你就会观察到什么类型的产品广告做得较多：饮料、化妆品、零食……这些快速消费品行业一般把收入的 10% 到 20% 投放于广告。我们注意到这些行业都是典型的垄断竞争结构，同时我们很难想象生产玉米或者火箭发动机的企业会花大把的金钱请明星当产品代言人，因为这些产品要么是标准化的，要么就是被一两家企业完全垄断，它们没必要做广告。

CTR 媒介智讯 2012 年数据显示，传统媒体广告投放前五行业如下（图 9-5）。

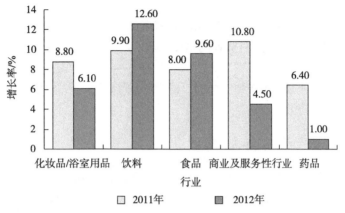

图 9-5　2012 年电视广告刊例花费前五行业

2014 年广告投放前五行业如下（图 9-6）。

图 9-6　2014 年传统媒体广告投放前 5 行业变化

资料来源：CTR 媒介智讯　按广告投放比重排名

纵观 CTR 媒介智讯 2012 年至 2015 上半年的数据及传统媒体广告分析，传统媒体广告投放前五行业一直是饮料、化妆品及浴室用品、食品、商业及服务行业和药品，虽然各自每年增减幅度有所不同却一直稳居前五。饮料业更是在 2015 年上半年电视投放中夺冠。

在信息经济学中，广告被视为一种信号，即做广告的企业在向消费者发送关于其产品质量的信号。企业可能会极为"奢侈"地请某个当红明星做广告。这种广告意在向消费者传递一种信息：我愿意花巨额资金做广告，因为我有实力，我对自己的产品质量有信心。然而，产品质量不高的厂家也可以通过大量的广告迷惑消费者，创出"名牌"，有些厂家利用媒体大做广告，可谓做到使其产品家喻户晓，但这些产品并不见得真的就是高质量。

　　资料来源：CTR 媒介智讯.CTR：2014 年中国全媒体广告分析，CTR：2015 年上半年传统媒体广告分析。

　　根据案例 9-3 回答以下问题。

　　（1）为什么这些日用品行业需要如此高密度的广告？垄断竞争市场有何特征？

　　（2）依据你的认识，站在消费者的角度来看，广告有什么好处和坏处？请对这些好处和坏处做个整体的评价。

　　（3）为什么我们不能采用标准化的日化产品从而节约广告费用？我们该如何辩证评价垄断竞争厂商的经济效率？

附录 9-1：产品差异的模型化

　　细心的读者也许会发现，我们虽然一再讲垄断竞争市场的产品差异问题，但是产品差异主要是通过代表性厂商的需求曲线比完全垄断厂商的需求曲线相对平缓一些来体现的，并没有就产品差异本身如何展现进行深入分析。现在，我们针对这个问题进行分析。

　　我们在第 8 章中谈市场界定时，曾指出在不同地点销售的同质产品对消费者而言也是不同的。现在，我们就沿这一方向来思考。幸运的是，霍特林（H. Hotelling）早在 1929 年就提出了一个线性城市模型。该模型及后来 Sallop 的圆周模型，已经被用做模型化产品差异的一个重要基础。

　　设想一下如果校园里有一条悠长的林荫道，其中一侧设长凳，在夏日里长凳上坐满了看书的同学们。现在，学校准许两家厂商在这条林荫道两端分别销售雪糕。图示如下（图 9-7）。

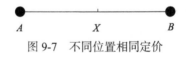

图 9-7　不同位置相同定价

　　图 9-7 中，线段长度单位化为 1，A 和 B 分别为雪糕销售点（即厂商），假设 A 和 B 销售的雪糕完全同质且进货的单位成本相同（忽略固定成本和人工成本），但均匀分布在林荫道上的学生（即顾客）走到 A 或 B 购买需要付出 t 的单位交通成本，并对该交通成本较为敏感。由于交通成本的存在，顾客感觉 A 点的产品不同于 B 点。如果 A 和 B 的雪糕定价都等于单位进货成本（此为完全竞争的定价），可知中间位置（X 点）左侧的同学到 A 点购买，X 点右侧的同学到 B 点购买。这样，A 和 B 平分市场，各获得 1/2 的市场份额。其中，X 点的同学到 A 或 B 购买因为都要付出 0.5t 的交通成本，到哪边购买都一样，代表着到两厂商购买都感觉无差异的顾客。

　　现在，如果 A 点厂商准备将产品定价高于进货成本而获得超额利润，而 B 的价格保持在进货成本上，则 A 点厂商的市场份额将缩小。结果表示在图 9-8 中。

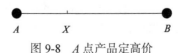

图 9-8　A 点产品定高价

图 9-8 中，假设 X 是对 A 或 B 无差异的代表性顾客。这表明，虽然 A 厂商提高了产品价格，仍然能吸引到 AX 之间的同学，却获得了超额利润。产品同质的前提下，因为交通成本的存在，顾客感觉到产品有差异，而 A 厂商凭借产品差异能够将价格定得高于进货成本（完全竞争的定价），获得超额利润。

如果我们将 A 和 B 空间位置的不同，转换思维理解成 A 和 B 两产品在性能品质上的差异，也就意味着垄断竞争厂商可以基于产品差异实施高于边际成本的定价，并获得超额利润。也许你会问，垄断竞争长期均衡时怎么会有超额利润？这取决于我们案例中假设学校只设了两个雪糕销售厂商。如果放开自由进入，则不会存在超额利润，前提是不考虑固定成本、人工成本及时间成本。

现在，如果允许图 9-8 中的 A 和 B 移动位置，即它们可以自主选择销售位置，如是手推车而不是冷饮店，那它们将会摆放在什么位置呢？分搁两端有可能；都在中点位置也有可能，不过价格肯定要一样；分别在 1/4 分位和 3/4 分位也有可能；还有其他很多位置也可能。因此，预测不出确定性的均衡结果。

不过，从外部性角度看，如果 A 和 B 聚在中间位置能聚焦人气的话，该中间位置便形成了商业中心 CBD。但是，当 CBD 过于拥挤之后，就有可能形成城市的商业副中心。

提要

（1）垄断竞争市场是既有垄断性又有竞争性的市场。竞争是因为同一个行业中有许多厂商，他们生产的产品都是可替代的，各个厂商之间构成竞争；垄断是因为，同行业中各个厂商的产品有差别，每个厂商可能拥有自己独特的客户群。

（2）垄断竞争厂商的需求曲线要考虑两条。由于单个企业对自己的产品有一定垄断性，其面临的需求曲线向右下倾斜而不是水平的；又因为有很多企业提供类似的在一定程度上可替代的产品，所以其需求曲线比完全垄断厂商的需求曲线更加富有弹性，即更平缓一些。这意味着垄断竞争企业的需求曲线是向右下倾斜的，但比完全垄断厂商的需求曲线更加平缓，不过没有达到完全竞争厂商面临的水平需求曲线情形。

（3）垄断竞争厂商的短期均衡与完全垄断厂商是一样的决策原则，根据边际收入等于边际成本确定产量，然后到需求曲线上定价。是否有盈利也取决于定价水平与平均成本之间的关系。

（4）长期均衡是通过厂商进入或退出的调整过程来实现的。由于假定垄断竞争市场是自由进入的，没有进入壁垒，市场长期均衡将使厂商需求曲线与平均成本曲线相切，净利润或经济利润为零。垄断竞争厂商达到长期均衡时，均衡产量小于长期平均成本最低点对应的产量，价格高于长期平均成本最低点对应的价格。

（5）产品差异化是垄断竞争厂商之间常见的非价格竞争方式之一。产品差异化可以有不同方向，可以定位于细分市场，强调消费者对产品的特殊需求，也可不断在高、中、低端的产品档次上做出选择。增加销售支出或做广告是另一种常见的非价格竞争方式。非价格竞争时，成本收益分析仍是厂商决策所遵循的原则。

复习思考题

（1）为什么说垄断竞争厂商兼有垄断和竞争两种因素？

（2）复述垄断竞争厂商短期均衡状态。

（3）是否在价格高时，垄断厂商之间容易进行价格竞争？

（4）对比分析垄断竞争市场与完全竞争市场长期均衡。

（5）为什么说垄断竞争存在浪费和无效率？哪些方面的因素部分抵消了这些缺陷？

（6）产品差异化有哪些途径？

（7）地点或位置的差异为什么形成垄断竞争格局，使价格高于平均成本？

第10章

寡头垄断市场的产量和价格

现实经济生活中，除第 9 章介绍的许多生产差异产品的垄断竞争市场结构外，还存在少数几家大公司控制市场供给的寡头垄断情形。例如，2008 年中国电信业重组后形成固话、长话和移动通信全业务运营的中国电信、中国联通和中国移动；在成品油批零业务上主要有中国石化、中国石油和中国海油；在家用电器零售连锁业主要有苏宁电器和国美电器，以及部分中小型地方连锁公司；大型民用航空器市场上主要有波音和空中客车两家公司；等等。

10.1 寡头垄断市场的特征和成因

10.1.1 寡头垄断市场

在寡头垄断（oligopoly）的市场结构中，一种产品只由少数几家大厂商生产或经销，且任何一家厂商的产量在该行业的总产量中都占有相当大份额，任何一家厂商的竞争行动都会影响其他厂商的产销量和利润。因此，这些寡头垄断厂商之间往往存在紧密的相互依存关系，存在潜在的激烈而针锋相对的竞争。该市场结构具有以下主要特征：①少数几家大公司控制着产品的供应；②寡头市场上产品差异虽是竞争的重要侧面，但相对于全局可将产品视为同质。因此，为便于分析，一般假定寡头市场上的产品是同质的。③寡头市场往往有较高的进入壁垒。此外，新进入者还有可能面临在位厂商的主动阻挠。④寡头企业之间的相互影响，即每一寡头决策时都必须考虑其他寡头对自己的影响，也需要考虑自己对其他寡头的影响。

在完全竞争市场中，每个厂商的规模相对于市场总供求来说极小，因而厂商决策对市场供求从而对其他厂商几乎没有影响，每个厂商都是价格的接受者。在垄断市场中，厂商就是一个行业或部门，如果进入壁垒非常高，垄断厂商根本不需要考虑其他企业的影响。在垄断竞争市场上，由于垄断竞争者规模相对较小，同一行业的垄断竞争者有许多，一家厂商决策对其他厂商所产生的影响不大，所以，厂商决策时几乎可以不把自己对其他厂商的影响或其他厂商可能的反应考虑在内。但是，在寡头垄断市场上几个大厂商之间决策的相关性很强，一个厂商的行动将影响其他厂商，因而某个厂商决策时需要把别的厂商的行动及其对自己可能的影响考虑在内。这种需要把其他厂商决策作为本厂商决策的重要依据，并把自己对其他厂商的影响也考虑在内的情形，称为决策相关。

根据竞争对手采取的策略，或可能采取的策略，做出自己的竞争策略，很像多数游戏中角色双方（或多方）的对抗，或对抗中合作、合作中对抗的情形。现在，学界把描述这种行为规律的理论称为"博弈论"（game theory）或"对策论"。寡头之间的行为就是少数厂商之间的博弈，适合采用博弈论方法进行分析。这是寡头垄断市场不同于其他市场类型的地方。

利润最大化仍然是我们对寡头厂商的基本假定，寡头厂商的目标在于追逐超额利润。为了实现超额利润，市场上的寡头们，时而相互勾结限产提价（合谋或组建卡特尔），时而暗地较量，时而殊死拼搏。有鉴于此，理论经济学界认为寡头垄断市场不存在确定的、合乎逻辑的一般的寡头定价理论，只有一些不同的模型，它们通过特定的行为假定得出不同的结论。

本章主要介绍描述寡头垄断的三个核心的基础模型，即古诺（Cournot）模型、伯川德（Bertrand）模型和卡特尔模型，并介绍基于博弈论的寡头行为。

10.1.2 寡头垄断的成因

寡头垄断形成的原因很多，其中一个重要原因是规模经济。一些行业，如汽车、石油化工行业，使用大规模的成套设备，固定支出十分高昂，有些甚至达到上亿元。另外还需要专业技术、专门的供应和分配渠道及配套服务设施。所有这些都使得厂商必须以大规模经营，这又进一步提高了对厂商在拥有雄厚资本实力方面的要求。必须具有雄厚资本这一条必然使许多意欲进入者望而却步，望洋兴叹。如果一个厂商以较低成本的产量在整个市场的总量需求中占有很大的比重，那么就容易产生寡头垄断。

第二个原因是，许多行业生产中所需主要原料的供给渠道很少，这些渠道一旦被某些厂商占有，就难以改变。在这种场合，意欲进入者即便在资本实力等方面具备了条件，也无法通过自然资源这一关。所以，在石油行业等一些以自然资源为原材料的产业，只存在为数很少的几家厂商。

人为的障碍主要在于限制性价格策略的实施。所谓限制性价格是指能阻拦或防止新厂商加入的一种价格。为了防止新厂商进入，原有厂商放弃短期利润，凭借已有的实力，暂时把价格定在低于均衡价格的水平上，使新厂商无法在此价格水平进行经营。限制性价格的高低如何，一般视行业进入的难易而定。这种策略的实施要求原有厂商保持一致。当然，寡头市场的特征——厂商为数极少——为此提供了可能。

此外，产品的专利权和由政府颁发的特许权，也是某些行业中形成寡头垄断的因素。

10.2　寡头垄断市场的三个模型

寡头企业之间可能相互竞争，也可能联合行动。当寡头企业竞争时，不少行业，如化工、汽车制造等行业，厂商生产能力投资比较关键，我们用古诺模型加以解释；也有不少行业，如商贸企业、金融服务，生产能力比较容易调整，厂商主要关注价格竞争，我们用伯川德模型来描述。企业联合行动时，我们用卡特尔模型来解释。

10.2.1　古诺模型：产量竞争

1838 年，法国经济学家古诺（Augustin Curnot）在《财富理论的数学原理研究》一书中，最早提出了一个双寡头厂商竞争的简单模型。后来，该模型被改造完善，成为寡头厂商产量竞争行为的重要基准模型。

设想在一个小城镇上，两家规模等方面完全一样的寡头厂商（这种情况叫做对称双寡头）控制了矿泉水的供应。一个叫 A 寡头，一个叫 B 寡头。假设居民对矿泉水的需求是 $P=13-0.01Q$。每个寡头厂商在提供矿泉水时单位可变成本为 1，即边际成本为常数 1。假设厂商没有固定成本和其他成本。每个寡头厂商都清楚顾客的需求信息和另一寡头的产量供给。

现在，假设 A 寡头先行决策并对镇上的居民公示。由于 B 寡头没有宣称要提供矿泉水，A 决策时就当 B 不参与提供矿泉水（这一假定实际是暂时忽略寡头行为的相互影响，即一方的产量决策不会引起对手产量的调整）。由于市场上仅有 A 提供矿泉水，其利润最大化的产量决策等同于矿泉水市场的完全垄断者。其均衡点表示在图 10-1（a）中。$A1$ 点为寡头 A 第 1 次决策时边际收益和边际成本相等的点，对应的产量为 600 个单位。

当价格水平等于边际成本时，即市场竞争需求总量为 1 200 个单位时，寡头 B 看到 A 打算提供 600 个单位，因而剩余市场需求还有 600 个单位，B 的剩余需求曲线为：$P=7-0.01Q$。寡头 B 假定自己提供矿泉水时，寡头 A 提供 600 个单位的计划不变，则 B 感觉自己完全垄断了剩余市场需求，进而根据边际收益和边际成本相等的 $B1$ 点确定生产 300 个单位的矿泉水。具体参见图 10-1（b）。

寡头 A 看到 B 打算供应 300 个单位，市场总需求还剩 900 个单位，于是剩余需求曲线为：$P=10-0.01Q$。再假定 B 供应 300 个单位不变，寡头 A 对剩余需求采取完全垄断的方式确定生产图 10-1（c）中 $A2$ 点对应的 450 个单位。

寡头 B 看到 A 打算生产 450 个单位，自己的剩余需求为 750 个单位，剩余需求曲线为：$P=8.5-0.01Q$。根据对剩余需求垄断利润最优化选择在图 10-1（b）中的 $B2$ 点，生产 375 个单位的产量。

继续这一循环，有如下结果。

D_{A3}：$P=9.25-0.01Q$，$A3$ 点的产量为 412.5；D_{B3}：$P=8.875-0.01Q$，$B3$ 点的产量为 393.75；D_{A4}：$P=9.0625-0.01Q$，$A4$ 点的产量为 403.125；D_{B4}：$P=8.96875-0.01Q$，$B4$ 点的产量为 398.437 5；D_{A5}：$P=9.015625-0.01Q$，$A5$ 点的产量为 400.781 25；D_{B5}：$P=8.9921875-0.01Q$，$B5$ 点的产量为 399.609 375；D_{A6}：$P=9.00390625-0.01Q$，$A6$ 点的

产量为 400.195 312 5；D_{B6}：P=8.998 046 875−0.01Q，B6 点的产量为 399.902 343 75。

　　因此，最终均衡时，寡头 A 和 B 均生产 400 个单位的矿泉水。我们将寡头垄断市场古诺均衡时的单个寡头的产量标示在图 10-1（e）中。单个寡头的产量为 400 个单位，整个市场的总产量为 400+400=800 个单位，即 E 点对应的产量。相应的均衡价格为 5[①]。在图 10-1（e）中，我们将 $A1$ 的均衡也放置在一起。实际上，$A1$ 时的寡头厂商 A 的均衡产量为 600，是独家垄断，即完全垄断时的均衡产量。与此对应的垄断定价水平为 7。因此，寡头 B 进入市场参与竞争后，古诺均衡时产量水平比完全垄断时要高，均衡价格水平要低。这体现出竞争对消费者带来了好处，改善了消费者的福利状态。

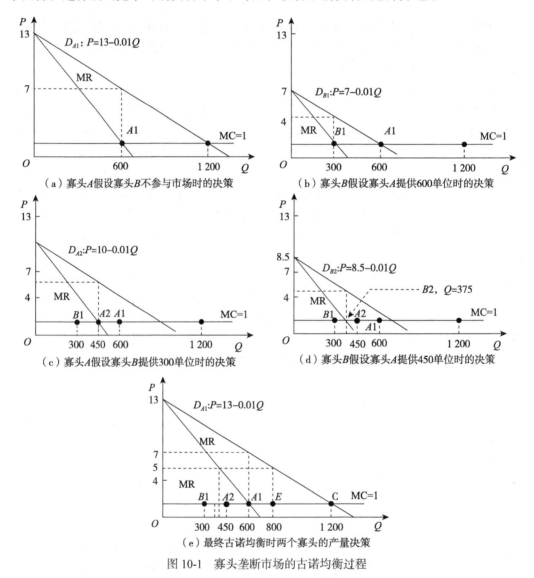

图 10-1　寡头垄断市场的古诺均衡过程

---

　　① 从图 10-1（e）中可以看出，价格线与整个市场的边际收益曲线的交点似乎正好对应着单个寡头的产量！这是因为对于线性需求曲线而言，边际收益曲线是正好平分需求曲线到纵轴的水平线。

当然，我们还可以在图 10-1（e）中指出完全竞争的市场产量水平。完全竞争市场的均衡条件要求企业要按边际成本定价，即厂商边际成本曲线和需求曲线的交点 C。可以看到，该点对应的产量为 1 200，也即市场最大容量。寡头市场古诺均衡时，市场总产量低于完全竞争市场，价格水平高于边际成本。

10.2.2　伯川德模型：价格竞争

1883 年，法国经济学家约瑟夫·伯川德（J. Bertrand）提出了一个寡头厂商价格战的模型。

设想存在一个双寡头（i 和 j）的市场，如一个城市中心地段有两家势均力敌的大型商场，销售一种同质产品。假设产品的边际成本为常数 c，固定成本等于 0，且均没有生产能力的限制。假如当前产品价格为 P，且 $P>c$。寡头 i 认为，如果寡头 j 维持价格 P 不变，则它可以将价格稍低于 P，就可以销售出更多产品，获得更多的超额利润。再假设消费者是完全信息的，因为产品是同质的，则顾客全部转向寡头 i 购买。寡头 i 因为没有生产能力限制，进而预想可以占领全部市场需求。然而，当寡头 i 将产品售价降低到 P 以下一点时，寡头 j 并不是寡头 i 起初设想的维持价格 P 不变，而且由于寡头 i 的攻击性降价，寡头 j 相当恼火，并将价格降得更多，低于寡头 i 的产品价格水平。因为 j 同样不受生产能力限制，所以重新夺回自己的市场份额，并抢占了寡头 i 的市场份额，占领整个市场需求。

现在，两个寡头开始进入互相抢夺市场份额的循环过程。我们很容易预测出最终的结果，产品价格水平达到了边际成本 c，没有再行降价的空间，因此，两个寡头产品的价格水平都定在了边际成本上。此时，由于产品同质，且消费者消息灵通，两个寡头各分得 50% 的市场份额，并且没有超额利润存在。

这意味着伯川德价格竞争模型的最终均衡是在边际成本上定价，这与完全竞争市场能够达到的福利效果完全相同。消费者因为两个寡头大打价格战而获得了大量实惠，因此价格战一般深受消费者欢迎。例如，民用航空机票价格战使很多线路的机票价甚至比火车卧铺票价还低；大陆长假期间，各大城市的主要商场纷纷使出各类优惠手段。

伯川德均衡与完全竞争均衡福利效果一样，意味着即便市场中仅有两家企业进行竞争，只要双方剑拔弩张地正面竞争，其福利结果与大量企业竞争的完全市场是一样的。

这里的问题是：第一，伯川德模型预测的均衡会不会真实出现？第二，同样是对称性双寡头，伯川德模型均衡为什么与古诺模型的预测不一样？谁对？

首先，伯川德均衡的实现有很多理想的假设前提，如果前提不成立，均衡结果就可能不同。如果寡头厂商存在生产能力限制，则其产品定价低于另一寡头时，仍存在剩余需求。那么，另一寡头对剩余需求获得了市场势力，可以将价格定得高于边际成本。如果寡头的边际成本不一样，则低边际成本的企业在生产能力没有限制时，将会取胜。寡头厂商假定自己降价，而另一寡头维持原价，实际上是不现实的，如果寡头预期到双方拼个你死我活，最后却没有获得超额利润，可能就不会发动价格战了。即使展开价格战，也可能打一打之后就中途停止了。

其次，在寡头市场中，寡头间相互影响、相互制约，实践中的竞争合作关系纷杂多变，到目前为止没有办法建立一个完全贴近现实的统一模型。古诺模型和伯川德模型各自从不同角度进行解释。一个是描述产量竞争，另一个是解释价格竞争，在解释现实问题时，它们可以有分工，各有侧重，因而是互补的。现实是复杂的，通常产量竞争伴随着价格竞争。的确有不少市场行为难以简单地用理论模型加以完全彻底地解释，这些模型的描述重在揭示寡头垄断市场竞争的特点，为我们理解寡头竞争均衡问题提供了一些思路。此外，如果我们假定古诺寡头的最大生产能力限制在 400 个单位，并实施伯川德价格竞争，则最终均衡时寡头将价格定在完全利用最大生产能力的价格水平，即 5。这说明古诺均衡与生产能力受限的伯川德预测是一致的。

10.2.3　卡特尔模型

当寡头厂商数目很少又有一定信任基础时，可能会有寡头提议大家联合起来统一行动，这样既不用再烦心相互竞争问题，又能各自有利可图，如果寡头们一致同意统一行动，就构成了合谋。合谋既可以明确达到统一行动的（公开的或隐蔽的）协议，也可以达成一定默契的自动跟随。前者称为公开合谋或隐性合谋，后者称为默契合谋。公开合谋除达成公开的统一行动协议外，还有一种更加稳定的情况，即卡特尔或托拉斯。同一行业内少数寡头就产品的价格、产量和销售地区或利润分配等事项达成的协议就是卡特尔（cartel）。美国 19 世纪后二十多年里就形成了以信托管理为纽带的托拉斯组织。卡特尔一词来自德语，现在已经沿袭成为公开合谋的常用词。当然，由于各国当前普遍实施了反垄断法，公开合谋已经比较少见，因为只要一公开，就多会在法律干预或公众舆论压力下瓦解。多数实际存在的合谋都是隐性的，不过这样的协议我们还无从知晓。我们主要介绍卡特尔模型，以了解合谋的运行机制。

1. 联合起来实施完全垄断定价

在对称双寡头市场中，寡头联合起来像完全垄断厂商一样行动。组建的卡特尔可以根据该产品的市场需求状况，按照整体利润极大化原则确立产品的销售价格和总供应数量，然后再将总供应量平分给各个寡头。那么，寡头垄断市场的定价水平和总供给数量就与完全垄断厂商一样了，即单个寡头的均衡产量是完全垄断厂商的一半，两个寡头加总起来的产量与完全垄断厂商的产量相等。参见图 10-1（a）中 $A1$ 点，该点即对应着完全垄断厂商的产量和定价。与此对应，卡特尔的定价水平与完全垄断是一样的。进而，每个寡头可以获得相当于完全垄断厂商一半的超额利润。

如果两家寡头的边际成本不是常数，且不相等，组建卡特尔后如何实现利润最大化呢？图 10-2 反映的就是这样一个过程。

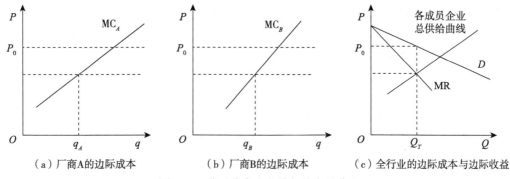

（a）厂商A的边际成本　　　　　（b）厂商B的边际成本　　　　　（c）全行业的边际成本与边际收益

图 10-2 非对称寡头卡特尔的产量分配

假定某寡头行业中只有 A、B 两家厂商。要通过卡特尔使行业利润总额达到最大值，就要使全行业的产量达到 Q_T。Q_T 产量是全行业边际收益曲线与全行业边际成本曲线（这里为 A、B 两家边际成本横向加总）交点所对应的产量。这时的均衡价格为 P_0，A、B 两家厂商均按照统一价格出售产品。

这里，关键的问题是如何将行业总产量 Q_T 作为生产限额分配给每个卡特尔成员厂商。如果卡特尔的目的是获得最大利润，或者说使全行业生产 Q_T 产量的成本最低，那么它就会按照使每个成员厂商的边际成本都等于全部边际收益时的原则来分配产量。按此原则分配产量的结果是，使 A、B 两家厂商分别生产 Q_A 和 Q_B 的数量。这两个数量并不是 A、B 两家厂商获得最大利润的产量（它取决于个别厂商的边际成本等于其边际收益）。如此分配产量之所以能够使行业总成本最低，是因为若按各厂商利润最大化原则分配产量，必然要对 A 厂商生产 Q_A 和 B 厂商生产 Q_B 的这种分配进行调整，而减少某一厂商产量所减少的边际成本必然少于增加某一厂商产量所增加的边际成本。卡特尔的形式本来就是寡头厂商为避免相互之间激烈竞争所产生的协议。不考虑各个厂商利润最大化而追求整体利润最大和成本最小，原本是题中之义。

2. 分割市场

有些情况下，寡头厂商能就各自营业的地理市场达成分割市场的协议，这就构成了市场分配卡特尔。例如，美国的杜邦公司和帝国化学公司两大化学品公司就曾协定瓜分化学产品的国际市场。前者的市场是除英国领地以外的北美洲和中美洲，后者的市场则是英国和埃及等地。中国 2008 年电信业务重组之前，中国电信和中国联通就是一南一北形成地理空间的划分，虽然后来企图互相侵占对方市场，但一段竞争后双方限定了在对方市场里的投资额度。在划分地理市场的情况下，各自都是其市场需求的完全垄断者。

3. 内在的不稳定性

我们知道要达成共同自愿遵守的卡特尔协议往往需要具备一些条件，如少数几家大公司能控制市场份额的大部分，产品差异不是特别重要的竞争变量，协议要符合寡头自身的长远利益等。然而，组建卡特尔除反垄断法制裁之外，卡特尔自身也存在不稳定因素。

如果卡特尔将寡头厂商联合起来，实施完全垄断的定价，并执行产量分配方案，即个别寡头的边际成本要等于完全垄断均衡时的边际收益。个别寡头厂商可能会私下琢磨，既然各寡头厂商已经遵循垄断高价的协议，那么，如果自己私下地扩大产量并按稍低于垄断高价的价格水平出售，则可获得丰厚的超额利润。这时，它很可能选择背离卡特尔，而置当初的君子协定于不顾。

事实上，卡特尔的某些成员时常会受到更大利润的刺激而违背卡特尔。一旦少数厂商这样做并且成功了，其他厂商也会仿效。所以，非法的卡特尔常常因为成员厂商之间表面信任、背后欺骗的自利行为而土崩瓦解。如果卡特尔组织能有效地及早发现害群之马，并严厉地加以惩治，就可能使合谋协议维持更长时间。

除了上述三种模型外，描述寡头定价的模型还有不少，如价格领导模型。在一些行业中，一些厂商因规模较大、信息较快或成本较低，在该类产品定价时居于主导地位。当其定出价格后，其他厂商就以此价格为依据来确定自己产品的价格，成为价格接受者。许多调查表明，在钢铁业、汽车制造业、非铁合金业、农业机械和零售杂货业都普遍存在这种情况。形成价格领导制的第一种情况是某些大厂商与一些小厂商并存，大厂商在行业中占有明显优势，成为确定价格的领袖。这种价格领导模型叫做支配性厂商或大厂商的价格领导模型，或称为斯坦克尔伯格模型，即领导者-追随者模型。第二种情况是因为某些厂商能够比较及时地掌握市场信息，对整个产品成本及需求能作比较准确的判断而被同行业其他厂商公认为确定价格的领袖。这种情况被称做晴雨表式的灵活调节型的价格领导模型。第三种情况是成本最低的一家厂商可能在价格竞争中居于优先地位而获得价格领导权。这种情况被称为低成本厂商价格领导模型。这些价格领导关系并不是基于寡头厂商间的协议，本质上是一种默契机制，算不上合谋。

10.3　运用博弈论分析寡头行为

博弈论是由美国数学家冯·诺依曼（von Neumann）和经济学家摩根斯坦（Oscar Morgenstern）在 20 世纪 50 年代引入经济学领域的，经过纳什（J. Nash）等经济学家的发展，目前已经成为较为完善的经济学基本分析工具。博弈论强调参与人决策的相互作用，因此是分析寡头决策相互影响的理想工具。

要构成一个博弈，一般需要具备下列要素：①参与人——两人以上，并假定参与人是追求收益最大化的；②行动——每个参与人可采取的行动；③收益——各参与人采取行动后，各行动组合下每个参与人可获得的货币或非货币收益。有时，收益也被称为支付。

接下来，参与人根据掌握的信息，按收益最大化原则选择自己的最优行动，最后当参与人都达到了最优选择、不再调整行动选择时，各参与人联合的行动组合就构成了博弈的均衡。与均衡行动组合相对应的收益，即是参与人博弈后所获得的结果。

当然，根据参与人之间掌握的信息是否一样，博弈可分成对称信息博弈和非对称信息博弈。根据参与人选择行动时是否存在先后顺序，博弈可分成静态博弈和动态博弈，前者是参与人同时行动的博弈，后者是参与人行动有先后顺序的博弈。动态博弈也被称为序贯博弈，因为参与人行动时存在先后，一前一后地序贯行动。一个静态博弈结束后有时会反复再现、循环博弈，被称为重复博弈。重复博弈也具备动态的性质，但不是序贯行动的。根据对称与否、动态与否，博弈论一般是由对称信息静态博弈、对称信息动态博弈、不对称信息静态博弈和不对称信息动态博弈四个模块构成[①]。我们这里仅用对称信息的情形。

10.3.1　囚徒困境和占优均衡

设想以下场景：一宗银行抢劫案的两个嫌疑人被传唤到警局受审，当然他们是被隔离受审的。政府的政策是"坦白从宽，抗拒从严"。假设这两名嫌疑人是一伙的，被逮之前约定绝不坦白。但是，由于被隔离受审无法互通信息，双方都不知道对方到底守不守信，所以这属于都不知道对方如何选择的对称信息博弈，其构成要素如下：①参与人——两名犯罪嫌疑人；②行动——两人都有"坦白"和"抗拒"两个行动可选；③收益——如果两嫌疑人都全部坦白，各人将被判入狱 5 年；如果两人都不坦白，因警方已经掌握了一定证据，所以各人将被判 3 年；如果一个嫌疑人坦白另一个不坦白，坦白的一人从宽处理，被判 2 年，而另一人从严处理，被判 10 年。

我们可以将两个参与的行动与收益组合更清晰地描述在表 10-1 中。

表 10-1　囚徒困境的收益矩阵

各参与人行动及收益		嫌疑人 B	
		坦白	不坦白
嫌疑人 A	坦白	–5，–5	–2，–10
	不坦白	–10，–2	–3，–3

表 10-1 中每一个格子表示一种两参与人行动组合及对应的收益值。格子中前一个数字是嫌疑人 A 的收益，第二个数字是嫌疑人 B 的收益。例如，当 A、B 都坦白时，他们各自收益（–5，–5）用左上格表示，即两人所得都是–5；如果 A 坦白而 B 不坦白，收益（–2，–10）在右上格表示，即 A 的收益是–2，B 的收益是–10。其他依此类推。由于犯罪嫌疑人是被处罚的对象，所以对参与人而言收益是负值。

现在，我们分析两个嫌疑人的博弈过程。如果他们遵守被逮之前的约定，绝不坦白，收益组合为右下角的（–3，–3）。但是，嫌疑人 A 会想，如果 B "不坦白"，自己"坦白"就可以获得污点证人的好处，收益组合转为右上角（–2，–10），自己的收益从–3 变为–2。如果 A 自己"不坦白"，一旦 B 经受不住警方强大的心理攻势"坦白"了，收益组合从（–3，–3）转为左下角的（–10，–2），自己的收益为–10，所以 A "不坦白"就亏大了。如果 B 选择"坦白"，A 也选择"坦白"，收益组合为左上角的（–5，–5），A 的收益就从–10 变为–5。因此，A 推算出来，不管 B 选择什么，A 选择"坦白"总是比"不坦白"的行动要好。因为，A "坦白"时的收益（收益矩阵第一行每个收益组合中的前一数字），

[①] 具体内容参见专门的博弈论教材。我们日常生活和中国很多典故中都富含博弈的经典案例，如田忌赛马是典型的序贯博弈策略，空城计利用了不对称信息和不确定性，"声东击西"和"明修栈道，暗度陈仓"利用不对称信息掩饰真实意图。

–5 或–2，总是分别大于"不坦白"时的收益（第二行每个收益组合中的前一数字），–10 或–3。因此，A 有了不管 B 如何选择的最优选择，即"坦白"。我们称"坦白"为 A 的占优行动。

与 A 的推算一致，B 也推算出来收益矩阵第一列收益组合后一数字总比第二列后一数字大，"坦白"也成为 B 的占优行动。由于 A 或 B 都义无反顾地选择了"坦白"，因此，"坦白，坦白"成为囚徒博弈的均衡，收益组合（–5，–5）为最终的收益结果。参与人占优行动构成的博弈均衡，被称为占优均衡（dominant equilibrium）。

然而，我们可以看到占优均衡时的收益（–5，–5），没有两人都坚守"不坦白"约定时的收益（–3，–3）好。那么，既然可以做得更好，为什么案例中的嫌疑人没有做到呢？这是因为各自出于私利的考虑，都选择了对自己有利而对对方不利的策略，其结果是双方都达到更差的境地，这就是囚徒困境（prisoner's dilemma）。个体理性导致了集体的非理性。这一典故中蕴涵的分散个体理性与总体理性之间的矛盾冲突关系具有普遍性。例如，我们在寡头市场的伯川德模型中描述的价格战的情形，就是典型的囚徒困境。如果两家寡头能够追求长远利益采取合作态度，如组建成卡特尔，就有可能获得超额利润，从而避免囚徒困境。而卡特尔组织并不稳定，寡头个体理性又会导致卡特尔组织的解体。

能找出参与人的占优行动，进而预测占优均衡的博弈毕竟较少。在大量同时行动的博弈中，找不出参与人的占优行动。而且，当参与人有许多个可选行动时，各行动组合的支付经常会出现交叉，很难找出占优行动。但是，我们可以推测，如果发现参与人的某个行动的收益在各可能组合中都很差，参与人肯定不会选择这个行动。这样的行动与占优行动相反，是参与人的劣行动。参与人可以从行动组合中剔除劣行动，以简化收益矩阵，并进一步剔除其他参与人的劣行动，经反复剔除劣行动后获得的均衡，被称为反复剔除劣战略均衡。

然而，面对众多同时行动的博弈，这两个预测均衡的方法仍只能解决一部分问题。这时就需要我们运用预测均衡的新概念，即纳什均衡。

10.3.2　寡头厂商广告博弈的纳什均衡

下面是一个关于广告的例子。作为竞争对手的两家厂商就是否做广告展开博弈，其支付矩阵如表 10-2 所示。

表 10-2　广告问题的支付矩阵

各厂商的行动及收益		厂商 B	
		广告	不广告
厂商 A	广告	5，5	15，0
	不广告	0，15	20，20

对于厂商 A 而言，这一支付矩阵的第一行收益组合（5，5）中的第一个数字 5 大于第二行收益组合（0，15）中的 0，但（15，0）中 15 小于（20，20）中的 20。A 做广告的可能收益与不做广告的对应可能收益大小逻辑存在交错。因此，A 没有占优行动，到

底采取哪个行动，取决于竞争对手的行动选择，即如果 B 选择"不广告"，A 比较（15，0）和（20，20）中的前一数字，选择"不广告"；如果 B 选择"广告"，A 将选择"广告"。

与此类似，B 也没有占优行动，到底采取哪个行动取决于竞争对手的行动选择。

现在，我们可以推测出，给定 B "广告"，A 也"广告"；给定 A "广告"，B 也"广告"，即"广告，广告"构成了一个均衡。因此，在此行动组合出现时，A 或 B 都没有要选择其他行动。这一均衡被称为纳什均衡（Nash equilibrium），即给定参与人之一选择了某种行动，其他参与人也将选择该行动组合中的行动。

不过，在表 10-2 的支付矩阵中，"不广告，不广告"也构成了一个纳什均衡。

现在，纳什均衡的方法一下预测了两个行动组合，到底哪一行动组合是最终均衡呢？答案是都有可能，即纳什均衡有可能不是唯一均衡。实际上，这与我们经常观察到有些行业的竞争有时激烈、有时又很缓和的周期性波动是相吻合的。

表 10-1 中的占优均衡实际上是纳什均衡的一个特例。我们可以推测，给定 B "坦白"，则 A 也"坦白"，反之亦然。

10.3.3　卡特尔和重复博弈

因徒博弈之所以出现困境，就是因为单纯追求个体私利时，最终结果并不是最好的结果。现在，如果嫌疑人被逮之前的约定和信任关系是牢固的，如二人是重亲情的亲兄弟，给定其中一人"不坦白"，则另一人也"不坦白"，进而也会构成一个纳什均衡。

然而，个体由于占优行动的收益诱惑往往会私下背信弃义。假设对称的双寡头组成价格联盟卡特尔，通过限产维持垄断高价，共获得 40 个单位的超额收益，每个寡头可分得 20 个单位。现在，两个厂商面临表 10-3 所示的博弈。如果 B 遵守维持垄断高价的协议，选择"不降价"，则 A 如果私底下给顾客低价，选择"降价"，则可比（20，20）中自己收益多获得 30-20=10 的额外收益。比原来高出 50% 的额外收益刺激 A 背信弃义，背离卡特尔协议。当然，B 也精于计算，也选择"降价"，背离卡特尔协议。然而，A 或 B 如意算盘的前提是对方还傻傻地维持卡特尔协议。结果，如意算盘落空了。最终均衡是双方选择"降价，降价"，对应的收益为（10，10）。

表 10-3　卡特尔成员的支付矩阵

各厂商的行动及收益		厂商 B	
		降价	不降价
厂商 A	降价	10, 10	30, 5
	不降价	5, 30	20, 20

这实际上表明因徒困境中双方采取合作行为的均衡，虽然能成为一个纳什均衡，但是该均衡是一个脆弱的均衡。这就是我们前面已经介绍过的卡特尔协议的内在不稳定性。寡头组建卡特尔是利益结盟，没有亲兄弟的血缘关系牢固。当然，亲兄弟的血缘关系也要经受利益的考验，双方都重情重义时，合作关系才比较牢固。

处在因徒困境中的寡头厂商，看到（10，10）到卡特尔协议（20，20）之间能够共赢的 50% 的利益空间，就会琢磨如何才能巩固合作关系。

一是要注重长远利益，不能因为眼前利益偷鸡不着蚀把米。这涉及重复博弈的问题。囚徒困境产生的一个重要原因是，寡头双方就博弈一次，因此不用考虑长远利益。 如果双方还要在同一市场上长期共存，就会在意这次要不要背叛合作协议了。例如，车站、机场、旅游景点的产品价格一般要高出不少，就是因为交易是一次性的，厂商不用在意回头客问题。历史题材的影视剧或现实生活中，我们经常可以看到存在社会黑势力或贪官污吏的环境中，普通民众没有及时举报或不勇于抗争，就是因为担心打击报复，因为他们及其家人还要在当地长期生活。

二是如果谁背叛了卡特尔协议，另一方将对背叛者采取严厉的惩罚。如果寡头之间要长期共存，并且每一次的背叛行为都可能受到相应的惩罚，如采取"针锋相对"和"以牙还牙"的策略，那么，寡头就会倾向于合作。

重复博弈在理论上被分为有限期重复博弈和无限期重复博弈。如果是有限期重复博弈，寡头厂商肯定在最后一次采取不合作行动，因为已经不存在长期收益。由于最后一次双方是不合作的，因此，倒数第二次博弈时也没有长期收益，双方也将采取不合作行动。这一推理可以一直逆推到第一次博弈，双方也将采取不合作行动。因此，有限期重复博弈只不过是单次囚徒困境的多次重复，没有逃脱不合作的困境。如果是无限期重复博弈，没有办法找到最后一期，也即双方一起共事的时期足够长，双方将会注重长远利益采取合作态度。

10.3.4 市场进入和序贯博弈

1. 阻止进入的定价决策

前面分析寡头市场时，我们没有考虑市场进入问题。寡头垄断市场一般存在较高的进入壁垒，但是也存在资金实力雄厚、虎视眈眈的潜在竞争者。为研究这一问题，我们设想当前市场上有一家完全垄断的厂商（在位厂商），他需要考虑决策的权衡：如果定垄断高价，就可能引发潜在进入者进入市场，使超额利润被分享；如果定一个较低的价格，潜在进入者可能会发现没有多少超额利润可图而放弃进入。首先在位厂商选择定价水平，潜在进入者观察在位厂商的定价水平，并决定是否要进入市场。这就是在位厂商先行动，潜在进入者后行动的序贯博弈。若用收益矩阵描述该博弈，可能不够直观。现在我们引入博弈的另一图示方式——扩展式。

图 10-3 表示了在位厂商和潜在竞争者的进入博弈。最左端黑点为博弈树的起始点，该点上方"厂商 A"是决策者，A 可选行动"定高价"和"定低价"，分别写在起始点的两个分支上。每条分支上的黑点表示"厂商 B"需要做出行动选择，被称为决策点。B 有两个行动，即"进入"或"不进入"，表示在 B 的每个决策点后的分支上。每条分支对应的数字为相关路径下的收益组合。例如，（13，3）表示厂商 A 选择"定高价"和厂商 B 选择"进入"时的收益，第一个数字 13 是 A 的收益，第二个数字 3 是 B 的收益。厂商 A 和厂商 B 为参与人，分别置于图 10-3 中的决策点。

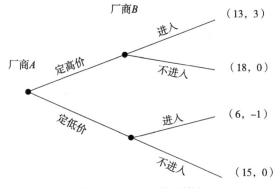

图 10-3　进入的定价博弈

要解出扩展式博弈的均衡结果，需要从右向左推算，即从最后行动的决策者收益权衡中确定该决策者的行动选择，然后倒数第二个决策者权衡，依此类推直到起始决策者，最后确定均衡路径，即参与人依次行动顺序组合和支付结果。这种方法属于逆向归纳求解。

在图 10-3 的博弈树中，厂商 B 在其上边决策点，即如果 A 选择"定高价"，则权衡"进入"的收益 3 和"不进入"的收益 0 后，选择"进入"分支；在下边决策点上，如果 A 选择"定低价"，厂商 B 权衡"进入"的收益 -1 和"不进入"的收益 0 后，选择"不进入"分支。现在，该博弈树还剩两条分支，对应的收益分别为（13，3）和（15，0），这时轮到厂商 A 决策，权衡"定高价"的收益 13 和"定低价"的收益 15，确定选择"定低价"这一分支。因此，最终均衡是厂商 A "定低价"、厂商 B "不进入"，对应的收益为（15，0）。这一均衡结果实际上是一个纳什均衡，即都是给定对方行动选择情况下的最优选择。

另外，因为潜在竞争者的存在产生的进入威胁，使垄断性厂商 A 不敢随意定高价。这佐证了可竞争市场理论的预测。而且，垄断厂商 A 通过定低价策略确实达到了阻止潜在竞争者进入的效果。

2. 阻止进入的承诺问题

现在，厂商 B 准备进入市场。厂商 A 听说后声称，如果厂商 B 进入，他肯定会全力打击。这意味着博弈顺序是厂商 B 先行动，决定"进入"或"不进入"。如果厂商 B 进入，厂商 A 要选择是"接纳" B，还是"打击" B。博弈的扩展式如图 10-4 所示。

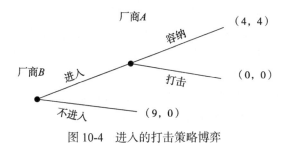

图 10-4　进入的打击策略博弈

如果厂商 B 不进入，厂商 A 就不用决策是否打击新进入者了，所以厂商 B 的第二个分支直接结束。运用逆向归纳求解，可以判断如果厂商 B 真的进入了，厂商 A 最好选择"容纳"；如果 A 容纳，厂商 B 肯定会选择"进入"。因此，最终均衡是厂商 B "进入"，厂商 A "容纳"。这说明，厂商 A 光是声称如果 B 进入就会打击 B 是不管用的，是不能吓跑厂商 B 的。所以，厂商 A 声明行动取向的策略是不可置信的承诺。

现在，厂商 A 决定在 B 进入之前就投资建立较大规模的超额生产能力，且这一投资将是不可逆的沉没成本。新的博弈树转变为图 10-5。

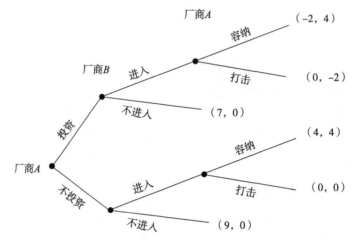

图 10-5　通过超额生产能力投资阻止进入的博弈

运用逆向归纳求解图 10-5 的博弈树，厂商 A 选择"投资"、厂商 B 选择"不进入"，最终均衡的收益为（7，0）。因此，厂商 A 进行超额生产能力投资是一个可置信的承诺，可以达到阻止进入的效果。

10.4　寡头垄断市场的福利评价

我们也许已经大概看出，用博弈论工具分析寡头行为，侧重寡头厂商行为策略的选择，而寡头市场基本模型的分析有助于我们预测市场均衡时的产量和价格水平（这一分析对厂商决策也有很大帮助）。然而，寡头市场各个模型均有特定的前提条件，这些模型可用来解释某些市场，但不能预测所有寡头市场的结果。因此，寡头垄断市场结构的福利评价没有统一结论。尽管如此，卡特尔模型和伯川德模型都是两种极端情形，寡头市场是一个既有一定程度的竞争，又有较大程度垄断的市场，古诺模型预测的结果更接近寡头市场运行的常态。基于我们对市场结构划分的四种类型，可以大概判断寡头垄断市场是比较接近完全垄断、比垄断竞争市场更远离完全竞争的一种市场结构。因此，在静态福利效果上，寡头垄断比完全垄断要好，但比垄断竞争要差。

（1）寡头市场的伯川德竞争不是常态，但其中的寡头具备相当强的市场势力，因而寡头厂商的价格水平要高于边际成本。各种不同类型寡头市场中厂商数目的多少及行业进入的难易程度不同，价格水平高出完全竞争市场价格水平的程度也就不同。行业中厂商数目越多，越容易进入，寡头价格与完全竞争价格之间的差距就越小，反之则反是。

（2）由于寡头厂商拥有市场势力，其生产很难在平均成本曲线的最低点进行，市场总产量也达不到完全竞争的产量。但是，考虑到寡头市场中寡头厂商之间常以非价格竞争手段（如利用大量广告和使产品多样化）代替价格竞争，市场需求曲线可能因此而右移，即市场需求可能因为消费者接受了新式产品和广告宣传而有所扩大。寡头垄断厂商往往在广告上和产品式样翻新上花费巨额支出，广告虽为买者提供了信息，产品多样化虽使消费者有了更多的选择，然而，由于广告等销售成本最终要分摊到消费者身上，可能造成对经济资源的一种浪费。

（3）从动态技术创新的角度看，寡头厂商由于有能力对创新投入巨额经费，因而寡头市场往往在新产品、新技术和市场领域存在竞争。所以，除了中小型偶然创新外，大量创新来自于寡头厂商。从国际竞争的范围看，在与大型跨国公司展开竞争时，也需要国内寡头厂商与之抗衡。不过，如果国内寡头厂商不是在激烈的国内竞争中拼杀长大的，其也会同样缺少创新能力和国际竞争力。

（4）市场进入更有可能加剧市场竞争。新厂商的加入往往导致秘密协议和原有默契的破坏。合谋厂商中的个体往往总是企图趁对手们恪守协议之机独自降低价格，新加入者就更是如此。当原有厂商执行既定协议时，新厂商的需求曲线就是较为富有弹性的，降价扩销就会成为极有利的选择。寡头厂商对新进入者特别是创新性进入者的阻挠、兼并和排挤，都可能阻碍竞争。在实施反垄断法的国家，这种阻止进入行为一般会受到有关司法机构的关注和限制。

在有些情况下，能否进入寡头市场取决于市场容量。例如，图 10-6 中的 D 曲线代表某个寡头垄断行业市场需求曲线，AC 代表行业内两个生产同种产品的完全相同的厂商的平均成本曲线，从 D 曲线与 AC 曲线的相对位置可以判断，相对于厂商的合适的生产规模，市场需求显得很小。假设这两个厂商各自拥有整个市场的一半，那么他们相同的需求曲线为 E，即在各个价格水平上，两个厂商各自所面临的需求量均为总市场需求量的一半，这时，E 曲线与 AC 曲线相割，表示两个厂商可以在价格高于平均成本的情况下进行生产。如果这时新进入一个厂商，且三家平分市场，那么三家厂商各自的需求曲线必为 F。F 曲线表示在各个价格水平上，厂商的需求量都是 D 曲线上所示需求量的三分之一。若 AC 仍然如故，那么三个厂商都无法生存。所以如果市场相对狭小，那么已有厂商的存在本身就构成新厂商进入的障碍。

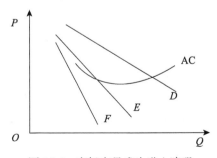

图 10-6　市场容量成为进入障碍

10.5 真实经济运行：企业是按理论方法办事的吗？

我们假设企业的目标是利润最大化，并按边际成本等于边际产量原则确定最优产量，然后根据需求定价。然而，现实经济中，企业是这样做的吗？

1. 利润最大化的目标是否适用？

我们一直假定厂商可以明确地确定产品的成本曲线和销售价格。但是，其对于多工厂或从事多行业经营的企业、企业集团或公司，要复杂得多。由于存在工厂间的成本分摊和利润转移，直接观察时有些不能直接与理论分析相对应。但是，从长期而言，它们都是以追求利润为目的的。

现在经济中还有诸多非营利性组织等，它们虽然不一定追求利润，但还是有工作目标的，如非货币收益等目标，因此，仍然可以用经济学方法分析它们的行为。

追求最大限度的利润是每个厂商的最基本的行为动机。在经济舞台上，达尔文式的适者生存的竞争和自然选择规律依然存在。如果一个厂商对是否能取得最大利润的问题漫不经心，那么他不久必然退出此舞台。不过，这并不意味着每一个寡头或垄断者都力图用尽一切力量来从每一次交易中榨取最后一分钱的利润。一旦厂商具有相当的规模并开始具有某种控制价格的能力时，他便能够在取得最大利润的活动中稍稍放松一点。

与短期利润最大化相比，厂商更加追求长期利润最大化，因此厂商不一定每次都把最大利润放在决策的首要地位。有的企业为了排挤竞争对手开辟市场，或排斥潜在竞争对手夺回市场，不惜损失一时的利润，将价格暂时压低。这种极端的定价做法叫做掠夺性定价。而一些利他主义和慷慨解囊的行动则是为了搞好公共关系和有朝一日更多地捞回利润。而许多企业为了实现范围经济，同时生产多种产品。这时，他们在追求整个企业总体利润水平最大，而在单个产品上表现出来的则不再是利润最大化。

2. 有没有用边际分析方法？

在实际经济活动中，即使生产单一产品并抱有最大利润目标的厂商也并不一定有意识地使用经济理论中具体的边际分析工具。他们在决策时并不画什么曲线。这并不说明微观经济理论是毫无事实根据的。他们是在通过试着干的办法摸索到最优状态。通过经验和测算，他们经常可以准确地知道在什么情况下能够实现最大利润。当他们这样做时，他们实际上已接近边际收益等于边际成本的境地。

诺贝尔经济学奖获得者弗里德曼认为，不管用接近最大化的方法、习惯性反映、随机性机遇，还是难以归类的东西，只有它们能导致与理性的、见多识广的收益最大化相一致的行为，生意才会兴隆，才能通过自然选择。弗里德曼提出了台球手理论。老练的台球手的击球就如同他们进行了假说中所认为的思考和计算后所做的击球一样[1]。这就是说，台球手们并没有计算台球的方向、角度、力量及是否旋转等，也没有计算自己回击

① 弗罗门. 2003. 经济演化——探究新制度经济学的理论基础. 李振时，刘社建，齐柳明译. 北京：经济科学出版社.

所应该采取的最佳线路、力量、角度等。但是，千万次的实践，已经养成了他们判断这些变量的经验。他们在运用经验而不是模型计算来做出回应时，已经贴近计算的结果。商场如战场，市场机遇稍纵即逝。实践中大多数厂商既没有时间，也没有必要描绘需求曲线和边际收益曲线。老练的厂商与老练的台球手做的是同样的工作，那就是，根据经验和直觉做出虽然不是最优但是十分接近最优结果的次优选择，而这种次优选择则是大大节约决策成本的。

获得准确的需求曲线、边际收益曲线和边际成本曲线的信息，要付出高昂的信息费用。成本加成，实际是考虑到信息不完全、信息费用等因素时，采取的节约信息费用的替代方法。考虑到现实中价格离散、产量变化非连续等情况，更没有必要描绘需求曲线。因为厂商只是在几个有限规模下进行选择，而不必也不可能考虑连续的变化。也就是说，厂商不必也不可能在每一个时刻准确地达到利润最大化。对于一个厂商来说，重要的是根据经验获得满意的利润。而当他们总是这样做的时候，其在行业总体上就接近利润最大化了。正如美国著名经济学家阿尔钦所说的，自然选择能够保证利润最大化作为产业行为趋势发生，但是不能确保每一个生存下来的企业个体都能获得最大化利润。不过，无论企业是否致力于利润最大化，经济的自然选择将确保每一个生存下来的企业个体都表现出与利润最大化相一致的行为。

这样说并不意味着边际分析方法无意义，恰恰相反，边际分析方法揭示了使利润达到最大化的最基本的力量。从短期看，利润最大化的边际分析与成本加成是矛盾的，但是从长期看则一致或接近。长期边际成本和长期平均成本在很大产量范围内是不变或少变的，所以成本加成方法与边际分析方法的差距并非像人们开始想象的那么大。

3. 实用的成本加价定价法

事实上，成本加价定价法是在实践中运用最广泛的定价方法。平均成本往往在价格制定中起着重要作用。在平均成本得出以后，价格便可以通过在此平均成本上加上一个加成而得到，其关键在于这个加成或"赚头"定多高。这主要取决于对消费者反应的估计和对竞争者价格政策的估计。在决定加成的大小时，厂商或经营决策者有意无意地在做一件事，这就是在猜测他的产品的需求弹性。

估算产品平均成本的实际工作比想象的要复杂和困难得多，因为在平均成本的计算过程中不免会遇到一些问题。例如，一个厂商也许不止生产一种产品，那么行政管理费用和整个工厂的不变成本如何分摊到不同产品中去？一个生产过程（如化工厂的同一个反应过程）产出不同的产品，那么每一种产品的平均成本如何确定？平均成本总会以某种方式得到确定，不过厂商并不能保证它是精确无误的。实际上，厂商有意扭曲某种产品的平均成本的情况也时有发生。如果产品市场行情较好，产品价格可以定得偏高，这就允许厂商把成本算得偏高，否则其就不得不压低成本。

价格和成本在很大程度上取决于市场竞争的强度，如果竞争激烈，厂商会把价格定得低一些。厂商有时愿意把某种产品作为将来吸引顾客购买别的产品的牺牲品，或者厂商愿意暂时蒙受亏损以便打垮竞争对手。

在某些行业中，各厂商按照成本加价定价法制定的价格大致相同。这是因为在这些行业中各个厂商的成本比较接近，而且需求也颇相似。在另一些行业中，各个厂商相似产品的价格却相差很多。对其原因的详细解释有待具体的分析。但有一点可以肯定，即它们最终都和成本与需求分不开。

那么，成本加成定价方法是否是对边际分析方法的完全否定？是否意味着厂商不再追求利润最大化？成本加成定价方法是否与边际分析方法不相容？不是的，成本加成定价方法是实现利润最大化的简单定价法，也是接近边际分析方法的节约费用的定价方法。

案例 10-1：2008 年中国电信业务重组三足鼎立

2008 年 5 月 24 日，工信部、国家发改委及财政部联合发布《关于深化电信体制改革的通告》，鼓励中国电信收购联通 CDMA 网（包括资产和用户），联通与网通合并，卫通的基础电信业务并入中国电信，中国铁通并入中国移动。另外，改革重组将与发放 3G 牌照相结合，重组完成后发放三张 3G 牌照。

重组后的三家电信运营商均拥有 3G 牌照、移动网络和固网，进入全业务运营和竞争时代，而且在跨地区运营方面也相互给予准入。重组后的格局如表 10-4 所示。

表 10-4　移动、电信、联通重组后格局

运营商	组成	业务	用户规模
新中国移动	中国移动+中国铁通+TD-SCDMA	TD-SCDMA 网络，固网 总资产：6 000 亿元	移动：3.866 亿户（GSM） 固话：原铁通 2 100 万户用户， 宽带：原铁通 400 万户用户
新中国电信	中国电信+CDMA 网络+CDMA2000	CDMA 网络，固网 总资产：4 000 亿元	移动：4 192.6 万户（CDMA） 固话：2.26 亿户 宽带：3 817 万户 小灵通：约 5 400 万户
新中国联通	中国联通（–CDMA 网）+中国网通+WCDMA	WCDMA 网络，固网 总资产：3 400 亿元	移动：1.205 64 亿户（GSM） 固话：1.187 8 亿户，其中无线市话 2 868 万户 宽带：2 266 万户 小灵通：约 2 400 万户

改编自中国电信业重组宣布.http://it.sohu.com/s2005/dianxinchongzu.shtml；电信重组拉开序幕.http://tech.sina.com.cn/focus/telecom_cz2008/。

根据案例 10-1 回答下列问题。

（1）电信运营市场的进入壁垒有哪些？进入壁垒高低如何？

（2）三家电信运营商提供的服务基本同质吗？

（3）从规模上看，电信运营市场存在主导企业吗？模拟市场竞争行为时可用哪些模型？

案例 10-2：方便面协会和企业相互串通并操纵价格

2007 年 7 月下旬以来，包括华龙、白象等在内的多个中低价位方便面品牌将统一上调价格。涨幅最高可达到 40%。方便面涨价的消息一出就引起社会各界广泛关注。国家发改委立案调查"世界拉面协会中国分会"（简称方便面中国分会）及相关企业涉嫌串通上调方便面价格的情况。

初步查明，从 2006 年年底至 2007 年 7 月初，方便面中国分会先后三次召集有关企业参加会议，协商方便面涨价事宜。

1. 基本事实

2006 年 12 月 26 日，方便面中国分会在北京召开一届八次峰会，研究棕榈油和面粉涨价引起的企业成本增加问题。会议商定高价面（当时价格每包 1.5 元以上）、中价面（当时价格每包 1 元以上）和低价面（当时价格每包 1 元以下）涨价的时间和实施步骤。2007 年 4 月 21 日，方便面中国分会在杭州召开一届九次峰会，再次研究方便面调价日程。会议明确了调价幅度和调价时间，高价面从每包 1.5 元直接涨到 1.7 元，计划 6 月 1 日全行业统一上调。2007 年 7 月 5 日，方便面中国分会又一次在北京召开价格协调会议，部分企业决定从 7 月 26 日起全面提价。7 月 23 日，该会负责人接受媒体采访，公布了涨价消息，社会反响强烈。有关企业按照以上会议协调安排，从 2007 年 6 月起，相继调高了方便面价格，具体细节如图 10-7 和图 10-8 所示。

率先涨价方便面		
类型	原价	现价
康师傅红烧牛肉干拌面五连包	7.5元	8.5元
康师傅红烧牛肉面五连包（105克装）	9.2元	10元
康师傅葱香排骨面	5元	6元
福满多五连包系列（有浓香牛肉面等3种口味）	5元	6元
统一葱爆牛肉面五连包	6.9元	7.5元
农心泡椒牛肉面五连包	6.9元	7.5元
农心香菇牛肉袋装面	2元	3元

图 10-7 率先涨价方便面

	类型	原价	现价
部分方便面提价表	低价面	0.5~0.8元	0.7~0.8元
	中价面	1元	1.2元
	高价面	1.5元以上	2.0元
	统一平价面	1元	1.2元
	康师傅中珍袋	1.5元	1.7元
	康师傅面霸袋装面	8元	2.0元

图 10-8 部分方便面提价表

2. 认定结论

方便面中国分会多次组织、策划、协调企业商议方便面涨价幅度、步骤、时间；印刷会议纪要在《中国面制品》杂志刊发，向全行业传递龙头企业上调价格的信息；媒体发布方便面涨价信息，致使部分地区不明真相的群众排队抢购。上述行为严重扰乱了市场价格秩序，阻碍了经营者之间的正当竞争，损害了消费者合法权益。此外，方便面中国分会在被调查的过程中，没有提供完整的会议纪要文本；接受调查后，通过媒体发表不实言论，否认串通涨价事实。方便面中国分会和相关企业的行为，违反了《中华人民共和国价格法》第 7 条"经营者定价，应当遵循公平、合法和诚实信用的原则"，第 14 条"经营者不得相互串通，操纵市场价格"，第 17 条"行业组织应当遵守价格法律、法规，加强价格自律"的规定，以及国家发改委《制止价格垄断行为暂行规定》第 4 条"经营者之间不得通过协议、决议或者协调等串通方式统一确定、维持或变更价格"的规定，已经构成相互串通、操纵市场价格的行为。

3. 处理意见

国家发改委责令方便面中国分会立即改正错误；公开向社会做出正面说明，消除不良影响；宣布撤销三次会议纪要中有关集体涨价的内容。对方便面中国分会和相关企业的串通涨价行为，国家发改委将深入调查，并依法做出进一步处理。国家发改委价格监督检查司负责同志指出，方便面价格属于市场调节价，企业有权自主决定。2007 年上半年，进口棕榈油、小麦粉（方便面面饼用料）价格大幅上涨，推动方便面生产成本上升。在这种情况下，企业适当提高方便面价格是可以理解的。但企业调整价格的行为必须符合《中华人民共和国价格法》规定，严禁由行业组织牵头实施价格联盟，严禁企业之间采取相互串通等不正当竞争手段操纵市场价格。国家发改委提醒，所有行业协会和经营者要引以为戒，正在酝酿串通涨价的要立即停止；已经有串通涨价苗头和行动的要主动纠正，立即停止执行。

资料来源：方便面全面涨价. http://finance.sina.com.cn/focus/fbmqmzj/。

请根据案例 10-2 回答以下问题。

（1）运用经济学原理分析有关法律限制价格联盟的理论根据。

（2）如果国家发改委不制止方便面的联合涨价，该联盟能有效维持吗？

案例 10-3：滴滴、快的多番价格战后终实现合并

2015 年 2 月 14 日，滴滴与快的正式宣布两家实现战略合并。滴滴打车 CEO（chief executive officer，即首席执行官）程维及快的打车 CEO 吕传伟同时担任联合 CEO。两家公司在人员架构上保持不变，业务继续平行发展，并将保留各自的品牌和业务独立性。双方未透露持股比例和新公司估值。据《华尔街日报》此前报道，二者合并后估值或达 60 亿美元。

双方的业务都于 2012 年推出，在 2013 年下半年业务出现爆发，随着腾讯在微信支付的推广投入，滴滴成为移动支付突破口，并且于 2014 年 1 月接入微信支付，且在微信端推出滴滴打车入口；背靠阿里的快的也开始加大市场推广的力度，于 2013 年 8 月即接入支付宝，双方的补贴大战一触即发。进入 2014 年双方又将目标盯向专车领域，快的将收购的上海打车软件大黄蜂进行整合，率先推出了名为"一号专车"的专车业务。紧接着滴滴推出滴滴专车，专车市场的竞争更加火爆。

滴滴打车补贴如下。

2014 年 1 月 10 日，滴滴打车乘客车费立减 10 元、司机立奖 10 元。

2014 年 2 月 17 日，滴滴打车乘客返现 10～15 元，新司机首单立奖 50 元。

2014 年 2 月 18 日，滴滴打车乘客返现 12～20 元。

2014 年 3 月 7 日，滴滴打车乘客每单随机减免"6～15 元"。

2014 年 3 月 23 日，滴滴打车乘客返现 3～5 元。

2014 年 5 月 17 日，打车软件乘客补贴"归零"。

2014 年 7 月 9 日，软件司机端补贴降为 2 元/单。

2014 年 8 月 12 日，滴滴打车取消对司机接单的常规补贴。

快的打车补贴如下。

2014 年 1 月 20 日，快的打车乘客车费返现 10 元，司机奖励 10 元。

2014 年 2 月 17 日，快的打车乘客返现 11 元，司机返 5 ~ 11 元。

2014 年 2 月 18 日，快的打车乘客返现 13 元。

2014 年 3 月 4 日，快的打车乘客返现 10 元/单，司机端补贴不变。

2014 年 3 月 5 日，快的打车乘客补贴金额变为 5 元。

2014 年 3 月 22 日，快的打车乘客返现 3 ~ 5 元。

2014 年 5 月 17 日，软件乘客补贴"归零"。

2014 年 7 月 9 日，将司机端补贴降为 2 元/单。

2014 年 8 月 9 日，滴滴、快的两大打车软件再出新规，全面取消司机端现金补贴。

资料来源：滴滴快的正式宣布合并：业务平行发展. http://tech.163.com/15/0214/10/A IDHD560000915BF.html。

请根据案例 10-3 回答以下问题。

（1）滴滴和快的之间的价格战可用哪种模型来解释？

（2）请运用相关理论知识分析滴滴和快的为何要实行战略合并。

附录 10-1：斯威齐的弯折需求曲线模型

市场需求经常波动，而且产品生产的投入要素及税收也经常小幅波动。但是，经济观察家们发现寡头市场上的价格水平经常保持相当长一段时期都没有变化，它是寡头厂商联合固定价格，还是另有原因呢？寡头市场价格在较长一段时期没有显著变化的现象，被称为价格刚性（price rigidity）。

为了解释价格刚性存在的现象，美国著名经济学家保罗·斯威齐提出了一种假说。他认为，寡头市场产品的价格之所以呈现出刚性，在某一水平固定下来后不经常变动，是因为这种市场上产品的需求曲线是弯折的，具体如图 10-9 所示。

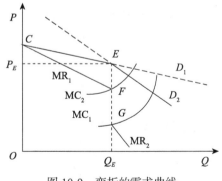

图 10-9　弯折的需求曲线

这条弯折的需求曲线反映了寡头厂商的行为特征。几个寡头厂商之间的行为相互影响，每一家的行动都受到对手们的密切关注。假如某厂商产品的既定价格为 P_E，产量为 Q_E，当该厂商出于提高利润的动机企图提高价格时，不难想象，其他厂商不会做出同样的调整。这样，率先提价的厂商由于独自提价，销售量必然锐减。表现在需求曲线上，

价格为 P_E 以上水平的需求曲线的价格弹性很大，即曲线很平坦。相反，如果该厂商为了争取更多的销售额而降价的话，则其他厂商必定也会跟着降价竞销，以争取更多的利润。共同降价的结果是各个寡头厂商只是有限地扩大了自己的实际销售额。因此，在既定价格 P_E 以下的需求曲线部分，需求价格弹性较小，曲线较陡峭。基于这种假设，寡头厂商需求曲线是图 10-9 所示的 CED_2。

这条弯折的需求曲线本身就从需求的方面说明了寡头市场的价格刚性。根据弹性、价格变动与收益变动之间的关系，不难判断，某个寡头厂商轻率提价并不能获得更多利润。因为在原有价格之上的需求曲线部分需求弹性大，提高价格，销量锐减，其结果是收益反而减少，所以厂商一般不会轻易涨价。另外，由于在原有价格水平以下的需求曲线部分需求弹性较小，若降低价格，销售量的增加极为有限，收益也不能增加，所以寡头垄断市场上某一产品的价格形成以后就不再轻易变动。

再从供给方面来看这条曲线所示的价格刚性。需求曲线 CED_2 可以理解为两条需求曲线相接而成，这两条分别是 D_1 曲线的 E 点以上部分和 D_2 曲线的 E 点以下部分。边际收益曲线的位置是由需求曲线的位置决定的。D_1、D_2 两条需求曲线分别有 MR_1、MR_2 两条边际收益曲线。在 E 点或 E 点对应的产量 Q_E 上，边际收益曲线是断开的，假如边际成本从 MC_1 变动到 MC_2，产量 Q_E 仍不失为利润最大化的产量。这就是说，当成本发生一定范围的变动时，弯折的需求曲线仍能使原来的价格和产量为最有利可图的价格和产量。因为在小于 Q_E 的产量上，边际收益大于边际成本；在大于 Q_E 的产量上，边际成本又大于边际收益。

弯折的需求曲线模型曾一度被经济学家们作为说明寡头垄断的通论，但是后来的研究对这一理论的通用程度提出了质疑。一是乔治·施蒂格勒发现，在他所考察的几个寡头垄断的行业内，当一个厂商提价时，其他厂商一般也如法仿效，所以很难说弯曲的需求曲线的确存在。二是人们认为斯威齐的弯折需求曲线模型旨在说明为什么价格会维持在某个水平上，但它没能说明现行价格为什么会维持在此水平而不是其他水平上。如图 10-9 所示，其只是简单地把价格 P_E 作为已知的，而没有解释现行价格为什么是 P_E，所以这一理论只是对寡头定价行为规则的一个不完全的说明。

提要

（1）寡头垄断市场是只有少数几家领导者生产或销售某种产品的市场，每一个寡头在行业中占有相当大的份额。一家寡头的竞争性行动会影响其他几家的产量和利润。因此每一家厂商在做出决策时，必须把竞争对手的决策考虑在内。

（2）古诺模型是最早出现的寡头垄断模型。该模型假定，某寡头行业中只有两家厂商，它们生产同一种产品，且有相同成本函数（边际成本为零）。两家都能及时了解市场需求，他们在决定自己的产量时都以为竞争对手不会改变原有产量，然后按利润最大化产量生产。结果，各自的产量都等于市场最大需求量的 1/3，两家厂商的总产量等于市场最大需求量的 2/3。

（3）伯川德模型描述了寡头之间的价格竞争及均衡定价过程。某一个寡头以另一寡头维持价格不变为前提，自己率先降价以图销售出更多产品，进而获得更多的超额利润。而这一攻击性降价促使另一寡头将价格降得更多。两个寡头互相抢夺市场份额的最终结果是，产品价格水平达到了边际成本 c，没有再行降价的空间，因此，两个寡头产品的价格水平都定在了边际成本上。此时，由于产品同质，且消费者消息灵通，两个寡头各分得 50%的市场份额，并且没有超额利润存在。

（4）卡特尔是同一行业内各厂商之间通过对有关价格、产量和市场划分等事项达成的明确协议。寡头可以通过选择行业优化产量，即全行业边际收益曲线与全行业边际成本曲线（这里为 A、B 两家边际成本横向加总）交点所对应的产量，并按照使每个成员厂商的边际成本都等于全部边际收益时的原则来分配产量，使行业总成本最低。这时各家厂商均按照统一价格出售产品。双寡头组成价格联盟卡特尔，通过限产维持垄断高价，可获得超额收益。每个寡头都有暗自突破协议的动机，因而卡特尔总有内在的不稳定性。

（5）寡头市场上厂商之间的行为相互影响、相互作用的关系可以描述为博弈。博弈论是描述和研究理智的行为主体之间相互影响、相互作用的一种决策理论。所有参与者一经选定就不再改变决策的状态叫做博弈均衡。

（6）不论对方作何策略，自己总有最好的策略的均衡被称为占优均衡。当一方的策略给定时，另一方有最好选择的模型被称为纳什均衡。占优均衡是纳什均衡的特例。无限次重复博弈可以促使局中人倾向于合作。

（7）参与人选择行动有先后之别的博弈为动态博弈，也被称为序贯博弈。在位厂商和潜在竞争者围绕行业进入的博弈就是属于这种类型。它可以用博弈树进行描述。在位厂商若在潜在进入者进入之前，以不可逆的沉没成本建立较大规模的超额生产能力，则这一投资将成为对潜在进入者施行惩罚的可置信承诺，从而能够成功阻止其进入。

复习思考题

（1）古诺模型与伯川德模型有什么不同？
（2）假定某寡头行业中只有 A、B 两家厂商，他们要通过卡特尔使行业利润总额达到最大值，他们将怎样就产量进行分配？
（3）请复述寡头厂商广告博弈的纳什博弈模型。
（4）请复述行业进入的定价博弈模型。
（5）卡特尔的内在不稳定性说的是什么？

第11章

要素定价与工资

前面的所有章节都是有关产品价格的理论，在那里，已基本回答了微观经济学三个基本问题中的前两个：第一，生产什么和生产多少的问题，即社会需要的各种产品分别生产多少；第二，怎样生产，即厂商如何实现合理的投入组合。本章和第 12 章将要回答第三个问题，即为谁生产的问题。

所谓为谁生产的问题在微观经济学中被归结为生产要素所有者的收入如何决定的问题，进而被归结为生产要素的价格如何被决定的问题。在市场经济体制中获得收入的依据是提供生产要素，而收入的大小取决于生产要素的价格，当然也依赖于个人所拥有的生产资源的多少。例如，土地所有者收入的多少依赖于他拥有的土地数量，同时依赖于每亩土地能收到的租金。生产要素的价格既然涉及个人收入分配问题，研究生产要素价格怎样形成及各种要素所有者的收入是如何被决定的，也就回答了为谁生产这个基本问题。

同时，生产要素的价格问题也与生产什么的决策有关。生产要素的价格一方面是决定同时作为要素所有者的消费者的收入高低的因素；另一方面又是决定作为要素使用者的生产者成本高低的因素。生产什么、生产多少必须依据成本和需求两个因素来决定。生产要素价格通过影响生产者的成本，又反过来影响产品产量和价格水平。前面几章没有展开对要素价格的讨论，并假定生产要素价格是既定的。对要素价格的研究，才算全面、彻底地回答了生产什么的问题，也才算全面、彻底地回答了微观经济学的基本问题，即一个社会既定的生产资源总量怎样最有效率地分配使用于各种不同的用途。

11.1 对生产要素的需求

11.1.1 共同的需求与边际生产力论

生产过程中技术上的要求决定了要素往往不是单独发生作用的。一个赤手空拳的人甚至不能进行任何一种真正的生产。当然，只有工具或土地而没有人的劳动，更谈不上生产。所以说，物质产品的生产过程需要相互依赖的各种生产要素。生产理论中介绍的生产函数就反映了物质生产过程中投入和产出之间及各种投入物之间的依赖关系。

17 世纪的著名经济学家威廉·配第曾用自然而朴素的语言描述了生产过程中生产要素共同需要的关系。他说：劳动是财富之父，土地是财富之母。这是说，正如人们不能判定是母亲还是父亲对胎儿的形成更为重要一样，产品的产出是各种生产要素共同作用的结果，各种生产要素总是相互发生作用，并互相加强各自的有效性。维修机器的劳动使机器变得更节省劳动和更有效率。

不同生产要素在生产过程中的这种相互作用或相互依赖性产生了一个难题。人们一般认为，根据各种生产要素在生产过程中的作用或对形成产品的贡献来对产出进行分配是大体公正的。即使不考虑伦理道德的因素，任凭市场机制发挥作用，人们也会自发地要求得到自己要素作用的成果。生产要素的共同作用性质使人难以判断每种要素的作用，分配依据什么来进行呢？如果各种生产要素都可以单独进行生产活动，每种要素在生产中的贡献便可一目了然，收入分配的问题就不会是什么令人头痛的事情。但是现实世界中上述假设根本不存在。可能有助于解决难题的是边际生产力理论，即用技术状况不变、其他生产要素的数量不变时，增加一单位某种要素带来的边际产出的价值量来计量该要素的贡献，并计算这种要素的报酬。例如，劳动者的收入可以由其边际产品价值量来决定；资本所有者的收入可以用资本的边际产出的价值量来决定。

科布–道格拉斯生产函数描述的是美国某一时期的总生产函数，即此期资本数量、劳动数量与国民收入之间的关系。根据该生产函数，劳动和资本的产出弹性分别为国民收入增量的 3/4 和 1/4。根据此生产函数，资本不变而劳动数量增加 1%时，国民收入增加 0.75%；若劳动不变，资本增加 1%，国民收入增加 0.25%。劳动和资本的产出弹性亦可被视作劳动和资本对产出的贡献。这一结论恰恰符合美国国民收入分配的格局，即工资大约占国民收入的 3/4，而剩下的 1/4 大致为财产收入的份额。科布–道格拉斯生产函数之所以著名，正是由于它不仅说明了劳动和资产对产出的贡献，而且证明了它们各自贡献的份额与它们在国民收入分配中所得的份额恰恰基本吻合。西方学者认为，这便证明了自由企业市场经济中生产要素所得的份额由它们各自的边际生产力决定这一观点。

11.1.2　完全竞争产品市场中对一种可变要素的需求

对生产要素价格的研究所采用的方法与对产品价格理论所采用的方法完全一致。分析产品价格的决定是从对产品的供给和需求两个方面入手的。产品价格取决于其供给和需求双方的作用，即价格由供求双方共同决定。生产要素的价格亦如此，即它是由对生产要素的供给和需求双方共同决定的。但是，由于生产要素需求产生的原因有点特别，所以要素价格理论比产品价格理论稍微复杂一些。

与产品的需求取决于消费者对产品的效用或边际效用相似，厂商对生产要素的需求取决于生产要素具有的生产出产品的能力。从此意义上说，厂商对生产要素的需求根源于人们对产品本身的需求。为了生产出供人们消费的产品，厂商们才产生了对生产要素的需求。对生产要素的需求是由对产品的需求派生出来的，所以对要素的需求又被称为派生需求或引致需求。于是，对生产要素需求的研究还必须联系产品需求进行分析。

本章在对要素需求的分析中，先假定要素市场属于完全竞争市场，因而要素价格不随需求数量的变动而变动，即为常数。在11.2节中取消此假定，考察要素市场发生垄断的情况。

1. 边际产品价值与边际要素成本

为了说明厂商对一种可变要素的需求是如何决定的，必须借助边际产品价值（value of the marginal product，VMP）与边际要素成本（marginal factor costs，MFC）这两个概念。

边际产品价值就是边际生产要素的产值，就是指增加一单位生产要素所增加的产量的销售值。由于这里讨论的是完全竞争的产品市场中的厂商，其产品的销售价格不随产量的变动而变，厂商可以按照既定价格卖出任何数量的产品，所以增加一单位要素所增加的销售值，就等于这一单位要素所生产的边际产量与销售价格之积，即 $VMP = P \cdot MP$。

边际要素成本是指可变要素每增加一个单位引起的总成本的增量，$MFC = \dfrac{\Delta TC}{\Delta Q_f}$（$\Delta Q_f$ 为可变要素增量；ΔTC 为总成本增量）。在完全竞争要素市场，厂商可以按既定价格雇佣或购买任意的数量，所以，边际要素成本就是单位要素的价格。请注意，边际要素成本与边际成本之间的区别在于二者的自变量不同。边际要素成本的自变量是要素数量，而边际成本的自变量是产品数量。

2. 要素最佳投入量

本书前面在分析商品的均衡价格和产量如何决定时已经指出，厂商均衡产量即是利润最大化的产量，而唯有符合边际成本等于边际收益条件时的产量能够使厂商获得最大限度的利润。在完全竞争市场上，产品边际收益等于既定不变的销售价格。所以利润最大化的产量是边际成本=边际收益=销售价格时的产量。这一思路对于考察和描述厂商对生产要素投入数量的选择也是适用的。现在的问题是，既然生产要素投入数量的变动会引起收益的变动和成本的变动，从而引起利润量的变动，如何在各种可能的要素投入量中找出一种能够使利润达到最大化的产量？厂商通过调整可变要素投入量以实现最大利润的条件，是最后一单位可变要素带来的收益，即边际产品价值恰好等于为增加这最后一个单位可变要素所付出的成本，也就是当可变要素投入量达到边际产品价值等于边际要素成本时，这个数量便是可变要素的最佳投入量。原因是，当边际产品价值大于边际要素成本时，增加可变要素投入量带来的收益大于为此付出的成本，因而增加可变投入量可以使利润总量有所增加；而当边际产品价值小于边际要素成本时，增加可变要素投入量带来的收益小于为此付出的成本，因而已经获得的利润总量必然较之前有所减少。只有在边际产品价值等于边际要素成本时，总利润对要素投入量的变化率为零，即利润达到最大化，该赚得的利润一个没少赚，不该损失的利润一个也没损失。

3. 厂商对一种可变要素的需求曲线

现在仍然假定一种生产要素是厂商整个生产过程中的唯一可变要素，研究单个厂商对这种生产要素的需求曲线，即厂商在其他生产要素的数量固定不变时，对这种可变要素的需求曲线。

为了使问题便于理解，假定一个厂商的生产函数已知，并且可以从中推出如表 11-1 所示的可变要素投入数量与其边际产量、边际产品价值之间的关系。由于产品市场是完全竞争市场，所以产品价格是一个常数，为 7.5 元。从表 11-1 中可见，至少当可变要素投入到第 20 个单位时，边际产量发生了递减的情况（表中仅列举边际产量发生递减阶段的情况）。与最佳产出量取决于上升阶段上边际成本与边际收益相等对应，要素最佳投入量发生在要素边际产量下降阶段上边际产品价值等于要素边际成本之处，所以无须考虑要素边际产量递增阶段。表 11-1 中第四栏表示的是要素增加一个单位以后厂商所得的收益增量（边际产品价值）。

表 11-1 可变要素投入量与边际产量、边际产品价值之间的关系

可变要素投入量/个	边际产品/吨	产品价格/元	边际产品价值/元
19	5	7.5	37.5
20	4	7.5	30.0
21	3	7.5	22.5

若可变要素的价格为每单位 37.5 元，则边际要素成本为 37.5 元，厂商将根据边际产品价值等于边际要素成本的原则增加第 19 个单位要素，即把对要素的投入量调整到 19 个单位；如若可变要素的价格为每单位 30 元，厂商就会再增加一个单位的投入，因为第 20 个单位要素所带来的收益增量为 30 元。如果这时厂商仍停留在 19 个单位的投入量上，那么要素边际产品价值大于边际要素成本的差额 7.5 元就可赚而没赚到。为了得到一切可以得到的利润，厂商必然增加这一个单位的要素。如若要素的价格为 22.5 元，按照上述分析，厂商便应将要素投入量增加到 21 个单位。总之，厂商对可变要素的投入量或对可变要素的需求量总是按照边际产品价值等于边际要素成本的原则决定的。如果生产要素价格变动，厂商就必然调整要素投入量，使调整后的边际产品价值等于变动后的要素价格。厂商应该考虑表 11-1 第四栏的数值中哪一个与要素市场价格（在该表中未标出）相一致，与这个数值对应的表中第一列中的数字，就是厂商应该选择的要素数量。也就是说，当要素价格为 37.5 元时，要素需求量为 19 个（因为这时边际产品价值等于 37.5 元，满足要素价格等于边际产品价值的原则）；当要素价格为 30 元时，要素需求量为 20 个；……。

上述要素需求量与要素价格之间的关系，正反映了厂商对一种可变要素的需求，这一需求可以用要素需求曲线表示。图 11-1 的曲线就是根据表 11-1 绘制的。P_f 代表要素价格。厂商的边际产品价值曲线（下降部分）表示了厂商始终遵循边际产品价值等于边际要素成本的原则确定要素数量，要素的投入量（即需求量）取决于与要素价格相等的边际产品价值。厂商需要的要素数量总要等于与要素价格一致的边际产品价值所对应的投入量。

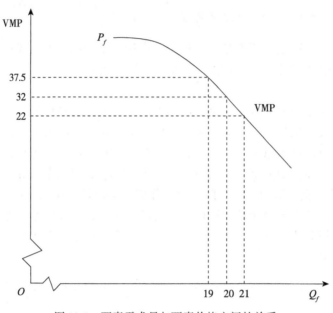

图 11-1　要素需求量与要素价格之间的关系

4. 完全竞争行业对一种可变要素的需求曲线

上面论证的是，完全竞争行业中个别厂商对一种可变要素的需求曲线可以由可变要素的边际产品价值曲线来表示。那么，行业的需求曲线是如何形成的呢？

第 3 章中对需求曲线形成的介绍指出，消费品市场需求曲线是由各个消费者的需求曲线在水平方向加总而得到的。只要将每一个给定价格上各个消费者对产品的需求量相加，就可得出各个价格下整个市场或行业的需求量。但是，从个别厂商对某种要素的需求曲线不能直接导出该行业对该种要素的需求曲线。因为对于消费品来说，当收入等因素不变时，每个消费者的需求量唯一地取决于该消费品的价格，也就是，与每一价格相对应，每个消费者都有一个确定的需求量。所以，通过将给定价格的需求量加总的办法可以直接推出各个价格下的市场需求量，即得出市场需求曲线。但是在生产要素的需求方面，厂商对要素的需求量取决于该要素量相应边际产品价值之值，而 $\mathrm{VMP}=P \cdot \mathrm{MP}$，即要素的需求量受到边际产量和产品价格大小的影响。在完全竞争的市场上，个别厂商产量的变动并不会影响产品市场价格，但该行业所有厂商合起来的供给量的变动则会影响产品价格。各个厂商边际产品价值曲线越往下的部分，意味着各个厂商的产量越大，行业的供应量也越大，市场价格必然受此供给量增加的影响而降低。价格的变动必然影响决定要素需求的边际产品价值曲线。

边际产品价值可能的变化及其对要素需求量的影响可以用图 11-2 说明。

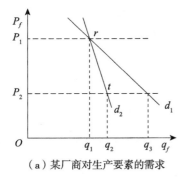 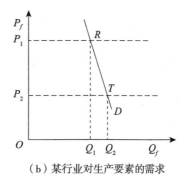

（a）某厂商对生产要素的需求　　　　（b）某行业对生产要素的需求

图 11-2　厂商和行业的要素需求曲线

图 11-2（a）描绘了一家厂商对唯一的可变生产要素 F 的需求曲线。纵轴 P_f 表示要素价格，横轴 Q_f 表示厂商投入的要素数量或厂商需求的要素数量。开始厂商处于 d_1 曲线上，该曲线上 r 点表示当该要素价格为 P_1 时，该厂商对它的需求量为 q_1。把该行业所有各厂商与 P_1 价格相对应的要素需求量加总，即得图 11-2（b）D 曲线上的 R 点，它表示 $P_f = P_1$ 时，整个要素市场对该要素的需求量为 Q_1〔请注意，图 11-2（a）和图 11-2（b）横轴所用的比例尺不一样〕。

当 P_f 从 P_1 下降到 P_2 时，厂商将根据边际产品价值曲线所指示的方向扩大对要素 F 的需求量。要素投入量的增加带来产量的增加。但因所有厂商都增加了产品供应，市场产品供应量增加，这在一般情况下必然引起产品价格下降，于是由产品价格 P 和要素边际产量 MP 之积决定的边际产品价值曲线必然向左偏转。因为 P 下降，原来按照一定投入量应有的边际产品价值值也相应下降，这样，就有一条新的边际产品价值曲线，在图 11-2 中表示为 d_2 曲线，该线上 t 点表示，当 $P_f = P_2$ 时，要素需求量为 q_2。连接 r、t 两点形成的曲线便是考虑到因供给增加而产品价格下降后厂商实际的边际产品价值曲线或要素需求曲线。把各个厂商的 rt 线在水平方向上相加，便可得整个要素市场的需求曲线 D。

11.1.3　非完全竞争产品市场的厂商对一种可变要素的需求

非完全竞争市场是指除完全竞争以外的三种多少带有垄断因素的产品市场。

完全竞争市场中产品的销售价格就是边际收益，表示边际要素所带来收益的就是产品价格与要素边际产量的乘积。在产品市场属于非完全竞争市场时，产品价格是随销售量的增加而下降的，产品的需求曲线是自左上向右下方倾斜的，与此种需求曲线相应，边际收益也是随产量增加而下降的，下降的幅度比价格大一倍。此时，表示边际要素所带来的收益的就不再是产品价格与要素边际产量的乘积（边际产品价值），而是一个新的概念——边际收益产品（marginal revenue product，MRP）。

边际收益产品可以表示为边际收益与要素的边际产量之乘积，即 MRP=MR·MP。边际收益是最后增加的一个单位产品的生产或销售所带来的总收益的增量；要素的边际产量是最后增加的一单位要素所带来的产量的增量。作为二者之积的边际收益产品实际上就是最后增加的一单位要素所带来的总收益的增量。所以，厂商投入的一种可变要素的边际收益产品 MRP 又可定义为总收益的变化量与可变要素变动量之比，即 MPR= Δ TR/ΔQ_f（ΔQ_f 为可变要素增量；Δ TR 为总收益增量）。

表 11-2 有助于回忆已学的概念和理解新的概念。在表的第 1 栏和第 2 栏中分别列出要素投入量和产品的产量，第 3 栏边际产量是增加一个单位要素所带来的产量的增量，即 MP=$\dfrac{\Delta Q}{\Delta Q_f}$，第 4 栏中价格随着产量的增加而下降，表示产品的市场属于非完全竞争市场。在要素投入量由一个单位增加到两个单位时，其产量的增量为 6，其总收益的增量为 32（60–28），所以第 6 栏边际收益的对应值应当为 $\dfrac{32}{6}$。边际收益产品为边际收益与边际产量之积，所以当要素投入量由 1 增加到 2 时，该要素的边际收益产品为 32（$\dfrac{32}{6}$ ×6=32）。同时要素的边际收益产品又可表示为总收益增量对要素增量之比。当要素投入量从 1 增加到 2 时，总收益则从 28 增加到 60，所以此时要素的边际收益产品又可以看做 32 比 1，仍为 32。

表 11-2   可变要素投入量与其边际收益产品的关系

1	2	3	4	5	6	7
要素投入量 Q_t	产量 Q	边际产量 MP	价格 P	总收益 TR	边际收益 MR	边际收益产品 MRP=MP·MR
1	4		7	28		
		6			32/6	32÷6×6＝32
2	10		6	60		
		5			3	3×5=15
3	15		5	75		
		3			−1	−1×3=−3
4	18		4	72		
		2			−6	−6×2=−12
5	20		3	60		

注："＞"表示相邻两个产量之差

边际收益产品这个概念与边际产品、边际收益的概念须区分开。边际收益涉及总收益与产量的关系，它是指在一定的产量水平上产量的微小变化带来的总收益的变化，自变量是产量 Q。表 11-2 中要素投入量由 2 增加到 3 时，产量由 10 增加到 15，产量的增量为 5；而总收益由 60 增加到 75，变动量为 15。因而，当产量由 10 增加到 15 时，生产或销售一单位产品所带来的总收益的变化是 $\dfrac{15}{5}$=3。计算要素的边际收益产品，不仅要知道当要素为一定量时的边际产量，而且要知道与此要素投入量相对应的产量水平上，每增加一单位产量所能获得总收益的增量，即产品的边际收益。

非完全竞争市场中的厂商在决定要素的最佳投入量时也要遵循使最后一单位可变要素带来的收益恰好等于为增加这最后一单位可变要素所付出的成本的原则。所不同的是，表示最后一单位可变要素带来的收益不再是完全竞争中的边际产品价值，而是边际收益产品。为最后一单位可变要素所付出的成本则是要素的单位销售价格（前面说过假定要素市场是属于完全竞争的，所以要素价格是一常数）。非完全竞争市场中厂商要素最佳投入量的条件是 MRP=MFC=P_f（P_f 为要素价格）。

　　由此可知，如同完全竞争产品市场中厂商对一种可变要素的需求曲线可以由这种要素的边际产品价值曲线来表示一样，非完全竞争产品市场的厂商对一种可变要素的需求曲线可以由这种要素的边际收益产品曲线来表示（图 11-3）。

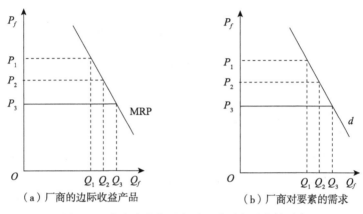

图 11-3　非完全竞争厂商对一种可变要素的需求

　　图 11-3（a）显示出，当要素价格 $P_f=P_1$ 时，能使厂商赚得的利润为极大的使用量为 Q_1。因为在要素投入量为 Q_1 时要素的边际收益产品等于要素价格，所以在图 11-3（b）上反映出当要素价格为 P_1 时，厂商对要素的需求量就是 Q_1。同理，当要素价格为 P_2 时，能使厂商赚得最大利润的要素使用量是 Q_2，因为在要素投入量为 Q_2 时，要素边际收益产品的值正好等于边际要素成本，即要素的价格。于是，在图 11-3（b）上反映为当要素价格为 P_2 时，厂商对要素的需求量是 Q_2。所以，表示要素各种可能的价格与其对应的要素需求量之间关系的要素需求曲线，即图 11-3（b）中的 d 曲线，就是从图 11-3（a）中的边际收益产品曲线推出的，或者说它可以直接由边际收益产品曲线来表示。

　　完全竞争与非完全竞争这两种不同产品市场中，厂商对一种可变要素需求的不同之处可以归结为在不同的产品市场上，厂商的产品所面临的需求曲线不同。完全竞争厂商面临一条水平的产品需求曲线，其价格和产品的边际收益都是常数。因而边际产品价值曲线的形状取决于边际成本曲线的形状。因为 VMP=$P \cdot$ MP，所以在边际成本曲线上每一个要素投入量所对应的边际产量乘以产品价格即得到在各个要素数量上边际产品价值的值。由此可描绘出边际产品价值曲线。而在产品市场是非完全竞争市场时，参与边际收益产品计算的是边际收益，且边际收益随着产量增加时以比价格变动更快的速度下降，各个要素投入量上的要素边际产量要分别乘以一个个越来越显著变小的边际收益值，才得到在各个要素数量上的边际收益产品值。所以边际收益产品曲线向下倾斜的幅度要比边际收益曲线的大许多。如果两种产品市场类型中两个厂商的可变要素的边际产量曲线相同，那么完全竞争产品市场中厂商的边际产品价值曲线要比非完全竞争产品市场中厂商的边际收益产品曲线平坦许多，图 11-4 就反映了这一差别。

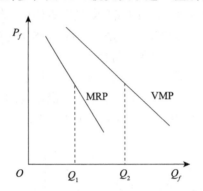

图 11-4　边际产品价值曲线比边际收益产品曲线平坦

　　上面分析了只有一种生产要素可以变动、其余要素数量既定不变情况下厂商对生产要素的需求。所用的分析方法与对产量做出最佳选择上所用边际分析方法是一致的，只不过在这里厂商选择的变量改变为要素投入量或需求量。实际上完全竞争产品市场中厂商的边际产品价值与非完全竞争产品市场上厂商的边际收益产品分别表示两种产品市场中厂商的要素边际收益，是新增要素所带来的新增收益。边际产品价值或边际收益产品等于边际要素成本，也就是要素的边际收益等于要素的边际成本。这样理解更易于把握。

11.2　生产要素的供给与要素价格的决定

　　11.1 节对各种情况下厂商对生产要素的需求做了详细分析，本节分析生产要素的供给，并且在此基础上分析生产要素价格是如何决定的。

11.2.1　完全竞争要素市场中要素的供给

　　不同种类生产要素的供给有着不同的特点。就自然资源来说，一个社会一定时期内自然资源的量可以看做既定不变的。就资本来说，它的市场供给量可能随着利息率的上升而增加；就劳动的市场供给来说，其也有同样的性质。这里只从要素市场的竞争性质来区分不同要素的供给。

　　所谓完全竞争的要素市场是这样一种市场：作为产品生产者且作为要素需求者的要素买主数量很多，要素的提供者人数也很多。在此需要区分个别厂商所面临的要素供给和整个要素市场的供给。

　　在完全竞争的要素市场中，个别要素需求者所面临的要素供给是有无限弹性的。也就是说，厂商可以在不影响要素价格的情况下购买他所愿意购买的任何数量，在图形上该供给表现为一条水平的直线。每个厂商所愿购买的数量在整个市场要素供给量（或需求量）中只占很小份额，所以任何一个厂商在他有限需求范围（相对于整个市场而言）内无论怎样调整需求量，这一调整在整个市场交易量中都是微不足道的，从而不至于引起由市场供求双方共同决定的要素价格的变动。

与个别厂商面临具有无限弹性的供给曲线相反，整个市场的供给曲线却不具有无限弹性。在很多情况下，整个市场的供给量只有在要素价格上升时才能增加。所以要素的市场供给曲线是向右上方延伸的曲线。在有些情况下，市场供给是完全没有弹性的，不论价格上升多少，供给量总是固定不变。

人们常常对属于自然资源的某些生产要素的供给弹性估计太低，认为一国的土地和矿产资源的数量是既定的，不可能随着价格的变动而改变，因此常常假定土地和矿产资源的供给完全没有弹性。其实这里存在一个误解，从某一时刻来说，已探明的自然资源的存量是既定的，它们不会随价格变动，但是自然资源的供给量是可随价格变动的，价格大幅度的增加会引起有关厂商投入更多的勘探费用，诱使高成本的煤矿和农场重新开工，诱使人们对荒山贫地进行开发、投资。所以，自然资源至少在长期中不会完全缺乏弹性。

11.2.2　非完全竞争要素市场的供给

非完全竞争的含义包括除完全竞争市场以外的三种类型市场，即垄断竞争、寡头垄断和完全垄断三种类型。与对产品市场类型所作的区分一样，生产要素市场的不同类型也可分为四种，而非完全竞争要素市场也是对应的后三种。所不同的是，厂商在产品市场上是作为具有（或不具有）垄断地位的卖者；而在生产要素市场上，厂商是作为具有（或不具有）垄断地位的买者。前面分析的是完全竞争的买主的要素供给曲线，现在将以独家买主所面临的供给曲线为典型代表来研究非完全竞争要素市场的供给。

所谓买主垄断是市场上只有为数很少的买者的情况。如果市场中仅存在一个买者，那么这个买者就称为独家买者。买主垄断的典型例子是在一个规模不大的城镇里，一家厂商成为该镇上劳动力的唯一雇佣者。例如，在某矿山因采矿业而形成一个城镇，只要城镇上的劳动力不能轻易流动到其他地方去工作，这个矿业企业就成了这种垄断买主。如果劳动力的流动性增加，买主垄断就被打破或部分被打破。但是由于诸多原因，劳动力的流动性比资本等要素的流动性要低。

独家买主所面临的生产要素供给曲线就是市场供给曲线，因为一个垄断买主代表了整个市场的买方。前面讲到市场的供给曲线是一条向右上方延伸的曲线，垄断买主所面临的供给曲线也就是这种向右上方延伸的曲线。这条曲线表示，垄断买主若要增加要素的使用量，它就必须增加对单位要素的支付（价格）；垄断买主若要减少要素的使用，它就可以减少对要素的支付。

表 11-3 说明的是一个小镇上一家企业所面临的劳动供给情况。这是一个垄断的买主，表 11-3 中第一列和第二列为劳动要素的供给表。它表示，当劳动价格（即每人日工资）为 30 元时劳动的供给为 10 个人；当日工资为 32 元时，愿意受雇的人为 11 人；等等。表 11-3 中第三列表示了企业雇佣第一列所示劳动数量所需付出的总成本。例如，当雇佣 10 个工人时每日企业需为此付出 300 元的成本；雇佣 11 个人时，这个成本额则为 352 元。第三列是第一列与第二列的乘积。

表 11-3　一家企业所面临的劳动供给情况

工人数/个	每人日工资/元	日工资总额/元	边际要素成本/元
10	30	300	—
11	32	352	52
12	34	408	56
13	36	468	60

第四列中列出了边际要素成本，它是企业增加一个单位要素（在此是增加一个单位劳动）所引起的成本的额外增加。当要素的增加如表 11-3 那样一单位一单位地增加时，要素为某个数量时的边际要素成本可以直接用两个相邻总成本之差表示。如表 11-3 所示，企业对劳动的使用量从 10 个人增加到 11 个人时，相应的工资支出总额（购买劳动的总成本）由 300 元上升到 352 元，二者之差（52 元）即为边际要素成本。当增加雇佣工人数时，边际要素成本随之增加。这是因为劳动的供给曲线是向右上方倾斜的，企业必须以更高的价格才能获得更多的劳动供给。要素购买量增加时，不只是对新增加的那个单位要素，而是对每一个单位要素支付更高的价格。所以为购买要素支付的总成本就有显著增加，从而边际要素成本就比要素价格增加得更快。图 11-5 是根据表 11-3 绘制的劳动要素的供给曲线和劳动的边际要素成本曲线。在此，要素供给和边际要素成本之间的关系得到更为直观的反映。

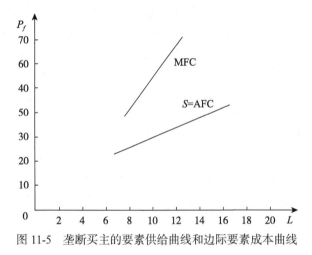

图 11-5　垄断买主的要素供给曲线和边际要素成本曲线

图 11-5 中，纵轴为要素价格（在此为每个工人的日工资）或要素成本，横轴表示劳动这种可变要素数量，反映要素价格与要素供给数量之间关系的要素供给曲线也就是平均要素成本曲线 AFC。在它上方是反映边际要素成本与要素供给数量之间关系的边际要素成本曲线 MFC，其斜率是要素供给曲线斜率的两倍（其证明见附录 11-1）。

11.2.3　完全竞争要素均衡价格和使用量的决定

现在对形成要素价格的两个基本方面（即要素的需求和对要素的供给）都已十分清楚，接下来便可以研究生产要素均衡价格是如何决定的，以及厂商对要素均衡使用量是如何决定的。

通过要素需求的分析，已知要素需求曲线是一条向右下方倾斜的曲线。对这些生产要素有需求的厂商在自身的产品市场上是一个完全竞争者，有一条如图 11-2（b）的市场要素需求曲线。如果说某种要素的全部需求者都是生产一种完全竞争产品的所有厂商，那么这个完全竞争产品的所有生产者的边际产品价值曲线的叠加（经过考虑价格变动而进行修正）就是该要素的全部市场需求（这里为了分析方便，仅考虑单一可变要素的情况，分析得出的结果仍具有普遍意义）。

在完全竞争产品所有生产者为买主的要素市场上，供给曲线亦是一条向右上方倾斜的曲线。

图 11-6（a）说明了一个完全竞争要素市场上要素价格及均衡使用量的决定，即要素的供给与要素的需求相等时的价格就是要素的均衡价格，与此相应的数量就是要素市场的均衡使用量。

根据图 11-6（a）所示，要素市场均衡时，其数量为 5 000 个单位，价格为 4 元。若完全竞争产品生产者数量为 100 家，每家的要素需求曲线都相同，并且不考虑对产品价格变动所应做的修正，那么，某一完全竞争产品生产者作为要素需求者对该要素的需求曲线为如图 11-6（b）所示的边际产品价值。它所面临的要素供给曲线是一条水平直线，且代表边际要素成本 MFC。厂商要素供给曲线的高度与要素市场均衡价格一致，反映了个别厂商作为完全竞争要素的买者，像完全竞争产品生产者接受市场既定的产品价格一样地接受要素市场既定的要素价格，并且在他有限的使用量范围内可以看做他可以按此价格买到任何他想要的数量。VMP 与 MFC 的交点反映出在此交点对应的要素数量上，厂商因使用为数如此的要素所得到的收益的额外增加与所付出的成本额外增加正好相等。前面在介绍要素最佳投入量时已经说过，这个条件正是厂商能够获得最大利润的条件，所以说交点所对应的要素数量 50 个单位就是厂商的均衡投入量。

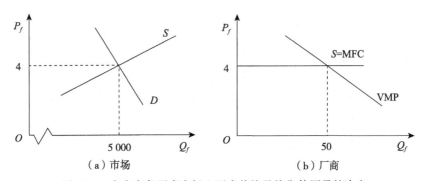

图 11-6　完全竞争要素市场上要素价格及均衡使用量的决定

11.2.4　非完全竞争要素均衡价格和厂商均衡

非完全竞争要素市场一个显著的特点是，个别厂商面临的要素供给曲线不像完全竞争要素市场那样是一条水平的直线。前面介绍了垄断买主的概念，它是指个别买主在要素市场的总销售量中占有很大比重，因而个别买主的购买数量对要素市场需求有着举足轻重的影响，从而购买行为影响要素价格。如要素市场中发生了独家买主的情况，那就是该买主垄断了该要素市场的所有需求。市场需求曲线就是该要素垄断买主的需求曲线，而该垄断买主所面临的要素供给曲线也就是要素市场供给曲线。

前面介绍了非完全竞争条件下厂商选择要素最佳投入量的原则是边际要素成本等于边际收益产品，即确定均衡投入量的条件是 MFC=MRP，图 11-7 中 MFC 与 MRP 相交于 A 点，A 点对应的要素使用量为 Q_E。由于要素的供给曲线与边际要素成本曲线是分离的，在 A 点不能知道要素数量为 Q_E 时卖者愿意接受的价格，即要素均衡价格。它必须在反映一组要素价格与要素数量相互关系的要素供给曲线上决定出。B 点是要素数量为 Q_E 时供给曲线上的一点，它表示了按 P_E 价格购买 Q_E 数量的要素定能成交。于是 B 点对应的价格 P_E 便成为要素的均衡价格。这样，非完全竞争要素市场上要素价格的决定分两步完成。第一步由边际收益产品曲线与边际要素成本曲线的交点确定要素的购买量，然后再找出要素供给曲线上与该购买量对应的点所指示的要素价格。在买主是独家买主的情况下要素市场的均衡就是作为独家买主的厂商的均衡；在买主是一般垄断买主而非独家买主的情况下（要素的需求者不止一家但为数不太多），要素价格的决定过程亦有如图 11-7 所示的特征。

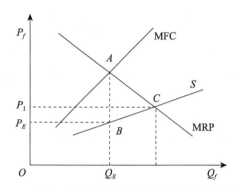

图 11-7　独家买主生产要素均衡价格和使用量的决定

在图 11-7 中，S 曲线与边际收益产品曲线相交于 C 点。该点对应的要素价格为 P_1，这是完全竞争要素市场的均衡价格。可见，在发生买主垄断的场合，生产要素的价格低于完全竞争要素市场的价格。西方经济学中称这种现象为买主垄断剥削。

11.3　劳动与劳动供给

西方经济学认为劳动者按照一定的价格把自己的劳务租借出去，劳务的价格就是工资率。工资率是一切要素价格中最重要的。因为在美国等绝大多数家庭中，工资是收入的唯一来源，在国民收入中工资约占四分之三。

11.3.1　个人的劳动供给

这里仅考察个人的劳动供给。

个人的劳动供给理论建立在家庭分析的基础之上。家庭是向厂商提供劳务的销售者。家庭对收入的态度一般来说是认为收入越多越好。在既定情况下，要得到更多的收入，只能更多地工作，即由家庭在一定时期里出售更多的劳务。

劳动的供给价格取决于劳动的负效用。劳动的负效用指的是随着劳动时间的延长，劳动者对工作产生的厌恶和反感。这种负效用随劳动量的增大而增大。所以劳动时间越长，劳动者所要求的供给价格越高。

但是，更多的工作意味着牺牲更多的闲暇，而闲暇也是家庭所向往的。因此人们必须在增加收入和增加闲暇之间进行权衡，使自己或家庭通过合理选择，获得两者结合的最大总效用。

假定家庭成员通过变动一周内他们的工作时数来随意地增减他们共同的收入量（这个假定在有些职业不大适用，但是劳动时数的部分调整还是可能的。例如，可以通过加班或请假等增减劳动时间）。家庭不总是工资率越高时愿意工作的时间越长。分析家庭对于不同工资水平的劳动供给量变动，可以分别从劳动的替代效应和收入效应这两方面来进行。

如果一个人置身于一个工资刚好被提高而又能自由选择其劳动时数的环境中，那么他的心情一定很矛盾：一方面，每小时的劳动比以前能够换取更高的报酬，增加劳动时间可以获得更多的收入，相比之下闲暇成本已经变得昂贵，所以他想用增加劳动来代替闲暇。另一方面，工资已上升到较高水平，他已变得较为富有。由于他较为富有，他已经有能力购买较多的衣服、较好的食品和其他消费品，唯独感觉缺少属于自己支配的时间，即闲暇变得更为稀缺。利用闲暇时间从事娱乐、旅游所得到的满足感很可能超过再增加的收入所提供的满足感。这时他又倾向于不增加甚至减少他的工作时间。

在第 3 章中我们讨论过价格变动的影响分为替代效应和收入效应两个部分，这里，这两个概念的含义一样。替代效应是比较效应产生的结果。劳动的替代效应就是由于劳动价格上升时，相对于其他商品而言，闲暇成本上升所带来的影响。由于劳动的价格即工资变得较高，放弃劳动而享受闲暇的成本相应增加，所以劳动者产生了增加工作、减少闲暇的动机。劳动的收入效应则是当工资水平提高时，劳动者对购买商品和劳务的支付能力提高，同时对得到闲暇也愿意支付更多，因为工资率的增加使闲暇的价格也上升，所以劳动者又愿意少提供些劳动、多得些闲暇。

这两种效应同时存在，哪种效应更大则要看工资水平的高低。在工资水平较低时，替代效应较强，工资的上升会诱使劳动者增加工作时数；在工资水平较高时，收入效应较强，因为工资上升允许劳动者减少工作时间而不影响生活消费水平。由于在不同的工资水平上，两种效应交替地起着主导作用，个人的劳动供给曲线就成为一条向后弯曲的曲线。如图 11-8 所示，S 曲线的 C 点以下部分表示工资水平不够高的阶段，这时替代效应较强。人们随工资率的增长，愿意提供的劳动量也有所增加，这段供给曲线斜率是正的。S 曲线的 C 点以上部分表示收入效应较强，这时工资率进一步提高，人们反而愿意减少工作时间，这段供给曲线的斜率是负的。

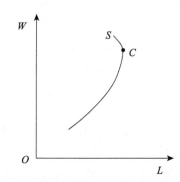

图 11-8　向后弯曲的个人的劳动供给曲线

许多人不赞成这条劳动供给曲线，认为迄今为止没有经验材料表明劳动的供给符合这一向后弯曲的曲线。为这条曲线辩护的人则认为，尽管如此，在某些收入水平相当高的自由职业者（如医生、律师）那里，其还是可能存在的。

11.3.2　完全竞争厂商的劳动供给与市场的劳动供给

由于考察时期的不同、考察对象的不同，劳动的供给曲线会有不同的形状。

完全竞争下对单个厂商的劳动供给是弹性无穷大的。换言之，厂商对劳动雇佣数量的增加或减少，不会引起劳动工资率的上涨或下跌。因为每一个厂商是无数购买者之一。图 11-6（b）中的 S 曲线就可以反映作为劳动需求者的完全竞争产品生产厂商面对的劳动供给曲线。该曲线是水平直线，反映了其弹性无穷大。

但是，从劳动的市场供给来看，即使是完全竞争市场中，完全弹性供给曲线的假定也要改变。图 11-6（a）中曲线 S 就可以代表劳动的市场供给。个别厂商面临的劳动供给完全弹性与劳动市场供给的非完全弹性二者之间并不矛盾。由于单个厂商雇佣数量有限，他想要雇佣多少工人，都可以按照市场既定的工资率来雇佣。市场可以不断地满足单个厂商增加劳动的要求，并保持工资率不变。但是如果整个行业同时增加雇佣工人的数量，那么，只有以更高的工资率诱使劳动者增加供给量，否则劳动量就不会增加。例如，长江三角洲地区各类企业的发展导致那里对民工需求的增加。各个企业为了得到足够数量的民工，就会提高民工的工资。其在民工的供给曲线上表现为，民工的工资越上涨，民工劳动供给量越大。

图 11-6（a）中曲线 S 可以代表非完全竞争劳动市场的供给及非完全竞争厂商面临的劳动供给。

11.4　工资率的决定

11.4.1　完全竞争条件下工资率的决定

工资的高低差别很大，公司经理的年薪比普通办事员高十几倍，甚至更多。同一工厂的工人由于熟练程度不同或性别差异，工资也会相差一倍以上。如果一开始就面对各种不同工资水平，那么工资率决定的问题就无从下手。有必要做些简化，像分析完全竞争产品市场中价格形成那样，对最纯净的状态进行研究，以便得出基本的认识。简化的结果是，研究对象是完全同质的劳动者，即在熟练程度、劳动态度、能力和任何其他方面都完全相同的同一工种的劳动者。这种劳动者的工资率在竞争中会趋于一致，没有一个雇主会对某一劳动者支付高于这一工资率的工资，也没有一个劳动者会为了同等的工作而索取更高的报酬。

11.3 节中图 11-6 就可以表示一种完全竞争的劳动市场上某一工种某一等级劳动者的工资是如何决定的。S 曲线表示劳动的市场供给，D 表示劳动的市场需求，两线交点在纵轴上的对应点就是该种劳动的均衡工资率。这说明工资率是由与劳动供给量相应的劳动的边际生产力决定的。

按照这一理论可以解释为何不同国家同种劳动力具有不同的工资水平。一国工资水平的高低首先取决于该国劳动的边际生产力水平的高低。影响劳动边际生产力水平的因素有一国的资源状况、劳动者的技能，尤其是经济管理的水平和技术先进程度。一定的劳动边际生产力总是相对于既定的资源、技术等状态而言的。当资源开发利用规模扩大，特别是技术和管理水平提高时，同样数量的劳动会表现出更高的生产力，边际生产力亦会因此增加（表现为边际成本价值曲线或边际收入产品曲线向右上方移动）。由此可知，发达国家劳动需求曲线高于不发达国家。其次，一国工资水平的高低还取决于该国劳动供给。一国劳动总供给是由总人口及劳动人口在其中的比例决定的，一般人口较少的国家劳动供给较低，而人口众多国家劳动供给必然较高。劳动供给水平高低对工资水平的影响是不可忽视的。如果两个国家的劳动需求相同，那么劳动供给水平低的一国工资水平必然高于劳动供给水平高的一国。若两国劳动需求曲线的位置相同，劳动供给高的一国的工资水平由劳动需求曲线上较低的一点决定，而劳动供给水平低的一国的工资水平则由劳动需求曲线上较高的一点决定。由于许多发达国家一方面在管理和技术方面领先，具有较高的劳动生产力，另一方面劳动供给较少，所以工资水平普遍大大高于不发达国家。

11.4.2　工资的补偿性差别

前面一段研究的是完全竞争劳动市场中某种无差别的劳动的报酬水平是如何决定的。由于劳动者在可能的各个就业岗位之间存在流动性，他们必然会从工资较低的岗位转向工资高的岗位。这种横向转移必将使水平和质量相似的劳动力获得同等水平的工资率。现在稍稍离开劳动者完全同质的假定，引入不同类型、不同职业的劳动者，研究在竞争的环境中，他们报酬的差别是由什么决定的。在此，劳动者在许多方面仍然是相同的，如工作能力和水平、工作态度等，但劳动者所从事的工作性质、职业不同。

在完全竞争下，不同职业间依然存在工资差别的基本原因是劳动供给条件的差别。这时候，较高的工资是对以下一些特殊供给条件的补偿。

（1）不愉快的或有危险的工作条件，如既危险又艰苦的高空作业、井下作业的工人的工资率要比一般工人高得多。涉及肮脏、乏味、社会等级低微、令人讨厌的职业，都会增加劳动的负效用，因而人们会要求更多的报酬。例如，仅仅因为人们喜欢白领工作，所以一般办事员的工资往往低于蓝领工人的工资。

（2）高度紧张的体力或脑力劳动。重体力劳动一般比轻体力劳动工资高。工作节奏快、责任重大岗位上的工人的工资比一般强度的工作者的工资要高。

（3）就业不稳定。建筑业工资率高的重要原因是因为冬季建房少，许多建筑工人得不到全年工作，为使年收入较为合理，小时工资率就必然高。

（4）失败的风险。有些工作，其投入与产出，即所作努力与取得成绩之间存在较为稳定的联系，而有些工作成功与否还取决于其他外在因素的影响。这就存在失败的风险。像律师或公司经理的工作就面临这样的风险。为了防止人们因畏惧风险而拒绝这些工作，这些职业的工资就必须高于常人。

这里实际存在一个叫做"纯净有利条件为零"的原则。劳动者在选择自己劳动投向时总是力争得到最大的纯净有利条件。纯净有利条件不同于工资，它既包括用金钱表示的益处，还包括非金钱的益处。非金钱的益处则涉及劳动供给条件。在竞争的劳动市场中若不同职业、不同岗位下工资率相同，劳动者便会趋向劳动供给条件好的职业。供给条件差的职业要在竞争中保持对劳动者的吸引力必须提高工资率以补偿劳动过程中产生的额外的劳动负效用，这就是"补偿"的含义。

假设在完全竞争经济中，劳动者可以自由地选择职业。人们选择职业的标准并非单一地取决于金钱因素。从白领工人与蓝领工人的工资差别可见，人们选择某种职业是对金钱和非金钱两种好处做出权衡的结果，非金钱方面的损失依赖于金钱，即以更多的工资来进行补偿或平衡。有的人找到一个满意的工作，即使工资低些也无所谓；有的人对工作性质不甚满意，但收入颇丰，也自得其乐。由于劳动要素可以在各个岗位和单位充分自由流动，人们为争取得到纯净有利条件的竞争就会使得纯净有利条件消失。假如许多人都向往既不劳累，又无风险，还受尊敬的工作，那么这种岗位的工资就会因为劳动供给过多而下降到平均水平以下。竞争的结果是：没有一种工作比别的工作有特别多的净好处。

11.4.3　非完全竞争劳动市场及工资的质的差别

现实的劳动市场与完全竞争相距甚远。11.2 节反映非完全竞争要素市场上均衡价格的决定的图 11-7 也可以反映非完全竞争劳动市场上均衡工资水平的决定。

是什么导致劳动市场成为不完全竞争性的？这里仅举几条影响竞争条件的因素及其对工资的影响。

第一，进入条件的限制。在某些行业，因为训练和教育的差别或者其他的障碍，能够得到许可进入一个行业或职业的人，较之希望进入这个行业或职业的人要少。这样，该行业或职业的相对工资便可能提高。相反的情况也存在。受到政府的资助或因为受教育的成本低微，都可导致适合进入某行业的人增加从而压低该行业的工资。总之，劳动者的知识结构和工作经历的差别，会影响劳动者在不同行业或职业之间的流动，从而破坏竞争的条件。

第二，雇主的垄断。很少发生许多雇主争相雇佣一部分工人的完全竞争性的劳动力市场。相反，常常对于某种劳动只有少数雇主。这些雇主如同在产品市场中的寡头垄断者一样，具有市场力量。他们在雇佣劳动者时，用暗中协议或者单独行动，就可把工资定到低于竞争性市场通行的水平之下。

如果一切劳动者都是相同的，那么，工资差别可以被看做补偿性的差别，但是现实世界中工资差别不全属于补偿性工资差别。因为很显然，许多令人向往的工作既是轻松优雅的又是报酬丰厚的。造成这种工资差别的部分原因是竞争的不完全性，劳动者对就业信息缺乏了解，或者对某种劳动力的垄断，都会造成某些劳动力的工资高于或低于竞争的工资率，但这只是部分原因。

假设劳动市场全都处于完全竞争中，一切种类的劳动力价格都取决于竞争的供给与需求，那么不同种类劳动力的均衡工资也必然呈现出巨大的差别。西方学者认为，这是由于人们之间巨大的质的差别（这种差别可以追溯到幼年生活境遇的差别及其他个人之间的差别）。以屠宰工与外科医生的工资差别为例，与屠宰工相比，外科医生都能得到较高工资。有一些重要原因造成了二者工资的差别：①并非每个人都有成为外科医生的条件，只有少数学生被作为外科医生培养；②外科医生需多年的精心培养；③外科医生工作至关重要、紧张且责任重大。

工资之间这种由劳动类型不同（即质的不同）所形成的差别仍然受到供求规律的支配。外科医生的稀缺性、高昂的培养费用和由紧张、严格和责任造成的较高的劳动负效用都使得其供给较低。

劳动的质的差别还包括另外一些内容。正如对产品的质的认识有时只是存在于人的头脑中一样，有的场合劳动的质的差别也纯属人们的主观想象。例如，雇主们常常认为身材高大的人比身材矮小的人有较高的工作效率，妇女不能从事某种工作，等等。这些主观想象也可以通过劳动的需求曲线得到反映。

11.4.4　边际生产力分配论受到的批评

劳动工资由劳动的边际产品价值决定的理论被称为边际生产力分配论。在这种理论中，劳动报酬决定机制获得了一种貌似客观公正的外观，即看上去劳动报酬是由实在的基础——劳动的边际贡献决定的，但是这种解释引来很多争议。

马克思就将劳动者的工资看做劳动力的价格。劳动者受雇于企业之后，劳动力的使用权就转移到企业主手中。劳动者与企业之间交换的是劳动力的使用权。劳动力在使用过程中，可以创造出比其自身价值高许多的价值。劳动者没有获得其创造的全部价值，因为其中一部分作为剩余价值被企业主占有。劳动工资，即劳动力使用权的价格是由再生产劳动力所需要费用决定的，而再生产劳动力所需要费用又是由道德和历史因素决定的。边际生产力决定论掩盖了资本剥削劳动的事实，没有将剩余价值生产这一事实加以揭示，因而这种理论是从现象到现象的肤浅描述，具有庸俗性。

英国新剑桥学派的学者们也认为边际生产力决定论是错误的。他们也认识到收入分配是由阶级力量对比等因素决定的。将收入分配说成由边际生产力决定是歪曲了真实的状况。

在现实市场经济中，劳动工资待遇是劳动合同中确定的内容。劳动合同是劳动力使用权交易的合同或契约。交易条件，即劳动工资报酬、劳动条件等受到交易双方谈判力量对比和供求关系的影响。明显的事实是，在民工荒的时期，广东地区一些企业就给农民工提高工资待遇，改善住宿条件和伙食。边际生产力决定论对于劳动供求关系的分析是清楚的，但是缺乏谈判力量的分析，使得其理论价值大打折扣。经济活动是一种社会活动，它并非由技术或某种客观的非社会的力量决定的。这就是经济学作为一门社会科学的复杂性。试图将经济活动单纯描述为由技术等因素而非人的相互作用决定的理论，是缺乏说服力的。

由于分散的工人缺乏谈判力，所以产生了工会。它可能加强劳动者在谈判中的力量，并影响劳动工资水平。许多国外经济学教程中都设置了工会一节说明工会在工资定价中的作用。

案例 11-1：高级技工短缺

眼睁睁着每天流失百万美元的外贸生意，"皮衣之都"浙江海宁市却束手无策：全市 2 000 多家皮衣厂，可日产皮衣 6 万件，由于缺少技工，纷至沓来的国际订单只好忍痛回绝。

类似遭遇在长三角屡见不鲜。江苏昆山市 28 万元年薪难聘高级电焊工，杭州月薪 6 000 元也招不到合适的数控机床操作工……。

据上海市经济贸易委员会预测，未来 3 年（2004～2006 年），上海全市年均高级技工的需求约为 1.8 万人，大部分集中在工艺设计、机械加工、电器设备、光机电一体化等专业。江苏无锡有关部门专门调查了无锡新区七百多家外资企业，发现技工缺口高达上万人。

宁波车灯电器有限公司办公室主任，每个周末都要去市人才市场招聘技工。他说，尽管企业在人才市场有固定席位，常年招工，但 2003 年比较理想的技工仅招聘到 1 人。他们企业所在的北仑区大锲镇是汽车"模具之乡"，不仅需要大量一般技工，更渴望能够操作数控机床的人才。

据对近年来宁波市劳动力市场需求状况的分析，操作工、裁剪缝纫工、车工、机电产品装配工、焊工、纺织工等一些制造业的技术工种，被列入缺口最大的前 10 个职业中。而从 2003 年杭州毕业生需求排行榜看，高级电工、数控、药剂、园林、钣金工、油漆工等专业都非常走俏。

摘编自崔砺金、季明. 未来 3 年上海高级技工年均需求 1.8 万. 新华网，2003-10-25。

请根据案例 11-1 回答以下问题。

（1）案例 11-1 中哪些文字最能集中表示高级技工的短缺？

（2）提高技工的工资待遇是否会使各个企业立即获得足够数量的高级技工？

案例 11-2：医疗红包为何屡禁不绝

医疗机构收受红包问题不断成为人们关注的焦点。国家卫生部严格规定禁止医务人员收受患者财物，并制定了严厉的惩罚措施，可是医疗红包现象依然普遍存在。

据日本最畅销的杂志《周刊现代》披露，日本医院收红包，特别是外科主刀医师收红包的现象也很普遍。据了解，日本各国立、公立医院的医师皆享受国家公务员待遇，收红包有违国家公务员法。日本的法律不能说不完备，为什么其对红包依然失效？有分析指出，由于日本现在实施的是全民统一的健康保险，各医院也实施统一的收费标准，所以名牌大学的附属医院终日患者盈门。为了得到更好的诊治，患者便以红包的形式挑选自己喜欢的医师。相比之下，美国的医疗体系更直接地实施优质、优价的医疗服务，高明医师与普通医师的收费标准有明显差异，患者也就不必通过红包方式选择好的医生。

中国医院屡禁不止的红包现象，也是医疗制度的产物。一方面，中国医疗行业资源供给有限。中国卫生资源只占世界卫生资源总量的 2%，却要为占世界 20%的人口提供医疗服务。现在虽然允许民办医院进入，但是短时期民办医院难以形成优质医疗资源，名牌国立医院相对于需求来说为数太少。这样，就出现了与日本相似的情况。另一方面，更重要的是，由于长期以来中国医疗服务没有完全市场化，各项医疗服务的价格严重低于市场供求均衡水平，特别是名牌医院外科手术等收费水平明显偏低，医生的收入与其实际劳动贡献严重背离。于是，无论患者是否愿意，红包毫无商量地由当初简单的表达谢意演变成必须支付的，用于弥补正规渠道收入不足的"潜规则"。

请根据案例 11-2 回答以下问题。

（1）有人认为，如果不扩大卫生资源，如果不放开医疗领域，让"看不见的手"整合医疗资源，将桌面下的"红包"变成桌面上的合法合理报酬，"红包"就很难根除。你认为这种看法是否有道理？

（2）高明医师与普通医师的收费标准是否应该有明显差异？请用经济学语言说明理由。

案例 11-3：富士康确定员工工资增长计划：工人与企业集体协商的结果

世界五百强之一的富士康 30 万名深圳一线员工 2010 年的工资平均增长幅度达到 3%以上，该工资增长计划是通过工人与企业集体协商达成的。

富士康在中国最大的制造基地设在深圳，此前，这家公司大多数员工的"底薪"是以当地的最低工资为标准的，即每月 900 元。员工的工资增长主要来自加班费，加班工资往往占到员工总工资的一多半。

此前，对于员工提出的"涨工资"要求，富士康管理层一直认为"不可能"（富士康的国际客户在下订单之前，"已经把所有的成本都算得清清楚楚，他会参照当地最低工资标准做出成本"。制造业的利润大概只有 4 %左右，富士康 70 多万名员工即使每人增加100 元，都将是一笔"难以承受"的数额）。

2008 年 9 月，深圳市总工会就向富士康发出集体谈判的要约，但富士康对工资增长一直避而不谈。2009 年下半年，富士康订单上升，急需增加工人，却因薪酬过低出现招工难情况。

经过多次沟通，富士康终于在 2009 年 12 月签订了一个覆盖 40 余万名深圳员工、惠及全国 70 万名富士康员工的集体合同，其对工资增长做出明确约定：一线员工工资平均增长幅度不低于 3 %，并将于每年 12 月定期进行集体谈判。

资料来源：http://www.lawtime.cn/info/laodong/ldxw/2010090450156.html。
请根据案例 11-3 回答以下问题。
（1）结合本案例说明工会在劳动者工资定价中起到了什么样的作用？
（2）边际生产力分配论是绝对正确的吗？结合本例进行说明。

附录 11-1：非完全竞争要素市场要素供给和边际要素成本关系的证明

非完全竞争要素市场中，要素供给和边际要素成本之间的关系，可以用以下数学方法证明。

设供给函数为 $W(L)$，则成本函数为 $L \cdot W(L)$，于是，边际要素成本为

$$\mathrm{MFC} = [L \cdot W(L)]' = W(L) + L \cdot \frac{\mathrm{d}W(L)}{\mathrm{d}L}$$

假定要素供给函数为线性的，即 $W(L) = a + bL$（a、b 为常数，且 $b>0$）
则

$$\mathrm{MFC} = W(L) + L \cdot \frac{\mathrm{d}W(L)}{\mathrm{d}L} = a + bL + bL = a + 2bL$$

可见，在要素供给曲线是线性函数时，边际要素成本曲线的斜率是要素供给曲线斜率的两倍。

提要

（1）要素的均衡价格由它的需求与供给决定。要素的需求是由对产品的需求引致或派生的。

（2）要素的最佳投入量必须满足边际产品价值（或边际收益产品）等于边际要素成本的条件。

（3）边际产品价值曲线反映完全竞争产品生产厂商对单一可变要素的需求；边际收益产品则反映非完全竞争产品生产厂商对单一可变要素的需求。它们都是向右下方倾斜

的曲线。向右下方倾斜的性质主要是由要素边际产量递减造成的。

（4）各个厂商要素需求曲线横向加总就可大体得到整个要素市场的需求曲线。

（5）分析完全竞争要素市场要素供给，就要区分单个厂商与整个市场的情况。单个厂商面临无限弹性的供给曲线，因为个别厂商没有力量决定要素的价格，只能按照既定的要素价格购买，单个厂商购买数量也不会影响要素价格，而要素市场的供给曲线则是向右上方倾斜的曲线。

（6）买主垄断要素市场中，垄断买主面临的要素供给曲线就是市场供给曲线，边际要素成本曲线与之分离。

（7）完全竞争要素市场上要素均衡价格由要素的供给和需求决定，即由供给曲线和需求曲线两条线的交点决定。

（8）买主垄断要素市场中，垄断买主先根据边际要素成本与边际收益产品（实际上就是要素的边际收益）相等的原则确定要素的均衡使用量，然后根据在此使用量时要素供给曲线上对应的价格确定要素的均衡价格。

（9）个人的劳动的供给取决于劳动的负效用，劳动的负效用随劳动时间的延长而增大。因此，劳动时间越长，劳动者所要求的供给价格越高。反过来说也一样，在一定工资率下，劳动工资率越高，劳动者愿意供给的劳动量也就越多。因此，劳动供给曲线在一定范围内向右上方倾斜。

（10）劳动供给量随劳动工资率提高而增加这种倾向不是绝对的，在工资水平达到一定程度后，劳动供给曲线会向后弯曲。运用替代效应和收入效应可以解释这种变化。劳动的替代效应是，当工资水平提高时，闲暇的机会成本由于工资提高而上升，人们产生愿意劳动而放弃闲暇的倾向。劳动的收入效应是，当劳动随工资上升而不断增加时，闲暇更为稀缺，劳动的机会成本上升，人们产生愿意减少劳动而多享受闲暇的倾向。这两种相反的倾向在任何时候都存在。在工资水平较低时，替代效应较强。在较高的工资水平上，收入效应较强。

（11）完全竞争条件下的工资率由劳动的供给与需求决定。不同国家或地区工资水平的差异也可以分别用供给与需求来说明。一国劳动生产力越高，资源越丰富，技术越先进，劳动的边际收益越高，劳动需求曲线也越高；相反则反是。劳动的供给则取决于一国总人口及相应的劳动人口数量，人口越多，劳动供给越大。因此，劳动生产力低、劳动人口多的国家，工资水平一定低于劳动生产率高、劳动人口少的国家。

复习思考题

（1）完全竞争产品生产厂商对一种可变要素的需求是怎样表示的？

（2）非完全竞争产品生产厂商对一种可变要素的需求是怎样表示的？

（3）决定可变要素最佳投入量的原则是什么？说这一原则实质上是边际收益等于边际成本对吗？

（4）完全竞争要素市场均衡价格是如何决定的？

（5）买主垄断要素市场中要素价格是怎么决定的？

（6）影响和决定劳动供给曲线是否向后弯曲的因素是什么？

（7）是否所有人的劳动需求曲线都向后弯曲？如果是，曲线向后弯曲发生在什么工资水平上？

（8）案例11-1中提到为了招聘高级数控机床技工开出的月薪是6 000元，而在同时普通工人的工资仅仅数百元，哪些原因会使二者的工资相差这么多？

（9）越来越多的人读大学，大学毕业生市场和技工市场会发生什么变化？

第12章

利息、租金与收入分配均等

第 11 章从总体上考察了各种要素市场均衡价格和均衡要素投入数量如何被决定的问题，并着重考察了劳动要素的市场均衡。在市场经济中，资本市场是重要的要素市场，厂商的投资活动和决策是厂商从长期看的另一个重要活动。这里的投资是指购买厂房设备等的行为。在前面第 4~6 章考察有关厂商生产和成本的各部分，以及第 7~11 章考察市场均衡定价的各部分中，我们或者假定厂商已经完成了投资活动，或假定厂商面临着不变的资本市场和资本价格，可以随即根据进入或退出行业和规模调整的需要调整资本投资。对于他们面对怎样的资本市场，根据什么原则做出投资决策，以及什么时候应该进行投资等问题，均未展开讨论。实际上，当我们讨论厂商进入一个新行业或扩大规模时，不仅涉及实物资本形成意义上的投资问题，而且涉及为了购置实物资本而形成的对货币资本的需求，而这些都涉及资本市场的运行①。

12.1 厂商投资需求与均衡利息率的决定

消费者储蓄意味着克制现在的消费，而克制现在消费是一种付出，这种付出也要求得到回报或补偿。这个回报就是储蓄的利息。消费者在现在消费还是将来消费之间进行的选择，受到利息率的影响。如果利息率高，一定量收入在将来得到的补偿较多，消费者就会减少现在消费，增加将来消费；否则，相反，增加现在消费，减少将来消费。所以，利率影响消费者的选择，起到诱导储蓄的作用。

消费者或家庭以银行存款或购买证券形式进行的储蓄都构成资金的供给。家庭所提供的资本量取决于两个因素：一是收入水平的高低；二是利率的大小。从收入水平与储蓄量的关系看，如果家庭收入高，则储蓄量多，资金供给也多；反之则少。从利息率与

---

① 对厂商投资决策和资本市场运行的全面研究是另一门专业课程的任务。本章仅从要素市场运行的角度，对投资决策等相关知识作最基本的研究。

储蓄量的关系看，利息率提高时，储蓄会增加；利息率降低时，储蓄会减少。不过储蓄量变动对利息率变动的反映程度常常比想象得小，因为各个家庭储蓄的动机不一样。如果储蓄的动机是积蓄财产，那么当利率升高时，储蓄也会跟着增加，利率降低时则会跟着降低。但是如果储蓄的动机是防止意外等，那么利率变动时储蓄不会显著地增减。

12.1.1 投资收益率与厂商投资需求

厂商的投资行为也受到利息率的影响。厂商在长时期内，必须面对是否增加厂房、设备等实物资本投资来扩大生产规模的问题。对实物资本的需求引起对货币资本的需求，除非在投资上获得的报酬率（也称投资收益率、回报率或内部收益率）超过他们支付此项融资所借款项的利息率。如果向银行借款的利息率是 6%，那么这项投资的收益率必须超过 6%。超过部分的收益才是厂商通过这项投资获得的收益。如果向银行借款的利息率是 6%，而这项投资的收益率只有 5%。那么，这就意味着厂商进行这项投资是亏损的，要亏一百分点。即使厂商不需要向银行融资，运用自有资金，厂商在考虑是否投资该项目时，也要将这项投资的收益率与向银行借款的利息率比较，看其是否高于银行的利息率。厂商使用自有资金是有机会成本的。如果该厂商自己不用这些资金，他可以通过将这些资金按照银行利息率借给其他厂商而获得收益。这些可能的收益就构成该厂商运用自有资金的代价，所以厂商进行投资时，必须确认其收益率大于或者至少等于银行贷款的利息率。

边际收益递减规律适用于一切生产要素，也适用于资本。资本投资回报率是随资本投入量的增加而递减的，所以它是向右下方倾斜的曲线。这条曲线同时也反映了厂商对资本的需求。图 12-1 中向右下方倾斜的直线表示厂商资本投资回报率随资本投入量的增加而递减的关系，同时这条曲线也反映了厂商对资本的需求曲线。

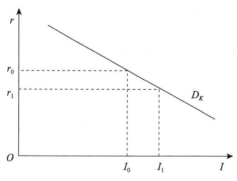

图 12-1　厂商的投资需求曲线

假如厂商的总投资量为 I_0 时，额外投资一元得到的收益率是 r_0，如果银行的利息率也是 r_0，该厂商的总投资就能获得净收益，因为他只在最后一元上增加的收益等于银行的利息，而在此之前的投资所得的净收益都大于零。在最后一元上，也就是在边际上，增加的收益等于银行的利息，恰恰说明厂商对资本投资的收益最大化。如果他继续增加投资，由于资本边际报酬递减规律的作用，在其他非资本要素没有增加的情况下，资本的回报率下降。例如，他的总投资若增加到 I_1，资本的边际报酬率降低到 r_1。只有当银行的利息率也降低到 r_1 的水平时，该厂商才会增加投资。也就是说，厂商投资量是随着银行的利息率降低而增加，随着银行的利息率上升而减少的。图 12-1 也就反映了厂商的投资需求曲线，它反映了厂商投资需求量与银行利息率一一对应的关系。银行利息率提高，厂商投资需求量下降，银行利息率下降，厂商投资需求量上升。

个别厂商如此，整个行业也是如此，社会对资本的需求就更是如此。图 12-1 也可以用来反映社会对资本的需求曲线。从整个社会来说，资本很稀少时，存在着非常有利可图的投资项目。例如，假定社会上存在每年可获得 12%或更多一些收益的投资项目，随着资本数量和投资数量的逐渐增加，社会逐渐完成了所有收益率为 12%的项目。在土地等其他等要素数量固定不变的情况下，投资项目的收益率开始递减，因而社会必然沿着资本需求曲线，依次投资收益率为 11%和 10%的项目。从个别厂商来看，其总是要确认边际内部收益率大于（或等于）市场利息率，这时才能使投资项目确立。当市场利息率等于厂商预期的内部收益率 r_0 时，从理论上说厂商便需要投入 I_0 的资本。如果市场利息率下降至与收益率 r_1 相等水平，那么相应的 I_1 才是需要的，因为利息率变低时，更多的投资才是合算的。

12.1.2　资本的市场需求

前面说过的厂商的投资需求构成对资本的主要需求，即可贷资金的大部分需求来自厂商。说到货币资本的借贷，必然涉及整个货币资金的借贷，即可贷资金的供求。从可贷资金的需求看，需求者不仅有厂商，还有家庭和政府。这三类需求者需求资金的原因不同。家庭需求资金主要是为了消费，因此其资金主要表现为分期付款和消费信贷等形式。在一般情况下，家庭对资金的需求量与利率的关系是：利率越高，需求量越少；利率越低，需求量越大。

政府也是资金需求者之一。政府部门需求资金有两个用途：一是平衡财政收支；二是进行投资活动。从平衡财政收支的用途看，财政预算如果出现赤字，政府通常以公债或透支的方式向金融市场借贷。政府借贷有着不同于企业和家庭的特点，即财政赤字常常取决于政治因素，因此对资本的需求也取决于政治因素，与市场利率关系不大。从投资的用途看，其性质有些不同。政府常常投资于交通、公用事业、水利电力设施等部门。这种投资不能不考虑成本。因此，一般说来，当利率高时，政府借贷就少，反之则多。

以上三种需求者的需求之和就构成资本或资金的市场需求。如果上述需求者的需求有变化，整个资金需求曲线就会移动。例如，当厂商预期内部收益率提高时，整个需求曲线就会右移；反之则左移。

12.1.3　资本的供给与均衡利息率的决定

构成资本（即可贷资金）供给的有两个基本类别：一是家庭、厂商和政府的储蓄；二是中央银行货币发行。

对厂商来说，资本供给来源于其储蓄。其中有折旧资金（在机器设备没有更新时形成储蓄）、企业未分配的利润、暂时闲置的资金等。厂商储蓄和利率的关系在一般情况下和家庭相同，即当利率上升时储蓄上升，当利率下降时储蓄下降。

对政府来说，资本供给来源于财政收支的盈余。中央银行的新增货币发行是与执行政府货币政策结合起来的。货币政策目标是促进国民经济发展和稳定经济。当市场利率过高时，投资会减少，在利率市场化的情况下，政府为了降低利率、促进经济发展及投资，通常增加货币供应量；反之则减少货币供应量。所以可贷资金的供给曲线是一条向右上方倾斜的曲线。

将上述资金的需求曲线和供给曲线结合起来，便可决定均衡的利息率。其原理与由产品的需求曲线和供给曲线结合起来可以决定产品的均衡价格一样。图 12-2 中的纵轴 i 表示利息率，横轴 K 表示资本数量，D 曲线和 S 曲线分别表示资金的需求与供给。

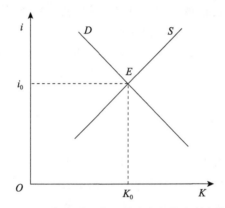

图 12-2　资本的需求和供给决定均衡利息率

二者相交点所对应的利率 i_0 为均衡利率。一般认为，资本的需求和供给决定均衡利息率，而利息率的变动也会自发调节资本的供给和需求。例如，当资本的需求量小于供给量时，利息率会下降；下降了的利息率会诱使厂商增加投资从而增加投资量，即资本的需求量。所以利息率的自发变动会自发地使资本市场趋于均衡。

有必要说明的是，以上所讨论的利息率是理论上的利息率。通常利息率还包括各种因素所形成的补偿。这些因素有：因可能发生的欺诈、背信等原因使贷出款项无法收回而形成的风险及手续费。理论利息率则不包括由这些因素决定的各种补偿。

另外，利息率也常常不止一个水平，长期利率和短期利率不同。即使为同一个时期，利率也随风险、资金用途不同等而有所差别。例如，在西方国家，小厂商和财务状况不佳的厂商会比业绩优良的大厂商支付的利率更高。以上讨论的是在完全竞争的市场条件下利息率的决定，实际上资本市场中常见的是非完全竞争。

利息就是资金的价格，它起着合理使用和配置资金这种稀缺要素的作用。虽然人们曾经从伦理观念出发对利息的公正性抱有怀疑和责难，但是利息在经济活动中有着不可忽视的积极作用或功能。

第一，利息能诱导和增加储蓄。任何国家的经济发展都有赖于资金的投入，因而储蓄是发展经济的关键。储蓄实际上是把本来可能直接用于消费的资源解放出来，使它们用于生产生产资料。利息诱导储蓄看起来是增加货币供给，实际上是增加资源供给。

第二，利息的作用在于把资本的需求约束在可行的限度内。如果能够免费地获得资本或资金，人们对它的需求将是无限的。但是资金的供给、资本品的供给（或潜在供给）总是有限的，如果没有来自利息的约束，则社会对资本或资金的需求将大大超过可能有的资源而使整个经济过度紧张。

第三，利息率执行着配置资源的功能。国民经济各部门都需要发展，都需要资金或经济资源，但是多少资源用于某一行业？多少资源用于某些原有产业的设备更新？又有多少资源用于修建码头、仓库、桥梁和住宅？资金如何分配更有效率？利息率在这些分配过程中起着作用。任何一个项目，只有当其得益等于或高于利息时，主办人才借得起所需资金，才能进行这个项目，如果不然，则不得不放弃这个项目。因此，资金市场的利息率如同一个裁判，在各种投资项目面前树起一个界碑，凡是内部收益率高于利息率的项目就能成立，否则便不能成立。这就为资源流向何处提供了优化配置的机制。

12.2　地租

地租是对土地所有权或土地使用权的报酬。在我国，从土地所有权来看，城市土地是国家所有的，农村土地是集体所有的。土地使用权在政府有关部门规定的范围内可以按照一定程序和方式转让，国家和集体在出让土地使用权后可以收取土地使用者缴纳的土地使用费。按期缴纳的土地使用费实际上就是地租。

12.2.1　地租的决定

理论经济学所讲的土地，是一个广泛的概念，不仅是指地面，也是指地下、空中、水面上的一切自然资源。这种生产要素是自然赋予的，并非人为作用的结果。

土地有两个突出特点：其一是土地的地理位置是固定的，不能移动，这样就形成了土地分布、天然肥沃程度等方面的差别。土地不可移动性还影响到交通便利程度和人们生产活动的方便程度，进而影响收益。其二是土地总的供给数量是固定的，与社会对土地需求或地租的高低无关。不过，土地总供给数量的不变性只是从一般意义上说的。许多人为的因素也会使其有所增减。这些因素是围湖（围海）造田、治理沙漠或土壤沙化等。由于一般来说土地的数量是不变的，即土地的供给是缺乏弹性的，所以其供给曲线是一条垂直线。另外，某个特定地区（如某个城市中心黄金地段）的土地供给也有如此的性质。

地租可以用图 12-3 来说明，在图 12-3 中横轴 N 代表土地数量；纵轴 R 代表地租；垂线 S 为土地供给曲线，表示土地的供给量固定为 N_0；土地的需求曲线为 D（土地的需求曲线由土地的边际收益产品决定）。D 与 S 相交于 E，决定了地租为 R_0。当地租偏离均衡点时，竞争会迫使它回到均衡点上。这一过程也是由市场上无数分散的决策行为完成的。

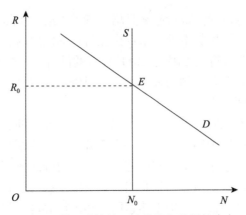

图 12-3 缺乏弹性的土地供给与地租的决定

随着经济的发展，对土地的需求不断增加。而土地的供给不能增加，这样，地租就有不断上升的趋势。图 12-4 展示了这一过程。

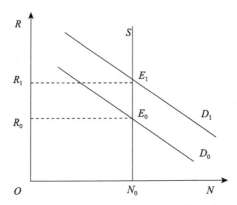

图 12-4 对土地需求的上涨推动土地使用费上升

在图 12-4 中对土地的需求曲线从 D_0 上移至 D_1，表明土地需求增加，但土地供给仍为 S。不变的 S 与 D_1 相交的结果是均衡点由 E_0 上移至 E_1，地租也就从原来的 R_0 上升到 R_1。由此可见，由于土地供给量不变，所以地租仅仅取决于对土地的需求。

12.2.2 级差地租

以上对地租所做的讨论实际上使用了土地都是同质这一假设，但事实上正如前面已说过的，土地的肥沃程度和地理位置有所不同，因此土地是非同质的。根据肥沃程度、地理位置、交通便利程度，土地可分成各种等级，不同等级土地的使用者交不同数量的地租。这就形成了级差地租。

假定人们对土地的利用总是从优至劣依次进行。土地产品的价格必须等于使用最劣等土地进行生产所耗费平均成本，否则就没有人使用最劣等土地从事生产。由于最劣等土地产品的平均成本等于市场价格，生产者所获收入仅够支付成本，没有多余，不能支付地租，这种土地就叫做"边际土地"。肥沃程度高、交通便利的土地，其生产成本较低，能够得到额外报酬。这种额外报酬就成为级差地租的来源。图 12-5 反映了级差地租的形成。

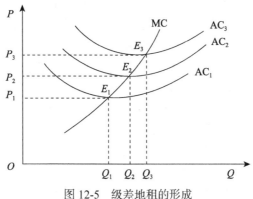

图 12-5 级差地租的形成

图 12-5 中纵轴 P 表示农产品价格和成本，横轴 Q 表示农产品数量。AC_1、AC_2、AC_3 分别表示耕种优、中、劣三种土地所耗费的平均成本。假如这时农产品的市场价格为 P_1，即等于优等土地上的平均成本，则优等土地被耕种。而由于农产品价格低于中、劣等土地的平均成本，所以中、劣等土地就无人耕种。农产品价格低表示市场需求低，中、劣土地也无须被使用。由于农产品价格等于平均成本 AC_1，耕种优等土地者的收入正好补偿成本，故该种土地为"边际土地"，无须缴纳地租。

由于经济发展和人口增加，社会对农产品的需求增加，农产品价格相应上涨，如升至 P_2，这时中等土地被用于耕种。相应地，中等土地成为"边际土地"，无须缴纳地租。由于产品价格上推，高于优等土地的平均成本，于是优等土地耕种者便要缴纳地租。

假如上述过程持续下去，农产品价格进一步上涨到 P_3，即等于劣等土地上的平均成本。这时劣等土地也可以被利用，并且由于农产品的价格的进一步上升，级差地租也随之上升。

12.2.3 经济租与准租金

以上介绍已说明地租是由于土地总量固定，因而由需求因素所决定的产品价格超过成本的余额。这是地租的一种基本特性。把地租的这种特性推广到其他各种具有数量固定特点的要素上，就得到了经济租的概念。

经济租是支付给要素供给者的报酬与该要素的生产性服务得以被供应出来所必须加以补偿的金额（即转移收入）之间的差额。转移收入是避免要素转移到其他部门所必须支付的最低金额，也即要素的机会成本，即经济租=要素供给者的报酬-要素转移收入（要素机会成本）。例如，一个演员的年薪为 10 000 元，他若不当演员而当时装模特，年薪可能为 8 000 元，那么这位演员的转移收入便为 8 000 元，经济租则为 2 000 元。又如，某厂商面临着可供雇佣的 A、B 两类工人各 100 人，A 类工人素质高，所要求的工资为 200 元（即愿意受雇于该厂的条件是月薪 200 元）。B 类工人素质低，所要求的工资为 150 元。由于市场对该厂商的产品的需求较高，厂商为生产均衡产量需要 200 名工人，他就必须雇佣 A、B 两类工人，并按照 A 类工人的 200 元工资付给所有工人。B 类工人得到超过其转移收入 150 元的 50 元收入，这个 50 元便是经济租。

经济租是从长期来看的，也是从要素所有者角度来看的，它是生产要素所有者所得到的收入与其所要求得到的最低收入之间的差额。经济租构成长期生产者剩余，但是经济租不等于净利润。要素所有者得到经济租时，厂商因为向这些要素所有者（如刚才提到的演员、工人，也许还有土地所有者）支付包括经济租在内的提高了的报酬，其成本也提高了。所以就极端的情况看，当经济租存在时，经济利润可以为零。经济租来源于要素的相对稀缺性（与土地稀缺性相似）和由此导致的垄断性，而经济利润还可以来源于创新。长期生产者剩余包括经济利润和经济租。如果要素进入行业的动力和难度较大，要素的稀缺性和垄断性较高，那么就会使得由对要素需求导致的要素报酬上升，以至于侵占经济利润。所以垄断厂商获得的长期生产者剩余，即因产品价格高于竞争性价格带来的全部超额收益不一定是厂商获得的净利润，而可能只是要素所有者获得的经济租。不过，如果企业所有者同时也是垄断性要素所有者，那么经济利润和经济租的区别就不重要了。

与土地数量不变相似，厂商使用的某些要素，从短期看具有数量不变的特点。不论这种固定要素是否取得收入，都不影响它的供给，只要产品的售价能够补偿其平均可变成本，厂商就会进行生产（可结合前面章节关于固定成本、厂商停止生产点、最低价格、沉没成本等概念理解）。厂商提供单位产品所必须得到的补偿是平均可变成本，产品价格超过其平均可变成本的余额就具有经济租的性质，称为准租金。准租金的概念与存在固定要素的短期相联系，长期里就不存在准租金。准租金就是短期生产者剩余。

在短期，固定要素无法转作它用，因此其机会成本为零。这就决定了对固定要素的支付方式在短期内与对可变要素的支付方式是不同的。可变要素可以自由地转移到收益高的地方，若支付报酬低于它在其他地方也能得到的收益，可变要素就会流出。固定要素在短期则被套牢。所以，厂商对可变要素必须给予在其他用途上所能得到的报酬，而对固定投入要素的报酬则可以打折扣。

固定要素的机会成本为零，即使没有一元收益，在短期投资者也无法将固定要素撤出。因此投资者将自己在固定要素投资上短期得到的报酬看做一种剩余或准租金。准租金或短期生产者剩余有可能等于（产品价格等于总平均成本时）或小于（产品价格低于总平均成本时）总固定成本，这时厂商处于亏损状态。厂商亏损与他或他的投资者获得准租金或短期生产者剩余可以并存。

12.3　资源配置效率与收入分配均等

中国市场化改革中按要素分配原则的实施，使人们的积极性被激发出来，各种要素作用充分发挥，资源配置效率提高，产出总量剧增，"蛋糕"越来越大，人均收入显著增加。但是随着市场化改革的深入，随着资本市场的开放和投资渠道的多样化，收入差距也在拉大。分配均等与经济增长和效率如何兼得，是经济学中的一个永恒话题，也是一个两难的选择。

12.3.1　效率与均等的两难选择

在收入分配很不均等的时候，提高收入分配均等程度可以促进社会福利的提高。一般来说，在产出既定的情况下，收入均等分配可以增加社会福利。因为根据边际效用递减原理，低收入者因其收入低，货币边际效用大于高收入者。若实行转移支付，将高收入者的部分收入转移给低收入者，提高低收入者的收入水平，就可以提高社会福利水平。高收入者因为失去部分收入而失去的边际效用一定低于低收入者因为增加部分收入所增加的效用，社会通过这一再分配措施，获得了效用的净增加。社会福利可以在不增加产出的情况下得到增进。

但是从动态看，情况就不尽然。均等的收入分配会带来低效率。如何协调二者之间关系的问题非常复杂。效率，特别是对于一个发展中国家来说，是更为重要的。经济发展越迅速，收入分配问题越容易解决。如果只有一块小蛋糕，即使最优分配也不能使人人吃饱。从理论上讲，要素所有者的报酬是由市场以其边际生产率的高低为依据决定的。要使经济持续有效率，就必须坚持这种分配原则，在报酬上反映不同要素所有者在生产率上的差别。在第 11 章我们已经知道，要素的供给曲线是向右上方倾斜的，人们供给一定量要素的代价应该以这种要素的机会成本衡量。人为地压低某种要素的报酬率，使得人们供给要素的收益低于其成本，必然使这种要素的投入数量下降，以至于不能达到社会合意的水平，影响要素的最优配置。

由于基本国情的限制，我国人均拥有的自然资源较为短缺，在经济建设中效率与均等分配之间的矛盾就更为突出。一方面，优化配置资源的目标要求我们在经济活动中讲究效率、保护竞争、淘汰落后、停止无效率的生产活动。但是另一方面，如果将那些低效率的小企业关闭，就会加剧本来就较为严重的就业问题。实际上，很长时期以来，维持就业成为各地政府的重要的目标。在这样的思想指引下，许多低效率、重复布局、重复建设的企业在地方政府的扶持下，人为地维持下来，以至于造成整个行业长期低效运行。

在全社会范围内实行"等量劳动获得等量报酬"的原则是合理、公平的分配原则。但是，在市场经济下，企业是独立的利益主体，决定收入分配是它们的自主权。为了激励员工努力工作，企业实行员工总体工资水平与利润挂钩、个人奖金与工作绩效挂钩的分配方法。这就致使客观生产条件、行业竞争性和企业管理人员的决策水平影响到职工的收入。结果是，付出等量劳动的两个职工，在不同企业会有不同的报酬。不同企业的市场势力相差越大，企业职工的收入与实际赢利联系越紧密，行业间和企业间相同水平和能力劳动者的收入差距就越大。例如，产品积压和产品畅销的两个企业的"等量劳动"可能会有相当悬殊的收入。如果我们坚持"等量劳动获得等量报酬"的原则，对不同企业收入实行大规模再分配，就必然导致利润刺激作用减弱，企业不关心市场需求和赢利等无效率现象就会普遍发生。当然，若劳动力可以根据其供求关系灵活流动，则这一矛盾就会基本解决。但这一点常常由于行业垄断而不容易做到。所以抑制、减少垄断造成的收入不均等，对于促进公平也有重要而积极的意义。

12.3.2 洛伦茨曲线

收入分配均等的状况可以用洛伦茨曲线（Lorenz curve）来表示。它是统计学家洛伦茨于 1905 年提出的。图 12-6 就是一个假想的洛伦茨曲线图。纵轴表示家庭的现金收入累计百分比，横轴表示从最穷家庭到最富家庭的累计百分比。从图 12-6 的左下角开始，有 0 个家庭获得 0% 的收入累计百分比。在图 12-6 的右上角，100% 的家庭获得 100% 的收入累计百分比。左下角与右上角两点的连线是收入分配绝对均等线。它表示 20% 的家庭获得了 20% 的累计收入，40% 的家庭获得了 40% 的累计收入，60% 的家庭获得了 60% 的累计收入，80% 的家庭获得了 80% 的累计收入，100% 的家庭获得 100% 的收入累计百分比。

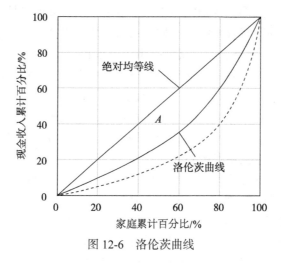

图 12-6　洛伦茨曲线

在某一个经济体系中，实际收入分配的情况可能更像弯曲的那两条线。先看实线：20% 的最贫困家庭获得不到 10% 的累计收入，40% 的家庭获得超过 20% 的累计收入，60% 的家庭获得 35% 左右的累计收入，80% 的家庭获得 60% 的累计收入，最后 20% 的家庭获得 40%（100%–60%）的收入。图 12-6 中弯曲的线就是洛伦茨曲线。图 12-6 中对角线正好把矩形图分成两半。这条线与洛伦茨曲线围成的面积 A 表示收入分配的均等程度，该面积越大，收入分配越不均等。弯曲的虚线就比弯曲的实线的均等程度差。虚线表示，80% 的家庭获得仅仅 40% 左右的累计收入，而富有的 20% 的家庭却获得了 60% 左右的收入。

绝对均等线把矩形图分成两个三角形，面积 A 与三角形面积之比，就是基尼系数，它将收入均等程度表示为一个比例系数。基尼系数为 0～1。当洛伦茨曲线处在绝对均等线上时，基尼系数就为 0；当洛伦茨曲线为右下方直角线时，基尼系数就为 1。实际的洛伦茨曲线在这两条线之间，越靠近绝对均等线，收入分配均等程度越高，越靠近右下方直角线，收入分配均等程度越低。

上面讨论的收入一般都只是指现金收入，在现实中，一些家庭还可能获得非现金收入，如果加上非现金收入来计算，实际的收入分配均等程度可能比仅从现金收入来计算的收入分配均等程度更差。但是在一些高福利国家，则可能相反。

12.3.3　中国收入分配差距

除了洛伦茨曲线，描述收入差距还可以运用五等分法和八等分法。五等分法就是将所要分析的人口分为五等份，可以用各组人口的收入在全部收入中的比重，或者最高收入家庭组与最低收入家庭组收入的倍数来说明总体收入差距程度。表 12-1 是中国农村居民收入的五等分情况。

表 12-1　2006 年按收入五等分农村居民家庭基本情况（单位：元）

收入	低收入户	中低收入户	中等收入户	中高收入户	高收入户
平均每人总收入	2 244.69	3 248.60	4 346.77	6 002.89	11 066.20
现金收入	1 658.67	2 544.88	3 588.87	5 190.20	10 275.30
平均每人总支出	2 771.34	3 172.58	3 941.67	5 068.14	8 368.59
现金支出	2 224.35	2 603.44	3 373.59	4 498.28	7 860.34
平均每人纯收入	1 182.46	2 222.03	3 148.50	4 446.59	8 474.79
工资性收入	386.03	814.13	1 230.54	1 806.96	3 495.24
家庭经营纯收入	698.85	1 265.72	1 731.32	2 356.46	4 172.00
财产性收入	19.90	32.64	51.81	91.07	359.36
转移性收入	77.67	109.52	134.84	192.10	448.20

资料来源：《中国统计年鉴 2007》

对城镇居民家庭收入的统计，在五等分的基础上进一步细分成 8 组，即最低收入户（10%，其中困难户 5%）、低收入户（10%）、中等偏下户（20%）、中等收入户（20%）、中等偏上户（20%）、高收入户（10%）和最高收入户（10%）。2005 年城镇居民家庭中，最高 10%收入组的人均可支配收入为 28 773 元，是收入最低 10%收入组（3 135 元）的 9.2 倍（相差 25 638 元）。1990 年至 2000 年，最高 10%收入组与最低 10%收入组收入比从 3.2 倍上升到 4.6 倍，扩大了 44%；而在 2000 年至 2005 年，最高 10%收入组与最低 10%收入组收入比从 4.6 倍上升到 9.2 倍，扩大了一倍。这表明收入差距呈加速扩大趋势。同时，高低收入组的收入增长不平衡，收入越高增长越快。从增长速度来看，2005 年最高 10%收入组的人均可支配收入比上年增长 13.4%，而最低 10%收入组的人均可支配收入比上年增长 9.5%，比前者低 4.9 百分点[①]。

12.3.4　收入差距扩大的主要因素

我国现阶段收入差距扩大的主要原因有行业收入差距加大、财产性收入差距加大及收入分配秩序紊乱。

据媒体报道，相关官员披露，我国现阶段工资和薪水的差距主要有以下几个特点：首先是轻纺、建筑等领域部分行业的职工工资平均水平偏低。例如，北京市 2005 年城镇单位职工平均工资为 32 808 元，但是皮革、毛皮、羽毛（绒）及其制品业，以及纺织业、服装鞋帽制造业、塑料制品业、保安服务业的职工年平均工资，只相当于这个平均工资

---

① 资料来源：2006 年中国居民收入分配年度报告. http://www.cpirc.org.cn/tjsj/tjsj_cy_detail.asp?id=7938。

的 30% 左右。

其次是农民工的工资水平普遍偏低，工资增长缓慢。有关调查显示，珠江三角洲地区的农民工工资绝大多数为 600 元左右，改革开放以来，珠江三角洲地区生产总值年平均增长率为 20% 以上，农民工工资十多年来仅增长百元左右。部分企业拖欠工资的现象仍然存在，企业主欠薪逃匿现象时有发生，特别是拖欠农民工工资的问题时有发生。

最后是行业间工资差距过大，垄断行业员工工资过高、增长过快的问题比较突出。根据国家统计局的数据，按细行业分组，2000 年最高的是交通运输、仓储及邮电通信业当中的航空运输业，为 21 342 元，最低的是采掘业当中的木材及竹材采运业，为 4 535 元，前者是后者的 4.71 倍；2004 年最高的是金融业当中的证券业，为 50 529 元，最低的是农、林、牧、渔业当中的林业，为 6 718 元，前者是后者的 7.52 倍，4 年间行业差距扩大了 1.6 倍。而在目前，电力、电信、金融、保险、水电气供应、烟草等行业职工的平均工资是其他行业职工平均工资的 2～3 倍，如果再加上工资外收入和职工福利待遇上的差异，实际收入差距可能为 5～10 倍[1]。

在我国现阶段，由于某些行业处于快速发展阶段，相关的一些管理人才十分稀缺，致使转移收入大大提高，进而导致其工资待遇大大提高。

财产性收入可能来自股票、债券、银行存款、房产、自有企业的财产和其他资产的所有权。因为穷人和工人阶级几乎没有财产，他们的收入很少来源于此。以 2004 年为例，12 万多亿元居民储蓄存款中，全国 5% 的最高收入家庭拥有全部储蓄存款的 59%，而全国 95% 的家庭只拥有 41% 的储蓄存款。巨大的存量财产差异，必然导致财产性收入的巨大差异。近两年来，股市、楼市的繁荣更加放大了这种效应。以股市、楼市为代表的资产价格迅速膨胀，使居民财产性收入总额迅速扩大，但不可忽视的是，这部分收入的流向却极不均衡，很大一部分流向了拥有资产较多的中高收入阶层[2]。美国的情况也是如此。据税收政策中心测定，收入低于 50 000 美元的家庭仅有 3% 的收入来源于资本收益和股息，而收入超过 1 000 万美元的家庭 61.4% 的收入来源于此。所以考虑到财产性收入，收入的不平等就加大了。富人还可以利用所拥有的资产，加上关系网络和社会资源提供的信息和渠道进行投资，获得巨额的增值收益。所以，往往穷人越穷，富人越富，存在着马太效应。

分配秩序紊乱也是中国收入差距扩大的重要原因。许多行政机构和事业机构，利用制度漏洞，通过合法途径，收取名目繁多的税外费，形成大规模预算外和制度外收入。一些公务员收入除工资以外存在大量的工资外收入和福利，房改、车改或相应的货币补贴收入相当丰厚，职务消费的真实收入高。事业单位因拨款制度和自我创收能力差异，单位间收入差距明显。部分国有企业自己或与外部力量勾结通过非正当手段侵占国家有形和无形资产，内部人控制及其控制下的企业改制和非正常激励方案造就大批富贵高层管理人员。与此同时，垄断性国有企业职工工资外福利非正常增长。资源性企业经营国家自然资源却基本不缴纳资源消耗税金，因此获得大量垄断经营利润。在国家税收自由

① 于英杰. 垄断行业工资过高涨得太快. 扬子晚报，2006-05-15.
② 何德旭，张捷. 增加财产性收入缩小贫富差距. 中国社会科学院院报，2007-12-27.

裁量权过宽的基础上，外资企业享受大量政府优惠措施，私人企业则通过非正常手段获取优惠空间，或直接偷税、漏税。由于劳动者保护制度不健全及弱势群体保护制度缺位，缺乏对普通职工特别是农民工报酬的正常维护和监管，这些企业在经营过程中大量压低工人的正常所得，初次分配向资本非正常倾斜。在再分配领域，在个人所得税执法不严或缺乏对各类个人收入监管不力的情况下，高收入者没有纳多少税，而工薪阶层或低收入者却被严格正常扣缴，成为纳税主力军。虽然个人所得税起征点已调到 2 000 元，这一问题依然严峻。

加大财政转移支付的力度，施行向低收入者倾斜的再分配政策，加大社会保障制度和措施，是当前我国政府的一件重要任务。遗产税、财产税和房屋物业税等有利于均等收入分配的税收制度也有待建立。

案例 12-1：城乡低保制度

1999 年 9 月，国务院发布了《城市居民最低生活保障条例》。该条例规定，享受城市最低生活保障制度的对象主要是家庭人均收入低于当地最低生活保障标准的持有非农业户口的城市居民。截至 2007 年，我国城市居民领取"低保"人数从一百多万人增加到两千多万人，城市贫困居民基本实现了应保尽保。

2007 年 5 月国务院部署在全国范围建立农村最低生活保障制度工作，明确要求由地方政府负责，将符合条件的农村贫困人口纳入保障范围。中央财政将对困难地区给予专项补助。

建立农村低保制度以前，各地通过实行特困户定期定量生活救助及临时生活救助措施，对农村特困群众给予救助。由于缺少制度规范和程序要求，加上资金投入不足，所以一般都是根据当地政府能拿出多少钱来决定救助的人数和标准，这往往导致很多贫困人口得不到救助，或者虽得到救助但救助水平较低。通过建立和实施农村低保制度，将病残、年老体弱、丧失劳动能力等常年困难的人口纳入保障范围，就可以形成解决困难群众"天天困难"问题的长效机制，确保贫困群众依法得到救助。

农村低保制度还存在一些问题，主要表现在以下几个方面：一是农村低保标准比较低且增长缓慢，与本区域的经济发展速度和增长幅度相比，特别是与实现全面小康和全体人民共享改革发展成果的要求相比，还存在一定的差距。二是城市居民和农村居民在低保标准上存在着较大差距。三是在低保家庭收入核算方面，还没有形成科学有效的核算方法。违规享受低保资格、错保的现象也时有发生。同时，也存在着一些已经享受低保保障，而实际人均收入和生活水平都超过低保线却不愿意退保的现象。

根据 2009 年 02 月 02 日中国经济网和 2008 年 02 月南京市委党校学报《南京市农村居民最低生活保障制度的调查与研究》整理。

请根据案例 12-1 回答以下问题。

享受低保人数的增加是否改善了收入分配悬殊，是否增进了经济效率？

案例 12-2：土地的供给：毛乌素沙漠变绿洲

陕北榆林市定边县地处毛乌素沙漠南部。1984 年，国家出台政策，"允许个人承包荒沙，所造林木谁造归谁所有"。石光银辞掉乡农场场长的职务，承包了当地 6 万多亩荒沙进行治理。根据承包协议，治理完成后，林木收益双方二八分成，即林木效益的 80% 归石光银所有。

在沙漠里种树十分艰难。风沙大，沙地蓄水差，种上的树苗常被风吹倒，被沙掩埋，很难存活。一棵树常常要栽三遍。老石历尽千辛万苦，使林木一天天长大，沙漠逐渐变成了绿洲。石光银这些年累计治理荒沙 20 万亩。

1998 年，定边县林业部门实地核查估算出，石光银最早承包的 6 万亩沙地里的林木总价值为 3 086 万元。为治沙植树，石光银先后已经借贷了 700 多万元，原打算能把部分树木间伐一些，一为还债，二为发展，可国家有严格的限额采伐审批程序，老石始终没有拿到采伐指标，一棵树也砍不得。到了 1998 年，石光银种下的这片林子被国家划成了生态林。

既然是生态林，不能砍，那能不能把已经有生态效益的 6 万亩林子交给国家，由国家对他十几年来的造林费用作一些补偿？但是很长时间国家没有收购的政策。

后来林业部门提出森林生态效益要有偿使用。2001 年，国家财政投入 10 亿元在 11 个省进行生态效益补助资金的试点，这就是用钱买生态效益。

摘编自高吉全.石光银:治沙英雄乐起来了.解放军报.http://www.sina.com.cn 2003-08-04。
请根据案例 12-2 回答以下问题。

（1）我们是否可以说，从长期看沙漠地区的土地供给是有弹性的？

（2）要使荒沙地持续地改造为林地,是否应该对拓荒者付费？根据原来的承包合同，荒沙地上归承包者的八成林木收益是否可以看做供给人造林的报酬？

（3）在本案例中是否可以看到对造林人给予适当激励是变沙地为林地的有效方法？你能否用经济学的语言说明其有效性的原因？

案例 12-3：余额宝的跌宕起伏

余额宝是支付宝打造的余额增值服务。把钱转入余额宝即购买了由天弘基金提供的余额宝货币基金，可获得收益。余额宝内的资金还能随时用于网购支付，灵活提取。截至 2013 年 6 月 30 日 24 点，余额宝累计用户数已经达到 251.56 万户，累计转入资金规模达到 66.01 亿元。三季度与余额宝对接的天弘增利宝货币基金规模达到 556.53 亿元，比二季度末的 42.44 亿元增加了 1 211.33%，已经成为市场上规模最大的基金。余额宝收益率（7 天年化收益）最高时曾经突破 7%，远高于银行活期存款利率，最低时也不会低于银行存款利率。而对于习惯使用支付宝购物的人来说，余额宝里的钱和银行里的钱没什么区别，可无限制使用。

据中国之声《新闻纵横》报道，2013 年 6 月 13 日，正值银行"钱荒"，余额宝正式上线，半个月内，七日年化收益率攀升到 6%，秒杀大多数银行理财产品，不仅使互联网金融成为热门话题，更在短期内吸引了大量资金涌入。然而好景不长，2014 年 5 月 11 号，余额宝七日年化收益率首次跌破 5%，在 4%～5% 盘桓一年多后，2015 年 6 月 16 日，又首次跌破 4%，而且在之后的几天还在持续下跌。

不仅仅是余额宝，七日年化收益率曾超过 7% 的百度百赚，2015 年 6 月 11 日则是首度跌破 3%，京东小金库也已"破 3"。融 360 监测数据显示，2015 年 6 月 12 日～18 日，对接 66 只货币基金的共 80 只"互联网宝宝"平均七日年化收益率仅为 3.53%，再创历史新低。互联网宝宝们到底怎么了？

根据搜狐网相关报道编辑整理，网址为 http：//business.sohu.com/20150623/n415460 074.shtml。

请根据案例 12-3 回答以下问题。

（1）本章提到，资本的供给和需求决定资金的使用价格，为什么余额宝的收益率却能高于同期银行定期存款？

（2）余额宝和银行活期存款都有哪些区别？

（3）为什么宝宝类产品收益率持续下跌？

提要

（1）资本投资的内部收益率是人们对资本项目进行投资而获得的按百分比计算的年收益。它是随资本投入量的增加而递减的，所以它的曲线是向右下方倾斜的。这条曲线同时也反映了厂商对资本的需求，它表示厂商对资本的需求量随着利息率降低而增加。

（2）资金的供给量随利息率增加而上升，因此资金的供给曲线向右上方倾斜。

（3）利息率由可贷资金需求和可贷资金供给决定，两线的交点决定均衡利息率。

（4）地租也是由土地的供给与需求决定。整个经济体的土地供给曲线是完全缺乏弹性的，因此，随着人口增加和经济发展，土地需求越来越高，地租也有增高的趋势。

（5）经济租是支付给要素供给者的报酬与该要素的生产性服务得以被供应出来所必须加以补偿的金额（即转移收入）之间的差额。转移收入是避免要素转移到其他部门所必须支付的最低金额，也即要素的机会成本。

（6）厂商提供单位产品所必须得到的补偿是平均可变成本，产品价格超过其平均可变成本的余额就具有经济租的性质，称为准租金。准租金的概念是与存在固定要素的短期相联系，长期里就不存在准租金。准租金也就是短期生产者剩余。

（7）收入分配均等的状况可以用洛伦茨曲线来表示。

复习思考题

（1）资本投资的内部收益率是什么含义？

（2）投资预期收益的贴现值是如何计算的？

（3）厂商对资本的需求曲线是怎样的？

（4）均衡利息率由什么决定？

（5）垂直的土地供给曲线表示什么？

（6）经济租和准租金度量的是什么？二者的区别何在？

（7）什么是级差地租，它是怎样产生的？

（8）如果一个投资者年初时投资10万元购买股票，到年底时其股票价格没上涨也没下跌，市场价值仍然是10万元。他说他没赚也没亏。你认为如何？应该怎么计算他的投资收益净现值？

第13章

一般均衡分析

13.1 一般均衡的基本思想及各市场之间的联系

以上各章的讨论，均采用局部均衡的分析方法。在讨论产品市场的均衡时，假定要素市场已经达到均衡；在讨论要素市场均衡时，又假定产品市场已经达到均衡。在讨论消费者均衡时，则假定厂商已经达到均衡；在讨论厂商均衡时，则假定消费者已经达到均衡。在讨论厂商投入均衡时，则假定厂商产出已达均衡；在讨论厂商产出均衡时，则假定厂商投入已达均衡。如此等等。面对错综复杂、互相联系的经济现象，局部均衡分析方法是把其中一环孤立地抽出来，撇开次要的联系，抓住主要的联系做出实证的解释。这种分析方法显然是十分有意义的。但是如果希望得到关于经济体系整体的知识，局部均衡分析方法就会显得力不从心了。一般均衡分析［也就是总体均衡分析（general equilibrium analysis）］方法正是以解决这一类问题为己任的。在市场经济体系中，在各产品市场之间、各要素市场之间、产品市场和要素市场之间、各当事人之间，都存在密切而错综的联系，一般均衡分析就是以这种联系为基本背景的，并着重解决以下问题：①各消费者能否同时达到均衡？各生产者能否同时达到均衡？消费者和生产者能否同时达到均衡？简言之，能否达到一般均衡？如果能，则均衡的条件是什么？②各产品的供求、各要素的供求能否同时达到均衡（即一般均衡）？如果能，其均衡的条件是什么？③如果一般均衡是存在的，那么，其实现机制是什么？市场价格起着什么作用？

这三个问题，换一个提法就是：在市场经济中，是否存在着一组价格，使各个市场供求同时达到均衡、各经济当事人的利益同时达到最大化？

本节先粗略地考察各市场供求之间的联系，13.2 节讨论两部门的一般均衡模型，以便从中引出一系列重要结论。

13.1.1　替代产品的市场联系

设产品 A 和 B 是替代产品。两产品的供求及市场均衡见图 13-1。图 13-1（a）中纵轴 P_A 表示产品 A 的价格，横轴 Q_A 表示产品 A 的数量。图 13-1（b）中纵轴 P_B 表示产品 B 的价格，横轴 Q_B 表示产品 B 的数量。假设由于 A 产品供给条件恶化，在同一价格水平上，市场供给量减少了，即供给曲线左移，而需求没有变动，那么 A 产品市场的均衡态改变：均衡价格提高了，均衡数量减少了。B 产品是 A 产品的替代品。A 产品价格提高，使 B 产品价格相对降低了。这一变化促使消费者进行购买替代，减少 A 的购买量，增加 B 的购买量。在 B 市场供给没有变化的条件下，对 B 产品需求的增加，促使 B 产品价格上涨。这样，A 市场的供求变化波及 B 市场，B 市场的均衡价格和均衡数量都提高了。波及并没有到此为止。仅就 A、B 市场而言，B 市场的供求变化又会转过来影响 A 市场。B 产品价格提高，又使 A 产品价格相对降低。对 A 产品需求的提高又引起 A 产品价格提高（图 13-1 中没有标出）。这里出现了 A、B 产品价格轮番上涨的局面。那么，这种替代产品价格的轮番上涨是否无止境的呢？不是的。A、B 产品价格轮番上涨使消费者的实际收入降低了，这会引起 A、B 产品需求曲线向左下移动，从而造成 A、B 产品价格下降的变动。经过一连串的调整，最后终于会在 A、B 市场之间达到均衡。

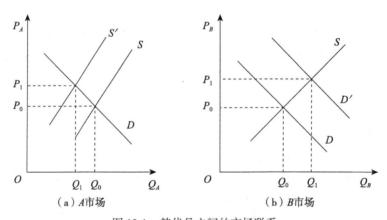

图 13-1　替代品之间的市场联系

若 A 产品价格下降，则会引起一连串相反方向的调整及最后的均衡，这里从略。

13.1.2　互补产品的市场联系

A 产品供给条件恶化，供给曲线向左移动至 S'。在 A 产品需求没有变化的条件下，A 市场均衡态改变了，由 E_0 变至 E_1。均衡价格提高、均衡数量减少。B 产品是 A 产品的互补商品。A 产品需求量减少，使消费者对 B 产品的需求随之下降。在 B 产品供给不变的情况下，B 产品市场的均衡改变了，由 E_0 变至 E_1，均衡价格下降，均衡数量下降。B 产品市场供求的这种变化反过来又影响 A 产品市场，使 A 产品需求下降至 D'。在供给不变的条件下，均衡态移至 E_2，均衡价格与均衡数量均下降。A、B 市场这方面的互相影响还会继续进行下去。另外，A、B 产品价格的相继下降在消费者名义收入不变条件下使消费者实际收入提高了。这一因素会使消费者增加对 A、B 产品的购买量，从而阻止价格的下降。经过一系列调整，消费者会在 A、B 市场之间达到均衡（图 13-2）。

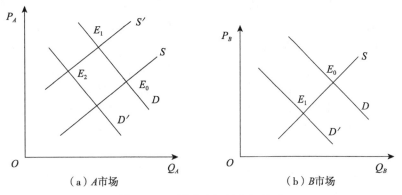

图 13-2　互补品之间的市场联系

若 A 产品的供给条件改善了，则会引起一系列相反方向的变化、调整及最后的均衡。

13.1.3　产品市场和要素市场的联系

图 13-3（a）中纵轴表示劳动价格，横轴表示劳动数量。假设劳动市场由于劳动供给减少，劳动供给曲线向左移动。在其他条件不变的条件下，均衡工资率会提高，均衡劳动数量会减少。劳动市场的这种变化会影响其他市场的供求（图 13-3）。

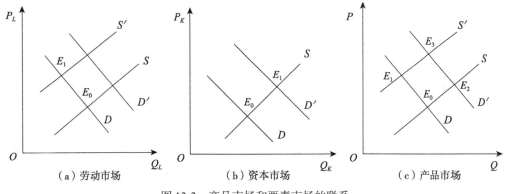

图 13-3　产品市场和要素市场的联系

劳动市场的变化首先影响到资本市场。图 13-3（b）中纵轴表示资本价格，横轴表示资本数量。劳动价格提高，使资本价格相对降低，从而使对资本的需求提高。资本需求曲线从 D 移动到 D′。随着资本替代劳动的增加，资本的价格也提高了。总之，资本市场的均衡态由 E_0 变至 E_1。

其次，劳动市场的变化还要影响产品市场。图 13-3（c）中纵轴表示产品价格，横轴表示产品数量。这种影响是双方面的。第一，劳动价格的提高，使厂商的成本提高。这使得厂商在同一产品价格下只愿意提供较少的产量，即产品供给曲线左移至 S′。若需

求不变则均衡态由 E_0 变至 E_1，即产品均衡价格提高，均衡数量减少。第二，消费者（劳动者）收入变化了。一方面，劳动价格的提高，在对劳动的需求价格弹性较小的条件下，会使消费者货币收入提高；在产品价格不变的条件下，会使消费者实际收入提高。这会使产品需求曲线向右移动。另一方面，由劳动价格提高引起的产品价格提高，在消费者货币收入不变的条件下，使消费者的实际收入下降，从而使产品需求曲线向左移动。也就是说，劳动价格的提高，从对立的两个方面影响产品需求。产品需求究竟如何变化，取决于在这两个对立的方面中哪个方面更强一些。双方强度不确定，产品需求的变化还是不能确定的。假定消费者实际收入提高的因素更强些，则产品需求曲线要向右移动至 D'。在供给没有变化的条件下，均衡变化至 E_2，产品均衡价格提高了，均衡数量也提高了。

结合产品市场供求双方面的变化，则均衡点移至 E_3。和初始均衡 E_0 相比，均衡数量变化不大，均衡价格提高则非常显著。

产品市场的变化又会反过来影响要素市场的供求（如劳动需求曲线右移至 D'），经过一系列的变化、调整，最后劳动市场、资本市场和产品市场会同时达到均衡，即一般均衡。

13.2　两部门的一般均衡与帕累托最优——埃奇沃思盒式图

本节讨论两部门的一般均衡模型，并且观察、判断在相应的特定市场条件下资源配置是否达到帕累托最优（Pareto optimality）。帕累托最优是指这样一种状态，即资源配置的任何改变都不可能使一个人的境况变好而又不使别人的境况变坏。资源配置达到帕累托最优表明：在技术、消费者偏好、收入分配等既定条件下，资源配置的效率最高，从而使社会经济福利达到最大。反之，若改变资源配置会出现下列情况：①每个人的境况都较之前变好了；②至少一个人的境况变好了而没有一个人的境况变坏，则现存的资源没有达到帕累托最优。在这两种情况下，按一定方向调整现存的资源配置，就可以提高资源配置的效率，从而使社会经济福利提高。

帕累托最优境界可以具体化为消费领域、生产领域及消费与生产领域三个领域的最优条件。若这三个领域的条件同时被满足了，则表明资源配置达到了帕累托最优。

假定一个经济体系利用两种要素 L、K 生产两种产品 X、Y。要素总量既定，即 $L=L_0$，$K=K_0$。有两个消费者 A 和 B，他们既是要素供给者，又是产品需求者。有两个生产者，他们分别生产产品 X、Y。最后，效用函数、生产函数存在且既定。

在这些假定条件下，两部门的一般均衡问题可以通过对三个领域的具体分析而展开。它们分别是生产领域的一般均衡、交换领域的一般均衡、生产和交换领域的一般均衡。在此，两部门的一般均衡的分析与帕累托最优条件的分析结合在一起进行。

13.2.1　生产领域的一般均衡与帕累托最优

假定生产 X、Y 的要素 K、L 具有替代性。这样，生产函数的形式是：$X=f(L、K)$，

$Y=\phi$（L、K）。另外，资源总量是既定的，即 $L=L_0$，$K=K_0$。资源本属于 A、B 所有。可以设想，经过一定的交换过程，资源 L、K 现在已经转移到生产者手中。假定有两个生产者，分别生产 X、Y。两个生产者分别占有一定量的资源，并希望生产出尽可能多的 X 和 Y。假定初始的资源配置对两个生产者都不十分合适，如 X 生产者资本占有太多，劳动却嫌不足；Y 生产者恰好相反，劳动占有大多，资本却嫌不足。要素搭配不合理只能使 X、Y 都处于较低的产量水平。这一情况显然激发了 X、Y 生产者互相交换生产要素的愿望。通过交换，有可能改善两者各自的要素配置状况，使产量提高。那么，现在的问题就是：①这种交换将循着怎样的路线进行？②这种交换何时停止？

埃奇沃思盒式图是解决这类问题的一个非常直观的工具。图 13-4（a）是产品 X 的等产量曲线，显然，$X_3>X_2>X_1$。纵轴 K_X 表示在 X 的生产中耗费的 K 的数量，横轴 L_X 表示在 X 的生产中耗费的 L 的数量。图 13-4（b）是产品 Y 的等产量曲线，且 $Y_3>Y_2>Y_1$。生产 Y 耗费的资源分别为 K_Y 和 L_Y。资源总量是既定的，因此有 $K_X+K_Y=K_0$，$L_X+L_Y=L_0$。这样，就有可能把 X、Y 的等产量曲线结合在一起考察。其方法就是把产品 Y 的等产量曲线图以原点 O_Y 为圆心，逆时针转动 $180°$，再与处于原来位置的 X 产品的等产量曲线图结合起来，共同围成一个埃奇沃思盒式图［图 13-4（c）］。盒的左下角是产品 X 的原点，右上角是产品 Y 的原点。原先的四条轴现在成为盒子的四条边。纵、横轴的两个交点 H、N 与原点的垂直距离表示资本总量，即 $HO_X=NO_Y=K_0$；与原点的水平距离表示劳动总量，即 $HO_Y=NO_X=L_0$。这样，盒式图中任一点都表示两种资源总量在两个生产者之间是如何配置的。例如，H 点表示 X 生产者占有全部 K，Y 生产者占有全部 L；N 点则相反，表示 X 生产者占有全部 L，Y 生产者占有全部 K。这是极端的情况。在一般情况下，总是一个生产者对两种资源都占有一些，如 Q 点表示 X 生产者占有资本量为 K_1，劳动量为 L_1；Y 生产者占有资本量为 K_2，劳动量为 L_2。显然，$K_1+K_2=K_0$，$L_1+L_2=L_0$。

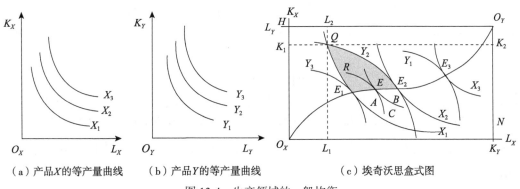

（a）产品 X 的等产量曲线　　（b）产品 Y 的等产量曲线　　（c）埃奇沃思盒式图

图 13-4　生产领域的一般均衡

盒式图中任一点同时还表示 X 一定产量与 Y 一定产量的一个产品组合，盒中布满了 X 的等产量曲线与 Y 的等产量曲线。盒中任一点总是某一条 X 等产量曲线与某一条 Y 的等产量曲线的交点（或切点），从而表示某一个产品组合。例如，Q 点表示 X 的产量为 X_1 和 Y 的产量为 Y_2 的一个组合，E_2 点表示 X_2 与 Y_2 的一个产品组合。结合起来看，盒式图中任一点表示资源总量按一定比例被 X、Y 生产者占有。生产者利用这些资源生产出一

定产量的 X、Y。例如，Q 点表示 X 生产者投入 K_1、L_1 的资源生产出 X_1 的产量；Y 生产者投入 K_2、L_2 的资源生产出 Y_2 的产量。

假设初始的资源配置就在 Q 点，如何才能使 X、Y 的产量提高呢？在这里，唯一可能的途径就是交换各自的生产要素。交换的前提是：交换必须对交换者双方有利。站在 X 生产者的立场，从 Q 点出发，通过交换，若能使产量比 X_1 提高，则交换是可以接受的。也就是说，X 生产者可以接受的资源–产量组合点均在等产量曲线 X_1 的右方。类似地，Y 生产者可以接受的资源–产量组合点均在等产量曲线 Y_2 的左方。这样，等产量曲线 X_1 和 Y_2 包围的区域是交换实际可能发生的区域。例如，X 生产者用一部分资本 K 与 Y 生产者用一部分劳动 L 相交换，使资源配置由 Q 改变为 R 点。通过交换，X、Y 生产者的要素搭配都改善了，从而产量都提高了（提高后的两条等产量曲线未画出）。这种交换和资源配置的改善进行到何时为止呢？E 为 X、Y 两条等产量曲线的切点。可以肯定地说，如果交换达到 E 点，则交换就停止了。其原因在于，如果从 E 点出发，继续交换，那么结果不是损害交换中的一方，就是损害交易双方。假设交换由 E 到 A，Y 的产量不变，而 X 的产量下降了，X 生产者不能接受这种交换，所以，这种交换不可能发生。假设交换由 E 到 B，X 的产量不变，而 Y 的产量降低了，Y 生产者不能接受这种交换，所以这种交换也不可能发生。假设交换由 E 到 C，则 X、Y 的产量都下降了，更不能被接受，这种交换也不会发生。由此推之，可以断言：由 E 点出发的任何交换都不可能发生。因此，当交换（即资源配置的调整）达到 E 点时，就实现了均衡。由于这种均衡是 X 生产者和 Y 生产者双双接受的，所以称为生产领域的一般均衡。

在盒中，一组产品 X 的等产量曲线与一组产品 Y 的等产量曲线有许多切点，如图 13-4 中的 E、E_1、E_2、E_3 等。这些切点的连线称为效率曲线。由上面的讨论可以推知：当交换（即资源配置的调整）达到效率曲线上任何一点时，就实现了生产领域的一般均衡。

在各切点，显然有在 X 一定产量水平上的边际技术替代率 MRTS_{KL}^{X} 等于在 Y 一定产量水平上的边际技术替代率 MRTS_{KL}^{Y}。因此从理论的高度看，生产领域一般均衡的实现条件是

$$\text{MRTS}_{KL}^{Y} = \text{MRTS}_{KL}^{X}$$

这就是说，如果二者已经相等，则资源配置的任何进一步调整，至少使一种产品的产量下降；如果二者尚未相等，则调整资源配置至少可以使一种产品的产量不变而另一种产品的产量提高。例如，假设在资源配置某一格局即 X、Y 某一产量水平上，$\text{MRTS}_{KL}^{X}=1$，$\text{MRTS}_{KL}^{Y}=2$。$\text{MRTS}_{KL}^{X}=1$ 表示减少 1 个单位 K 同时增加 1 个单位 L 可使 X 产量不变。$\text{MRTS}_{KL}^{Y}=2$ 表示增加 1 个单位 K 同时减少 2 个单位 L 可使 Y 产量不变。在这种情况下，X 生产者用 1 个单位 K 交换 Y 生产者 2 位 L，Y 生产者是接受的，因为这种交换至少没有降低 Y 的产量。这一交换是 X 生产者求之不得的：因为若用 1 个单位 K 换 1 个单位 L，X 的产量不变；现在 1 个单位 K 换得 2 个单位 L，则可以使 X 产量提高，实际交换可能是 X 生产者用 1 个单位 K 换 Y 生产者 1.5 个单位 L。这样的交换使 X、Y 的产量都提高了，这当然是皆大欢喜的事。

当交换达到盒式图中的效率曲线时，则任何进一步交换，不是使一种产品产量降低另一种产品产量不变，就是使 X、Y 两种产品产量都下降。所以，当交换达到效率曲线时，就实现了生产领域的帕累托最优。在效率曲线上，两位生产者投入要素 L、K 的边际技术替代率相等。因此，生产领域的帕累托最优条件就是 X、Y 生产者投入要素 L、K 的边际技术替代率相等，即

$$\mathrm{MRTS}_{KL}^{X}=\mathrm{MRTS}_{KL}^{Y}$$

对该条件加以推广，就是，当各生产者对任两种生产要素的边际技术替代率相等时，就实现了生产领域的帕累托最优。

一条效率曲线表示存在多个可能的生产的一般均衡点。那么，资源配置、产品组合的生产一般均衡究竟在哪一点呢？前面的分析没有给出答案。第一，最后的均衡点与初始资源配置状况有很大关系。X、Y 生产者的初始资源配置取决于一系列因素。如果初始 X、Y 生产者占有的资源很不平均，如 X 生产者占有大量 K、L，Y 生产者只占有较少 K、L，那么，达到一般均衡的资源配置肯定也很不平均。而一般均衡的产品组合很可能是 X 一个很大产量和 Y 一个很小产量的组合，即一般均衡点很靠近 Q_Y。第二，在这里，一般均衡是在生产者之间达到的。至于均衡的产量组合能否使消费者的效用达到最大，这里还没有涉及。因此，在没有考虑消费的一般均衡、消费和生产同时一般均衡以前，生产领域的一般均衡不能最后确定。

13.2.2　消费领域的一般均衡与帕累托最优

这里同样利用埃奇沃思盒式图进行分析。在这个舞台登场的两个角色是消费者 A 和 B。A、B 各自拥有一部分产品 X、Y。但是，A、B 都不满足现状，都希望通过互相交换产品，使各自的效用进一步提高。可以用无差异曲线图描述 A、B 的效用，并把两个无差异曲线图结合起来描述它们之间的交换。

图 13-5（a）是消费者 A 的无差异曲线图。按满足程度大小，有 $\mathrm{III}_A > \mathrm{II}_A > \mathrm{I}_A$。图 13-5（b）是消费者 B 的无差异曲线图，按满足程度大小，有 $\mathrm{III}_B > \mathrm{II}_B > \mathrm{I}_B$。将二者结合起来就组成了图 13-5（c），即消费领域的埃奇沃思盒式图。盒子的左下角是消费者 A 的原点 O_A，Y_A 和 X_A 是他消费商品的数量。右上角是消费者 B 的原点 O_B，Y_B 和 X_B 是他消费商品的数量。纵横轴交点与原点的垂直距离表示二人所消费的产品 Y 的总量 $HO_A=NO_B=Y_0=Y_A+Y_B$。纵横轴交点与原点的水平距离表示二人所消费的产品 X 的总量，即 $HO_B=NO_A=X_0=X_A+X_B$。盒中有消费者 A 的一组无差异曲线和消费者 B 的一组无差异曲线。因此，盒中任何一点具有双重意义。一方面，它表示总产品（X_0 和 Y_0）是如何在消费者 A、B 之间分配的。另一方面，它表示在这一基础上，消费者 A、B 的某一满足程度。

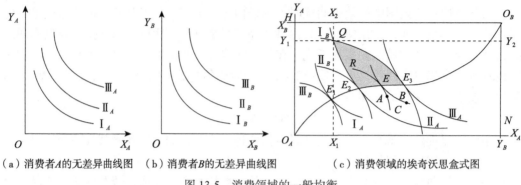

（a）消费者A的无差异曲线图　　（b）消费者B的无差异曲线图　　（c）消费领域的埃奇沃思盒式图

图 13-5　消费领域的一般均衡

假设总产品的初始分配在 Q 点，即消费者 A 占有 Y_1、X_1，达到的满足程度为 II_A；消费者 B 占有 Y_2、X_2，达到的满足程度为 I_B。对消费者 A 而言，占有的 Y 嫌多，X 嫌少。对消费者 B 而言，情况正好相反。因此，A、B 双方都有意通过互相交换产品，使各自的满足程度提高。对 A 而言，交换的点只有在 II_A 右边才能使满足程度提高。对 B 而言，交换的点只有在 I_B 左边才能使满足程度提高。因此，在 II_A 与 I_B 之间的区域是双方都接受的交换区域（图中的阴影部分）。于是，交换从 Q 点出发，向阴影区前进。例如，R 就是一个双方都比过去满意的交换点。从 Q 点到 R 点，A、B 双方的满足程度都提高了。E 是 A、B 消费者的两条无差异曲线的切点。交换一旦到达 E，就不再进行下去了。因为任何进一步的交换，或者使一方的满足程度下降（从 E 点到 A 点则使 A 消费者的满足下降；从 E 点到 B 点则使 B 消费者的满足下降），或者使双方的满足程度下降（如从 E 点到 C 点）。这就是说，交换一旦到达 E 点，A、B 双方都在不损害双方的条件下使自己的满足程度提高到最大程度，即达到消费领域的一般均衡。

在盒内，消费者 A 的一组无差异曲线与消费者 B 的一组无差异曲线有多个切点，如 E_1、E_2、E_3。各切点的连线称为契约曲线。由上面的讨论可以推知：A、B 两人的交换一旦达到契约曲线上任一点，则交换不再继续下去，即达到了消费领域的一般均衡。

在切点，有消费者 A、B 在各自一定满足程度上的对产品 X、Y 的边际替代率相等，即

$$\text{MRS}_{XY}^A = \text{MRS}_{XY}^B$$

由此可知，实现消费领域一般均衡的条件就是各消费者的边际替代率相等。这就是说，A、B 交换产品过程中，如果各人的边际替代率不相等，那么进一步交换，就有可能提高双方的满足程度；如果各人的边际替代率相等，那么，任何进一步的交换，至少会使一个消费者的满足程度下降。假设甲地大米富裕，羊肉稀缺，买 1 斤羊肉要付出 15 斤大米（即 MRS=15）；乙地相反，羊肉富裕，大米稀缺，1 斤羊肉仅值 5 斤大米（即 MRS=5）。在这种情况下，甲地人把大米贩到乙地，按乙地 1 斤羊肉等于 5 斤大米的比例换取羊肉，使自己的满足程度提高。而乙地人也可以把羊肉贩到甲地，按甲地 1 斤羊肉等于 15 斤大米的比例换取大米，使自己的满足程度也得到提高。随着甲、乙两地互通有无，甲地羊肉的稀缺性降低了。这样，现在换 1 斤羊肉不要付出 15 斤大米，而只要付出十三四斤大米就够了（即 MRS 下降了）。相类似，乙地大米的稀缺性降低了，现在用 1 斤羊肉可以换得六七斤大米（MRS 提高了）。只要交换能使双方的满足程度提

高，交换就会继续下去。一旦甲、乙两地羊肉与大米交换的比例相同（即两地的 MRS 相等，如 MRS$_甲$=MRS$_乙$=10），交换就停止了。

当交换达到盒式图中的契约曲线，则任何进一步交换，不是使一个人效用降低另一个人效用不变，就是使两人的效用都降低。所以，当交换达到契约曲线时，就实现了消费领域的帕累托最优。在契约曲线上，两位消费者消费 X、Y 的边际替代率相等。因此，消费领域帕累托最优的条件就是：消费者 A、B 对产品 X、Y 的边际替代率相等，即

$$MRS^A_{XY}=MRS^B_{XY}$$

对该条件加以推广，就是：当各消费者对任何两种产品的边际替代率相等时，就实现了消费领域的帕累托最优。

消费者之间的交换最后在契约曲线上的哪一点达到一般均衡？首先，这与产品的初始分配状况有密切的关系。其次，由于消费与生产之间存在着非常密切的联系，在没有考虑生产者均衡的条件下，消费领域的一般均衡是不能最后确定的。

13.2.3 生产和消费之间的一般均衡与帕累托最优

效率曲线上的每一点都表示资源被最有效率地使用的一个产品组合，如 E_1、E_2、E_3 是效率曲线上的三个点，E_1 代表 X=30 和 Y=100 的组合、E_2 代表 X=40 和 Y=50 的组合、E_3 代表 X=80 和 Y=20 的组合，

根据这些数据，就可以在 X-Y 平面上得到一条生产可能性曲线（该曲线在第 1 章就出现过）（图 13-6）。生产可能曲线表示在现有技术条件下，现有资源得到充分利用而得到的各种可能的产品组合。曲线以内区域上各点表示资源尚未充分利用条件下的产品组合。因此，生产可能性曲线上各点与生产盒式图中效率曲线上的各点是一一对应的，生产可能性曲线以内区域上各点与生产盒式图中效率曲线以外各点是一一对应的。

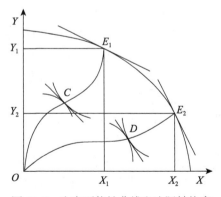

图 13-6　生产可能性曲线和边际转换率

沿着生产可能性边界下降，表示 X 的产量增加而 Y 的产量减少。X 的产量增加 1 个单位所必须放弃的 Y 的产量数量就是边际转换率（marginal rate of transformation）。边际转换率也就是生产可能性边界的斜率，它表示在技术不变、资源充分动员条件下，增加 1 个单位产品 X 必须放弃几个单位产品 Y，即

$$\text{MRT}_{XY} = -\frac{\Delta Y}{\Delta X}$$

边际转换率也可以用边际成本之比来表示。在生产可能性曲线上移动，就表示增加一定量 X 就必须减少一定量 Y，ΔY 就成为 ΔX 的机会成本，也是 ΔX 的边际成本，即 $\text{MC}_X = \Delta Y$。或者，增加一定量 Y 就必须减少 X，因此，ΔX 可以看做 ΔY 的机会成本和边际成本，即 $\text{MC}_Y = \Delta X$。这样，X 产品对 Y 产品的边际转换率可以定义为两种产品的边际成本的比率：

$$\text{MRT}_{XY} = -\frac{\Delta Y}{\Delta X} = \frac{\text{MC}_X}{\text{MC}_Y}$$

现在把生产领域与消费领域结合起来考察交换过程。假定生产者通过充分调整，资源得到最有效率的使用，即资源配置——产品组合已经达到效率曲线上某一点。这一产量组合同时反映在生产可能性曲线上。设该点为图 13-6 中的 E_1 点。E_1 点实现了生产领域的一般均衡，均衡产量为 Y_1、X_1。由 $OX_1E_1Y_1$ 组成一个消费的埃奇沃思盒式图。这表明产品 Y_1、X_1 已经转移到消费者手中，由消费者 A、B 分别占有。A、B 希望通过交换，增加各自的效用。最后在契约曲线上的 C 点达到消费领域的一般均衡。

这样，在 E_1 点和 C 点，生产领域和消费领域的一般均衡已经分别达到。这是否说明整个社会（两个部门的小社会）的一般均衡已经达到？若该社会生产的目标是消费者的满足程度尽可能大，则整个社会的一般均衡在生产领域和消费领域的一般均衡已经分别达到以后，还要取决于 E_1 点的边际转换率与 C 点的边际替代率是否相等。假设 E_1 点的边际转换率 $\text{MRT}_{XY} = 1$，C 点的边际替代率 $\text{MRT}_{XY} = 2$，即 $\text{MRT} < \text{MRS}$。$\text{MRT}_{XY} = 1$ 表明在资源量不变的条件下，在产品组合 Y_1、X_1 的基础上，增加生产 1 个单位 X，就必须减少生产 1 个单位 Y。$\text{MRS}_{XY} = 2$ 表明消费者在消费量为 Y_1、X_1 时，若多消费 1 个单位 X，则需同时减少消费 2 个单位 Y，才能维持满足程度不变。在这种情况下，生产者改变产品组合，多生产 1 个单位 X，少生产 1 个单位 Y。随后，消费者多消费 1 个单位 X，少消费 1 个单位 Y。消费者多消费 1 个单位 X，少消费 2 个单位 Y 时满足程度不变。现在多消费 1 个单位 X，只少消费 1 个单位 Y，所以满足程度提高了。这说明，若 X 对 Y 的边际转换率小于边际替代率，则减少 Y 产量、增加 X 产量，就可以提高消费者的满足程度。由此推知，若 X 对 Y 的边际转换率大于边际替代率，则减少 X 的产量，增加 Y 的产量，可以提高消费者的满足程度；若 X 对 Y 的边际转换率等于边际替代率，即 $\text{MRT} = \text{MRS}$，则消费者的满足程度不可能继续提高了，从而生产领域与消费领域同时达到一般均衡。

调整过程可以这样设想：生产者发现产品的边际转换率不等于边际替代率，就调整产品组合。这一行为在生产埃奇沃思盒式图中表现为产品组合点在效率曲线上移动。单纯从生产的观点看，这种移动意味着一种产品产量增加是以牺牲另一种产品产量为代价的，因此是不可能发生的。但是，若生产的最终目标是消费，是消费者满足程度的提高，则这种移动是会发生的。产品组合点在效率曲线上的移动，同时表现为产品组合点在生产可能线上的移动。随着这一移动，消费的埃奇沃思盒式图的位置改变了。消费者将通过交换产品，向新的契约曲线靠拢。一旦达到消费的一般均衡，再进行边际转换率与边际替代率的比较。这样的调整一直进行下去，直到边际转换率等于边际替代率时为止。

在图 13-6 中,当产品组合为 X_2、Y_2 时,E_2 的边际转换率与 D 点的边际替代率相等,这意味着实现了全社会的一般均衡,即生产领域和消费领域同时达到了一般均衡。

概括以上内容,并加以推广,可知:一般均衡应满足三个条件:第一,各消费者对任两种产品的边际替代率相等,即 $\text{MRS}_{XY}^A = \text{MRS}_{XY}^B$;第二,各生产者投入任两种要素的边际技术替代率相等,即 $\text{MRTS}_{KL}^X = \text{MRTS}_{KL}^Y$;第三,生产者投入各要素生产任两种产品的边际转换率等于消费者消费这两种产品的边际替代率,即 $\text{MRT}_{XY} = \text{MRS}_{XY}^A = \text{MRS}_{XY}^B$。

经济体的一般均衡表明:在资源总量、技术水平既定的条件下,根据消费者的偏好对资源配置方案不断地改善,能够使资源配置的效率达到最大,即使各种受消费者欢迎的产品产量达到最大,从而使消费者的满足程度达到最大,整个经济体也就实现了帕累托最优。当然,这里的"最大""最优"都是就一定的约束条件而言的。

前面对一般均衡的讨论,侧重于说明一般均衡状态所包括的内容。换言之,主要的笔墨在于描绘出一般均衡状态的面貌。那么怎样才能实现一般均衡呢?从一种纯粹理论的观点看,完全竞争的市场经济恰能实现一般均衡。由于一般均衡状态包含三个边际条件,下面的讨论也从这三个方面展开。

1. 实现消费领域一般均衡与帕累托最优的机制

在完全竞争的市场经济中,消费者只能接受既定的价格。消费者为了使其满足程度尽量大,总是把各种产品的购买量调整到各种产品的边际效用之比等于他所面临的各种产品的价格之比。例如,消费者 A 对产品 X、Y 的购买可描述为

$$\text{MRS}_{XY}^A = -\frac{\Delta Y}{\Delta X} = \frac{\text{MU}_X}{\text{MU}_Y} = \left(\frac{P_X}{P_Y}\right)^A$$

其中,$\left(\dfrac{P_X}{P_Y}\right)^A$ 表示消费者 A 面临的产品比价。

消费者 B 对产品 X、Y 的购买可描述为

$$\text{MRS}_{XY}^B = -\frac{\Delta Y}{\Delta X} = \frac{\text{MU}_X}{\text{MU}_Y} = \left(\frac{P_X}{P_Y}\right)^B$$

其中,$\left(\dfrac{P_X}{P_Y}\right)^B$ 表示消费者 B 面临的产品比价。在完全竞争的市场中,各消费者面临的产品比价是一样的,即 $\left(\dfrac{P_X}{P_Y}\right)^A = \left(\dfrac{P_X}{P_Y}\right)^B$。所以,

$$\text{MRS}_{XY}^A = \left(\frac{P_X}{P_Y}\right)^A = \left(\frac{P_X}{P_Y}\right)^B = \text{MRS}_{XY}^B$$

就是说,通过消费者面临产品比价相同这一桥梁,消费领域的一般均衡与帕累托最优得以实现。

2. 实现生产领域一般均衡与帕累托最优的机制

在完全竞争要素市场中，厂商只能接受既定的要素价格。厂商为了使在产量已定时成本最低（或者经费已定时产量最大），对生产要素的投入，总是力求使各种要素的边际产量之比等于所面临的各种要素的价格之比。生产各种产品的厂商从自利的目标出发，都这样做。例如，生产产品 X 的厂商对资本 K、劳动 L 的投入一定遵循这样的原则：

$$\mathrm{MRTS}_{KL}^{X} = -\frac{\Delta L}{\Delta K} = \frac{\mathrm{MP}_K}{\mathrm{MP}_L} = \left(\frac{P_K}{P_L}\right)_X$$

其中，$\left(\dfrac{P_K}{P_L}\right)_x$ 表示生产产品 X 的厂商面临的要素比价。而其他厂商，如生产产品 Y 的厂商对资本 K、劳动 L 的投入也遵循类似的原则：

$$\mathrm{MRTS}_{KL}^{Y} = -\frac{\Delta L}{\Delta K} = \frac{\mathrm{MP}_K}{\mathrm{MP}_L} = \left(\frac{P_K}{P_L}\right)_Y$$

其中，$\left(\dfrac{P_K}{P_L}\right)_Y$ 表示生产产品 Y 的厂商面临的要素比价。在完全竞争要素市场中，各厂商面临的要素比价是一样的，即

$$\left(\frac{P_K}{P_L}\right)_X = \left(\frac{P_K}{P_L}\right)_Y$$

这样，生产领域一般均衡与帕累托最优的条件（即各种产品生产中任两种要素的边际替代率相等），通过价格这一桥梁，就能够顺利地实现，即

$$\mathrm{MRTS}_{KL}^{X} = \left(\frac{P_K}{P_L}\right)_X = \left(\frac{P_K}{P_L}\right)_Y = \mathrm{MRTS}_{KL}^{Y}$$

3. 实现全社会一般均衡的机制

在完全竞争的市场中，无论是消费者，还是生产者，都只能接受既定的市场价格，并在这个条件下做出最有利于自己的决策。X 产品生产厂商为了获利最大，总是力求把产量调整到使其边际成本等于产品价格，即

$$\mathrm{MC}_X = P_X$$

其中，MC_X 表示产品 X 的边际成本；P_X 表示产品 X 的价格。

而 Y 产品的厂商为了获利最大，也同样把产量调整到边际成本等于产品价格，即

$$\mathrm{MC}_Y = P_Y$$

其中，MC_Y 表示产品 Y 的边际成本；P_Y 表示产品 Y 的价格。

这样一来，从生产者角度看，各产品价格之比等于各产品边际成本之比，最后也就等于产品 X、Y 的边际转换率，即

$$\left(\frac{P_X}{P_Y}\right)_P = \frac{\mathrm{MC}_X}{\mathrm{MC}_Y} = \mathrm{MRT}_{XY}$$

其中，$\left(\dfrac{P_X}{P_Y}\right)_P$ 表示生产者面临的产品比价。

另外，如前所述，消费者对产品的购买追求

$$\mathrm{MRS}_{XY}=-\frac{\Delta Y}{\Delta X}=\frac{\mathrm{MU}_X}{\mathrm{MU}_Y}=\left(\frac{P_X}{P_Y}\right)_C$$

其中，$\left(\dfrac{P_X}{P_Y}\right)_C$ 表示消费者面临的产品比价。在完全竞争市场中，生产者面临的比价与消费者面临的比价是一样的，即

$$\left(\frac{P_X}{P_Y}\right)_P=\left(\frac{P_X}{P_Y}\right)_C$$

这样，全社会的一般均衡与帕累托最优（其条件为消费者对各种产品的边际替代率等于厂商生产这些产品的边际转换率），通过价格这一桥梁，顺利地达到了，即

$$\mathrm{MRS}_{XY}=\left(\frac{P_X}{P_Y}\right)_C=\left(\frac{P_X}{P_Y}\right)_P=\mathrm{MRT}_{XY}$$

消费领域、生产领域及整个经济体帕累托最优的实现，完全依赖于完全竞争市场。在完全竞争的市场中，自发的交易的结果能够自动达到一般均衡，这种均衡同时也是帕累托最优。这就叫"福利经济学第一定理"。因为只有在完全竞争的市场中，帕累托最优，也就是资源配置的最优化才能实现。只要存在垄断，经济效率的这些条件就都得不到满足。所以经济学家们坚持自由竞争，反对垄断。

13.2.4　一般均衡理论的意义及市场失灵

早在英国古典经济学家亚当·斯密那里已经有了经济一般均衡的思想。斯密观察到，在英国，并没有一个指挥中心来安排全国成千上万种产品的生产，以满足各种不同的需要。那么，生产有没有发生混乱呢？没有。生产有条不紊地进行着。生产者无止境地追求利润，消费者自主地购买商品。各人在追逐私利的同时却增进了社会利益，即实现了整个经济体的均衡——一般均衡。这一切全都归功于一只"看不见的手"——市场价格制度。

现代一般均衡分析就是将斯密上述思想模型化了。它通过一套数学模型表现了"看不见的手"的思想，在这个模型中，首先要假定一些一般条件的存在，如效用函数的存在及效用函数的性质、一定的技术水平（生产函数）、市场交换的所有权前提等。其次利用人类普遍接受的逻辑思维形式进行推理，最后得出一般均衡存在的证明，尽管采取的是较为粗糙、简化的一般均衡数学模型，但还是使得推理更为严谨，理论上实现经济一般均衡的种种条件也被揭示得非常清楚。这样，一般均衡不再仅仅是一种泛泛而论的理论，而是一种较为严谨和系统的理论。

但是应该看到，一般均衡理论本身是建立在一系列以完全竞争市场为基础的严格假定条件上的，与现实相距过远。因此，一般均衡是一种人们力图实现的理想状态。

（1）现实中广泛地存在规模报酬递增，原子式的竞争并不存在。相反，大厂商，即企业组织的存在和对市场的作用，以及企业相互之间的竞争具有重要意义。随着经济全球化和企业之间的兼并重组，大公司在经济生活中的作用更加不可忽视了。大厂商的作用不仅在于根据需求决定价格，而且在于主动创造市场需求，在于调节存货和投资，通过对产量、存货的调整影响销售。

（2）一般均衡和帕累托最优的实现除了依赖于完全竞争的市场和不存在规模报酬递增这样的假定，还要求不存在外部效应这个严格条件。第14章的分析将会显示，这个条件也是很不现实的。

（3）现实中的经济信息是不完全的。当事人在信息不完全条件下难以做出理性反应，因而市场无法走向一般均衡。

（4）在一般均衡模型中，均衡是转瞬之间实现的。就是说，交易是没有时间性的，可见，一般均衡理论实际上描述的是物物交换经济。而市场经济是货币经济，货币的介入使交易过程中出现了一些新的因素，如出售和购买的非同步性、经济的不确定因素等。这样，经济的运行产生了不稳定性，相反，一般均衡理论描述的是运行稳定的经济体系。

（5）在一般均衡模型中，不仅交易是无摩擦、瞬间实现的，而且资源配置在不同产品之间的转换也是没有成本的。而实际上，交易和转换交易都是耗费成本的。

另外，根据前面介绍，帕累托最优只是指既定初始资源分配下的最优或最有效状态，也就是说它只是指既定收入分配下的资源配置效率最优。收入分配格局改变，帕累托最优点的位置也会随之改变。初始分配状态各有不同，因而帕累托最优点就有许多个。那么，是否能找到唯一的最优点呢？这个问题就涉及社会福利评价问题，即社会普遍认为的什么样的分配格局可以使社会福利最大化问题（当然，这意味着福利最大化问题包含着分配因素）。而这个问题又是较为困难的社会选择问题，它要决定的是增加谁的分配份额可以更加显著地增进社会福利。因为涉及社会成员各自的利益，谁都会力图证明自身利益的增进是最有利于增进社会福利的。不过，提高境况最差群体的福利，可以明显增进社会福利，这一点是能够被普遍接受的。关于帕累托最优的这一分析也意味着，市场竞争形成的分配格局往往不尽如人意，存在着由政府调整和干预收入分配的必要。

案例 13-1：石油价格上涨的连锁反应

天然气和煤是化肥生产的重要原料，我国天然气价格与原油的价格挂钩程度虽然较差，但境外的天然气价格与原油价格是联动的，国际原油和天然气价格的暴涨必然带来境外同类化肥企业生产成本的大幅增加，所以就带动了国际化肥市场价格的飞速提升，这不仅使境外化肥产品在国内的市场竞争力减弱，而且由于进口到岸价格的提高，国内进口数量锐减，这样就对国内化肥生产企业产品的价格和销售都带来了积极的影响。而塑料制品业却没有这么乐观，随着原油价格的上涨，原油加工的初级产品价格也随之上涨，这给以原油初级产品为原材料的塑料制品生产企业带来了很大的压力。处于原油加工上游的石化企业可以通过提高石化产品的价格把原油上涨增加的成本转嫁给下游企业，而那些以原油初级产品为原材料的加工制造企业则没有这样的条件。在原材料价格大幅攀升的同时，产成品价格受市场竞争等多重因素的影响，价格并不能实现与原材料的同步上涨，造成企业利润空间缩小，不少企业还面临着利润严重下滑甚至严重亏损的局面。

原油涨价对交通运输各企业的效益也产生了较大影响。目前各交通运输企业主要消耗成品油，中国的成品油价格是选取纽约、新加坡、鹿特丹三地成品油价格加权平均后制定。国际原油价格的上涨势必带动成品油价格的上涨，公路运输方面，油料成本占总成本的比例达到 30%。2009 年国内汽油柴油的出厂价格上调了三次，与年初相比涨幅高达 26%。目前公路运输部门油料成本节节上升，加之还要面对铁路、民航在长途运输方面的竞争，所以即使其答应涨价，涨价幅度也不会太大，这样成本就很难传递下去。假如国际原油价格每桶上涨 10 美元，公路运输的利润率就将会下降 5.6%。航空运输所受的影响也类似。

此次原油涨价使得居民在民用汽车、摩托车、石油液化气等方面的生活费用支出也逐渐增加。原油涨价的连锁效应还影响了部分车迷的购车热情。汽车销售也会因此受到拖累。

摘编自 http：//lw.china-b.com/jjlw/20090303/501913_1.html。

案例 13-2：全球粮食价格上涨的根源及影响

2007 年，全球谷物价格大幅上涨，其中小麦上涨了 112%、玉米上涨了 47%、大豆上涨了 75%。而从 2008 年 1 月到 4 月中旬，大米价格飙升了 141%。据统计，全球主要粮食价格自 2005 年以来已经上涨了 80%。

粮食价格上涨意味着全球市场上的供给显著低于需求。

首先来看导致全球粮食供应不足的因素：其一，近年来全球气候异常现象的增加导致粮食产量下降。在全球变暖背景下，干旱和洪水等自然灾害的发生频率增加，土地沙漠化造成耕地面积不断减小，这对全球粮食生产构成了直接威胁。例如，2007 年的旱灾和洪水导致澳大利亚、俄罗斯、加拿大等粮食主产国大幅减产。其二，城市化进程导致粮食种植人口下降，种粮积极性下降及耕地面积缩水。其三，过去一二十年（20 世纪 80 年代——编者注）来全球低粮价也降低了人们从事粮食生产的积极性，同时导致粮食库存一路走低。其四，近十年（20 世纪 90 年代——编者注）来，粮食生产领域内技术进步的速度显著减慢，从而导致单位面积产量增长率下降。例如，来自美国农业部的数据显示，受"绿色革命"影响，全球大米产量在 1980～2000 年增长了 40%；由于近十年（20 世纪 90 年代——编者注）来水稻种植技术并无重大突破，自 2000 年至 2008 年全球大米产量仅增长了 5%。

其次，从需求角度来看导致全球粮价飙升的因素如下：第一，人口众多的新兴市场大国集中进入了改变膳食结构的时期，从而极大提升了粮食需求。随着中国、印度、印度尼西亚等发展中人口大国居民收入的迅速增长，越来越多的人口摆脱了贫困状况，进入了改善膳食结构的阶段。例如，这些国家的居民显著提高了对肉类的消费需求，而肉的生产需要消耗大量饲料。第二，全球能源价格上涨推动了生物能源的大规模开发，从而消耗了大量粮食。美国使用玉米、欧盟使用菜子来开发生物能源，这对全球粮食的需求和价格产生了显著影响。2006 年，美国用于生产乙醇的玉米占全国玉米产量的 20%。而联合国粮食及农业组织的报告显示，生物能源的生产在最近一段时间消费了约 1 亿吨谷物，其中玉米 9 500 万吨，占全球玉米消费总量的 12%。鉴于美国和欧盟都推出了宏大的中长期生物能源发展计划，预计未来生产能源用粮食在粮食总产量中的比重将继续上升。

再次来看全球粮食现货市场与期货市场的互动：于 2007 年夏季爆发的美国次贷危机重创了全球金融市场，美国和英国的房地产市场深度下挫、全球股票市场跌跌不休、衍生产品市场的波动性显著加大，在这一背景下，大量国际资本从股市和房地产市场中撤出，进入能源和初级产品期货市场炒作获利。2008 年 3 月 30 日，全球大米期货价格在一日之内上涨 30%。而粮食期货价格的飙升，则通过倒逼机制推动了现货市场价格的上升。而现货市场上供求矛盾的恶化，也会进一步推动期货市场价格的上涨，从而形成轮动效应。

最后，作为全球粮食交易最重要计价货币的美元大幅贬值，客观上也推动了全球粮食名义价格的上涨。

全球粮价上涨对世界经济的影响注定是广泛且深入的。粮食是很多工业品的原材料，粮价上涨将间接推动 PPI（producer price index，即生产者物价指数）的上涨；此外，粮价上涨很容易形成居民的通货膨胀预期，从而要求企业增加工资，而居民工资的增加将会进一步推动物价的上涨，从而形成可怕的物价–工资螺旋，导致通货膨胀率加速上涨。

资料来源：张明. 全球粮食价格上涨的根源及影响。2008-05-18. http：//zhangming1977.blog.sohu.com/87752748.html。

附录 13-1：作为资源边际耗费量之比的边际转换率及一般均衡的实现机制

全社会一般均衡的实现机制可以通过将边际转换率理解为两种产品资源边际耗费量之比来得出更清晰的分析。

如前所述，X 对 Y 的边际转换率表示在技术不变、资源充分动员条件下，增加 1 个单位产品 X 必须放弃几个单位产品 Y，即 $\mathrm{MRT}_{XY}=-\dfrac{\mathrm{d}Y}{\mathrm{d}X}$。

若不把资源区别为资本 K 和劳动 L，而看成一个总 ω，即 $\omega_0=K_0+L_0$，则生产可能性曲线的函数表示式可以写成：

$$\omega_0=g（X，Y）$$

它表示在技术一定条件下，用一定量的资源生产两种产品 X、Y，若要增加 X 的产量，就必须减少 Y 的产量。当产品组合改变时，资源量是不变的，即

$$\mathrm{d}\omega=\frac{\partial\omega}{\partial X}\cdot\mathrm{d}X+\frac{\partial\omega}{\partial Y}\cdot\mathrm{d}Y=0$$

所以，边际转换率

$$MRT_{XY} = -\frac{dY}{dX} = \frac{\dfrac{\partial \omega}{\partial X}}{\dfrac{\partial \omega}{\partial Y}}$$

其中，$\dfrac{\partial \omega}{\partial x}$ 表示 X 产量增加一点时，资源 ω 耗费增加多少，即 X 的资源边际耗费量；$\dfrac{\partial \omega}{\partial Y}$ 表示 Y 产量增加一点时，资源 ω 耗费增加多少，即 Y 的资源边际耗费量。因此，边际转换率是两种产品资源边际耗费量之比。

完全竞争的厂商把产量调整到使其边际成本等于产品价格。假设某厂商投入要素 ω 生产产品 X，要素价格为 P_ω，产品价格为 P_X，则厂商的产量总是力求满足

$$P_\omega \cdot \frac{\partial \omega}{\partial X} = P_X$$

其中，P_X 是厂商面临的产品价格；$\dfrac{\partial \omega}{\partial X}$ 表示当 X 产量增加一点时，要素 ω 的消耗增加多少。因此，$\dfrac{\partial \omega}{\partial X}$ 表示产品 X 的边际要素消耗，$P_\omega \cdot \dfrac{\partial \omega}{\partial X}$ 表示产品 X 的边际成本。

而利用要素 ω 生产其他产品（如 Y）的厂商为了获利最大，也同样把产量调整到边际成本等于产品价格，即

$$P_\omega \cdot \frac{\partial \omega}{\partial Y} = P_Y$$

其中，P_Y 为厂商面临的产品价格；$P_\omega \cdot \dfrac{\partial \omega}{\partial Y}$ 为生产 Y 的边际成本。

这样一来，从生产者角度来看，各产品价格之比等于各产品边际成本之比，也等于各产品的边际要素消耗之比，最后也就等于要素 ω 对产品 X、Y 的边际转换率，即

$$\left(\frac{P_X}{P_Y}\right)_P = \frac{P_\omega \cdot \dfrac{\partial \omega}{\partial X}}{P_\omega \cdot \dfrac{\partial \omega}{\partial Y}} = \frac{\dfrac{\partial \omega}{\partial X}}{\dfrac{\partial \omega}{\partial Y}} = MRT_{XY}$$

其中，$\left(\dfrac{P_X}{P_Y}\right)_P$ 表示生产者面临的产品比价。

另外，如前所述，消费者对产品的购买追求

$$MRS_{XY} = \frac{dY}{dX} = \frac{MU_X}{MU_Y} = \left(\frac{P_X}{P_Y}\right)_C$$

其中，$\left(\dfrac{P_X}{P_Y}\right)_C$ 表示消费者面临的产品比价。在完全竞争市场中，生产者面临的比价与消费者面临的比价是一样的，即

$$\left(\frac{P_X}{P_Y}\right)_P = \left(\frac{P_X}{P_Y}\right)_C$$

这样，产品的边际替代率等于它们边际转换率的全社会的一般均衡条件，通过价格这一桥梁，顺利地达到了，即

$$\mathrm{MRS}_{XY} = \left(\frac{P_X}{P_Y}\right)_C = \left(\frac{P_X}{P_Y}\right)_P = \mathrm{MRT}_{XY}$$

提要

（1）一般均衡理论研究的是整个经济体系的总体均衡。它以各个产品市场、要素市场、产品市场和要素市场之间，各当事人之间都存在密切联系为背景，来研究各个产品市场、要素市场、产品市场和要素市场之间是否能够同时达到均衡。

（2）瓦尔拉斯首创了一般均衡理论，他认为在消费者偏好、要素供给和生产函数为已知时，可以证明所有产品和要素市场会同时达到均衡，即整个经济体系处于一般均衡状态。在这种一般均衡状态下，所有产品和要素的数量和价格都有确定量值。

（3）实现一般均衡所要求的条件是：对于有多个个人、多种产品、多种生产要素的经济，达到均衡时要求，在生产方面，任何一对生产要素之间的边际技术替代率在用这两种要素生产的所有产品上都相等；在交换方面，任何一对产品之间的边际替代率对任何使用这两种产品的个人来说都相等；在生产和交换两者之间，任何一对产品间的边际转换率等于消费这两种产品的每个个人的边际替代率。

（4）对于一种两个个人、两种产品和两种要素的简单经济体，一般均衡模型可以用埃奇沃斯盒式图表示。生产领域一般均衡用两组方向相反的等产量曲线表示。两组方向相反的等产量曲线之间切点的连线表示效率曲线。其上各点表示与各个初始要素分配相对应的一般均衡点。将效率曲线转换到以产品数量为纵、横轴的直角坐标系上，便可得到生产可能性边界。交换领域一般均衡用两组方向相反的无差异曲线表示。两组方向相反的无差异曲线之间切点的连线表示契约曲线。其上各点表示与各个初始产品拥有量相对应的一般均衡点。包括生产领域和交换领域在一起的一般均衡，则用反映两种产品边际转换率的生产可能性边界的斜率表示。当该斜率与消费者边际替代率一致时，达到一般均衡。

（5）资源最优配置的标准用帕累托最优表示。资源配置达到帕累托最优表明：在技术、消费者偏好、收入分配等既定的条件下，社会经济福利达到最大，资源配置效率最高。

（6）经济体系达到一般均衡时，也就达到帕累托最优。在市场经济中，帕累托最优的实现依赖于严格的条件：完全竞争的市场，不存在规模报酬递增，不存在外部效应。

复习思考题

（1）整个经济原处于一般均衡状态，由于新技术普遍运用，保暖内衣 X 的市场供给增加，那么：①产品市场会有什么变化？②在生产要素市场上，会有什么变化？③收入的分配会发生什么变化？

（2）分析经济体系一般均衡需要怎样的市场条件?

（3)生产领域的一般均衡条件是什么? 消费领域的一般均衡条件是什么? 生产与消费的一般均衡条件是什么?

（4）帕累托最优表示什么含义?

（5）一般均衡与帕累托最优是什么关系?

第 14 章

公共物品与外部性

微观经济学一直试图证明一个理论：完全竞争的市场经济机制可以导致帕累托最优的境界。但是，完全竞争毕竟是一种理想状态或理论模式，它以一系列严格的条件为前提。现实中的情况恰恰偏离理想条件。第一，在交易中买方和卖方拥有的信息常常不对称，买方经常处于信息不足的状态，优化决策所要求的信息条件得不到保障，因而难以做出正确决策，因此市场难以实现优化配置资源的功能等。第二，厂商很少愿意提供公众需要但是无法获益的公共物品，因而导致公共产品难以通过市场机制来实现优化配置。第三，在生产过程中，有些厂商在给人们创造效用的同时，造成环境污染和对环境的破坏。在存在上述情况时，通过市场来进行的资源配置受到扭曲，即市场失灵（market failure）。如何校正市场失灵是现代经济学研究的重要论题。人们正在不懈地探索，试图依靠一些新的制度来使市场继续发挥有效性。本章主要介绍公共产品和外部性两个方面的问题，同时介绍政府采取的管理措施。垄断也是市场经济中普遍存在的问题。对于反垄断问题，在第 8 章已经谈到。

14.1 公共物品及政府决策

市场机制能够引导资源优化配置，这只是针对私人产品而言的。但是对于有关公共物品的生产决策，市场机制却无能为力。所以，公共物品的生产决策问题，往往不得不由政府来承担责任。

14.1.1 公共物品

公共物品是相对于私人物品而言的。私人商品有两个基本特性，即排他性和竞争性，排他性是指个人可以被排除在消费某种产品的利益之外。消费者为私人商品付钱后，除非他赠送，否则别人就不能享用这种商品或劳务所带来的全部效用。竞争性是指消费者对某种物品消费的增加会引起生产成本的增加，即新增产量会带来正的边际成本。例如，多一个消费者购买小汽车，厂商就要多使用一些资源来生产小汽车。小汽车的生产就会与其他产品的生产争夺资源，减少其他方面的消费。

而公共物品相反，具有非排他性（nonexclusivity）和非竞争性（nonrivalry）。非排他性是指无法排除个人从公共物品中获得利益。例如，每个消费者都可以从电视教育中免费获得知识，每一个公民都可以从已经建立起来的国防中免费获得保护。有些公共物品在技术上可以做到排他性，但因为所费的成本太高，实际上不值得这么做。非排他性意味着消费者可以"搭便车"（free rider），即免费享用公共物品。

公共物品的非竞争性是指，公共物品的消费者或享用者数量的增加不会引起生产成本的增加。例如，电视节目收看者的增加，不会引起电视节目成本的增加；每穿过一次大桥不至于使建桥的造价增加，也不会明显影响桥的寿命。这就是说，公共物品消费的增加不会额外耗费资源，不会减少其他方面的消费。公共物品的非竞争性意味着公共物品提供服务的增加所引起的边际成本几乎为零。换句话说，一定量的公共物品按零边际成本提供服务。

14.1.2　公共产品的有效产量

在私人物品的场合，生产者要知道某一种产品应该生产多少，首先要了解人们对这种产品的需求。我们可以通过对各个个人或家庭对这种产品的需求曲线横向相加得出人们对产品的全部需求。在完全竞争市场中，最佳产量在需求曲线与供给曲线相交的那一点。由这种方法确定的产量是最有效的。因为供给曲线代表生产一个单位新增产品所耗费的边际成本，需求曲线反映消费者从新增一个单位产品中获得的边际收益。两线相交说明边际收益等于边际成本，而且每一个消费者获得的边际收益都等于边际成本。

假如整个市场由 A、B 两个人构成，他们两个人对一种私人产品的需求曲线的横向加总就构成该产品的市场需求曲线（图 14-1）。该需求曲线与供给曲线相交于 E 点，价格等于 P_e，市场均衡交易量为 Q_e，消费者 A、B 均以 P_e 价格分别购买 OC 和 OF 数量的产品。

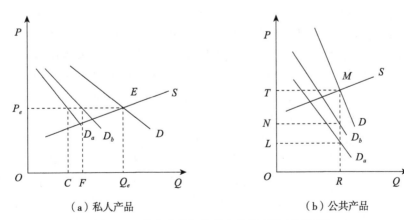

（a）私人产品　　　　　（b）公共产品

图 14-1　私人产品与公共产品的有效产量决定

但是如果他们两人需要一种公共产品，那么该产品的决策是怎样的呢？决定公共产品的思路与私人产品决策的思路有所不同。公共产品是没有排他性的，建造一件公共产品就可以供很多人消费、使用。所以公共产品的决策是考虑是否应该生产，人们为公共产品所支付金额的总和是否可以补偿建造它的成本。为了得到人们为公共产品所愿支付金额的总和，在这个例子中，就需要将 A、B 两人对这种公共产品的需求曲线纵向加总，即在一个既定的产量上，将两个人在这个产量上愿意付出的价格（而不是需求量）加总。这样就得到由纵向加总形成的公共产品的需求曲线，它反映两人为得到一定公共产品所愿意支付的总金额。在 M 点，供给曲线与需求曲线相交，公共产品的均衡产量为 R，两人支付总金额为 T，A 消费者和 B 消费者分别支付 L 和 N 的金额。这是最优的公共产品产量，因为，在这个产量上，两个人为得到为数 R 的公共产品总共得到的收益增量与公共产品的成本是一致的。但是问题在于，需求曲线作为消费者偏好的显示，是在购买私人产品的时候表现出来的。如果消费者的需求或偏好与建设公共产品成本的分摊相联系，即越偏好这种公共产品的人承担的费用越多，那么人们对公共产品的偏好还会真实地显示吗？

14.1.3　市场失灵

如果个人获得公共产品是有代价的，并且这个代价与他从公共物品中获得的满足感相对应，那么人们就会隐瞒他们对公共物品的偏好。例如，有人发起修建村前的一条公路，并为此向村民征求意见，村民便会说他对那条路无所谓。因为他知道，道路一旦修成，并不能阻止他通过。不愿真实准确说出对公共物品的需求价格，是公共产品生产上必然遇到的问题。假如是私人商品，愿付出商品价格的消费者能够得到该商品，而不愿付出商品价格（或者说愿出的价格低于商品的售价）的消费者就被排除在外，得不到享用的权利。个人就不得不通过付出货币的行为来表达需求的意愿。然而公共物品一旦制成便无法阻止人们对这些商品进行消费，尽管他们不曾对此公共物品支付费用。例如，不管某人是否对国防费用有所贡献，都没有办法阻止他从国防事业中获得好处。因此，在市场中无法得出公共物品的需求曲线，即使可以得出其供给曲线，也无法根据供求关系来决定公共物品的均衡数量。依靠市场机制来决定公共产品的资源配置是不可行的。

公共物品的非竞争性意味着公共产品消费量的增加所引起的边际成本为零，这也增加了搭便车的理由。因此，价格与边际成本比较就可以使生产者知道应该生产多少数量的产品的市场经济原则对公共物品的生产和合理数量的确定毫无积极作用。由于市场失灵，公共物品的生产和资源配置问题只好依靠政府进行干预和管理。

不过有些过去认为是公共产品的产品，如航道上的灯塔，未必是真正的、纯粹的公共产品。海上航行的船只必须依靠灯塔指引航线，避免遭遇礁石。在二百多年以前，灯塔被看做典型的公共物品。当时人们认为没有理由也无法对过往船只享受的灯塔服务收费。因为灯塔对过往船只提供引航服务时，不增加新的成本，具有非竞争性；更重要的是，没有办法阻止船只享受到引航服务，也就是，它也具有非排他性。因此，历史上，经济学家们一直把灯塔看做公共产品。这个误解一直到 1974 年才得到诺贝尔经济学获奖者罗纳德·科斯的纠正。

把灯塔作为公共产品来提供时，遇到的是有效性问题。灯塔的有效提供量应该以图 14-1（b）的方式来决定。但是在不实施收费的情况下，灯塔的提供者得不到充分的激励来及时检查和维护灯塔的运行，导致灯塔服务的质量常常不可靠，或者说有质量的灯塔数量低于人们的要求，也就是公共产品的数量低于最佳水平。后来允许私人经营灯塔，在相关船只经过的码头对灯塔的服务收费。此后灯塔服务比过去更可靠。因为船主们对灯塔的服务付费，所以他们就要求灯塔经营者提供有质量的服务，遇到质量问题会及时反馈到灯塔经营者那里。而灯塔经营者的责任和权力是明确的，为了顺利实现收费权，他必须提供有质量的灯塔服务。不过，收费的安排也会付出另一些成本。特别是在高速公路，收费会降低速度，收费的人和收费站也是一笔额外付出。

灯塔的例子说明，如果依靠某种排他方式收费，某些看上去像公共产品的产品，就可以转化为私人产品，仍然可以利用市场机制有效运行。灯塔的例子同时也说明，经济学的研究必须深入实际，切实研究真实世界的经济问题。因此"经济学中的灯塔"成为经济学中的典故，它不仅富有赞同设立排他性产权和市场机制做法的寓意，同时也具有赞同研究真实经济问题的含义。

14.1.4 公共决策的成本–收益分析方法

政府出面干预公共物品的生产，也必须按照经济原则来行事。这就需要找到度量收益并为公共物品做出生产决策的方法。这个方法就是成本–收益的分析方法。

在私人部门，一个公司在考虑一个投资项目时必须计算预期的投资报酬率。成本–收益分析方法贯彻同样的原则。成本–收益分析最先用于水资源的开发利用。在利用该方法时首先考虑河流开发项目的多种目的、用途，然后将各种用途的预期收益加总。例如，水资源可以用于发电、防洪、灌溉和水运。在电力生产方面，可按市场价格计算出售电力的收益；防洪的收益可根据过去水灾造成的财产损失来估价；灌溉方面，可以比较工程完成后的收获与完成前该土地的收获；水运的利益则可参照铁路或其他运输方法计算增加的运输能力所带来的收益。将各项收益加在一起，就可得到该项目的全部预期收益。将此预期收益与水资源开发所耗费用相比，便可得知该项工程是否值得。

成本–收益分析方法的可用性已被人们承认，并已广泛地用于政府经济活动的各个方面（如修造公路、城市改造、传染病控制等）。但是成本–收益分析方法在使用中常常表现得十分复杂，并存在许多具体困难，尤其是在对收益的估价中难以摆脱人们主观判断的影响，容易出现过高估价或过低估价。对成本的测算也常遇到复杂情况，特别是当工程涉及外部效应时，合理准确计算工程的社会成本就成为一个难题。

14.2 外部性和政府政策

14.2.1 外部性

前面各章实际上使用了一个假定——个人或个别厂商决策中的成本与收益包括了全

部的成本与收益，即交易各方将获得自己决策的全部收益，也必须为此支付全部费用。

　　然而，不少决策或经济活动会使无意介入者意外受惠或受损。例如，打扫楼梯，邻居也跟着沾光；在别人的地里放蜂，别人的收成可能因此而增加。也有相反的情况：在别人的井边打井，别人的井水就不如以前丰沛清澈；在高峰时候挤车上班，则会影响他人乘车和准点上班。经济学称这种现象为外部性或外部效应，"外溢效应"和"邻里效应"等则是更为形象的同义词。

　　外部性（externality）是指那些在决策者（消费者或生产者）的成本与收益之外，并非出于自愿而带给他人额外成本或收益的情况。私人决策时付出的成本和得到的收益是私人成本和私人收益，它们分别加上带给他人的额外成本和额外收益便是社会成本和社会收益。外部性可分为两种基本类型——外部经济和外部不经济。当社会收益大于私人收益时便产生外部经济；当社会成本大于私人成本时便产生外部不经济。因为经济决策活动有两种基本的类型——生产和消费。外部性也可因此分为生产和消费两种不同类型。这样外部效应共有四种类型：①生产上的外部经济，这是指一个厂商或单位采取的行动对他人产生了有利影响的情况。②消费上的外部经济，这是指消费者在进行活动时对他人产生了有利影响的情况。③生产上的外部不经济，这是指一个经济单位采取的行动使他人付出了代价而他人又不能得到补偿的情况。④消费上的外部不经济，这是指一个消费者采取的行动使他人付出了代价（或感到福利水平下降）而他人不能得到补偿的情况。

14.2.2　外部经济与知识产权保护

　　经济生活中外部经济效应是经常发生的，它们的存在对资源配置产生不良影响。如果一个人（或一个企业）采取的行动是能够增进社会福利的，但他自己却不能因此而得到相应的收益，那么，这个人（或一个企业）就不会经常采取这种行动以至于达到从社会角度来看的合适程度。在不允许对灯塔收费的情况下，灯塔提供者的行为就是具有外部经济性的。由于无法获得相应的收益，他就不会增加灯塔的数量，使之符合社会的需要。技术的发明创造是最具有外部经济性的。如果新的技术总是被别人模仿，企业就没有积极性从事新技术的研究和发明。知识产权保护法就是为了消除技术研发的外部经济性而做出的一项重要制度安排。

　　外部经济性与公共产品十分相似，具有强烈外部经济性的产品就像公共产品。因为公共产品的非排他性会导致外部性。知识产权保护法就是人为设立的排他装置，它通过对个人劳动成果付费的方式，保持了市场机制的激励功能。

14.2.3　外部不经济和污染的社会成本

　　当一个人（或一个企业）的行动产生了不一定由他自己偿付的成本时，这个人（或这个企业）就会无所顾忌地进行这种活动以至于使这种活动的数量超过社会合理程度。

　　当存在外部不经济时，私人成本低于社会成本。私人边际成本也就低于社会边际成本。假定厂商处于完全竞争市场，他作为既定价格的接受者，将等于市场价格的水平直线当做自己的需求曲线和边际收益曲线（图 14-2）。他将按照价格等于私人边际成本

（MC_P）的原则找到自己的均衡点及均衡产量 Q_1，而实际上社会为 Q_1 数量产品所付出的边际成本为 MC_S。在 Q_1 产量上，社会边际成本高出价格许多（bc 之间距离所示之量），社会福利由此遭到损失。图 14-2 中 a 点所对应的产量 Q_2 才是社会最佳的产量。在此产量上真实的边际成本等于价格。可以说，当发生外部经济和外部不经济时，市场供给和市场需求将偏离社会最适程度，市场也就不能传递和接受正常的价格信号，资源配置就不可能达到完全竞争下可能达到的最佳境界。图 14-2 中，代表厂商供给曲线的 MC_P 曲线低于 MC_S，假定生产该种产品的厂商都具有这种特征，那么该种产品的市场供给及其消耗的资源将比应有的大得多。

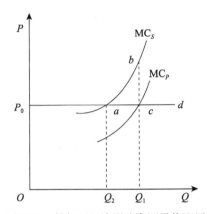

图 14-2　外部不经济影响资源最优配置

在私人厂商根据 MC_P 和价格相等的原则确定 Q_1 的均衡产量时，社会的边际成本（即 MC_S）已经大大高于价格，这就意味着，从 Q_1 到 Q_2 的产量付出了过高的社会成本，这从社会来看是非有效的。

14.2.4　科斯定理与交易费用

科斯认为，如果人们对财产权有明确的规定，在发生重大的外部效应时，人们可以用较低的成本或不费成本地进行谈判协调，那么有关各方将会适当地考虑自己的行为给他人带来的影响，资源有效配置仍是可能的。例如，河流下游的用水者对一定水质的河水拥有明确的财产权，如果上游的企业排放污染物使下游的水质受到影响的话，下游的人们就可要求企业赔偿水质污染给他们带来的损失，而企业也将不得不向这些用水者提供补偿。这便可以解决外部效应问题。科斯的思想是，如果谈判顺利，不管哪方的当事人被赋予某种财产权，结果都将是相同的。也就是说，不管是下游的用水者被赋予了使用一定质量水的权利，还是企业被赋予了向河流里排放一定数量污染物的权力，这些当事人都必然会合理地利用这些权利，因为他们可以通过交换产权，使资源由能够最有效利用的一方拥有，顺利解决资源配置非优化的问题。假如开始时上游企业拥有排放污水的权力，发生河水污染以后，下游居民可以联合起来就排污权交易问题与上游企业谈判，即通过花费一定代价购买上游企业的排污权，使上游企业放弃排污，或让其自己治理污染。如果这一笔出售排污权的收入足够建立污水处理池等排污设施，并且足够支付排污的日常费用，那么上游企业就会接受交易方案，下游居民就可以重新获得清洁水的权力。假如开始时，下游居民拥有享用清洁水的权力，河水遭受污染后，下游居民会与上游企业理论，要求恢复清洁水，并对污染造成的损失予以赔偿。这时，如果企业认为其继续以排放污水的方式进行生产是有利可图的，那么它会花一笔钱让下游居民安装净水装置，或者自己为他们安装净水装置，以此收买下游居民，重新获得排污权。总之，只要初始权力的界定是清晰的，双方就如何使资源用得更好的谈判是顺利的，不用花很多代价，那么，最后一定能够达成资源最优配置的解决方案。不过，不同的初始产权界定会影响双方的收入分配。在下游居民拥有清洁水的权力时，上游企业要想获得排污权，它要为此付出一笔支出；而在上游企业拥有排污权时，下游居民要想获得清洁水资源，必须向上游企业支付费用。这种有偿交易排污权的方式有利于保持一个经济上有效的排污量。

但是，科斯进一步说，如果双方就产权交易的谈判不顺利，费时费力，甚至根本谈不成，这就是交易费用过高，那么，一开始规定产权给予哪一方，就至关重要。因为，交易很困难，有利于资源最优配置的权力交易很可能无法实现。以上原理就是著名的科斯定理（Coase theorem）。

科斯定理表明，明确规定的财产权有助于解决外部不经济问题，但是产权方法的有效性依赖于交易费用很低的前提是否能够成立。只有在涉及外部效应的当事人为数很少，并能以极低的费用进行有效的协商（即财产权的转让）时，产权方法才具有实际意义。而事实上，一是谈判费用不会极低；二是当事人的数目常常很多，难以达成完美的解决方案。所以，市场机制在解决这类外部问题上的作用常常是较为有限的。

案例 14-1：药品为何不容易降价

药品作为一种能减轻痛苦、挽救生命的特殊商品，对于患者来说具有较小的需求价格弹性。有的时候，患者支付能力有限，即使借钱，变卖财产也会筹集资金花钱买药。

药品需求的低弹性也是由药品缺乏替代性引起的。药品生产和销售厂商为了避免竞争总是力图扩大差异性，强调自己产品的某种不可替代作用，以便取得市场控制力和价格决定权。对于具有较小的需求价格弹性的商品来说，经销者自然会采取高价政策。

药品经销者之所以能够夸大差异性，主要还与信息不对称有关。药品有化学名称和药品名称两种名称。在实际中，可以经常看到，同一个化学名称的药品，因为改变了剂型（片剂还是针剂）、剂量，改变了包装，改变了药品名称，价格就跃上一个等级。药品生产厂商和销售厂商有意夸大不同剂型、不同品名之间的差别和新药的效果，并对所谓新药定以高价。

患者常常不具有足够的信息和知识。一是多数药品并不是经常使用的，人们缺乏经验；二是药品知识属于专业知识，患者常常不得而知。即使对同一种化学药品支付了过高的价格，患者也蒙在鼓里。同一化学名称的药品之间是很好的替代品，但是不同药品名称的药品可以让患者认为它们是根本不同的、不可替代的药品。由于患者缺乏对药品疗效的专门知识，所以，药品价差与药品的疗效差别之间可以严重不成比例。疗效稍微改进一点，价格就可以提高许多。每次更新剂型和品名都会有力地推进价格的上涨。

处方药是必须通过医生来"推销"的。医生拥有为病人选择药品的权力，他们一般不会或很少从节约的角度来为患者选药。"以药养医"、按药价提成的特殊制度，更助长了医生推销高价药的动机。所以，药品与普通商品不同，其价格完全缺乏来自需求方的约束。

请根据案例 14-1 回答以下问题。

（1）信息不对称理论是否可以解释药品价格高的现象？

（2）还有哪些现象可以用信息不对称理论来加以解释？

案例 14-2：塑料袋应该由谁埋单

塑料袋的使用为人们带来了不少方便。同时因为塑料袋的制造成本低廉，厂商所费不多，不论商场、超市、菜场还是其他各种商店，为了促销，以前店家都主动免费提供塑料袋。这似乎两全其美，其实不然。废弃塑料袋不易降解，容易飘散，给垃圾回收、运输带来了麻烦，因此造成环境污染。我国人多地少，可以使用的土地仅占国土面积的三分之一。大量废弃塑料袋加重了本来就已经非常严重的环境问题。

塑料袋的制造成本低廉，因此私人成本低廉。如果加上其污染环境造成的代价，塑料袋的成本可能会高许多。2005 年年初，个别超市宣布开始向塑料购物袋收取少量费用，每个塑料袋 0.1 元。可是，此举一出，立即引来一些消费者的不满，他们认为超市已经在消费者购物时赚取了足够利润，这点小钱不应该再向他们索取，即认为塑料袋的费用应该由商家承担。

2008 年年初国务院办公厅下发通知，从 2008 年 6 月 1 日起，全国范围内禁止生产、销售、使用厚度小于 0.025 毫米的塑料购物袋，超薄塑料购物袋将被列入淘汰类产品目录。并且自 6 月 1 日起，所有超市、商场、集贸市场等商品零售场所实行塑料购物袋有偿使用制度，一律不得免费提供塑料购物袋。商品零售场所必须对塑料购物袋明码标价，并在商品价外收取塑料购物袋价款，不得无偿提供或将塑料购物袋价款隐含在商品总价内合并收取。

请用案例 14-2 回答以下问题。

（1）"限塑令"的合理性如何？

（2）由谁承担塑料袋的费用有利于塑料袋最优数量的决策？

案例 14-3：就是不让你听

据南京市总统府官方认证微博 2015 年 4 月发文"我馆自助讲解设备经过充分调研和准备，已于 4 月底前完成升级工作，将于 2015 年 5 月 1 日起正式投放使用，届时游客可通过办理租借手续，收听总统府中英文双语语音自动讲解。我馆自助讲解器租用地点位于院内西朝房邮筒旁，租用费用为 20 元/台，押金 200 元/台。办理租用手续时，需出具本人有效身份证件，并提供联系电话号码；每台讲解器租用时限为 2.5 小时，每超过 1 小时加收 20 元/台，不足一小时的按一小时计算"。

在提供自助讲解设备的同时，总统府还提供人工讲解员的收费雇佣。游客通过付费，可选择经过专业培训的讲解员全程陪同游览并进行讲解。人工讲解员比自助讲解器更灵活，讲述更生动，成为游客们的首选。游览过程中，讲解员佩戴耳麦，付费游客佩戴对应的耳机，讲解员以较小的音量讲解，佩戴对应耳机的游客接收讲解内容。未付费游客则几乎无法听见讲解内容。

根据南京市总统府官方微博消息编辑整理。

请根据案例14-3回答下列问题。

（1）相比普通景区的导游和讲解员而言，总统府讲解员有什么不同？

（2）请结合本章知识，解释其中的经济学现象。

提要

（1）市场机制并不总是有效率的。在信息不对称的场合、在公共产品最优数量的决策中，以及在发生污染等外部效应的时候，市场常常会失灵。因此需要政府的干预和管理。政府的重要任务是制定市场规则和维护交易环境，必要时进行必要的管制。

（2）在交易之前，卖方比买方拥有更多的信息。买方信息不足时，容易发生逆向选择，进而导致市场失灵，致使坏的商品把好的商品驱逐出市场。如果卖方能够提供质量保证书或"三包"服务，则能够消除市场失灵。在保险中，有时需要政府强制实行无偏选择。

（3）通过发送质量保证书来发送信息是弥补信息不足的有用方法。高质量的劳动者还可以通过文凭这一信号来发送自己是有能力的劳动者的信息。

（4）在交易之后，信息不足时，容易发生道德风险。制定和执行相关的激励机制和惩罚机制，是使市场机制能够正常发挥作用的重要工作。设计出有效的合同，以及设立质押性的安排，可以减少道德风险。

（5）信息不对称和信息不充分可以解释价格离散现象。搜寻信息是有成本的，搜寻的边际成本是递增的，因此，人们不会无限制地搜索。越是不经常购买的商品，越是品牌多样化的、有差别的商品，价格离散的程度越高。

（6）由于非排他性和非竞争性，公共产品的产量无法依靠市场机制来决策，只有依靠政府提供。政府决定公共产品的原则是成本–收益方法。准公共产品可以通过设立排他装置转化为私人产品，通过市场机制来运行。

（7）外部经济性也影响资源配置的有效性。外部经济的产品的数量一般总是少于社会合意水平。知识产权在于防止创新劳动的外部经济。

（8）外部不经济会扭曲资源配置。强制地让造成外在成本的生产者承担这种成本，可以避免配置扭曲。对环境污染的直接管制是控制排污量。最佳排污量由污染成本与治理污染成本之和最小化的原则决定。

（9）科斯认为，在交易费用为零的情况下，通过初始产权的界定最终可以实现资源的最优配置，但是如果交易费用很高，运用产权方式就不可行。

复习思考题

（1）信息不对称在哪些方面、为什么会导致市场失灵？

（2）在公共产品的决策上，为什么会市场失灵？

（3）公共产品最优数量是怎样决定的？

（4）为什么说外部效应会影响资源优化配置？

（5）污染是不是应该被限制到最低程度？最佳污染量是怎么决定的？

参考文献

巴德 R. 2004. 微观经济学原理. 王秋石，李胜兰译. 北京：中国人民大学出版社

高鸿业，吴易风. 2000. 现代西方经济学. 北京：经济科学出版社

哈维 J. 1985. 现代经济学. 沈志彦，周一方译. 上海：上海译文出版社

雷诺兹 L. 1982. 微观经济学：分析与政策. 马宾译. 北京：商务印书馆

黎诣远. 1987. 微观经济分析. 北京：清华大学出版社

李京文，郑友敬. 1988. 技术进步与经济效益. 北京：中国财政经济出版社

李任初，居亚东. 1989. 西方经济学新发展. 南京：南京大学出版社

李杨. 1990. 财政补贴经济分析. 上海：上海三联书店

厉以宁，秦宛顺. 1992. 现代西方经济学概论.北京：北京大学出版社

刘东. 1998. 微观经济学新论. 南京：南京大学出版社

刘东. 2004. 企业网络论. 北京：中国人民大学出版社

刘厚俊. 2002. 现代西方经济学原理. 南京：南京大学出版社

鲁友章，李宗正. 1979. 经济学说史. 北京：人民出版社

罗宾逊 J. 1984. 经济学论文集. 顾准译. 北京：商务印书馆

马克思 K H. 1995. 资本论. 郭大力，王亚男译. 北京：人民出版社

曼斯菲尔德 E. 1988. 微观经济学. 郑琳华译. 上海：上海交通大学出版社

曼斯费尔德 E. 1999. 微观经济学. 黄险峰译. 北京：中国人民大学出版社

纽伯格 E，达菲 W，等. 1985. 比较经济体制. 荣敬本，吴敬琏，陈国雄译. 北京：商务印书馆

帕帕斯 J L，布里格姆 U F. 1985. 管理经济学. 张隆高，司徒淳译. 沈阳：辽宁人民出版社

平狄克 R S. 1997. 微观经济学. 北京：中国人民大学出版社

荣敬本，邱树芳，刘吉瑞. 1987. 短缺与改革——科尔内经济体制论文选.哈尔滨：黑龙江人民出版社

萨缪尔森 P A. 1999. 微观经济学. 萧琛译. 北京：华夏出版社

斯蒂格利茨 J E. 1997. 经济学. 姚开建译. 北京：中国人民大学出版社

宋承先. 1997. 现代西方经济学：微观经济学. 上海：复旦大学出版社

孙来祥. 1990. 规范经济学与社会选择理论. 北京：北京大学出版社

汤敏，茅于轼. 1989. 现代经济学前沿专题（第一集）. 北京：商务印书馆

沃森 D S，霍尔曼 M A. 1983. 价格理论及其应用. 闵庆全译. 北京：中国财政经济出版社

吴德庆. 1987. 管理经济学. 北京：中国人民大学出版社

希勒 B. 2003. 当代微观经济学. 豆建民译. 北京：人民邮电出版社

晏智杰. 1987. 经济学中的边际主义.北京：北京大学出版社

杨小凯. 1985. 数理经济学基础. 北京：国防工业出版社

邹至庄. 1984. 中国经济. 天津：南开大学出版社